KB006587

약초 도감

세밀화로 그린 보리 큰도감
약초 도감

1판 1쇄 펴낸 날 2018년 6월 15일 | **1판 3쇄 펴낸 날** 2022년 10월 7일

세밀화 이원우, 임병국, 이제호
약재 그림 안경자, 이기수, 옥영관
삽화 임병국
글 김종현
감수 박석준, 이영종

편집 김종현
기획실 김소영, 김수연, 김용란
디자인 이안디자인
제작 심준엽
영업 나길훈, 안명선, 양병희, 원숙영, 조현정
독자 사업(잡지) 김빛나래, 정영지
새사업팀 조서연
경영 지원 신종호, 임혜정, 한선희
분해와 출력, 인쇄 (주)로얄프로세스
제본 과성제책

펴낸이 유문숙
펴낸 곳 (주) 도서출판 보리
출판등록 1991년 8월 6일 제 9-279호
주소 경기도 파주시 직지길 492 (우편번호 10881)
전화 (031)955-3535 / **전송** (031)950-9501
누리집 www.boribook.com **전자우편** bori@boribook.com

ⓒ 보리, 김종현, 2018
이 책의 내용을 쓰고자 할 때는 저작권자와 출판사의 허락을 받아야 합니다.
잘못된 책은 바꾸어 드립니다.

값 80,000원
보리는 나무 한 그루를 베어 낼 가치가 있는지 생각하며 책을 만듭니다.

ISBN 979-11-6314-001-6 06080 978-89-8428-832-4 (세트)
이 도서의 국립중앙도서관 출판예정도서목록(CIP)은 서지정보유통지원시스템 홈페이지(http://seoji.nl.go.kr)와 국가자료공동목록시스템(http://www.nl.go.kr/kolisnet)에서
이용하실 수 있습니다. (CIP 제어번호 : CIP2018015080)

약초 도감

세밀화로 그린 보리 큰도감

약이 되는 풀과 나무 151종

그림 이원우 외 / 감수 박석준 외 / 글 김종현

보리

일러두기

1. 이 책에는 우리나라에서 약으로 쓸 수 있는 풀과 나무 151종이 실려 있다. 약초는 가나다 이름 순서로 실었다.
2. 책은 크게 1부와 2부로 나누었다. 1부에서는 한의학에서 약재를 쓰는 기본 원리와 약초에 대해 알아야 할 여러 내용을 설명해 놓았다. 2부에서는 약이 되는 풀과 약이 되는 나무를 따로 나누었고, 약으로 쓸 수 있는 풀과 나무 한 종씩 기원과 생김새, 약재와 약효 따위를 설명해 놓았다. 또 비슷하거나 함께 쓰는 식물도 넣었고, 따로 약재 그림과 약재를 어떻게 쓰는지 정리해 놓았다.
3. 북녘 이름, 다른 이름, 생육상, 키, 꽃 피는 때, 열매 맺는 때는 따로 아이콘을 만들어 한눈에 볼 수 있도록 정리해 놓았다.

   - 북녘 이름
   - 다른 이름
   - 생육상
   - 키
   - 꽃 피는 때
   - 열매 맺는 때

4. 이 책에 들어간 세밀화는 화가가 직접 눈으로 보고 그렸다. 세밀화는 취재한 때와 곳을 그림 아래에 써 놓았다. 하지만 구할 수 없는 약재(쥐방울덩굴 따위)는 사진을 보고 그렸다.
5. 약초 이름, 다른 이름, 학명, 분류는 국가표준식물목록(www.nature.go.kr)을 따르고 《원색 대한식물도감》(이창복, 향문사, 2003), 《원색 한국식물도감》(이영로, 교학사, 2002), 《한국생약자원생태도감 1, 2, 3》(강병화, 지오북, 2008)을 참고했다. 다른 이름은 흔히 쓰는 이름 차례로 넣었다.
6. 북녘 이름은 《조선식물지 1 - 10》(임록재 외, 과학기술출판사, 2000)을 기준으로 《조선약용식물지 1, 2, 3》(임록재, 농업출판사, 1998), 《조선식물원색도감 1, 2》(과학백과사전종합출판사, 2001), 《무슨 꽃이야?》, 《무슨 풀이야?》(보리, 2006)를 참고했다.
7. 약재 이름은 《한국 본초도감》(안덕균, 교학사, 2000), 《원색 한약도감》(강병수 외, 동아문화사, 2008), 《임상 본초학》(신민교, 영림사, 2002), 《본초학》(전국한의과대학공공교재편찬위원회, 영림사, 2007)을 참고했다.
8. 맞춤법과 띄어쓰기는 국립국어원 누리집에 있는 《표준국어대사전》을 따랐다. 하지만 전문 용어는 띄어쓰기를 적용하지 않았다. 그리고 식물 이름, 과 이름, 속 이름에는 사이시옷을 적용하지 않았다.

   예. 여러해살이풀, 큰키나무, 작은키나무, 모시대

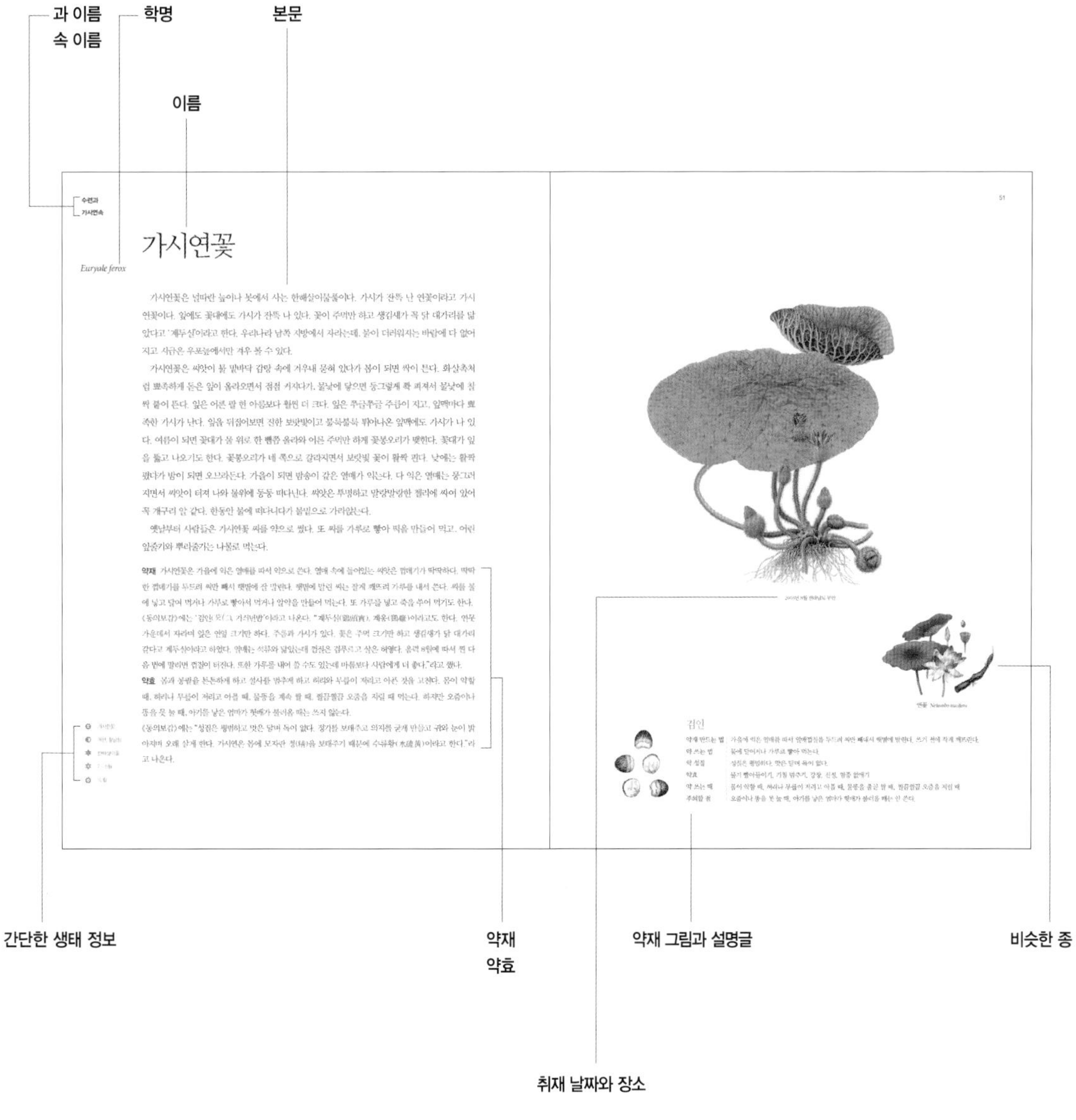
과 이름
속 이름
학명
본문
이름
수련과
가시연속
가시연꽃
Euryale ferox
검인
간단한 생태 정보
약재
약효
약재 그림과 설명글
비슷한 종
취재 날짜와 장소

차례

일러두기 4
그림으로 찾아보기 8

약초란 무엇인가?

우리 땅에 나는 약초
1_1 우리 땅에 나는 약초 22
1_2 약초는 어떤 병을 고칠까? 24
1_3 약초 캐기 26
1_4 약재 만들기 28
1_5 약으로 먹기 30

본초학과 약재
2_1 약초 34
2_2 약초 연구 역사 35
2_3 약초를 쓰는 원리 37
2_4 약초와 약재 정리 42

우리나라 약초

약이 되는 풀
가시연꽃 50
갈대 52
감국 54
감초 56
개맨드라미 58
개미취 60
갯기름나물 62
결명자 64
고삼 66
골풀 68
과남풀 70
관중 72
구절초 74
금불초 76
깽깽이풀 78
꼭두서니 80
꿀풀 82
나팔꽃 84
노루발 86
닥풀 88
단삼 90
담배풀 92
도꼬마리 94
도라지 96
동아 98
들현호색 100
딱지꽃 102
마디풀 104
마타리 106
만삼 108
매자기 110
맥문동 112
모시대 114
모시풀 116
목향 118
민들레 120
박하 122
반하 124
배초향 126
백미꽃 128
백선 130
범부채 132
봉선화 134
불로초 136
사철쑥 138
산자고 140
삼 142
삼백초 144
삼지구엽초 146
삽주 148
새삼 150
석위 152
석창포 154
소엽 156
속단 158
속새 160
쇠무릎 162
수세미오이 164
십싸리 166
시호 168
쑥 170
알로에 172
애기똥풀 174

약모밀 176
양귀비 178
엉겅퀴 180
오이풀 182
원지 184
원추리 186
율무 188
이질풀 190
익모초 192
인삼 194
잇꽃 196
자란 198
자리공 200
작약 202
장구채 204
절굿대 206
접시꽃 208
제비꽃 210
족도리풀 212
쥐방울덩굴 214
지모 216
지치 218
지황 220
진득찰 222
질경이택사 224
짚신나물 226
쪽 228
참나리 230
참당귀 232
참여로 234
천남성 236
천마 238
층층갈고리둥굴레 240
투구꽃 242
패랭이꽃 244
피마자 246
하수오 248
할미꽃 250
향부자 252
향유 254
현삼 256
호장근 258
황금 260
황기 262

약이 되는 나무

감나무 266
구기자나무 268
귤나무 270
느릅나무 272
능소화 274
다래나무 276
닥나무 278
대나무 280
대추나무 282
두충나무 284
매실나무 286
모과나무 288
목련 290
무궁화 292
무화과나무 294
무환자나무 296
물푸레나무 298
밤나무 300
배나무 302
복숭아나무 304
붉나무 306
뽕나무 308
산사나무 310
산수유나무 312
살구나무 314
석류나무 316
소나무 318
수양버들 320
앵두나무 322
오갈피나무 324
오미자 326
유자나무 328
은행나무 330
음나무 332
자귀나무 334
자작나무 336
잣나무 338
참나무 340
측백나무 342
칡 344
탱자나무 346
포도 348
호두나무 350
화살나무 352

더 알아보기

우리 이름 찾아보기 356
학명 찾아보기 361
약재 이름 찾아보기 363
참고 자료 365
저자와 감수자 소개 368

그림으로 찾아보기 약이 되는 풀

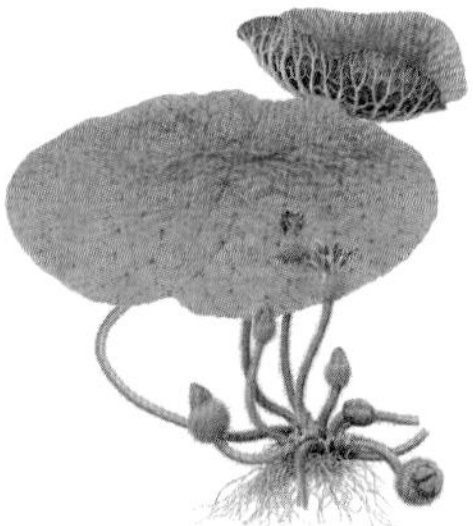
가시연꽃 50

갈대 52

감국 54

감초 56

개맨드라미 58

개미취 60

갯기름나물 62

결명자 64

고삼 66

골풀 68

과남풀 70

관중 72

구절초 74

금불초 76

깽깽이풀 78

꼭두서니 80

꿀풀 82

나팔꽃 84

노루발 86

닥풀 88

단삼 90

담배풀 92

도꼬마리 94

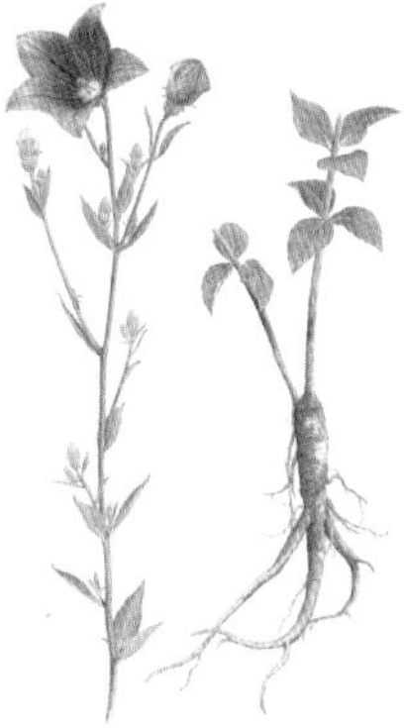
도라지 96

동아 98

들현호색 100

딱지꽃 102

마디풀 104

마타리 106

만삼 108

매자기 110

맥문동 112

모시대 114

모시풀 116

목향 118

민들레 120

박하 122

반하 124

배초향 126

백미꽃 128

백선 130

범부채 132

봉선화 134

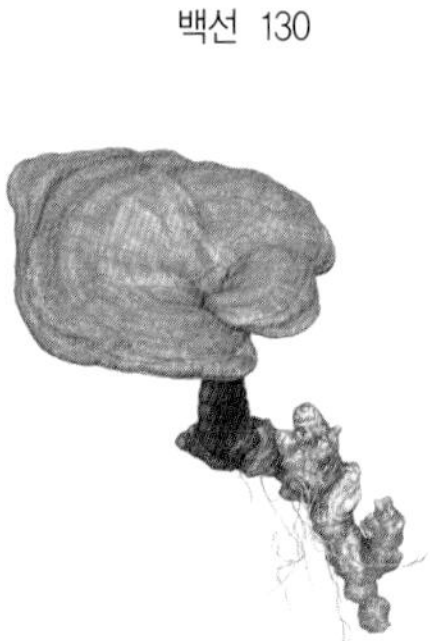
불로초 136

사철쑥 138

산자고 140

삼 142

삼백초 144

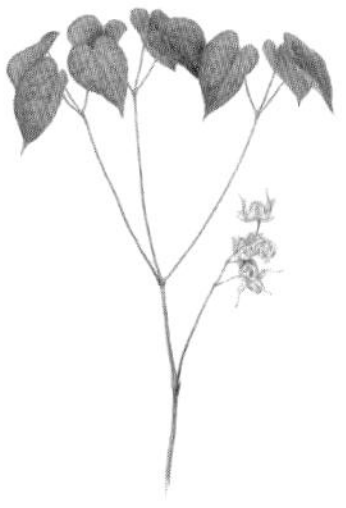
삼지구엽초 146

삽주 148

새삼 150

석위 152

석창포 154

소엽 156

속단 158

속새 160

쇠무릎 162

수세미오이 164

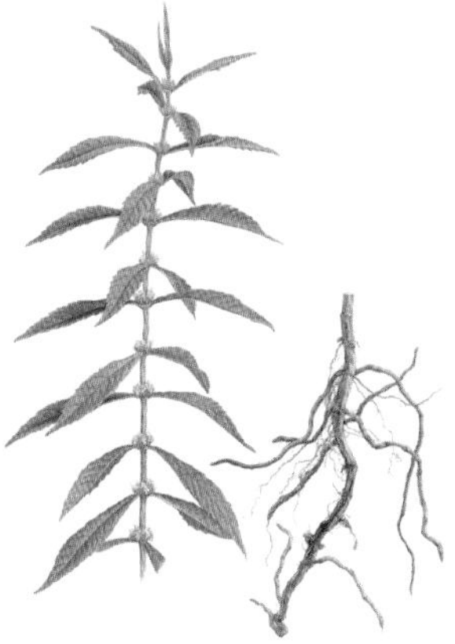
쉽싸리 166

시호 168

쑥 170

알로에 172

애기똥풀 174

약모밀 176

양귀비 178

엉겅퀴 180

오이풀 182

원지 184

원추리 186

율무 188

이질풀 190

익모초 192

인삼 194

잇꽃 196

자란 198

자리공 200

작약 202

장구채 204

절굿대 206

접시꽃 208

제비꽃 210

족도리풀 212

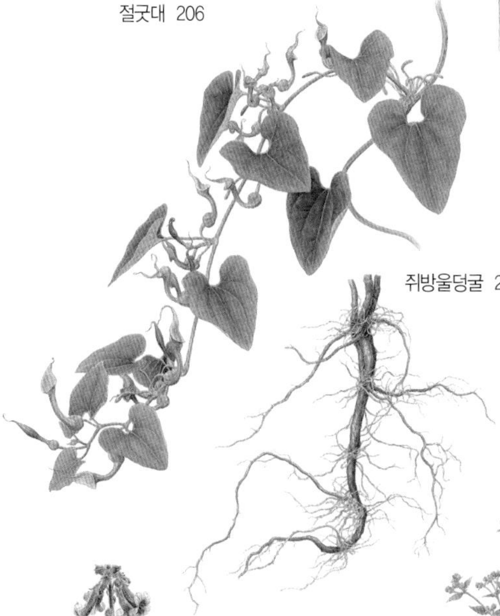
쥐방울덩굴 214

지모 216

지치 218

지황 220

진득찰 222

질경이택사 224

짚신나물 226

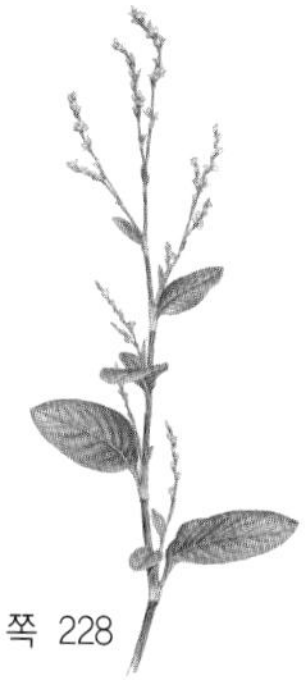
쪽 228

참나리 230

참당귀 232

참여로 234

천남성 236

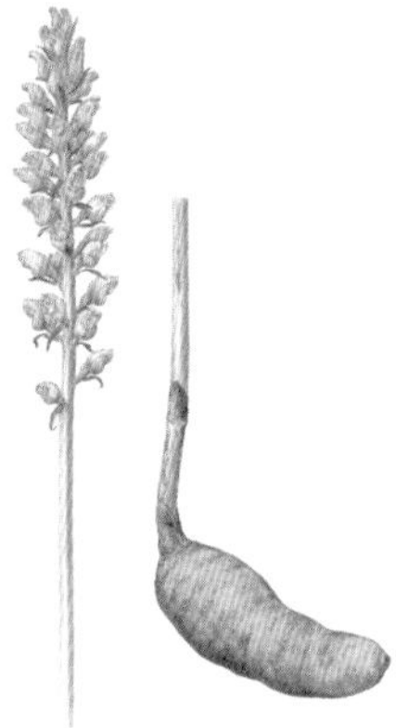

천마 238

층층갈고리둥굴레 240

투구꽃 242

패랭이꽃 244

피마자 246

하수오 248

할미꽃 250

향부자 252

향유 254

현삼 256

호장근 258

황금 260

황기 262

약이 되는 나무

감나무 266

구기자나무 268

귤나무 270

느릅나무 272

능소화 274

다래나무 276

닥나무 278

대나무 280

대추나무 282

두충나무 284

매실나무 286

모과나무 288

목련 290

무궁화 292

무화과나무 294

무환자나무 296

물푸레나무 298

밤나무 300

배나무 302

복숭아나무 304

붉나무 306

뽕나무 308

산사나무 310

산수유나무 312

살구나무 314

석류나무 316

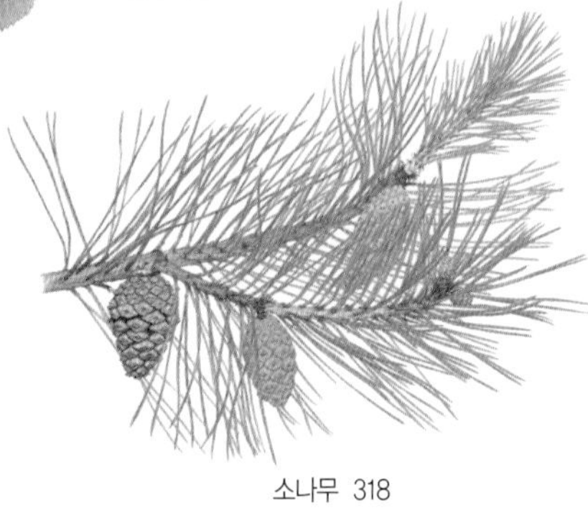
소나무 318

수양버들 320

앵두나무 322

오갈피나무 324

오미자 326

유자나무 328

은행나무 330

음나무 332

자귀나무 334

자작나무 336

잣나무 338

참나무 340

측백나무 342

칡 344

탱자나무 346

포도 348

호두나무 350

화살나무 352

약초란 무엇인가?

우리 땅에 나는 약초

1_1 우리 땅에 나는 약초

약초는 약으로 쓰는 풀이라는 뜻인 한자다. 우리는 몸이 아프고 병이 났을 때 약을 먹는다. 서양 의학에서는 병을 '몸에 탈이 나서 몸을 제대로 못 움직이거나 아프고 괴로운 현상'으로 본다. 동양 의학에서는 사람 몸은 천지(天地), 곧 자연과 서로 관계를 맺으며 스스로 균형을 이루는데, 이 균형이 깨지면 병이 든다고 본다. 이 균형은 몸 안에 음(陰)과 양(陽)이 서로 잘 어울려 있는 상태다. 몸에서 음양이 깨지면 병이 든다고 본다.

병에는 큰 병, 작은 병, 오래 묵은 병, 갑자기 드는 병, 낫기 힘든 병, 금방 낫는 병처럼 여러 가지 병이 있다. 병은 바이러스나 세균, 벌레 따위가 몸에 들어와 걸리기도 하고, 몸속에 나쁜 것들이 쌓여 앓기도 하고, 부모에게서 물려받아 생기기도 한다. '병에는 장사 없다', '병 만나기 쉬워도 병 고치기 힘들다'는 속담이 있을 만큼 병이 들면 자기 몸도 힘들고 돌봐 주는 사람도 힘들다. 그래서 병을 빨리 낫게 하려고 약을 먹는다.

서양 의학에서 약은 '병이나 상처 따위를 고치거나 미리 막기 위해서 먹거나 바르거나 주사 놓는 물질'이다. 또 '세균이나 나쁜 벌레 따위를 죽이는 물질'이라고 여긴다. 동양 의학에서는 음양이 무너진 몸을 다시 조화롭게 만드는 것이 약이다. 그래서 약이 가진 성질과 맛을 잘 따지고, 병이 난 사람 몸을 여러모로 잘 살펴 약을 쓴다. 더구나 동양 의학은 병이 나 약을 먹기 전에 자기 몸을 잘 보살펴야 한다고 여긴다. 그래서 《동의보감》에는 "지인(至人)은 병이 생기기 전에 고치고, 의사는 이미 병이 난 뒤에 고친다. 병이 생기기 전에 고치는 것은 곧 마음을 다스리는 것이며, 수양하는 것이다. 이미 병이 생긴 뒤에 고치는 것은 약을 쓰거나 침과 뜸으로 고치는 것이다."라고 했다.

하지만 사람은 살면서 여러 가지 병에 걸린다. 병이 여러 가지 있는 것만큼 병을 고치는 약도 여러 가지가 있다. 병에 알맞게 약을 쓰면 병을 다스리고 낫게 할 수 있다. 우리나라 사람들은 수천 년 오랜 세월 동안 우리 땅에서 나는 수 많은 약초로 여러 가지 병을 다스려 왔다. 서양 의학이 우리나라에 들어온 지는 100년이 갓 넘었을 뿐이다.

약초는 여러 가지 풀 가운데 병을 고치는 힘이 도드라진 풀이다. 흔히 사람들은 깊은 산속을 평생 헤매야 겨우 한두 뿌리 얻을 수 있는 산삼처럼, 약초는 드물고 귀할 거라고만 생각한다. 하지만 약초는 우리 가까이에 널렸다. 우리가 그냥 잡초라고 지나치거나 쑥쑥 뽑아 버리는 풀 가운데 약초가 아주 많다. 길가나 빈터나 산기슭에서 자라는 민들레, 애기똥풀, 쑥, 제비꽃, 할미꽃, 엉겅퀴 같은 풀들이 죄다 약초다. 마당에서 자라는 나팔꽃, 수세미오이, 봉선화, 접시꽃, 피마자도 약초로 쓴다. 산에서 자라는 감국, 산국, 원추리, 개미취, 잔대, 짚신나물도 약초로 쓰고 물가나 물에서 자라는 갈대, 가시연, 석창포 같은 풀도 약초다. 그리고 우리가 날마다 먹는 밥과 나물은 사실 보약 중에 보약이다. 우리 몸을 튼튼하게 해 주고, 몸에 좋은 여러 가지 영양분이 들어 있어 힘이 솟고 기운 나게 해 주기 때문이다.

한약방에 가면 죄다 어려운 한자로 약재 이름을 써 놓아서 이렇게 흔히 보는 풀들이 약초가 된다는 사실을 잘 모른다. 우리나라 잡초 가운데 삼분에 일 정도가 약초로 쓸 수 있다고 한다. 우리 둘레에서 자라는 이런 풀들을 잘 알면 비싼 돈 들여가며 병원에 가고 약을 사 먹지 않아도 우리 몸을 잘 돌볼 수 있다.

길가나 빈터에서 자라는 약초

애기똥풀

엉겅퀴

민들레

쑥

마당에서 자라는 약초

수세미오이

나팔꽃

봉선화

피마자

산이나 산기슭에서 자라는 약초

짚신나물

원추리

감국

개미취

물이나 물가에서 자라는 약초

석창포

질경이택사

갈대

박하

밭에서 많이 기르는 약초

도라지

인삼

삼백초

알로에

깊은 산에서 자라는 약초

족도리풀

반하

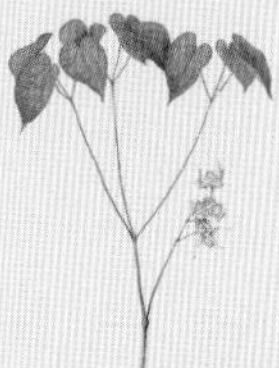

삼지구엽초

천마

1_2 약초는 어떤 병을 고칠까?

몸에 병이 나면 병을 고쳐야 한다. 머리가 아프거나 배가 아프거나 목이나 코가 아프면 낫게 하는 약을 먹는다. 우리가 흔히 약국에서 사 먹는 약은 아픈 곳을 낫게 하는 성분만 따로 뽑아서 만든다. 그래서 약을 먹으면 빨리 낫는 경우가 많다. 하지만 그런 약은 부작용이 크고, 자꾸 먹을수록 병이 잘 안 나아서 점점 더 센 약을 먹는 경우가 많다.

약초는 살아있는 풀이다. 그래서 약초에는 여러 가지 성분이 들어 있다. 그 가운데 어떤 병을 낫게 하는 성분이 더 많이 들어 있어서 약으로 쓰는 것이다. 그런데 여러 가지 성분이 들어 있기 때문에 딱 한 가지 병만 고치지 않고 두루두루 병을 낫게 하는 힘이 있다. 또 병만 고치려 하지 않고 온몸이 병을 이길 수 있도록 기운을 북돋기도 한다. 한 가지 성분만 뽑아서 쓰지 않기 때문에 약국에서 파는 약보다 부작용이 덜 하고, 금방 병이 낫기 보다 꾸준히 먹어야 낫는 경우가 많다. 약국에서 먹는 약은 병이 난 곳만 재빨리 고치는 약이라면 약초는 온몸이 병을 이길 수 있도록 해 주는 약이라고 보면 된다.

산과 들에 자라는 약초를 캐다 먹는다고 과연 병이 나을까 무시하는 사람도 있다. 하지만 우리나라 사람들은 수천 년 동안 이러저러한 약초를 먹으면서 몸과 병을 다스려 왔다. 그렇게 오랫동안 쌓은 경험과 효과를 정리해 놓은 학문을 한자로 '본초학'이라고 한다. 전문가들은 여러 가지 약초를 섞어 병을 고치지만, 민중들은 한 가지 약초로 병을 다스려 왔다. 하지만 약초는 다른 말로 하면 독초라고 할 수 있다. 약은 잘못 쓰면 독이 된다. 그래서 약초는 꼭 필요한 곳에 알맞게 써야 한다. 올바르게 쓰려면 어떤 사람이 아픈지, 어디가 어떻게 아픈지, 어떻게 살다가 병이 났는지 따위를 잘 헤아려 봐야 한다. 또 함께 먹지 말아야 할 것과 먹으면 안 되는 사람도 가려야 한다. 더구나 독이 아주 센 풀들은 함부로 먹으면 안 된다.

몸을 튼튼하게 하는 약초

인삼

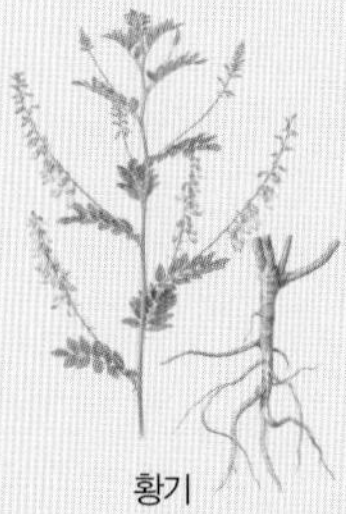
황기

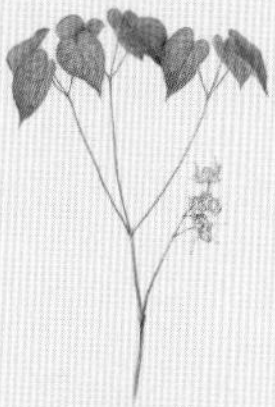
삼지구엽초

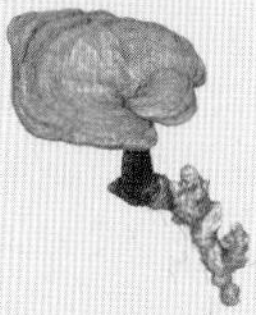
불로초

열을 내리는 약초

박하

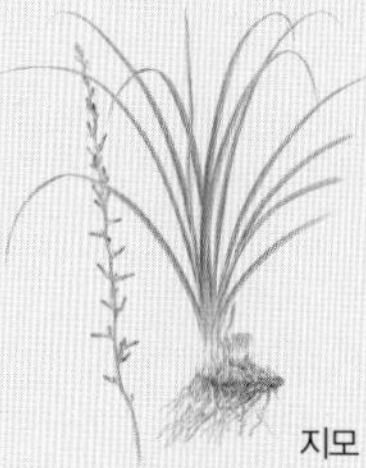
지모

현삼

갈대

기침감기에 좋은 약초

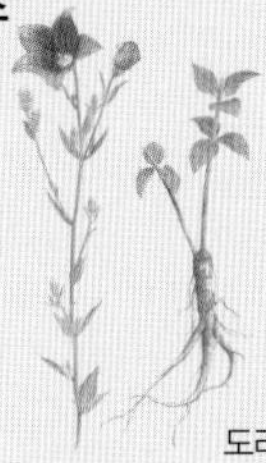
도라지

금불초

향유

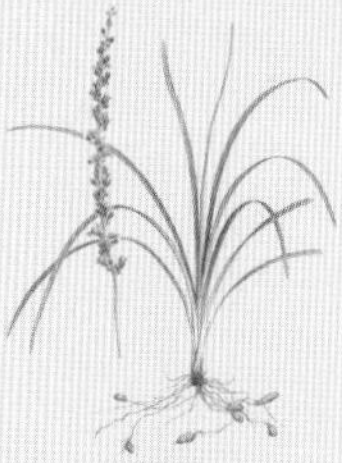
맥문동

뼈마디가 아플 때 쓰는 약초

진득찰

쇠무릎

속단

호장근

기생충을 없애는 약초

담배풀

관중

목향

짚신나물

여자 몸에 좋은 약초

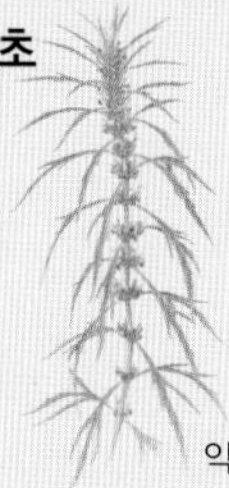
익모초

구절초

참당귀

쑥

1_3 약초 캐기

약초를 캐려면 어디서 자라는지, 어느 때에 캐는지, 어디를 쓰는지 따위를 알아야 한다. 약초는 풀이기 때문에 한 해 동안 싹이 돋아 자라고 꽃이 피고 열매를 맺고 시든다. 그러니 약으로 쓰는 곳이 어디냐에 따라 때에 맞춰 거두는 것이 중요하다. 그래야 약효를 제대로 볼 수 있다. 옛사람들은《향약채취월령》이라는 책을 펴내서 약초 캐는 때를 자세하게 적어 놓았다.

뿌리나 뿌리줄기나 덩이줄기 따위를 약으로 쓰는 약초는 봄이나 가을에 캔다. 싹이 안 돋거나 풀이 시들면 뿌리에 영양분이 많이 들어 있기 때문이다. 그래서 이른 봄이나 늦은 가을에 거둘수록 좋다. 그런데 이 때는 어떤 약초인지 가려낼 꽃이나 잎 따위가 없기 때문에 찾기가 쉽지 않다.

잎, 줄기, 꽃, 뿌리 따위를 가진 옹근 풀포기를 쓸 때는 꽃이 피기 전에 거두는 것이 좋다. 꽃이 피려면 아무래도 힘을 써야 하기 때문에 그 전에 거두는 것이 좋다. 뿌리까지 뽑아서 쓰기도 하지만 주로 풀을 베어 쓴다.

잎을 쓰는 약초는 꽃이 필 때쯤에 거둔다. 이때가 가장 풀이 기운차고 영양분이 많을 때이기 때문이다. 꽃을 쓰는 약초는 꽃이 필 때, 열매나 씨를 쓰는 약초는 열매가 여물 때 거두면 된다.

약초는 해마다 캐서 쓸 수 있는 것도 있지만 몇 해를 커야 약이 될 수 있는 풀도 있다. 당귀는 2 ~ 3년, 도라지는 4 ~ 5년, 산작약은 15년 걸려야 약으로 쓸 수 있다. 그러니 무작정 캐기만 하면 안 된다. 싹쓸이해서 캐면 그때는 좋겠지만 다음에는 더 이상 캘 수 없게 된다. 어린 것은 캐지 말고, 번식할 수 있는 약초는 남겨 놓아야 한다. 씨로 퍼지는 약초는 씨를 둘레에 심어 놓고, 뿌리줄기로 퍼지는 약초는 뿌리줄기 일부를 심어 놓아야 한다. 잎이나 꽃이나 열매 따위를 거둘 때는 식물이 자라는데 큰 무리가 없도록 거둬야 한다. 풀 전체를 쓸 때는 약초가 나는 곳 여기저기를 돌아가면서 거두어야 해마다 거둘 수 있다.

뿌리나 뿌리줄기를 쓰는 약초

인삼

감초

목향

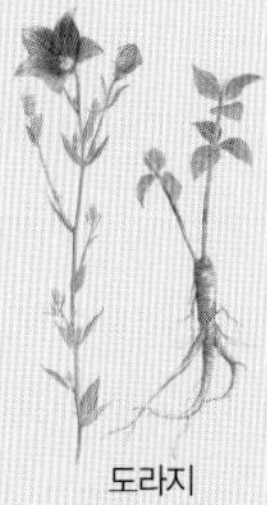
도라지

풀 전체를 쓰는 약초

민들레

꿀풀

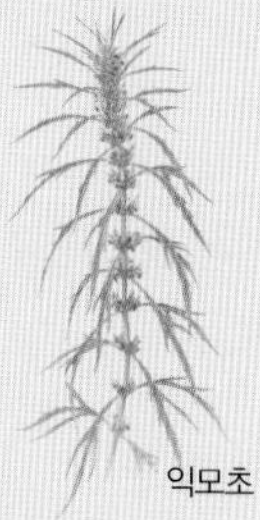
익모초

쑥

잎을 쓰는 약초

소엽

알로에

석위

쪽

꽃을 쓰는 약초

잇꽃

금불초

감국

접시꽃

열매를 쓰는 약초

양귀비

도꼬마리

동아

수세미오이

씨를 쓰는 약초

결명자

개맨드라미

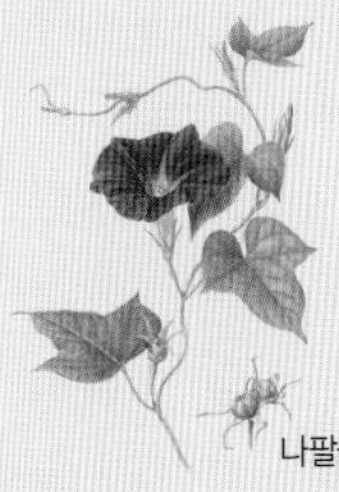
나팔꽃

피마자

1_4 약재 만들기

약초를 거두면 약으로 쓸 수 있게 만들어야 한다. 자칫 함부로 다루었다가는 힘들게 거둔 약초가 쓸모없게 되어 버린다. 약초를 거두면 먼저 약으로 쓸 수 있는 곳을 잘 골라낸다. 썩거나 무르거나 부스러진 것을 골라낸다. 뿌리를 캐면 깨끗하게 잘 씻고 잔뿌리나 꼭지처럼 쓸모없는 곳은 다듬어 버린다. 풀 전체나 꽃이나 열매나 씨에는 흙이나 다른 잡티가 섞이지 않도록 잘 골라낸다. 그리고 거둔 약초는 햇볕이나 그늘이나 때로는 불을 때서 잘 말려야 한다. 그래야 약재가 썩거나 변질되지 않고, 약효를 그대로 지니고 있다. 또 곰팡이가 피거나 벌레가 꾀지 않도록 잘 갈무리해 둔다.

약재를 만들려면 약초에 들어있는 약효 성분을 그대로 지니도록 약초마다 알맞은 방법을 써야 한다. 약재는 약효를 더 높이거나 독을 빼내거나 약효를 다르게 만들기 위해 다시 여러 가지 방법을 써서 가공을 한다. 특히 독이 있는 약초는 약재를 만들 때 독을 없애거나 누그러뜨려야 약으로 쓸 수 있다. 한자로 '법제'라고 한다. 법제하는 방법은 손쉬운 것부터 복잡한 것까지 있다. 손쉽게는 불순물을 없애거나, 약재를 자르고 짓찧어 쓰기 좋게 하거나, 물이나 쌀뜨물이나 술에 담그는 방법이 있다. 조금 더 복잡하게는 약재를 볶거나 달구거나 굽거나 찌거나 삶는 방법이 있다. 이때는 술, 소금물, 꿀, 쌀뜨물, 생강, 기름 같은 도움 재료를 써서 원하는 약효를 낼 수 있도록 한다.

햇볕에 말리는 약초

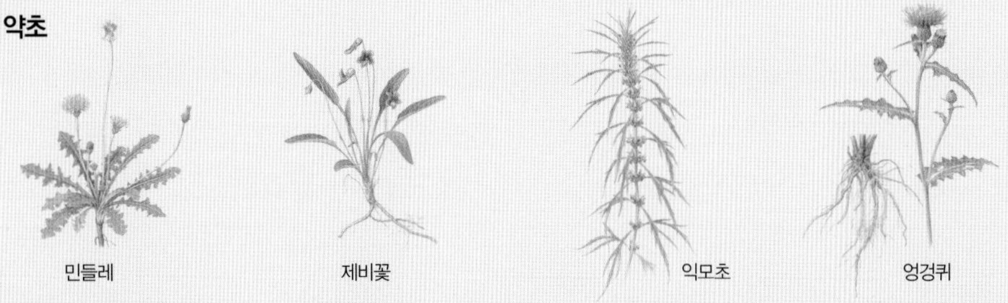

그늘에서 말리는 약초

생풀을 짓찧어 쓰는 약초

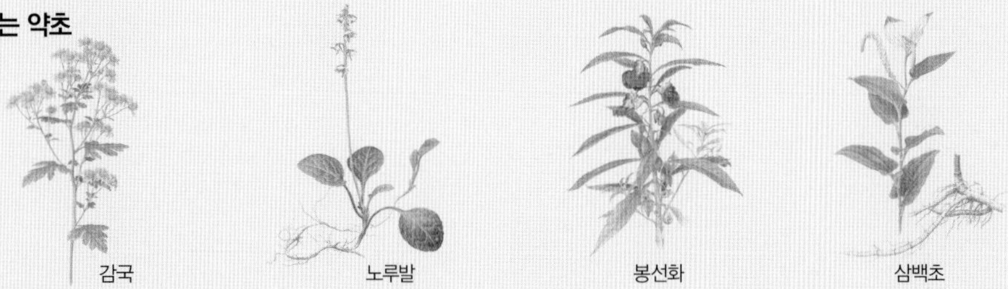

쪄서 쓰는 약초

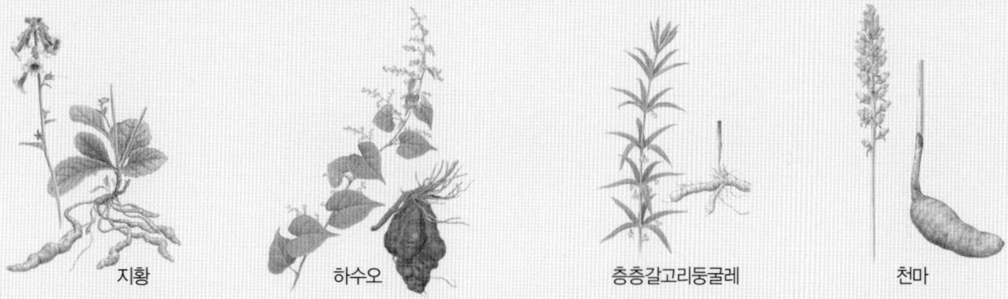

구워서 쓰는 약초

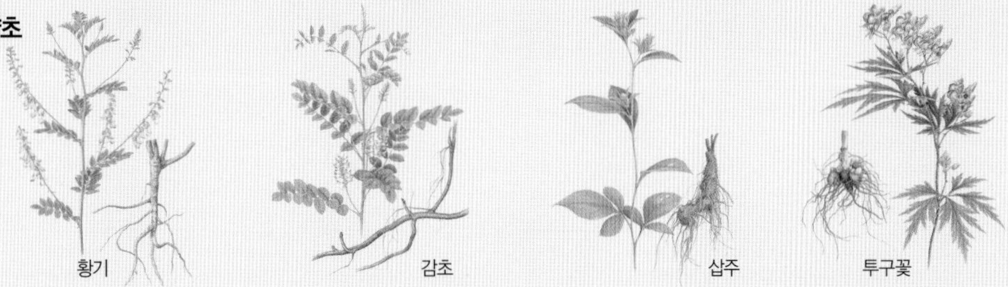

껍질을 벗겨 쓰는 약초

즙을 졸이는 약초

가루를 만들어 쓰는 약초

1_5 약으로 먹기

옛날에는 집집마다 약을 달이는 탕기가 하나씩 있었다. 식구가 아플 때 집에서 약을 달여 먹고는 했다. 이렇게 약재는 흔히 달여 먹는다. 약재에 알맞게 물을 붓고 잔잔한 불로 느긋하게 달이면 온 집 안에 약초 달이는 냄새로 가득 찬다. 약재에 따라 오래 달이기도 하고 재빨리 달이기도 한다. 달일 때는 센 불보다 약한 불로 뭉근하니 달여야 약 성분이 잘 우러나 약효가 좋다. 보통 약재는 30 ~ 40분 끓이고, 보약은 1 ~ 2시간, 특이한 향이 있는 약은 20 ~ 25분쯤 끓인다. 그리고 약재와 함께 달인 물을 약수건에 쏟아 꽉 비틀어 짠다. 한 번 끓여낸 약 찌꺼기에는 아직 약효 성분이 많이 남아 있기 때문에 말렸다가 다시 한 번 달이는데 이를 '재탕'이라고 한다. 먼저 달인 물과 나중에 달인 물을 섞어서 약으로 먹는다.

약재는 달여 먹기도 하지만 가루를 내거나 가루를 둥근 알약으로 만들어 먹기도 한다. 달인 물과 가루와 알약은 몸에서 빨아들이는 시간이 다르기 때문에 약 성질이나 몸 상태에 따라 가려 먹는다. 달인 물은 흡수가 빠르고 알약은 흡수가 느리다. 또 살갗에 난 상처에는 약초를 짓찧어 바르거나 고약을 만들어 붙인다. 달인 물로 병이 난 곳이나 상처 난 곳이나 아픈 곳을 씻기도 한다. 술에 담가 약술을 만들어 먹기도 하고 뜸을 뜨기도 한다.

약은 대부분 하루 세 번 밥 먹은 뒤에 먹는다. 하지만 보약은 밥 먹기 전에 먹고, 구충약이나 설사약은 아침 빈속에 먹는 것이 좋다. 병이 위급할 때는 시간 따지지 않고 아무 때나 약을 먹을 수 있다.

약으로 먹을 때는 나이나 체질에 따라 늘 알맞은 양을 알맞은 때에 병이 나을 때까지 꾸준히 먹어야 한다. 또 약과 함께 먹으면 안 되는 음식은 삼가고, 아기를 가진 엄마는 특히 조심해서 약을 먹어야 한다.

약 만들 때 쓰는 여러 가지 기구

작두

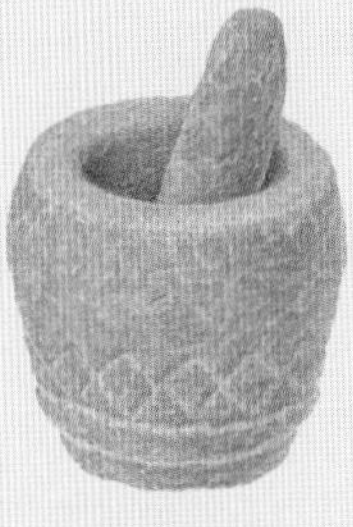
절구

약연

약탕기

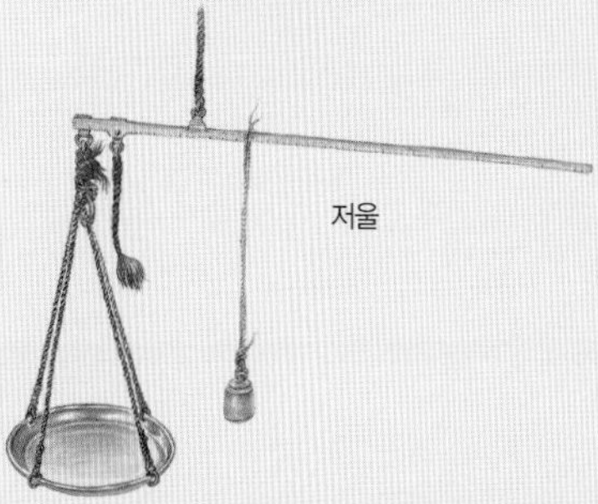
저울

약 짜는 기구

약장

아기 가진 엄마가 먹으면 안 되는 약초

쇠무릎풀

잇꽃

봉선화

피마자

독이 있는 풀

할미꽃

천남성

반하

투구꽃

본초학과 약재

2_1 약초

우리나라와 중국과 일본은 아주 오래전부터 어떤 풀들을 약으로 쓸 수 있을까 연구해 왔다. 이것을 '본초학(本草學)'이라고 한다. 본초라는 말은 '풀에 바탕을 둔다'는 뜻이지만 본초학에는 풀만이 아니라 약으로 쓰는 나무, 곡식, 짐승, 벌레, 물고기, 돌까지도 포함된다. 그리고 그 연구 성과를 나라끼리 서로 주고받고 자기 나라에 더 쓸모 있게 고치고 연구하며 차곡차곡 성과를 모아 왔다.

이러한 전문가들의 연구 성과와 더불어 민간에서는 꼭 전문가를 찾아가지 않더라도 집에서 병을 다스리려고 산과 들에 나는 여러 약들을 캐다가 달이거나 가루 내거나 술을 담그거나 하면서 스스로 약을 만들어 썼다. 지금도 기침감기에 도라지를 끓여 먹거나 눈이 침침할 때 결명자씨를 끓여 먹는 것처럼 굳이 병원에 안 가고 손쉽게 구할 수 있는 약재로 집에서 약을 지어 먹는다. 요즘 사람들은 이렇게 오랫동안 우리 조상들이 집에서 만들어 먹던 약을 과학적이지 않고 터무니없고 위험한 일이라고 생각하며 꺼리고 무시하는 경우가 때때로 있지만, 잘 살펴보면 큰돈 들이지 않고도 집에서 병을 미리 막거나 고칠 수 있는 방법들이 많이 있다.

약초 하나에도 병을 미리 막거나 누그러뜨리거나 고치는 힘이 있다. 한의학에서는 한 가지 약초로 병을 고칠 때 '단방(單方)'이라고 한다. 현대 의학에서도 약초에 들어 있는 한두 가지 약 성분을 뽑아내서 종종 새로운 약을 만들어 내고 있다. 《동의보감》 서문에서 선조는 "가난한 시골과 외딴 마을은 의사와 약이 없어서 일찍 죽는 사람이 많다. 우리나라에서는 향약(鄕藥)이 많이 나지만 사람들이 잘 모르고 있으니 향약을 분류하고 향약 이름을 함께 써서 백성들이 알기 쉽게 하라."라고 했다. 향약이란 우리나라에서 나는 약초를 말한다. 이처럼 우리도 우리 땅에서 자라는 약초를 알고 슬기롭게 쓴다면 큰 도움을 받을 수 있다.

2_2 약초 연구 역사

우리나라 약초 연구

언제부터 사람들이 약초를 캤는지는 잘 모른다. 아마도 오래전부터 사람들이 병이 들고 몸이 아플 때 여기저기에서 풀을 뜯어다가 먹어 보고는 병이 낫는 것을 알고 약초로 쓰기 시작했을 것이다. 그렇게 알음알음 알아낸 약초를 입에서 입으로 전하다가 글자가 생기면서 책으로 엮었을 것이다.

단군 신화에는 곰과 범이 마늘과 쑥을 먹고 사람이 되려 하는 이야기가 나온다. 마늘과 쑥을 먹고 사람이 된다는 말은 마늘과 쑥을 약으로 썼다는 사실을 넌지시 알려 주고 있다. 마늘과 쑥은 벌써 4000년 전부터 약으로 쓰였다는 말이다. 이로 미루어 봤을 때 우리나라는 고조선 때에도 약초를 알고 있었고 약으로 먹었다고 짐작할 수 있다.

삼국 시대에 우리나라 사람들이 어떻게 약초를 캐서 썼는지는 자세하게 밝혀지지 않았다. 다만 6세기 초 중국에서 나온《명의별록》이라는 책에는 고구려 세신이 아주 좋다는 기록이 있다. 세신은 족도리풀 뿌리다. 또 고구려, 백제, 신라에서 나는 산삼이 좋은 약재라고 적혀 있다. 백제에는《백제신집방》이라는 책이 있어서 약초에 대해 적어 놓았다고 일본 책에 적혀 있다. 하지만 책은 없어져 버렸다. 백제는 아예 '약부'라는 관청이 있어서 약초를 캐서 보관하는 일을 맡아서 했다. 신라는 우황이라는 약재를 당나라에 수십 근씩 보냈다고 한다. 우리나라 삼국 시대 약초에 대한 이야기는《명의별록》뿐만 아니라 중국에서 739년에 나온《본초습유》, 1062년에 나온《가우본초》,《도경본초》에도 우리나라 약초로 만든 약재들이 나와 있다.

고려 중기와 후기에 들어서면서 우리 땅에서 나는 약초인 '향약'에 관심이 높아졌다. 우리 땅에서 나는 약초로 우리 병을 다스리자는 생각이 싹트면서 1236년에《향약구급방》이라는 책을 펴냈다.《향약구급방》에는 우리나라 약재 180종류의 한자 이름과 민간에서 쓰는 이름, 약 성질, 독이 있는지 없는지, 언제 캐고 어떻게 갈무리하는지 따위가 적혀 있다. 하지만 우리나라에는 원본이 남아 있지 않고 일본에 있다.

조선에 들어서면서 세종 때에《향약채취월령》과《향약집성방》을 펴내 우리나라 약초 연구에 기틀을 마련했다. 1427년에 펴낸《향약채취월령》에는 우리나라에서 나는 160종 약초에 대해 달마다 캐는 약초와 캐는 방법, 약으로 쓰는 곳, 약재 만드는 방법 따위를 적어 놓았다. 또 1431년부터 1433년까지《향약집성방》을 펴내 약으로 쓰는 약초와 나무, 과일, 돌 700종쯤을 정리해 놓았다.

그리고 1613년에 허준은《동의보감》을 펴냈다. 허준은《동의보감》탕액 편에서 그때까지 우리나라와 중국에서 이루어진 약초 연구 성과들을 모두 반영해서 정리를 해 놓았다. 또 중국 이름과 함께 우리 이름도 적어 놓았다.

그 뒤 1799년《제중신편》, 1868년《의종손익》, 1885년에《방약합편》을 펴냈다.《방약합편》은 약초 이름과 약초로 고칠 수 있는 병 따위를 노랫말처럼 만들어 사람들이 쉽게 외울 수 있도록 했다. 일제 강점기를 거치면서 약초 연구가 거의 끊어졌다가 나라를 되찾은 뒤로 약초를 다시 연구하기 시작했다.

중국 약초 연구

중국은 동양에서 맨 처음으로《신농본초경》이라는 약초책을 펴냈다. 신농씨라는 전설 속 사람이 여러 가지 약초를 뜯어 맛을 보고 독이 있는지 없는지 알아내고 하루에 백 가지 약초 쓰임새를 밝혔다고 한다.《신농본초경》에는 약재 365종이 상약, 중약, 하약으로 나뉘어 실려 있다. 6세기 초 양나라 때 도홍경이라는 사람이《신농본초경》에《명의별록》에 나오는 약재를 더해서《신농본초경집주》라는 책으로 다시 엮었다. 그 뒤 당나라 때에 소경이라는 사람이《신농본초경집주》에 내용을 더 넣어《신수본초》라는 책을 펴냈다. 이 책에는 약으로 쓰는 동물과 식물, 광물 그림도 그려 넣었다.《신수본초》는 맨 처음으로 국가에서 약에 대해 펴낸 책이었고 서양보다 800년이나 앞섰다고 한다.

송나라 때 당신미라는 사람은 1082년에《증류본초》라는 책을 펴내 약초와 약으로 쓰는 약재 1700 종쯤을 실었다.《증류본초》는 그 뒤 500년 동안 힘을 떨쳤다. 1578년 명나라 때 이시진이라는 사람은 그때까지 연구 성과를 모두 그러모으고 자신이 한 연구 성과까지 보태서《본초강목》을 썼다. 여기에는 약초와 약으로 쓰는 약재 1892종이 실려 있다.

2_3 약초를 쓰는 원리

우리는 한의원에 가면 흔히 '한약'을 지어 먹는다. 이 한약은 여러 가지 약재를 섞어 만든 약이다. 한약은 한의사가 병든 사람을 진찰하고 난 뒤 사람마다 다른 체질과 병을 헤아려서 만든다. 그렇기 때문에 우리가 집에서 쉽게 할 수 있는 민간요법과는 다르다. 민간요법은 흔히 약초 한 가지로 약을 만들어 먹는다.

약초에는 여러 가지 성분이 함께 들어 있다. 양약은 여러 가지 성분 가운데 한 가지 성분을 뽑아서 약을 만들 때가 많다. 하지만 한의학에서는 살아 있던 약초를 약재로 만들어 그대로 약으로 쓴다. 그래서 약국에서 파는 양약과는 다르게 한 가지 약초로 여러 가지 병에 두루두루 쓰는 때가 많다. 또 양약은 어떤 성분이 어떤 병에 효과가 있는지에 집중하면서 생리학적, 화학적 약리 반응을 중요하게 생각한다. 하지만 한약은 사람마다 다른 몸 바탕과 약초가 가진 맛과 성질 따위를 중요하게 생각해서 약을 쓴다. 그래서 양약은 모든 사람에게 똑같이 쓰는 약이지만, 한약은 '백인백색(百人百色), 일인일약(一人一藥)'이라고 해서 저마다 몸에 맞게 약을 쓴다. 또 양약은 한 가지 성분을 뽑아서 쓰기 때문에 효과가 빠르게 나타나지만, 쓰는 양을 잘 맞춰 써야지 안 그러면 부작용이 심하게 나타날 수 있다. 또 병을 일으키는 세균이나 바이러스는 약을 쓰면 쓸수록 견디는 힘이 생긴다. 그러면 양을 늘려 약을 더 많이 쓰거나 더 센 약을 써야 하고 결국에는 아무리 약을 써도 약이 안 듣는 경우도 있다. 하지만 한약은 살아 있는 약초로 약을 만들었기 때문에 양약보다 효과가 빠르게 나타나지는 않지만 몸에 부담이 덜하고, 온몸이 병을 이겨낼 수 있도록 돕는다. 또 오랫동안 우리 겨레가 약으로 먹어 왔기 때문에 비교적 안심하고 먹을 수 있다.

본초학에서는 약초를 약으로 쓰는 법을 설명할 때 요즘과는 사뭇 다르게 말한다. 어떻게 보면 요즘 쓰는 말과 달라서 어리둥절할 수도 있지만 찬찬히 생각해 보면 고개를 끄덕일 것이다.

음양

한의학에서는 사람 몸에 음양이 잘 어울려 깨지지 않아야 몸을 건강하게 지킬 수 있다고 본다. 음양이 깨지고 치우치면 몸에 병이 드는 것이다. 쉽게 생각하면 양은 밝은 것, 더운 것, 올라가는 것, 활발한 것 따위를 말한다. 음은 어두운 것, 찬 것, 내려가는 것, 조용한 것 따위를 말한다. 음과 양은 따로 떨어져 있지 않고 하나가 커지면 다른 쪽은 작아지면서 서로 이어져 있다.

이렇게 몸에 음양이 잘 어울리지 않고 깨졌을 때 병이 난다. 지나친 것도 병이고, 모자란 것도 병이다. 체온이 높아져도 병이고, 낮아져도 병인 것이다. 이렇게 한의학에서는 음이 많거나 부족할 때 양 성질을 가진 약으로, 거꾸로 양이 많거나 부족할 때는 음 성질을 가진 약으로 병을 다스려야 한다고 본다. 약초로 만든 약에는 음이나 양 성질이 있어서 병에 알맞게 쓴다.

기 (성질)

약에는 네 가지 성질이 있다. 한자로 '기(氣)'라고 한다. 찬 성질, 더운 성질, 따뜻한 성질, 서늘한 성질이 있어 '네 가지 기(四氣)'라고 한다. 한자로 '한열온량(寒熱溫凉)'이라고 한다. 네 가지 성질에 차지도 따뜻하지도 않은 평(平)한 성질을 하나 더 보태기도 한다.

약초를 쓸 때 이 네 가지 기를 잘 살펴 병을 고치는 데 쓴다. 찬 기와 서늘한 기는 '음'에 속하는 성질이어서 열을 내리고 음을 보하는 약효를 나타낸다. 더운 기와 따뜻한 기는 '양'에 속하는 성질로 차가움을 없애고 몸을 덥혀 주며 양기를 보하는 약효를 나타낸다. 그래서 몸에 난 병이 차갑거나 서늘한 병증이면 따뜻하고 더운 기를 가진 약으로 다스리고 거꾸로 따뜻하거나 더운 병증이면 차갑거나 서늘한 기를 가진 약으로 다스린다. 예를 들어 몸에 열이 나면 차거나 서늘한 기를 가진 약을 쓴다. 몸이 차갑고 얼굴이 새파래질 때는 따뜻하거나 더운 기를 가진 약을 쓴다. 그래서 옛 약초책에는 "한증(寒症)에는 덥게 해 주고 열증(熱症)에는 차게 해 주며 온증(溫症)에는 서늘하게 해 주고 양증(凉症)에는 따스하게 해 주라."라고 적혀 있다.

맛

약초에는 매운맛, 단맛, 신맛, 쓴맛, 짠맛 이렇게 다섯 가지 맛이 있다. 한자로 '오미(五味)'라고 한다. 때로는 다섯 가지 맛과 함께 아무 맛도 없이 심심한 맛도 함께 쳐 준다. 신맛, 쓴맛, 짠맛은 '음'에 속하고 매운맛, 단맛, 싱거운 맛은 '양'에 속한다. 또 다섯 가지 맛은 서로 친한 내장 기관이 있어서 그 내장 기관 때문에 병이 났을 때 거기에 맞춰서 약으로 쓴다. 사실 맛과 내장 기관이 친하다는 설명은 요즘 생각으로는 선뜻 이해가 잘 안 된다. 그러나 아기를 가진 엄마가 갑자기 신 것이 당긴다거나 병이 나더니 입맛이 바뀌었다는 것을 보면 맛과 내장 기관이 서로 관련이 있음을 알 수 있다. 실제로 맛과 내장 기관이 영향을 받는다는 말은 더 따져 보고 밝혀내야 한다.

또 같은 맛을 가진 약초도 성질이 다르면 약효가 달라진다. 거꾸로 성질은 같아도 맛이 다르면 약효가 또 다르다. 따스한 성질 한가지에도 맛이 매우면서 성질이 따스한 것, 맛이 달면서 성질이 따스한 것, 맛이 쓰면서 성질이 따스한 것, 맛이 시면서 성질이 따스한 것, 맛이 짜면서 성질이 따스한 것 따위가 있다. 성질이 찬 것도 맛이 시면서 성질이 찬 것, 맛이 쓰면서 성질이 찬 것, 맛이 달면서 성질이 찬 것, 맛이 매우면서 성질이 찬 것, 맛이 짜면서 성질이 찬 것 따위가 있다.

매운맛 땀을 나게 하고 기와 피가 잘 돌아가게 한다. 예를 들면 소엽이나 박하는 땀을 나게 하고 나쁜 기운을 흩어지게 하며, 목향은 기가 잘 돌아가게 하고, 궁궁이는 피가 잘 돌아가게 한다. 매운 음식을 먹으면 숨을 깊게 들이마시고 입을 크게 벌려 호호 불어 내는 것처럼 매운맛은 허파(肺)와 친하다.

단맛 모자란 것을 채워 주거나 누그러뜨리거나 부드럽게 해 주는 힘이 있다. 예를 들면 인삼, 황기는 기를 보태 주고 숙지황이나 맥문동은 피와 음을 보태 주며 감초는 누그러뜨리는 힘이 있다. 당분은 영양이 많고 소화를 시켜 힘이 나게 해 주기 때문에 단맛은 소화를 맡은 비(脾)와 친하다.

신맛 아물게 하고 멎게 하는 힘이 있다. 신맛은 독을 풀어 주는 간(肝)과 친하다.

쓴맛 몸에서 습기를 없애고 흥분을 가라앉히고 열을 내려 준다. 예를 들면 깽깽이풀이나 고삼은 몸에 있는 습기를 없애 준다. 쓴맛은 흥분을 가라앉히는 힘이 있어서 염통(心臟)과 친하다.

짠맛 굳은 것을 무르게 하고 설사를 일으킨다. 예를 들면 망초(황산나트륨)라는 광물성 약재는 굳은 것을 무르게 해서 똥이 굳어 안 나오는 병을 고친다. 짠 음식을 먹으면 물을 많이 들이켜는 것처럼 짠맛은 콩팥(腎)과 친하다.

작용 방향

약초를 약으로 쓸 때 약이 몸에 들어가 작용하는 방향은 크게 네 가지가 있다. 몸 위로 향하는 방향(승), 아래로 향하는 방향(강), 밖으로 향하는 방향(부), 안으로 향하는 방향(침), 이렇게 네 가지다. 이를 한자로 '승강부침(昇降浮沈)'이라고 한다. 위나 밖으로 향하는 방향은 '양'에 속하고 안과 아래로 향하는 방향은 '음'에 속한다.

위와 밖으로 향하는 힘이 있는 약초는 먹은 것을 게우게 하거나 땀이 나게 하거나 설사를 멈추게 한다. 안과 아래로 향하는 힘이 있는 약초는 열을 내리고 오줌을 누게 하고 설사가 나게 한다. 이런 작용 방향들은 약초 맛과 성질에 따라 갖게 되는 힘이다. 약 성질이 덥거나 따스하면 위나 밖으로 향하는 힘이 있고, 차거나 서늘하면 아래나 안으로 향하는 힘이 있다. 맛이 맵거나 달거나 싱거운 맛을 가진 약들은 위와 밖으로 향하는 힘이 있고, 맛이 시거나 쓰거나 짠맛을 가진 약들은 아래나 안으로 향하는 힘이 있다.

그래서 몸에 병이 나면 병이 나타나는 부위와 어떻게 진행되는지는 잘 따져서 거기에 알맞은 작용 방향을 가진 약을 써야 한다. 거슬러 올라가는 병 증세에는 내리는 약을 써서 고치고, 아래로 처지는 병 증세에는 끌어올리는 약을 써서 고친다.

보사 작용

한의학에서는 몸에 병이 생기면 정기와 병 사이에 싸움이 생긴 것으로 본다. 정기가 약해지면 허증(虛症)으로, 병 힘이 더 세면 실증(實症)으로 그 증세가 나타난다고 본다. 그러니까 '허증'이란 몸에 정기가 모자라 쇠약해진 병증을 말하고, '실증'이란 병 힘이 더 세니까 몸에서 그에 맞서는 일정한 기능이 훨씬 더 높아져서 나타나는 병증을 말하는 것이다.

그래서 약을 쓸 때도 허증에는 기운을 북돋는 약을 쓰고, 실증에는 병세를 누그러뜨리거나 높아진 기능을 낮추는 약을 쓴다. 다시 말하면 허증에는 보(補)하는 약을 쓰고, 실증에는 사(瀉)하는 약을 쓴다. 만일 보약을 실증에 쓰면 병세가 더 들끓어 오르고 사약을 허증에 쓰면 정기가 더 약해져 병은 더 깊어진다.

귀경

약초를 약으로 쓸 때 약마다 몸속 오장육부, 곧 내장 기관과 친한 맛이 있다. 오장(五臟)은 간장(肝), 폐장(肺), 심장(心), 비장(脾), 신장(腎)이고, 육부(六腑)는 대장, 소장, 쓸개, 위, 삼초, 방광을 말한다. 삼초는 정말 있는 기관이라기보다 상초, 중초, 하초라고 해서 호흡 기관, 소화 기관, 비뇨생식 기관을 통틀어 말한다. 이처럼 약마다 효과를 더 잘 내는 내장 기관이 있기 때문에 거기에 맞춰 약을 써야 한다. 옛사람들은 이것을 한자로 '귀경(歸經)'이라고 했다. 쉽게 말하면 몸에 열이 나면 폐가 아파서 열이 나는지, 위가 아파서 열이 나는지, 간이 아파서 열이 나는지 따위를 가려내서 거기에 잘 듣는 약초로 약을 써야 한다. 이러한 귀경은 약초가 가진 맛과 성질과 가깝게 이어져 있다. 옛 책에는 약초마다 친한 오장육부를 적어 놓았다.

더구나 한의학에서는 음양오행설에 따라 오장은 서로 영향을 주고받는다고 본다. 그래서 폐가 아프더라도 폐 때문이 아니라 실은 심장 때문에 난 병일 수도 있다. 음양오행설에서는 심(心)은 불(火), 비(脾)는 흙(土), 폐(肺)는 쇠(金), 신(腎)은 물(水), 간(肝)은 나무(木)라고 한다. 이 다섯 가지 힘은 서로 돕기도 하고 억누르기도 한다. 이를 '상생상극(相生相剋)'이라고 한다. 간단하게 정리하면 상생은 '물은 나무를 낳는다(水生木)', '나무는 불을 낳는다(木生火)', '불은 흙을 낳는다(火生土)', '흙은 쇠를 낳는다(土生金)', '쇠는 물을 낳는다(金生水)', 그리고 다시 '물은 나무를 낳는다(水生木)'로 서로 돕는다. 상극은 '물은 불을 이긴다(水克火)', '불은 쇠를 이긴다(火克金)', '쇠는 나무를 이긴다(金克木)', '나무는 흙을 이긴다(木克土)', '흙은 물을 이긴다(土克水)'고 한다.

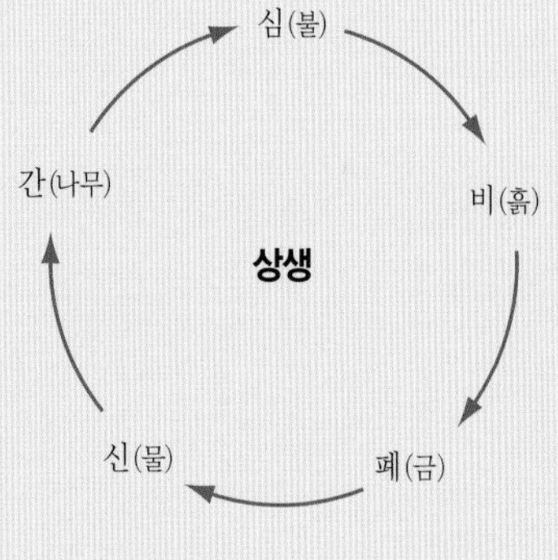

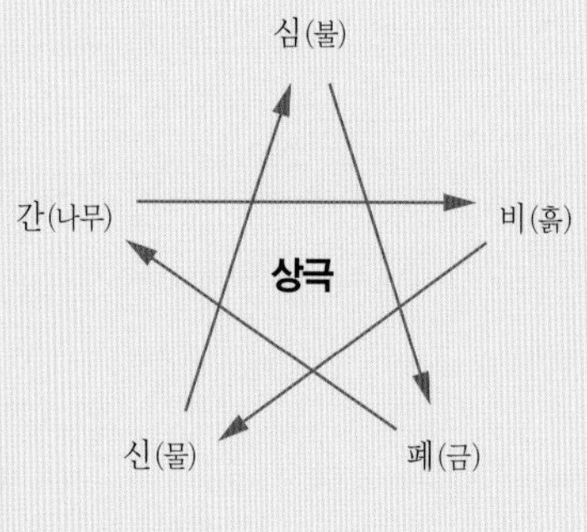

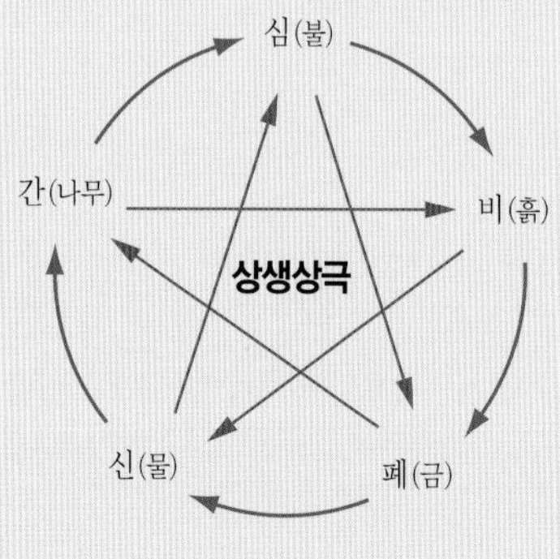

본초학에서 약을 쓰는 원리를 간단하게 밝혀 보았다. 본초학에서는 이러한 원리를 따져 가며 약을 쓴다. 제법 복잡하지만 이런 관계를 잘 따져 보고 약을 써야 병을 잘 낫게 할 수 있다. 하지만 이러한 설명은 요즘 우리가 쉽게 이해하기에 어려운 말들이고 추상적으로 느껴지기 쉽다. 정말로 이러한 원리가 꼭 들어맞는지는 더 따져 봐야 한다. 또 실제로 약초에 어떤 성분들이 들어 있고, 어떤 효과들을 내는지 더 속속들이 밝혀내야 한다.

2_4 약초와 약재 정리

약초	약재 이름	쓰는 부위	성질	맛	귀경
가시연꽃	검인	열매	평범하다	달다	비, 신
갈대	노근	뿌리줄기	차다	달다	폐, 위
감국	감국	꽃	평범하다	달다	폐, 간
감초	감초	뿌리	평범하다	달다	비, 위, 폐
개맨드라미	청상자	씨	조금 차다	쓰다	간
개미취	자완	뿌리	따뜻하다	쓰고 맵다	폐
갯기름나물	식방풍	뿌리	조금 따뜻하다	맵고 시다	방광, 간, 비
결명자	결명자	씨	평범하다	짜고 쓰다	간, 대장
고삼	고삼	뿌리	차다	쓰다	심, 간, 위, 대장, 방광
골풀	등심초	줄기	차다	달다	심, 폐, 소장
과남풀	용담	뿌리	몹시 차다	쓰다	간, 담
관중	관중	뿌리	조금 차다	쓰고 독이 있다	간, 비
구절초	구절초	뿌리를 뺀 전초	평범하다	달다	심, 비, 위
금불초	선복화	꽃	조금 따뜻하다	짜고 달다	폐, 비, 위, 대장
깽깽이풀	모황련	뿌리	차다	쓰다	심, 간, 위, 대장
꼭두서니	천초근	뿌리	차다	달다	간
꿀풀	하고초	전초	차다	쓰고 맵다	간, 쓸개
나팔꽃	견우자	씨	차다	쓰고 독이 있다	폐, 신, 대장
노루발	녹제초	전초	평범하다	쓰다	폐, 간, 신
닥풀	황촉규근	뿌리	차다	달고 쓰다	신, 방광, 대장
단삼	단삼	뿌리	조금 차다	쓰다	심, 간
담배풀	학슬	씨	평범하다	쓰다	비, 위
도꼬마리	창이자	열매	조금 차다	쓰고 맵다	폐, 간
도라지	길경	뿌리	조금 따뜻하다	맵고 쓰다	폐
동아	동과	열매	조금 차다	달다	간
들현호색	현호색	덩이줄기	따뜻하다	맵다	심, 간, 비
딱지꽃	위릉채	전초	평범하다	쓰다	대장
마디풀	편축	뿌리를 뺀 전초	조금 서늘하다	쓰다	방광
마타리	패장	뿌리	조금 차다	쓰고 짜다	위, 대장, 간
만삼	만삼	뿌리	평범하다	달다	비, 폐
매자기	형삼릉	덩이줄기	평범하다	맵고 쓰다	간, 비
맥문동	맥문동	뿌리	차다	달고 쓰다	심, 폐, 위
모시대	제니	뿌리	차다	달다	위, 폐, 간
모시풀	저마근	뿌리	차다	달다	심, 간
목향	토목향	뿌리	따뜻하다	맵다	비, 위, 대장, 담
민들레	포공영	전초	차다	쓰고 달다	간, 위
박하	박하	뿌리를 뺀 전초	따뜻하다	매우면서 쓰다	간, 폐
반하	반하	덩이뿌리	평범하다	맵고 독이 있다	비, 위, 폐
배초향	곽향	뿌리를 뺀 전초	조금 따뜻하다	맵다	비, 위, 폐
백미꽃	백미	뿌리	차다	쓰고 짜다	위, 간
백선	백선피	뿌리껍질	차다	쓰다	비, 위
범부채	사간	뿌리줄기	평범하다	쓰다	폐

약초	약재이름	쓰는 부위	성질	맛	귀경
봉선화	급성자	씨	따뜻하다	조금 쓰고 맵다	폐, 간
불로초	영지	전체	평범하다	달고 조금 쓰다	심, 비, 폐, 간, 신
사철쑥	인진	뿌리를 뺀 전초	서늘하다	쓰고 맵다	비, 위, 간, 담
산자고	광자고	비늘줄기	차다	달고 맵고 독이 있다	간, 위
삼	화마인	씨	평범하다	달다	비, 위, 대장
삼백초	삼백초	전초	차다	쓰고 맵다	간, 신
삼지구엽초	음양곽	잎, 줄기	따뜻하다	맵다	간, 신
삽주	백출	뿌리줄기	따뜻하다	쓰고 달다	비, 위
새삼	토사자	씨	평범하다	맵고 달다	간, 신
석위	석위	잎	평범하다	쓰고 달다	폐, 방광
석창포	석창포	뿌리줄기	따뜻하다	맵다	심, 위
소엽	자소엽, 자소자	잎, 씨	따뜻하다	맵다	폐, 비
속단	한속단	뿌리	조금 따뜻하다	쓰고 맵다	간, 신
속새	목적	뿌리를 뺀 전초	평범하다	달고 조금 쓰다	폐, 간, 담
쇠무릎	우슬	뿌리	평범하다	쓰고 시다	간, 신
수세미오이	사과락	열매	서늘하다	달다	폐, 위, 간
쉽싸리	택란	뿌리를 뺀 전초	조금 따뜻하다	쓰고 달고 맵다	간, 비
시호	시호	뿌리	조금 차다	쓰다	간, 담
쑥	애엽	잎	따뜻하다	쓰다	간, 비, 신
알로에	노회	잎	차다	쓰다	간, 대장
애기똥풀	백굴채	뿌리를 뺀 전초	조금 따뜻하다	쓰고 맵다	폐, 위, 대장
약모밀	어성초	뿌리를 뺀 전초	차다	맵다	폐
양귀비	앵속각	열매	평범하다	시고 떫으며 독이 있다	폐, 대장, 신
엉겅퀴	대계	뿌리, 뿌리를 뺀 전초	서늘하다	쓰다	심, 간
오이풀	지유	뿌리	조금 차다	쓰고 달고 시다	간, 위, 대장
원지	원지	뿌리	따뜻하다	쓰고 맵다	심, 폐
원추리	훤초	뿌리	서늘하다	달다	비, 폐
율무	의이인	씨	조금 차다	달다	폐, 비, 위
이질풀	현초	뿌리를 뺀 전초	평범하다	맵고 쓰다	간, 대장
익모초	익모초	뿌리를 뺀 전초	조금 차다	쓰고 맵다	심, 간, 방광
인삼	인삼	뿌리	따뜻하다	달다	비, 폐
잇꽃	홍화, 홍화자	꽃, 씨	따뜻하다	맵다	심, 간
자란	백급	알뿌리	평범하다	쓰고 맵다	폐, 간, 위
자리공	상륙	뿌리	차다	쓰고 독이 있다	폐, 신, 대장
작약	작약	뿌리	평범하다	쓰고 시다	간, 비
장구채	왕불류행	뿌리를 뺀 전초	조금 차다	쓰다	간, 위
절굿대	누로	뿌리	차다	쓰다	위, 대장
접시꽃	촉규근	뿌리	차다	달다	신, 방광
제비꽃	자화지정	전초	차다	쓰고 맵다	심, 간
족도리풀	세신	뿌리	따뜻하다	맵다	폐, 심, 신
쥐방울덩굴	마두령	열매	차다	쓰다	폐, 대장
지모	지모	뿌리줄기	차다	쓰다	폐, 위, 신

약초	약재이름	쓰는 부위	성질	맛	귀경
지치	자초	뿌리	차다	쓰다	간
지황	숙지황	뿌리	조금 따뜻하다	달다	간, 신
	건지황	뿌리	조금 차다	달다	심, 간, 신
	생지황	뿌리	아주 차다	달고 쓰다	심, 간, 신
진득찰	희첨	뿌리를 뺀 전초	차다	쓰다	간, 신
질경이택사	택사	뿌리줄기	차다	달고 짜다	신, 방광
짚신나물	용아초	뿌리를 뺀 전초	조금 차다	쓰고 떫다	폐, 간, 비
쪽	청대	잎	차다	짜다	심, 간, 위
참나리	백합	비늘줄기	평범하거나 조금 차다	달다	심, 폐
참당귀	당귀	뿌리	따뜻하다	달고 맵다	간, 심, 비
참여로	여로	뿌리	차다	맵고 쓰며 독이 있다	폐, 간, 위
천남성	천남성	덩이줄기	평범하다	쓰고 매우며 독이 있다	폐, 간, 비
천마	천마	뿌리줄기	평범하다	맵다	간
층층갈고리둥굴레	황정	뿌리줄기	평범하다	달다	비, 폐, 신
투구꽃	초오	덩이뿌리	뜨겁다	맵고 쓰며 독이 있다	심, 간, 비
패랭이꽃	석죽	뿌리를 뺀 전초	차다	쓰고 맵다	심, 소장, 방광
피마자	피마자	씨	평범하다	달고 맵다	대장, 폐
하수오	하수오	덩이뿌리	조금 따뜻하다	달고 쓰다	간, 신
할미꽃	백두옹	뿌리	차다	쓰고 독이 있다	대장
향부자	향부자	덩이줄기	평범하다	맵고 조금 쓰고 달다	간, 삼초
향유	향유	뿌리를 뺀 전초	조금 따뜻하다	맵다	폐, 위
현삼	현삼	뿌리	조금 차다	쓰고 짜다	폐, 신
호장근	호장근	뿌리줄기	조금 차다	쓰고 시다	간, 담, 폐
황금	황금	뿌리	차다	쓰다	폐, 담, 위, 대장
황기	황기	뿌리	조금 따뜻하다	달다	비, 폐

나무	약재이름	쓰는 부위	성질	맛	귀경
감나무	시체	감꼭지	따뜻하다	쓰다	위
구기자나무	구기자	열매	조금 차다	달다	간, 신
귤나무	진피	열매껍질	따뜻하다	쓰고 맵다	폐, 비
느릅나무	유근피	뿌리껍질	평범하다	달다	간, 방광
능소화	자위	꽃	조금 차다	시다	간, 심
다래나무	미후도	열매	차다	시고 달다	신, 위
닥나무	저실	열매	차다	달다	간, 비, 신
대나무	죽엽	잎	차다	달다	심, 폐, 위, 간
대추나무	대조	열매	평범하다	달다	비, 위
두충나무	두충	줄기 껍질	평범하다	맵고 달다	간, 신
매실나무	오매	열매	따뜻하다	시다	간, 비, 폐, 대장
모과나무	모과	열매	따뜻하다	시다	간, 비, 폐
목련	신이	꽃	따뜻하다	맵다	폐, 위
무궁화	목근피	뿌리껍질	평범하다	쓰다	대장, 간, 비
무화과나무	무화과	열매	평범하다	달다	폐, 위, 대장
무환자나무	무환자	열매	평범하다	조금 쓰다	
물푸레나무	진피	줄기 껍질	차다	쓰다	간, 담, 대장
밤나무	율자	열매	따뜻하다	짜다	비, 신
배나무	이자	열매	차다	달면서 조금 시다	폐, 위
복숭아나무	도인	씨	평범하다	달고 쓰다	간, 심
붉나무	오배자	벌레집	평범하다	쓰고 시다	폐, 위, 대장
뽕나무	상백피	뿌리껍질	차다	달다	폐
산사나무	산사자	열매	평범하다	달고 시다	비, 위, 간
산수유나무	산수유	열매	조금 따뜻하다	시고 떫다	간, 신
살구나무	행인	씨	따뜻하다	달고 쓰다	폐, 대장
석류나무	석류과피	열매껍질	따뜻하다	시고 떫다	대장
소나무	송엽	잎	따뜻하다	쓰다	심, 비
수양버들	유지	가지	차다	쓰다	
앵두나무	욱리인	열매	뜨겁다	달다	비, 대장, 소장
오미자	오미자	열매	따뜻하다	시다	폐, 신, 비
오갈피나무	오갈피	뿌리껍질, 줄기 껍질	따뜻하다	맵고 쓰다	간, 신
유자나무	유자	열매	차다	달고 시다	폐, 비
은행나무	백과	열매	차다	달다	폐
음나무	해동피	줄기 속껍질	평범하다	쓰다	비, 위, 간, 신
자귀나무	합환피	줄기 껍질	평범하다	달다	심, 비, 폐
자작나무	화목피	줄기 껍질	평범하다	쓰다	위
잣나무	해송자	열매	조금 따뜻하다	달다	폐, 위, 대장
참나무	상실	열매	따뜻하다	쓰고 떫다	위, 대장
측백나무	백자인	열매	평범하다	달다	심, 간, 신
칡	갈근	뿌리	평범하다	달다	위
탱자나무	지실	열매	차다	쓰고 시다	비, 위
포도	포도	열매	평범하다	달다	폐, 비, 신
화살나무	귀전우	가지 날개	차다	쓰다	간
호두나무	호도	열매	평범하다	달다	폐, 신

우리나라 약초

약이 되는 풀

가시연꽃

Euryale ferox

가시연꽃은 널따란 늪이나 못에서 사는 한해살이 물풀이다. 가시가 잔뜩 난 연꽃이라고 가시연꽃이다. 잎에도 꽃대에도 가시가 잔뜩 나 있다. 꽃이 주먹만 하고 생김새가 꼭 닭 대가리를 닮았다고 '계두실'이라고 한다. 우리나라 남쪽 지방에서 자라는데, 물이 더러워지는 바람에 다 없어지고 지금은 우포늪에서만 겨우 볼 수 있다. 옛날부터 사람들은 가시연꽃 씨를 약으로 썼다. 또 씨를 가루로 빻아 떡을 빚어 먹고, 어린 잎줄기와 뿌리줄기는 나물로 먹을 수 있다.

가시연꽃은 씨앗이 물 밑바닥 감탕 속에 겨우내 묻혀 있다가 봄이 되면 싹이 튼다. 화살촉처럼 뾰족하게 돋은 잎이 올라오면서 점점 커지다가, 물낯에 닿으면 둥그렇게 쫙 펴져서 물낯에 찰싹 붙어 뜬다. 잎은 어른 팔 한 아름보다 훨씬 더 크다. 잎은 쭈글쭈글 주름이 지고, 잎맥마다 뾰족한 가시가 난다. 잎을 뒤집어 보면 진한 보랏빛이고 불룩불룩 튀어나온 잎맥에도 가시가 나 있다. 여름이 되면 꽃대가 물 위로 한 뼘쯤 올라와 어른 주먹만 하게 꽃봉오리가 맺힌다. 꽃대가 잎을 뚫고 나오기도 한다. 꽃봉오리가 네 쪽으로 갈라지면서 보랏빛 꽃이 활짝 핀다. 낮에는 활짝 폈다가 밤이 되면 오므라든다. 가을이 되면 밤송이 같은 열매가 익는다. 다 익은 열매는 뭉그러지면서 씨앗이 터져 나와 물 위에 둥둥 떠다닌다. 씨앗은 투명하고 말랑말랑한 젤리에 싸여 있어 꼭 개구리 알 같다. 한동안 물에 떠다니다가 물 밑으로 가라앉는다.

약재 가시연꽃은 가을에 익은 열매를 따서 약으로 쓴다. 열매 속에 들어 있는 씨앗은 껍데기가 딱딱하다. 딱딱한 껍데기를 두드려 씨만 빼서 햇볕에 잘 말린다. 햇볕에 말린 씨는 물에 넣고 달여 먹거나 가루로 빻아서 먹거나 알약을 만들어 먹는다. 또 가루를 넣고 죽을 쑤어 먹기도 한다.

《동의보감》에는 '검인(芡仁), 거싀년밤'이라고 나온다. "'계두실(鷄頭實), 계옹(鷄癰)'이라고도 한다. 연못 가운데서 자라며 잎은 연잎 크기만 하다. 주름과 가시가 있다. 꽃은 주먹 크기만 하고 생김새가 닭 대가리 같다고 계두실이라고 하였다. 열매는 석류와 닮았는데 껍질은 검푸르고 살은 허옇다. 음력 8월에 따서 찐 다음 볕에 말리면 껍질이 터진다. 또한 가루를 내어 쓸 수도 있는데 마름보다 사람에게 더 좋다."라고 했다.

약효 몸과 콩팥을 튼튼하게 하고 설사를 멈추게 하고 허리와 무릎이 저리고 아픈 것을 고친다. 몸이 약할 때, 허리나 무릎이 저리고 아플 때, 물똥을 줄곧 쌀 때, 찔끔찔끔 오줌을 지릴 때 먹는다. 하지만 오줌이나 똥을 못 눌 때, 아기를 낳은 엄마가 헛배가 불러올 때는 쓰지 않는다.

《동의보감》에는 "성질이 평범하고 맛은 달며 독이 없다. 정기를 보태 주고 의지를 굳게 만든다. 귀와 눈이 밝아지며 오래 살게 한다. 가시연은 몸에 모자란 정(精)을 보태주기 때문에 '수류황(水硫黃)'이라고 한다."라고 나온다.

- 가시련꽃
- 개연, 칠남성
- 한해살이풀
- 7 ~ 8월
- 10월

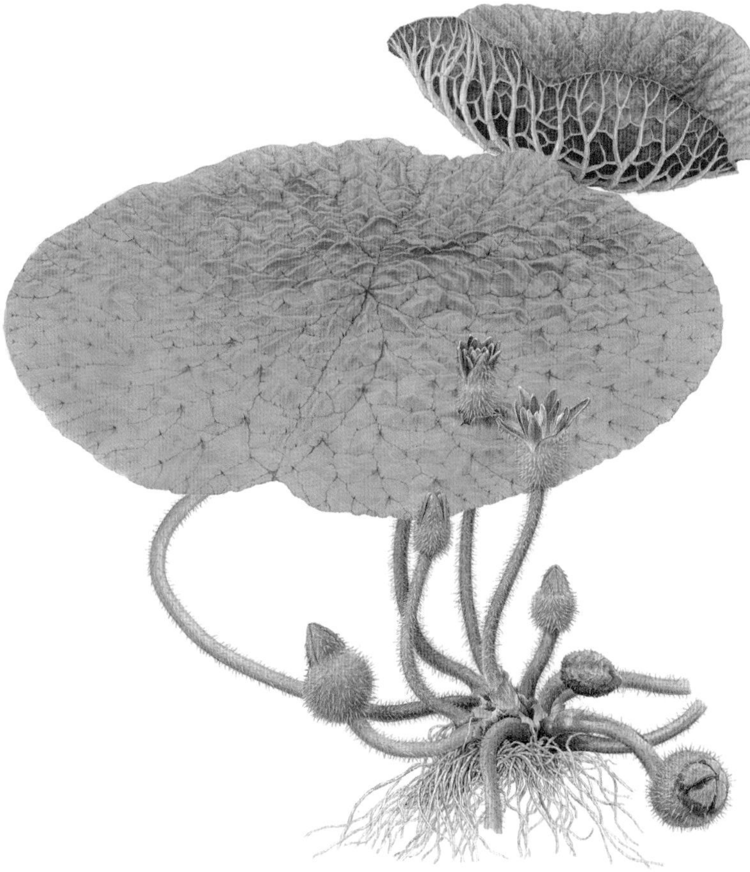

2003년 8월 전라남도 무안

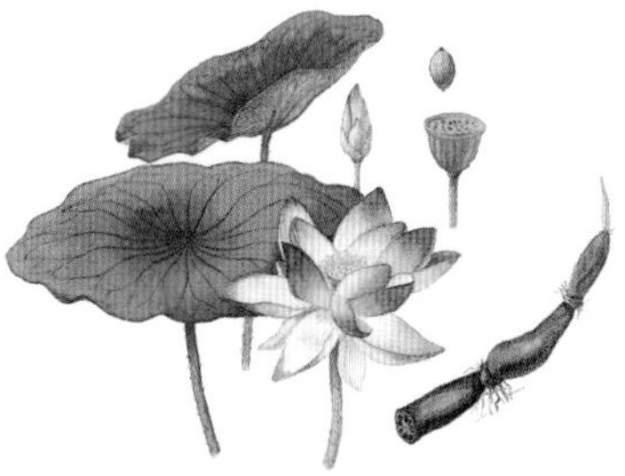

연꽃 *Nelumbo nucifera*

검인

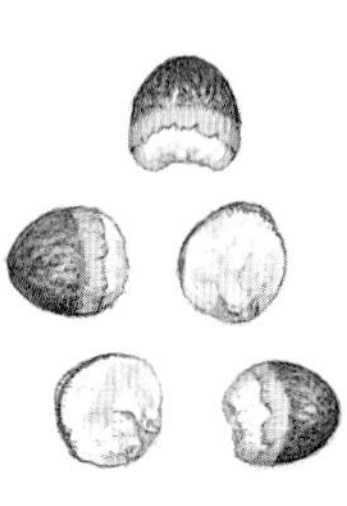

약재 만드는 법	가을에 익은 열매를 딴다. 열매껍질을 두드려 씨만 빼내서 햇볕에 말린다. 쓰기 전에 작게 깨뜨린다.
약 쓰는 법	물에 달이거나 가루로 빻아 먹는다.
약 성질	성질은 평범하다. 맛은 달며 독이 없다.
약효	물기 빨아들이기, 기침 멈추기, 강장, 진정, 염증 없애기
약 쓰는 때	몸이 약할 때, 허리나 무릎이 저리고 아플 때, 물똥을 줄곧 쌀 때, 찔끔찔끔 오줌을 지릴 때
주의할 점	오줌이나 똥을 못 눌 때, 아기를 낳은 엄마가 헛배가 불러올 때는 안 쓴다.

갈대

Phragmites communis

갈대는 강가나 냇가, 갯벌, 연못에서 풀숲을 이뤄 자라는 여러해살이풀이다. 갈대는 꼭 물이 있거나 축축한 곳에서 자란다. 갈대와 닮은 억새는 메마른 산이나 들에서 큰다. 갈대는 '가는 대나무'라는 뜻이다.

갈대는 곧게 자라서 어른 키를 훌쩍 넘게 큰다. 덤부렁듬쑥하게 자라서 갈대밭에 들어가면 사방이 분간이 안 될 만큼 빽빽하게 우거진다. 대가 가늘어서 산들바람만 불어도 어우렁더우렁 춤을 춘다. 줄기 속은 텅 비었고 대가 질겨서 손으로 꺾어도 잘 안 끊어진다. 잎은 어긋나는데, 좁게 길쭉하고 끝이 뾰족하다. 잎몸이 반질반질해 보여도 만져 보면 까끌까끌하다. 한여름에 벼이삭처럼 꽃이 피는데 수북하게 퍼진다. 가을이 되면 누렇게 익는다.

옛날부터 사람들은 갈대를 여러모로 알뜰하게 썼다. 새싹은 나물로 먹고, 뿌리를 캐다가 말려서 약으로 썼다. 갓 캐낸 하얀 뿌리를 씹으면 달달한 맛이 난다. 갈대는 꼴을 베어다가 소나 말을 먹이기도 했다. 또 대를 엮어 돗자리나 발이나 빗자루를 만들고, 초가집을 짓는 데도 썼다. 갈대로 종이를 만들기도 했는데, 갈대로 만든 종이를 '노지(蘆紙)'라고 했다. 갈대밭은 여러 동물들이 사는 보금자리다. 새들이 둥지를 틀고 알을 낳고, 온갖 물고기와 벌레들이 살아간다. 그래서 갈대밭은 사람에게나 동물에게나 큰 도움을 준다.

약재 갈대 뿌리를 약으로 쓴다. 뿌리는 옆으로 길게 뻗는다. 줄기처럼 마디가 지고 마디마다 가는 수염뿌리가 나온다. 이런 뿌리 가운데 물 흐름에 거슬러 자라는 것만 약으로 쓴다. 물 위에 떠 있거나 물 흐르는 쪽으로 뻗은 뿌리는 안 쓴다. 봄이나 가을에 뿌리를 캐서 잔뿌리를 다듬고 깨끗이 씻어 햇볕에 잘 말린 뒤 물에 달여 먹는다.

《동의보감》에는 '노근(蘆根), 골불휘'라고 나온다. "물속에서 자란다. 잎은 대나무 잎과 비슷하고 꽃은 하얗다. 큰 갈대(葦)는 잔 갈대(蘆)보다 조금 더 큰데, 큰 갈대나 잔 갈대나 같이 쓴다. 약에 쓸 때에는 물을 거스르면서 뻗은 뿌리가 좋다. 또한 물 밑에 들어 있는 달고 매운 것을 쓰고 뿌리가 드러나 물에 뜬 것은 쓰지 못한다."라고 했다. 갈대꽃은 음식을 먹고 체해서 게우고 물똥을 쌀 때 달여 먹으면 좋다고 나온다.

약효 갈대 뿌리는 성질이 차다. 그래서 열이 많이 날 때 갈대 뿌리를 달여 먹으면 열이 내린다. 열이 많아서 딸꾹질을 하거나 잘 토하는 때에도 갈대를 달여 먹으면 좋다. 몸이 붓거나 자주 목마를 때도 달인 물을 먹으면 부기도 빠지고 목마름도 풀린다. 또 독을 풀어 주는 힘이 있어서 사람이 더러운 물에 사는 물고기나 게를 먹고 중금속에 중독되었을 때, 술을 많이 먹고 탈이 났을 때 먹어도 좋다. 요즘에는 위암이나 폐암을 고치는 약으로도 쓴다. 하지만 갈대는 성질이 차기 때문에 늘 몸이 차고 물똥을 자주 싸는 사람, 손발이 찬 사람에게는 좋지 않다.

《동의보감》에는 "성질이 차다. 맛은 달고 독이 없다. 목마름을 풀고 열을 내린다. 소화가 잘 되게 하고, 입맛을 돋우고 목이 메고 딸꾹질하는 것을 낫게 한다. 아기를 가진 엄마한테서 나는 열을 내리고, 이질과 목마름을 낫게 한다."라고 했다.

◐ 갈, 갈풀, 갈삐럭이, 달뿌리풀, 갈팡줄기
✽ 여러해살이풀
➊ 2~3m
✲ 9월
➏ 늦가을

2004년 6월 충청남도 태안반도

억새 *Miscanthus sinensis* var. *purpurascens*

노근

약재 만드는 법	봄이나 가을에 뿌리를 캔다. 잔뿌리를 다듬고 깨끗이 씻어 햇볕에 잘 말린 뒤 잘게 썬다.
약 쓰는 법	물에 달여 먹는다.
약 성질	성질이 차다. 맛은 달고 독이 없다.
약효	오줌내기, 열 내리기, 염증 없애기, 목마름 풀기
약 쓰는 때	열나고 목마를 때, 몸이 부을 때, 토할 때, 황달, 기침, 방광염, 술독
주의할 점	몸이 차고 설사를 자주 하고 손발이 찬 사람은 안 먹는다.

감국

Dendranthema indicum

감국은 산기슭이나 집 둘레나 밭둑에 많이 피는 여러해살이풀이다. 흔히 '들국화'라고 하는 꽃들 가운데 하나다. 감국이라는 이름은 '단맛이 나는 국화'라는 뜻이다. 옛날에는 감국으로 여러 가지 요리를 만들어 먹어서 '요리국'이라고도 했다. 《동의보감》에는 "들국화(野菊)는 의국이라고도 하는데, 감국은 달고 의국은 쓰다. 감국화는 오래 살게 하고, 들국화는 기운을 없앤다. 꽃은 작으면서 몹시 향기롭다. 줄기가 푸른 것이 들국화이다."라고 나온다.

감국은 어른 허리춤쯤 크고 줄기가 붉다. 줄기에는 하얀 털이 나 있고 가지가 많이 갈라진다. 잎은 어긋난다. 잎몸은 깊게 갈라지고 톱니가 뾰족뾰족 난다. 가을이 되면 가지 끝마다 노란 꽃이 다보록다보록 핀다. 산국은 감국과 거의 닮았는데 꽃이 더 작다.

감국은 꽃을 따서 차를 우리거나 술을 담그고 어린싹은 나물로 먹는다. 꽃 내음이 좋아서 예로부터 꽃을 잘 말려서 이불 한 귀퉁이나 베개 속에 넣었다. 은은한 냄새가 마음을 편하게 가라앉혀, 잠을 잘 못 이루는 사람에게 좋다. 머리가 자주 아프고 비듬이 많으면 감국 우린 물로 머리를 감으면 좋다. 더구나 머리카락이 빠지거나 하얗게 쇠는 것을 미리 막고 머리카락이 튼튼해진다.

우리나라 감국은 아주 옛날부터 아름답기로 널리 알려졌다. 그래서 신라나 고려 때 우리 감국이 중국에서 많은 사랑을 받았다. 일본 국화는 백제 사람이었던 왕인이 전해준 것이다. 일본 황실 꽃이 감국이다.

약재 감국은 늦가을에 꽃을 따서 약으로 쓴다. 감국을 약으로 쓸 때는 꽃자루와 잎자루는 떼고 쓴다. 꽃을 따서 그늘에서 말려야 향이 좋다. 《동의보감》에는 독이 없다고 나오지만, 감국은 독성이 있어서 그냥 말려서 쓰면 안 되고, 꼭 끓는 물에 데쳐 독성을 없앤 뒤에 말려서 쓴다.
《동의보감》에는 '감국화(甘菊花), 강셩황'이라고 한자 이름과 우리 이름이 함께 나온다. "음력 1월에 뿌리를 캐고 3월에 잎을 따고 5월에 줄기를 베고 9월에 꽃을 따고 11월에 씨를 받는다. 모두 그늘에 말려 쓴다."라고 하면서 "단것은 약에 쓰고 쓴 것은 쓰지 않는다."라고 나온다.

약효 열을 내리고 독을 풀어 주는 힘이 있다. 간을 튼튼하게 해 주고 눈도 밝게 해 준다. 감기에 걸려 열이 나면서 머리가 아프고 어지러울 때 먹으면 좋다. 눈이 빨갛게 충혈되었을 때에는 달인 물로 눈을 씻어 준다. 종기나 부스럼에는 날꽃을 짓찧어서 붙이면 잘 낫는다. 감국은 성질이 조금 차기 때문에 몸이 찬 사람은 너무 많이 안 먹는 것이 좋다.
《동의보감》에는 "성질은 평범하다. 맛이 달고 독이 없다. 장과 위를 편안하게 만든다. 5맥을 잘 돌게 만들고 팔다리를 잘 움직이게 하고 풍이 들어 어지럽거나 머리가 아플 때 쓴다. 눈이 빨개지거나 눈물이 나는 것을 고친다. 머리와 눈을 맑게 하고 풍이 들어 뼈마디가 쑤시고 아픈 것을 낫게 한다."라고 했다.

◐ 들국화, 단국화, 가을국화, 산황국, 황국화
여러해살이풀
60 ~ 150cm
6 ~ 11월
11월

2006년 10월 경기도 포천

산국 *Dendranthema boreale*

고의

약재 만드는 법	가을에 꽃을 따서 끓는 물에 살짝 데친 뒤 그늘에서 말린다.
약 쓰는 법	물에 달여 먹는다. 밥 먹고 1시간 뒤나 속이 비었을 때 먹는다. 생풀을 짓찧어 쓰기도 한다.
약 성질	성질은 평범하다. 맛은 달고 독이 없다.
약효	열 내리기, 염증 없애기, 균 없애기, 혈압 낮추기
약 쓰는 때	감기, 폐렴, 기관지염, 두통, 현기증, 고혈압, 위염, 장염, 구내염, 임파선염, 악성 종기, 부스럼
주의할 점	몸이 찬 사람은 너무 많이 먹지 않는 것이 좋다.

감초

Glycyrrhiza uralensis

감초는 추운 북쪽에서 잘 자라는 여러해살이풀이다. 북녘이나 중국, 시베리아에서 잘 자란다. 한약을 지을 때 늘 안 빠지고 들어가는 약재다. 그래서 어디에나 잘 끼는 사람을 빗대어 흔히 '약방에 감초 같다'고 한다. 감초는 맛있는 풀이라는 뜻이다. 감초를 칡뿌리처럼 질겅질겅 씹으면 달짝지근한 물이 나온다. 옛날에 아이들이 군것질거리로 먹기도 했다. 감초는 설탕보다 150배나 달다. 그래서 음식에 단맛을 내려고 넣거나, 간장을 담글 때 단맛을 내려고 넣는다.

감초는 키가 어른 허리춤쯤 큰다. 뿌리는 땅속으로 길게 뻗는다. 줄기와 잎자루에는 털이 빽빽이 난다. 잎은 서로 어긋나는데, 아카시나무 잎처럼 긴 잎자루에 작은 잎이 7 ~ 17장 붙는다. 여름이 되면 잎겨드랑이에서 꽃대가 올라와 자줏빛 꽃이 핀다. 가을이 되면 꼬투리가 달리는데, 꼬투리는 누렇게 익고 안에 씨앗이 들어 있다.

약재 감초는 음력 2월과 8월에 뿌리를 캐 잘 말린 뒤 물에 달여 약으로 쓴다. 잘 말라서 딴딴하고 뚝 부러지는 감초가 좋다. 하지만 우리나라에서는 잘 자라지 않기 때문에 다른 나라에서 들여와 쓴다.
《동의보감》에는 "중국에서 가져와 우리나라 여러 지방에 심었지만 잘 자라지 않았다. 다만 함경북도에서 나는 것이 가장 좋다."라고 했다.

약효 감초는 함께 들어가는 모든 약 성질이 서로 잘 어울리게 만들어 준다. 열을 너무 많이 내는 약은 열을 덜 내게 하고, 거꾸로 너무 차게 하는 약은 찬 기운이 줄어들게 한다. 감초 달인 물은 소화가 잘 안될 때나 마른기침을 자주 할 때 먹으면 좋다. 또 열을 내려 주고 검은콩과 함께 삶은 물을 먹으면 농약이나 약물에 중독되었을 때 몸에 쌓인 독을 풀어 준다. 아이가 밤에 오줌 쌀 때도 약으로 쓴다. 아토피 피부염이 있을 때는 쑥과 감초를 함께 달인 물로 목욕을 하면 좋다. 요즘에는 감초가 전립선암이나 유방암을 예방한다는 연구도 나왔다. 하지만 신장병이나 고혈압, 오줌을 잘 누지 못 할 때는 감초를 오래 먹거나 많이 먹으면 큰 탈이 날 수도 있으니 조심해야 한다.
《동의보감》에는 "성질이 평범하다. 맛은 달며 독이 없다. 온갖 약에 있는 독을 풀어 준다. 아홉 가지 흙 기운을 받아 72가지 광물성 약재와 1200가지 약초를 어우러지게 만드는 힘이 있어서 '국로(國老)'라고 한다. 오장과 육부에 차고 더운 나쁜 기운이 들었을 때 쓰며, 몸에 있는 아홉 구멍을 서로 통하게 만들고, 모든 핏줄에 피가 잘 돌게 한다. 또한 힘줄과 뼈를 튼튼하게 하고 살찌게 한다."라고 했다.

◐ 미초, 국노, 서북감초, 동북감초, 신강감초
여러해살이풀
1m
6 ~ 7월
가을

2006년 6월 경기도 수원 농촌진흥청

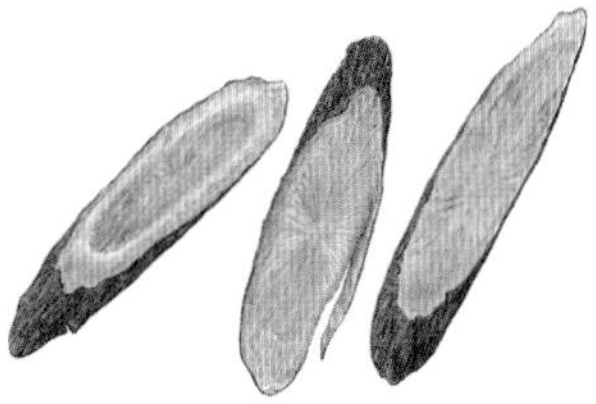

감초

약재 만드는 법	봄가을에 뿌리를 캐서 햇볕에 잘 말린 뒤 어슷하게 썬다.
약 쓰는 법	물에 달여 아침저녁으로 먹는다.
약 성질	성질은 평범하다. 맛은 달고 독이 없다.
약효	염증 없애기, 균 없애기, 아픔 멈추기, 기침 멈추기, 가래 없애기, 혈당 내리기, 암 막기
약 쓰는 때	위궤양, 만성 위염, 위경련, 설사, 기침, 기관지염, 천식, 간염, 습진, 부스럼, 약물 중독, 식중독, 독버섯 중독
주의할 점	신장병이나 고혈압일 때는 감초를 오래 먹거나 많이 먹지 않는다.

개맨드라미

Celosia argentea

개맨드라미는 마당에 심어 기르는 한해살이풀이다. 열대 지방에서 자라던 풀인데 꽃을 보려고 들여왔다. 지금은 들로 퍼져 나가 집 가까이나 밭둑이나 길가에서 자라기도 한다. 따뜻한 남부 지방과 제주도에서 자란다.

개맨드라미는 줄기가 뻗어 올라오다가 가지를 친다. 어른 무릎에서 허리춤까지 큰다. 잎은 어긋나게 달린다. 버들잎처럼 갸름하고 위아래 양쪽이 모두 뾰족하다. 잎 아래쪽이 잎자루로 날개처럼 흐른다. 여름에 줄기나 가지 끝에 불그스름한 꽃이 핀다. 붓처럼 생긴 꽃방망이 아래에서 위쪽으로 꽃이 피어 올라간다. 꽃이 다 피고 나면 하얗게 바뀐다. 가을 들머리부터 둥그스름한 열매가 달린다. 열매 위쪽이 뚜껑처럼 떨어져 나가고 까만 씨가 너덧 알 쏟아진다.

약재 개맨드라미는 가을에 열매가 익으면 씨를 털어서 햇볕에 잘 말린 뒤 물에 달여 먹는다. 《동의보감》에는 '청상자(靑葙子), 만드라미삐'라고 한자 이름과 우리 이름이 함께 나온다. "음력 6월, 8월에 씨를 받아 살짝 볶아 찧은 뒤 부수어 쓴다."라고 나온다. 《향약채취월령》에는 9월에 거둔다고 나온다. 개맨드라미는 귀하기 때문에 맨드라미 씨나 털비름 씨를 쓰기도 한다. 《동의보감》에는 맨드라미를 꽃이 닭 벼슬을 닮았다고 '계관화(鷄冠花)'라고 한다면서 청상자를 계관화 씨라고 했다.

약효 간에 열독이 있어서 생기는 병에 좋다. 눈이 빨개지고 붓고 아플 때나 머리가 아프고 어지러울 때, 몸이 가려울 때 먹으면 좋다. 눈병이 나면 달인 물로 씻어 주어도 좋다. 살갗에 부스럼이 나거나 피가 날 때는 잎과 줄기를 짓찧어 붙이면 잘 낫는다.

《동의보감》에는 "성질이 조금 차다. 맛은 쓰고 독이 없다. 간에서 생긴 열독이 눈으로 올라와 눈이 빨개지거나 눈병이 나거나 눈은 멀쩡하지만 앞을 보지 못하고, 눈에 희끄무레한 막이 덮이고 붓는 병을 낫게 한다. 또 몸에 바람이 들어 종기가 나 몸이 가려울 때 쓴다. 회충, 요충, 조충 같은 기생충을 죽이고 몸에 난 부스럼이나 불두덩이가 허는 병을 낫게 한다. 귀와 눈을 밝게 하고 간을 가라앉힌다."라고 했다.

- 들맨드라미
- 개맨드래미, 개맨도램이
- 한해살이풀
- 40 ~ 80cm
- 7 ~ 8월
- 8 ~ 9월

2004년 8월 경상북도 의성 약초 시험장

맨드라미 *Celosia argentea* var. *cristata*

청상자

약재 만드는 법	가을에 씨가 여물면 털어 햇볕에 잘 말린다.
약 쓰는 법	물에 달여 먹는다.
약 성질	성질은 조금 차다. 맛은 쓰다.
약효	아픔 멈추기, 혈압 낮추기, 염증 없애기, 눈병
약 쓰는 때	눈이 빨개지고 붓고 아플 때, 머리가 아프고 어지러울 때, 몸이 가려울 때, 고혈압

개미취

Aster tataricus

개미취는 산속 풀밭이나 골짜기에서 많이 자라는 여러해살이풀이다. 꽃대에 자그마한 하얀 털이 개미처럼 다닥다닥 붙어 있다고 '개미취'라는 이름이 붙었다고 한다. 우리가 흔히 들국화라고 하는 꽃 가운데 하나다. '취'가 붙은 풀은 다 먹을 수 있다. 이른 봄에 쏙 올라온 순을 따서 나물로 먹는다. 또 개미취를 넣고 국을 끓이면 미역국과 비슷하다고 해서 '미역취'라고도 한다.

개미취는 어른 가슴께까지 크는데 어른 키를 훌쩍 넘게도 큰다. 줄기는 곧게 서고 위쪽에서 가지를 많이 친다. 온몸에는 까칠까칠한 털이 덮여 있다. 봄에 뿌리에서 잎이 여러 장 뭉쳐 나온다. 줄기에는 잎이 어긋나는데, 잎은 버들잎처럼 갸름하고 작다. 잎 아래쪽이 잎자루로 흘러 내려오고 잎 가장자리에는 톱니가 났다. 가을 들머리에 연한 자줏빛 꽃이 여러 송이 핀다. 해바라기 꽃처럼 가운데는 둥그렇고 노랗다. 그 둘레를 보랏빛 작은 꽃잎들이 촘촘히 핀다. 꽃이 지면 민들레처럼 하얀 털이 달린 씨앗이 바람에 날린다.

약재 개미취는 가을이나 봄에 뿌리를 캔다. 그늘에서 잘 말린 뒤 뿌리꼭지를 떼어 내고 잘게 썰어 물에 달여 먹는다. 뿌리가 비스듬히 옆으로 자라는데 말려 놓으면 단단해진다. 뿌리는 자줏빛이 돈다. 자주색 풀이라는 뜻으로 한자로 '자완(紫菀)'이라고 한다. 목숨을 건지는 약이라는 뜻으로 '반혼초(返魂草)'라고도 한다. 《동의보감》에는 '자완(紫菀), 팅알'이라고 한자 이름과 우리 이름이 함께 나온다. '팅알'은 탱탱한 알맹이라는 뜻이다. "음력 2 ~ 3월에 뿌리를 캐 그늘에서 말린다. 자줏빛이 자줏빛이 돌고 눅진눅진하면서 부드러운 것이 좋다."라고 나온다. 또 "꿀물에 담갔다가 약한 불에 말린 뒤에 쓴다."라고 했다.

약효 개미취는 천식이나 가래가 섞인 기침을 하거나 기침감기에 걸렸을 때 약으로 쓴다. 오래된 기관지염이나 폐렴에도 좋다. 아이가 경기를 일으키거나 오줌이 안 나올 때 먹어도 좋다. 하지만 몸에 열이 많은 사람에게는 안 좋다.

《동의보감》에는 "성질은 따뜻하다(평범하다고도 한다). 맛은 쓰고 매우며 독이 없다. 허파에 열이 있어서 피를 토하는 것을 낫게 하고, 담을 삭이며, 목마름을 풀어 준다. 기침하면서 기가 치밀어 오르거나, 기침할 때 피고름을 뱉거나, 추웠다 열이 났다 하거나, 기가 몰리는 것을 낫게 한다. 살갗을 매끈하게 만들고, 골수를 보태 주고, 팔다리 근육이 약해져 마음대로 움직이지 못하는 병을 낫게 한다."라고 했다.

◐ 미역취, 탱알, 자원, 돼지나물

✿ 여러해살이풀

❶ 1.5 ~ 2 m

✲ 8 ~ 9월

⊙ 10 ~ 11월

2005년 8월 경기도 수원 농촌진흥청

좀개미취 *Aster maackii*

벌개미취 *Aster koraiensis*

자완

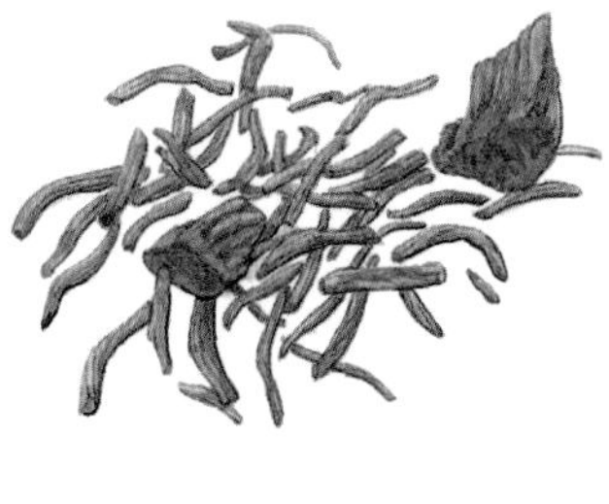

약재 만드는 법	봄가을에 뿌리를 캐서 그늘에 잘 말린다. 잘게 썰어 쓴다. 잘게 썬 약재를 꿀물에 재웠다가 약한 불에 볶아서 말려 쓰기도 한다.
약 쓰는 법	물에 달여 먹는다.
약 성질	성질이 따뜻하다(평범하다고도 한다). 맛은 쓰고 매우며 독이 없다.
약효	기침 멈추기, 가래 없애기, 열 내리기, 균 없애기
약 쓰는 때	기침이 나거나 기관지에 염증이 생겼을 때, 감기에 걸렸을 때, 오줌이 안 나올 때
주의할 점	몸에 열이 많은 사람에게는 안 좋다.

갯기름나물

Peucedanum japonicum

갯기름나물은 바닷가 모래밭이나 바위틈에서 자라는 여러해살이풀이다. 따뜻한 남쪽 바닷가나 제주도와 울릉도에서 난다. 겨울에도 잎이 안 지는 늘 푸른 풀이다. 거친 바닷바람과 소금물에도 잘 견디며 산다. 요즘에는 어린순은 나물로 먹고 뿌리를 약으로 쓰려고 일부러 기르기도 한다.

갯기름나물은 온몸에 흰 더께가 낀 것처럼 희끄무레한 풀빛이다. 줄기는 위로 곧게 자라면서 가지를 많이 친다. 어른 허리춤쯤까지 큰다. 줄기는 굵고 단단하다. 줄기를 따라 올라가면서 잎이 어긋난다. 잎자루는 길고 잎자루 밑동이 줄기를 감싸 안는다. 잎은 세 갈래로 크게 갈라지고, 갈라진 잎은 또 다시 세 갈래로 얕게 옴폭옴폭 갈라진다. 잎을 만져 보면 두툼하고 가장자리에는 자잘한 톱니가 나 있다. 잎을 뒤집어 보면 제법 허옇다. 여름 들머리부터 줄기와 가지 끝에서 하얀 꽃이 다보록다보록 핀다. 사시랑이 꽃대가 폭죽이 터진 것처럼 여러 갈래로 뻗어 올라와 그 끝에 자잘한 꽃이 스물에서 서른 송이쯤 핀다. 가을이 되면 열매를 맺는다.

약재 갯기름나물은 뿌리를 약으로 쓴다. 뿌리는 인삼 뿌리처럼 굵은 뿌리가 뻗다가 잔뿌리로 갈라진다. 봄가을에 뿌리를 캔다. 햇볕에 잘 말린 뒤 잘게 썰어서 물에 달여 먹는다.
갯기름나물은 한자로 '식방풍(植防風)'이라고 한다. 방풍은 풍을 막는다는 뜻이다. 원래는 중국에서 자라는 방풍(*Saposhnikovia divaricata*)을 약으로 썼는데 우리나라에서는 자라지 않아 갯기름나물을 약으로 쓴다. 갯방풍, 기름나물 뿌리를 약으로 쓰기도 한다. 기름나물은 산에서 자라는데 한자로 '석방풍(石防風)'이라고 한다.
《동의보감》에는 '방풍(防風), 병풍ᄂᆞᄆᆞᆯ불휘'라고 나온다. "산과 들에서 자라는데 어느 곳에나 다 있다. 음력 2월, 10월에 뿌리를 캐 볕에 말린다. 뿌리가 옹글고 눅진눅진하고 대가리 마디가 딴딴하면서 지렁이 대가리처럼 된 것이 좋다. 머리꼭지와 대가리가 두 가닥으로 나뉘거나, 꼬리가 두 가닥으로 나뉜 것들은 버린다. 대가리가 두 가닥인 것을 쓰면 사람이 미치고, 꼬리가 두 가닥인 것을 쓰면 고질병이 생긴다."라고 나온다. 《동의보감》에는 잎과, 꽃, 씨도 약으로 쓴다고 나온다.
약효 갯기름나물은 몸에 땀이 나게 하고 열을 내리고 아픈 것을 낫게 한다. 감기에 걸려서 오슬오슬 춥고 열이 나고 머리가 아프고 몸이 무지근하고 욱신거릴 때 먹으면 좋다. 또 습진이 걸린 살갗에는 달인 물로 닦아 주면 좋다.
《동의보감》에는 "성질이 따뜻하다. 맛이 달고 매우며 독이 없다. 36가지 풍증을 낫게 한다. 또 오장을 좋게 하고 맥풍(脈風)을 몰아내며 어지럼증, 통풍(痛風), 눈이 빨개지고 눈물이 나는 것, 온몸 뼈마디가 아프고 저린 것 따위를 고친다. 식은땀을 멈추고 마음을 가라앉힌다."라고 했다.

미역방풍, 목단방풍, 보안기름나물, 개기름나물
여러해살이풀
60 ~ 100cm
6 ~ 8월
9월

2007년 7월 경기도 수원 농촌진흥청

갯방풍 *Glehnia littoralis*

기름나물 *Peucedanum terebinthaceum*

식방풍

약재 만드는 법	가을이나 봄에 뿌리를 캐서 햇볕에 말린다. 잘 말린 뿌리를 잘게 썬다.
약 쓰는 법	물에 달여 먹는다.
약 성질	성질은 조금 따뜻하다. 맛은 맵고 시다.
약효	열 내리기, 염증 없애기, 오줌내기, 균 없애기
약 쓰는 때	감기에 걸려서 오슬오슬 춥고, 열이 나고, 머리가 아프고, 몸이 무지근하고 욱신거릴 때

콩과
세나속

결명자

Senna tora

결명자는 밭에 심어 기르는 한해살이풀이다. 결명자라는 이름은 '눈을 밝게 해 주는 씨앗'이라는 뜻이다. 천 리 먼 곳을 볼 수 있다고 '천리광'이라고도 하고, 시력을 되돌려 주는 씨앗이라고 '환동자'라고도 한다. 오래전부터 중국에서 약으로 쓰려고 밭에서 길렀다. 결명자는 기원전 2 ~ 3세기 즈음에 쓰인《신농본초경》이라는 책에도 이름이 나온다. 그만큼 오래전부터 약으로 쓰이던 풀이다.

결명자는 키가 50 ~ 150cm쯤 자란다. 잎은 아카시나무 잎을 닮았다. 긴 잎자루에 작은 잎이 2 ~ 3쌍 마주난다. 여름이 되면 노란 꽃이 핀다. 꽃은 꽃자루 끝에 2 ~ 6개씩 달린다. 꽃받침과 꽃잎은 5장씩이다. 위쪽 꽃잎이 가장 크고 밑에 2장은 작다. 10월에 길이가 10cm 안팎 되는 꼬투리가 열리는데 활처럼 휜다. 꼬투리 속에 결명자 씨가 한 줄로 들어 있다.

약재 가을에 씨앗이 여물면 포기째 베어다가 햇볕에 말려 씨를 털어 낸다. 결명자 씨는 딴딴하고 반들반들하며 네모꼴로 모가 졌다. 생김새가 꼭 말발굽을 닮았다고 '마제결명'이라는 한자 이름도 있다. 결명자 씨는 한 번 볶아서 쓴다. 씨를 물에 넣고 달이면, 딴딴하던 씨가 불어 터지고 누르스름한 물이 우러난다. 달인 물을 보리차처럼 먹는다. 그냥 가루를 내어서 먹기도 한다.

《동의보감》에는 '결명자(決明子), 초결명'이라고 한자 이름과 우리 이름이 함께 나온다. "꼬투리는 콩 꼬투리 같고 씨는 말발굽처럼 생겨서 사람들이 '마제결명자(馬蹄決明子)'라고도 한다. 음력 10월 10일에 씨를 받아 백일 동안 그늘에서 말린 뒤 조금 볶아서 약으로 쓴다."라고 나온다.

약효 결명자는 눈을 밝게 하고, 눈이 아플 때나 밤에 앞이 잘 안 보이는 야맹증에 좋다. 위와 간을 튼튼하게 하고, 혈압을 낮춰서 고혈압 환자에게도 좋다. 오래 먹으면 똥이 굳어 안 나오는 변비를 고친다. 또 머리가 아플 때 베개 속에 결명자를 넣으면 좋다. 결명자 잎을 나물로 무쳐 먹거나, 감잎을 함께 넣어 달여 먹어도 눈에 좋다. 결명자를 넣고 목욕을 하면 피가 잘 돌고, 정신이 맑아진다. 하지만 설사가 잦거나 혈압이 낮은 사람에게는 안 맞는다.

《동의보감》에는 "성질은 평범하다(조금 차다고도 한다). 맛이 짜고 쓰며 독이 없다. 눈이 멀쩡하지만 앞이 안 보일 때, 눈이 빨개지면서 아프고 눈물이 흐를 때, 눈에 군살이 생기고 붉고 하얀 막이 있을 때 쓴다. 간 기운을 북돋고 정수(精水)를 보태어 준다. 머리가 아프고 코피 나는 것과 입술이 푸른 것을 낫게 한다."라고 했다.

- 긴강남차, 초결명
- 한해살이풀
- 50 ~ 150cm
- 6 ~ 8월
- 가을

2003년 8월 경기도 광릉수목원

결명자

약재 만드는 법	가을에 씨를 털어서 잘 말린 뒤 불에 볶는다.
약 쓰는 법	물에 달여서 먹는다. 가루로 빻아 먹기도 한다.
약 성질	성질은 평범하다(조금 차다고도 한다). 맛은 짜고 쓰며 독이 없다.
약효	혈압 낮추기, 염증 없애기
약 쓰는 때	눈이 침침할 때, 밤눈이 어두울 때, 소화가 안 될 때, 똥이 안 나올 때
주의할 점	설사가 잦거나 혈압이 낮은 사람은 안 먹는다.

고삼

Sophora flavescens

고삼은 햇볕이 잘 드는 길가나 산기슭, 풀밭에서 자라는 여러해살이풀이다. 풀이라고 하지만 꼭 나무처럼 자란다. 뿌리를 약으로 쓰는데, 인삼 뿌리를 닮았고 맛을 보면 머리가 핑 돌 정도로 쓰다고 해서 이런 이름이 붙었다. 오랫동안 '쓴너삼'이라는 우리 이름이 있었다. 단맛이 난다는 '단너삼'은 황기다.

고삼은 굵은 줄기가 나무처럼 뻗어 올라가면서 가지를 친다. 어른 허리춤까지 크는데 어른 키를 훌쩍 넘겨 크기도 한다. 줄기는 어릴 때에 검은빛이 돌다가 다 크면 풀빛이 된다. 줄기에서 기다란 잎줄기가 어긋나서 사방팔방으로 뻗는다. 잎이 하도 많이 달려서 줄기가 활처럼 비스듬히 휜다. 아카시나무 잎처럼 기다란 잎줄기에 작은 잎들이 열에서 스무 쌍쯤 달린다. 여름 들머리부터 줄기와 가지 끝에서 노르스름한 꽃들이 줄줄이 달려 핀다. 가을이 되면 콩꼬투리 같은 열매가 달린다. 열매껍질 속에 팥알 같은 씨가 세 알에서 일곱 알쯤 들어 있다. 그래서 꼬투리에 잘록잘록한 허리가 생긴다.

예전부터 뿌리를 약으로 쓰려고 집 마당에 많이 심었다. 나쁜 벌레를 막는 힘이 있어서 옛날에는 자리 밑에 줄기와 잎을 깔면 벼룩이 없어진다고 했다. 고삼 뿌리를 우린 물을 뒷간에 뿌리면 구더기가 싹 사라지고, 논밭에 뿌리면 해충이 없어져 친환경 농약으로 쓰인다.

약재 가을이나 이른 봄에 뿌리를 캔다. 겉껍질을 벗기고 썰어서 햇볕에 잘 말린 뒤 약으로 쓴다. 《동의보감》에는 '고삼(苦參), 쁜너삼불휘'라고 한자 이름과 우리 이름이 함께 나온다. "어느 곳에서나 다 자란다. 잎은 회화나무 잎과 아주 비슷하기 때문에 '수괴(水槐)'나 '지괴(地槐)'라고도 한다. 음력 3월과 8월, 10월에 뿌리를 캐 햇볕에 말려 쓴다."라면서 "찹쌀 뜨물에 하룻밤 담갔다가 6시간 동안 쪄서 햇볕에 말린다. 달이는 약에는 적게 넣어 쓰고 알약을 많이 만들어 먹어야 한다. 헌데를 고치는 데는 술에 담갔던 것을 쓴다. 똥을 눌 때 피가 나오는 치질을 고치려면 연기가 날 때까지 볶아서 가루를 내어 쓴다."라고 나온다. 하지만 뜨물에 너무 오래 담가 두면 쓴맛이 다 빠져 약효가 덜하다.

약효 고삼 뿌리는 몸이 약하거나 위나 장이 약하거나 아기를 가진 엄마는 안 먹는 게 좋다. 맛이 쓰기 때문에 위가 약한 사람은 토하기 일쑤다. 잘 참고 먹으면 위가 튼튼해지고 몸속에 사는 기생충을 없앤다. 또 변비로 굳은 똥을 시원하게 누게 해 준다. 열을 내리고 오줌을 잘 누게도 해 주고, 달인 물로 습진이나 종기나 옴이나 불에 덴 곳을 씻어 주면 잘 낫는다. 이빨이 아플 때 달인 물로 입을 헹구면 좋다.
《동의보감》에는 "성질이 차다. 맛은 쓰고 독이 없다. 몸에 열이 나 살갗에 헌데가 생기고 나병에 걸려 눈썹이 빠지는 것을 낫게 한다. 심한 열을 내리고 잠만 자려는 것을 낫게 한다. 눈을 밝게 하고 눈물을 멎게 한다. 간과 쓸개에 힘을 보태고 숨은 열로 생긴 이질과 오줌이 누렇거나 빨간 것을 낫게 한다. 이빨이 아프거나 몸에 부스럼이 생기거나 음부가 파이고 헌 것을 낫게 한다."라고 했다.

- 북 능암, 너삼
- 도둑놈의지팡이, 뱀의정자나무
- 여러해살이풀
- 80 ~ 120cm
- 6 ~ 8월
- 9 ~ 10월

2008년 7월 경기도 연천

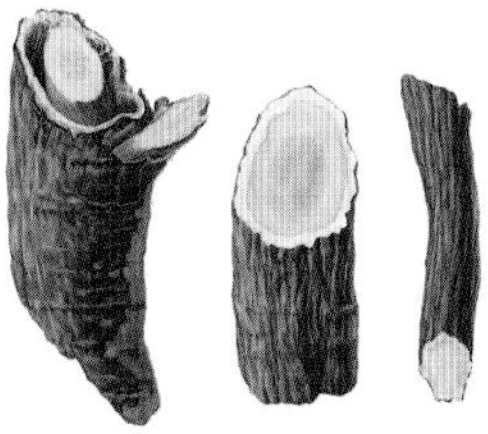

고삼

약재 만드는 법	가을이나 이른 봄에 뿌리를 캐서 겉껍질을 벗기고 썰어서 햇볕에 잘 말린다.
약 쓰는 법	물에 달여 먹거나 가루나 알약을 만들어 먹는다.
약 성질	성질은 차다. 맛은 쓰고 독이 없다.
약효	염증 없애기, 열 내리기, 균 없애기
약 쓰는 때	열이 날 때, 오줌이 잘 안 나올 때, 변비, 습진, 살갗이 가려울 때, 옴, 트리코모나스질염, 간염, 황달
주의할 점	몸이 약하거나 위나 장이 약한 사람, 아기를 가진 엄마는 안 먹는다.

골풀

Juncus effusus var. *decipiens*

골풀은 풀밭이나 강가나 논둑에서 자라는데, 축축한 곳을 좋아하는 여러해살이풀이다. 메마른 땅에서는 자라지 않는다. 국수 가락처럼 생긴 가느다란 줄기 속살을 쏙 빼서 등잔불 심지로 썼다고 한자로 '등심초'라고 한다. 《향약집성방》에는 '고을심(古乙心)'이라는 우리 이름이 나온다. 아주 오래전부터 우리나라 사람들은 '골, 꼴'이라고 한 것 같다.

골풀은 땅속에서 뿌리줄기가 옆으로 뻗는다. 뿌리줄기는 짤막짤막 마디가 지고 마디마다 줄기가 돋아서 한 무더기로 수북하게 자란다. 줄기는 잎 하나 안 달리고 가느다란 회초리처럼 쭉쭉 뻗어 자란다. 어른 발목에서 허리춤까지 큰다. 줄기는 반들반들하고 만져 보면 매끈매끈하다. 줄기를 꺾어 보면 속이 꽉 찼다. 여름이 되면 줄기 끄트머리에서 아주 자잘한 꽃들이 둥그렇게 뭉쳐서 핀다. 꽃 뭉치 위로 쭉 자란 줄기는 사실 줄기가 아니고 꽃을 감싸서 지키는 꽃턱잎이 바뀐 것이다. 그래서 줄기 끝에서 꽃이 핀 것이지만 그냥 보면 줄기 옆구리에서 꽃 뭉치가 나와 달린 것처럼 보인다. 가을이 되면 열매가 누렇게 익고, 꽃턱잎도 말라 밤빛으로 바뀐다. 열매 속에는 깨알만큼 작은 씨가 들어 있다.

사람들은 골풀 줄기를 베어다 돗자리나 방석이나 모자를 만든다. 일본에서는 골풀로 다다미라는 돗자리를 만든다. '*Juncus*'라는 속명도 돗자리를 엮는다는 라틴어에서 왔다. 《동의보감》에도 "이것으로 지금 사람들이 돗자리를 짜는데 줄기를 쪼개고 속살을 꺼내어 쓴다."라고 했다. 소는 골풀을 잘 뜯어 먹는다.

약재 골풀은 꽃이 필 때쯤 풀 줄기를 베어다가 겉껍질을 벗기고 속살을 뽑아서 햇볕에 말린다. 약으로 쓸 때는 잘 썰어서 물에 달여 먹는다. 《동의보감》에는 '등심초(燈心草), 골속'이라고 한자 이름과 우리 이름이 함께 나온다.

약효 골풀 우린 물을 먹으면 오줌을 시원하게 눌 수 있다. 몸에 부기를 빼 주고 열을 내려 준다. 가슴이 답답하면서 쿵쾅쿵쾅 뛰고 밤에 잠이 잘 안 올 때 먹어도 좋다.
《동의보감》에는 "성질이 차다. 맛은 달고 독이 없다. 오줌이 나오지 않는 다섯 가지 임질(기림, 노림, 고림, 석림, 혈림)과 목구멍 속에 종기가 나거나 목 안이 벌겋게 붓고 아프며 막힌 병을 낫게 한다."라고 나온다.

◐ 등심초, 골, 인초, 조리풀
✽ 여러해살이풀
❶ 25 ~ 100cm
✲ 6 ~ 7월
◔ 7 ~ 8월

2004년 6월 충청남도 태안반도

등심초

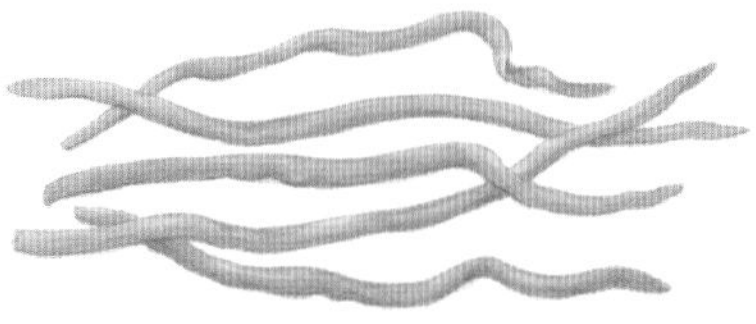

약재 만드는 법	6~7월 꽃이 필 때쯤 풀 줄기를 벤다. 겉껍질을 벗기고 속살을 뽑아서 햇볕에 말린 뒤 잘게 썬다.
약 쓰는 법	물에 달여 먹는다.
약 성질	성질이 차다. 맛은 달며 독이 없다.
약효	오줌내기, 염증 없애기, 열 내리기
약 쓰는 때	오줌을 시원하게 못 눌 때, 몸이 붓고 열이 날 때, 가슴이 답답하면서 쿵쾅쿵쾅 뛰고 밤에 잠이 잘 안 올 때

과남풀

Gentiana triflora var. *japonica*

과남풀은 햇볕이 잘 드는 산이나 들녘에서 자라는 여러해살이풀이다. 뿌리를 약으로 쓰는데, 맛이 용의 쓸개즙처럼 쓰다고 한자 이름으로 '용담(龍膽)'이라고 한다. 《동의보감》에는 '용담(龍膽), 과남플'이라고 한자 이름과 우리 이름이 함께 나온다. 어린순은 데쳐서 나물로 먹는다.

과남풀은 가는 수염뿌리가 휘뚜루마뚜루 땅속으로 뻗는다. 줄기는 불그스름하고 가지를 안 치고 곧게 자란다. 어른 무릎께까지 큰다. 대궁은 불그스름하고 네모나다. 잎은 마디마다 마주나고 잎자루가 없다. 잎끝이 뾰족하고 잎맥이 석 줄 나 있다. 잎 가장자리는 밋밋해 보이지만 손으로 만져 보면 깔깔하다. 한여름부터 가을까지 잎겨드랑이에서 파랗거나 자줏빛 꽃이 빙 둘러 핀다. 꽃부리는 종처럼 생긴 통꽃이고 끝이 다섯 갈래로 갈라진다. 크게 갈라진 꽃잎 사이사이로 작은 꽃잎이 또 있다. 하늘을 바라보며 낮에는 활짝 피었다가 밤이 되면 봉오리를 꼭 오므린다. 늦가을이 되면 꼬투리 열매가 맺힌다. 꼬투리가 익으면 두 갈래로 갈라지고 날개가 달린 씨가 나온다.

약재 가을이나 봄에 뿌리를 캔다. 볕에 잘 말려서 잘게 썬 뒤 물에 달여 먹거나 가루로 빻아 약으로 먹는다. 《동의보감》에는 "뿌리는 누르스름하고 열 가닥으로 이리저리 갈라진 것이 꼭 쇠무릎(우슬) 뿌리를 닮았다. 쓸개즙처럼 쓰기 때문에 사람들은 '초룡담(草龍膽)'이라고 한다. 음력 2월과 8월, 11월과 12월에 뿌리를 캐 그늘에서 말린다. 또는 뿌리를 캐 구리칼로 가는 뿌리와 흙을 긁어 버리고 감초 달인 물에 하룻밤 담갔다가 볕에 말려 쓴다. 이 약은 빈속에 먹으면 안 된다. 먹으면 오줌을 참지 못한다. 또 술에 담그면 약 기운이 위로 올라가는데 몸이 약한 사람은 술로 축인 뒤 거멓게 볶아 써야 한다."라고 나온다.

약효 과남풀 뿌리는 쓴맛이 나지만 오히려 입맛을 돌게 하고 위를 튼튼하게 하고 소화가 잘 되게 돕는다. 간염에 걸려서 눈이 노랗게 되고 열이 심하게 날 때 먹어도 좋다. 또 혈압이 높거나 귓속이 몹시 아플 때나 사타구니가 가렵고 습진에 걸렸을 때에도 먹는다. 하지만 위가 약하고 설사를 자주하거나 허약한 사람은 안 먹는 게 좋다. 또 빈속에 먹으면 오줌을 지릴 수도 있으니까 되도록 먹지 말아야 한다.

《동의보감》에는 "성질이 몹시 차다. 맛은 쓰고 독이 없다. 위(胃) 속에 있는 열과 때에 따라 도는 돌림병에 걸려 열이 나거나, 열 때문에 물똥을 싸거나, 이질 같은 병을 고친다. 간과 쓸개에 기운을 북돋고, 놀라서 가슴이 두근거리는 것을 멎게 하며, 뼛속이 쑤시고 아픈 병(骨熱)을 없앤다. 창자에 사는 작은 기생충을 없애고 눈을 밝게 한다. 배꼽 아래쪽인 하초(下焦)에 있는 축축하고 뜨거운 기운 때문에 걸리는 병에 주로 쓰며 눈을 밝게 하고 간을 시원하게 한다. 눈병에 꼭 쓰는 약이다."라고 했다.

- 룡담
- 거친과남풀, 용담
- 여러해살이풀
- 20 ~ 60cm
- 8 ~ 10월
- 11월

2006년 10월 경기도 포천 평강식물원

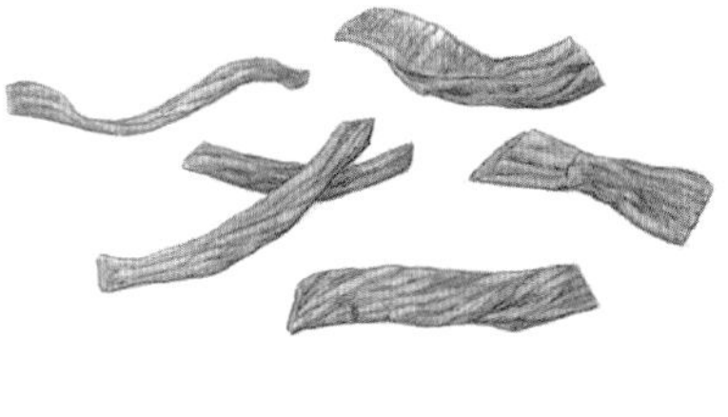

용담

약재 만드는 법	가을이나 봄에 뿌리를 캔다. 볕에 잘 말려서 잘게 썬다.
약 쓰는 법	물에 달여 먹거나 가루로 빻아 약으로 먹는다.
약 성질	성질이 몹시 차다. 맛은 쓰고 독이 없다.
약효	염증 없애기, 열 내리기, 건위, 소화
약 쓰는 때	소화가 안 될 때, 위염, 고혈압, 간염에 걸려 얼굴이 누레질 때
주의할 점	위가 약하고 설사를 자주하거나 허약한 사람은 안 먹는 게 좋다. 빈속에 먹으면 오줌을 지릴 수도 있다.

관중

Dryopteris crassirhizoma

관중은 깊은 산속에서 자라는 여러해살이풀이다. 땅이 눅눅하고 나무 그늘진 곳에서 여러 포기가 수북하게 모여 자란다. 우리가 흔히 보는 고사리와 잎이 닮았다. 고사리처럼 어린순을 나물로 먹는다.

관중 뿌리는 새끼줄을 꼬아 놓은 것처럼 얼기설기 얽혀 터실터실하다. 가느다란 실뿌리가 잔뜩 나 있다. 봄이 되면 뿌리에서 싹이 둥그렇게 빙 둘러서 돋는다. 새순은 고사리순처럼 동그랗게 말려 있다가 뱅그르르 풀어지면서 자란다. 다 풀리면 작은 잎들이 꼭 지네발처럼 달린다. 줄기가 따로 없고 잎이 어른 허리께까지 자란다. 다 자란 잎은 하늘을 보고 활짝 퍼진다. 가운데 잎줄기를 따라 작은 잎들이 새 깃털처럼 스물에서 서른 개쯤 달린다. 잎줄기 가운데쯤 달린 잎이 가장 크다. 잎 가장자리는 굵은 빗살처럼 톱니가 난다. 잎 뒤쪽에는 가운데 잎맥을 사이에 두고 둥그런 홀씨주머니가 두 줄로 쭉 늘어선다. 잎줄기에는 밤빛이 도는 작은 비늘 조각들이 붙어 터실터실하다.

약재 관중은 가을이나 이른 봄에 뿌리를 캐서 약으로 쓴다. 햇볕에 잘 말린 뒤 잘게 썰어서 물에 달여 먹는다. 가루를 내서 알약을 만들기도 한다.

《동의보감》에는 '관중(貫衆), 회초밋불휘'라고 한자 이름과 우리 이름이 함께 나온다. "곳곳에서 자라는데 뿌리 생김새와 빛깔, 털 모두 늙은 수리개 대가리와 닮았기 때문에 '초치두(草鴟頭)'라고 하고, '흑구척(黑狗脊)'이라고도 한다. 음력 3월에 뿌리를 캐 햇볕에 말린다."라고 나온다.

약효 몸속에 사는 요충이나 촌충 같은 기생충이 있을 때 먹으면 기생충을 없앨 수 있다. 또 열을 내리고 독을 푸는 힘이 있어서 홍역이나 뇌염이나 폐렴 같은 병도 낫게 한다. 피가 날 때 먹으면 피를 멎게도 한다. 하지만 독이 조금 있어서 아기를 가진 엄마나 위가 약한 사람은 안 먹는다.

《동의보감》에는 "성질이 조금 차다. 맛은 쓰고 독이 있다. 모든 독을 풀리게 하며 세 가지 충(虫)을 죽이고 몸에 사는 기생충인 촌백충을 없앤다. 또 배 속에 생기는 덩어리를 삭인다."라고 했다.

북 범고비

◐ 희초미, 면마

✽ 여러해살이풀

↕ 1m 안팎

2009년 9월 경기도 고양

관중

약재 만드는 법	가을이나 이른 봄에 뿌리를 캐서 잎줄기와 수염뿌리를 없앤다. 햇볕에 잘 말린 뒤 잘게 썰어서 쓴다.
약 쓰는 법	물에 달여 먹거나 알약이나 가루를 내어 먹는다.
약 성질	성질은 조금 차다. 맛은 쓰고 독이 조금 있다.
약효	벌레 없애기, 감기 예방, 열 내리기, 염증 없애기
약 쓰는 때	몸속 기생충을 없앨 때, 홍역, 뇌염, 폐렴, 코피가 날 때, 똥에 피가 섞여 나올 때
주의할 점	아기를 가진 엄마나 위가 약한 사람은 먹지 않는다.

구절초

Dendranthema zawadskii var. *latilobum*

구절초는 볕이 잘 드는 산속 풀밭에서 자라는 여러해살이풀이다. 산등성이에서 많이 자라고, 들에서도 볼 수 있다. 꽃을 보려고 일부러 집에서 기르기도 한다. 쑥부쟁이, 개미취, 감국 따위와 함께 그냥 들국화라고 많이 한다. 구절초라는 이름은 '음력 5월 단오에는 다섯 마디가 되고, 음력 9월 9일에는 아홉 마디가 되는 풀'이라는 뜻이 있다. 또 '9월 9일에 꺾는 풀'이라는 뜻도 있다. 구절초는 한자 이름이지만 우리나라에서 붙인 이름이다. 일본에서는 '조선야국(朝鮮野菊)'이라고 한다.

구절초는 땅속줄기가 옆으로 뻗으면서 무더기로 자란다. 키가 어른 무릎만큼 큰다. 줄기는 곧게 서고 가지가 갈라진다. 줄기 아래쪽은 나무처럼 단단해진다. 뿌리잎과 줄기 아래쪽 잎은 달걀꼴이거나 넓은 달걀꼴이고 움푹움푹 갈라진다. 줄기잎은 작고 조금 깊게 갈라진다. 꽃은 서리가 내리고 오슬오슬 추워질 때 핀다. 가운데가 노랗고 가장자리 꽃잎이 하얗거나 불그스름하다. 다른 들국화보다 꽃이 큼지막하고 가지 끝에 하나씩 핀다. 꽃향기는 좋지만 줄기와 잎에서는 국화에서만 나는 씁쓰름한 냄새가 난다. 늦가을에 열매가 익는데 아래쪽이 조금 굽는다.

구절초는 산구절초 변종이다. 산구철초보다 키와 잎, 꽃이 모두 크다. 산구절초는 메마르고 추운 높은 산에서 자란다. 하지만 구절초는 높은 산보다 마을 둘레에 많이 자란다. 바위구절초나 가는잎구절초, 한라구절초 따위도 있다. 모두 다 약으로 쓸 수 있다.

사람들은 구절초 꽃을 따 베개 속에 넣거나 술을 담가 먹는다. 머리가 아픈 것을 낫게 하고, 머리카락이 덜 빠지고 하얗게 세지 않게 돕는다. 또 차를 우려먹거나 조청을 만들기도 한다. 어린순은 나물로 무쳐 먹고, 떡을 찔 때 잎을 넣으면 좋은 냄새가 난다. 또 말린 구절초를 옷장에 넣어 두면 좀이 슬지 않는다.

약재 구절초는 가을에 꽃과 잎이 달린 줄기째 벤다. 그늘지고 바람이 잘 통하는 곳에서 말린다. 처마 밑에서 많이 말린다. 잘게 썰어서 물에 달여 먹는다.

약효 예로부터 시집간 딸이 아기를 낳고 몸을 풀러 친정에 오면 친정 엄마가 달여 먹였다. 여자들 손발이 차고 아랫배가 차서 배가 아플 때, 달거리가 없거나 띄엄띄엄할 때, 아기를 낳은 뒤 몸이 아플 때 달여 먹는다. 또 몸이 차서 아기가 들어서지 않을 때 오랫동안 먹으면 아기를 가질 수 있다. 또 감기나 몸살이나 소화가 안 될 때도 먹는다. 폐렴이나 기관지염, 목이 부어 아플 때도 달여 먹으면 좋다. 상처가 난 곳에는 잎을 짓찧어 붙이면 곪지 않고 상처가 빨리 아문다.

- 들국화, 선모초
- 여러해살이풀
- 50cm 안팎
- 9 ~ 11월
- 10 ~ 11월

2003년 10월 경기도 수원 농촌진흥청

구절초

약재 만드는 법	가을에 꽃과 잎이 달린 줄기째 벤다. 그늘지고 바람이 잘 통하는 곳에서 말린다. 잘게 썰어서 쓴다.
약 쓰는 법	물에 달여 먹는다. 아침저녁 밥 먹기 전에 마신다. 생즙을 졸여서 조청을 만들어 먹어도 된다. 맛이 씁쓸하기 때문에 꿀을 타 먹어도 좋다.
약 성질	성질은 평범하다. 맛은 달고 조금 쓰다.
약효	피 멈추기, 달거리 고르게 하기, 열 내리기, 소화 촉진
약 쓰는 때	달거리가 없거나 띄엄띄엄할 때, 달거리하면 배가 아플 때, 여자들 손발이나 아랫배가 찰 때, 냉이 있을 때, 아기를 낳은 뒤 몸이 아플 때, 임신이 안 될 때, 폐렴, 기관지염, 기침, 목이 부어서 아플 때, 고혈압, 소화가 안 될 때

금불초

Inula britannica var. *japonica*

금불초는 강가 풀밭이나 논둑에서 덤부렁듬쑥하게 자라는 여러해살이풀이다. 물기가 있는 눅눅한 땅을 좋아한다. 금불초는 '황금 부처 꽃'이라는 뜻이다. 《동의보감》에는 '선복화(旋復花), 하국'이라고 한자 이름과 우리 이름이 함께 나온다. '하국'은 여름에 피는 국화꽃이라는 뜻이다. '선복화'라는 이름은 꽃잎이 시간이 지나면서 뒤로 뒤집히기 때문에 붙은 이름이다.

금불초는 땅속으로 뿌리줄기가 옆으로 길게 뻗는다. 뿌리에서 잎이 잔뜩 뭉쳐나다가 줄기가 올라온다. 줄기는 어른 허리춤쯤까지 크며 가지가 갈라진다. 뿌리에서 돋은 잎들은 여름에 꽃이 필 때쯤에 말라서 시든다. 줄기에 나는 잎은 서로 어긋난다. 잎은 잎자루가 없이 줄기에 착 달라붙어 줄기를 살짝 감싼다. 잎은 버들잎처럼 길쭉하면서 뾰족하고 가장자리는 밋밋하다. 한여름부터 노란색 꽃이 가지 끝에서 다보록다보록 핀다. 쪼그만 해바라기 꽃처럼 생겼다. 가운데가 머리처럼 둥글며 부슬부슬하고 가장자리로 사시랑이 꽃잎이 빙 둘러 난다. 가을에 씨가 여무는데 민들레처럼 씨마다 갓털이 달렸다.

금불초는 가는금불초와 버들금불초와 닮았다. 가는금불초는 잎이 1cm가 안될 만큼 가늘다. 버들금불초는 잎 뒷면 잎맥이 뚜렷하게 튀어나왔다. 금불초는 가운데 주맥만 뚜렷하고 나머지 맥은 흐릿하다. 줄기잎 길이도 버들금불초가 더 짧고, 잎이 종이처럼 빳빳하다. 가는금불초와 버들금불초도 약으로 쓴다. 어린순은 나물로 먹는다.

약재 금불초는 꽃이 활짝 폈을 때 따다가 그늘에서 잘 말려서 약으로 쓴다. 물에 달여서 차처럼 마신다. 《동의보감》에는 "'금비초(金沸草)'라고도 한다. 잎은 큰 국화 잎과 닮았다. 음력 6월에 작은 동전만 하고 국화처럼 생긴 진한 노란 꽃이 핀다. 꽃을 따서 햇볕에 말린다. 곳곳에서 자란다. 또 꽃을 쪄서 햇볕에 말린다. 약을 달인 뒤에는 천으로 걸러서 찌꺼기는 버리고 쓴다."라고 나온다.

뿌리도 약으로 쓴다. 뿌리를 짓이기면 찐득찐득한 물이 나온다. 이눌린(Inulin)이란 성분이 있어서 독특한 냄새가 나고 맛이 쓰다. 이눌린은 변비를 막고 대장암에 걸리지 않게 도와준다.

약효 가래가 있고 기침이 줄기차게 나고 숨이 가빠 시난고난 고생할 때 먹으면 좋다. 또 소화가 잘 안 되고 욕지기나 트림이 나고 속이 더부룩할 때 먹어도 좋다. 하지만 설사를 할 때는 안 먹는다.

《동의보감》에는 "성질은 조금 따뜻하다. 맛은 짜고 독이 조금 있다. 가슴에 잘 떨어지지 않는 가래침이나 느침이 있고 가슴과 옆구리에 담과 물이 있어서 양 옆구리가 불룩해지는 것을 낫게 한다. 입맛을 돋게 하고 구역질을 멎게 하고 오줌보에 쌓인 물을 내보내고 눈을 밝게 한다."라고 했다.

◐ 들국화, 웃풀, 하국, 가지금불초, 선복화
✿ 여러해살이풀
20 ~ 60cm
✲ 7 ~ 9월
10월

2003년 8월 강원도 평창 산채 시험장

버들금불초 *Inula salicina* var. *asiatica*

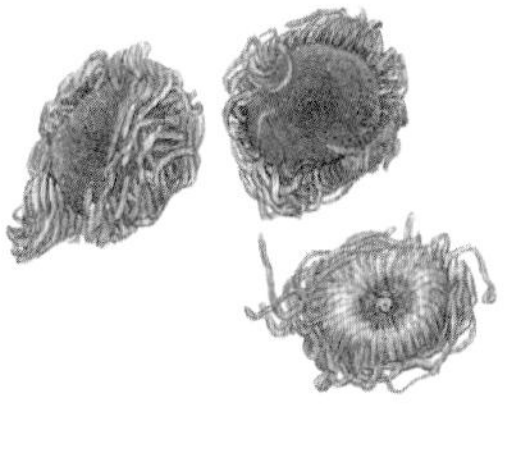

선복화

약재 만드는 법	여름에 꽃이 활짝 폈을 때 따다가 그늘에서 잘 말린다.
약 쓰는 법	물에 달여 먹는다.
약 성질	성질이 조금 따뜻하다. 맛은 짜고 달다.
약효	가래 없애기, 소화
약 쓰는 때	가래, 기침, 천식, 소화가 안 될 때, 토할 때
주의할 점	설사를 할 때는 안 먹는다.

깽깽이풀

Jeffersonia dubia

깽깽이풀은 산속 그늘에서 드물게 자라는 여러해살이풀이다. 우리나라 중부 이북 지방에서 자란다. 뿌리가 노랗고 잎이 연잎을 닮았다고 한자로 '황련'이라고도 한다. 그런데 중국에서 나는 황련은 우리나라에서 자라는 깽깽이풀과는 전혀 다른 풀이다. 약방에서는 깽깽이풀을 '조선황련'이나 '토황련'이라는 이름으로 달리 쓴다.

깽깽이풀은 잎보다 꽃대가 먼저 나온다. 봄이 되면 땅을 뚫고 뿌리에서 꽃줄기가 비죽비죽 올라와 끝에 꽃망울이 달린다. 사오월이 되면 붉은 보라색 꽃이 활짝 핀다. 꽃잎은 여섯에서 여덟 장이다. 꽃이 피고 나면 뿌리에서 잎이 수북하게 나온다. 줄기가 따로 없다. 잎은 긴 잎자루 끝에 둥그스름하게 달린다. 꽃이 필 때는 잎이 가랑잎처럼 불그스름한 밤빛을 띤다. 하지만 꽃이 지고 나면 잎이 풀빛으로 바뀐다. 잎몸을 만져 보면 딴딴하고 잎 가장자리는 부드럽게 물결치듯이 굽이친다. 잎은 연잎처럼 비가 와도 물에 안 젖고 물방울이 댕글댕글 그냥 굴러 떨어진다. 이른 여름이 되면 벌써 열매가 맺는다. 씨는 까만데 말랑말랑하고 하얀 알갱이가 붙어 있다. 이 알갱이는 달달한 맛이 나서 개미들이 씨를 물어다가 집으로 가져간다. 그러면서 씨앗이 퍼진다. 어떤 때는 개미 줄을 따라 사람이 심은 것처럼 줄줄이 나기도 한다. 요즘에는 수가 적어져 멸종위기종으로 보호하고 있어서 함부로 캐면 안 된다. 깽깽이풀은 온 세계에서 우리나라에만 자란다.

약재 깽깽이풀은 가느다란 수염뿌리가 어지럽게 뻗는다. 가을이나 이른 봄에 뿌리를 캐 잔뿌리는 없애고 그늘에서 잘 말려 약으로 쓴다. 물에 달여 먹는데 맛이 쓰다. 볶거나 생강즙에 볶아서 쓰기도 한다. 약으로 먹을 때는 돼지고기나 찬물을 먹으면 안 된다. 또 감국, 현삼, 백선 뿌리껍질과는 서로 섞어 쓰지 않는다.
《동의보감》에 '황련(黃連)'이 나오는데, 깽깽이풀인지 뚜렷하지는 않다. 동의보감에는 "마디가 구슬을 꿰놓은 듯하고 딴딴하고 무겁다. 마주쳐서 다글다글 소리가 나는 것이 좋은 것이다. 어떤 책에는 매발톱처럼 생긴 것이 좋은 것이라고 나온다."라고 하였다. 동의보감에서 말한 것을 보면 우리나라에 자라는 깽깽이풀이 아닌 것 같다.

약효 나쁜 균을 죽이는 힘이 세고, 염증을 없애 준다. 열을 내리고 위를 튼튼하게 한다. 소화가 잘 안 되거나 입맛이 없을 때, 물똥을 쌀 때 먹으면 좋다. 입에서 구린내가 나거나 폐렴에 걸리거나 몸에서 열이 날 때도 약으로 쓴다. 살갗에 난 부스럼에는 달인 물을 바른다.
열을 내리는 힘이 세기 때문에 옛날에는 깽깽이풀 달인 물로 갓 태어난 아기 입안을 닦아 주었다. 그러면 아기 몸에 쌓인 태열을 내려 주었다고 한다. 또 아주 무더운 여름에는 깽깽이풀을 짓찧어 물에 담가 우려내 더위를 먹은 어린아이들에게 먹였다.

- 산련풀
- 황련, 조선황련, 토황련
- 여러해살이풀
- 20cm 안팎
- 4 ~ 5월
- 6월

2004년 5월 경기도 연천

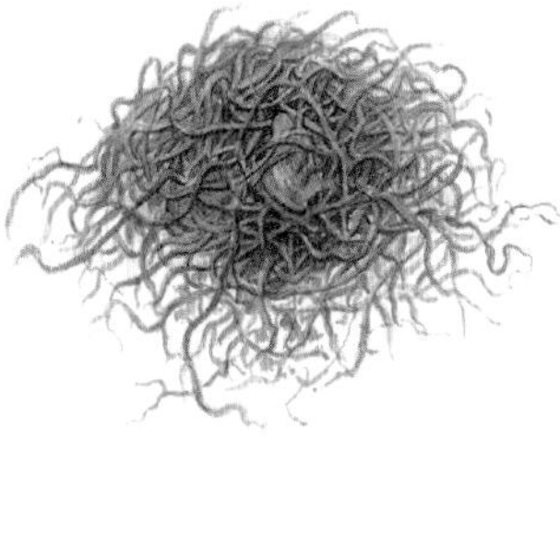

모황련

약재 만드는 법	봄가을에 뿌리를 캔다. 수염뿌리를 없애고 햇볕에 말린 뒤 썰어서 쓴다. 볶거나 생강즙에 볶아서 쓰기도 한다.
약 쓰는 법	물에 달여 먹는다. 살갗에 난 부스럼에는 달인 물을 바른다.
약 성질	성질이 차다. 맛은 쓰며 독이 없다.
약효	건위, 소화, 염증 없애기, 열 내리기, 피 멈추기, 균 없애기
약 쓰는 때	소화가 안 될 때, 입맛이 없을 때, 물똥을 쌀 때, 장티푸스, 몸에 열이 날 때, 폐결핵, 살갗에 난 부스럼
주의할 점	감국, 현삼, 백선 뿌리껍질과는 서로 섞어 쓰지 않는다.

꼭두서니

Rubia akane

꼭두서니는 산기슭이나 빈터, 길가나 집 가까운 울타리에서 자라는 여러해살이 덩굴풀이다. 햇볕이 쨍하고 내리쬐는 곳보다 그늘을 좋아한다. 다른 나무나 물체에 착 달라붙어 기어 올라간다. 옛날부터 뿌리에서 뽑은 물감으로 옷이나 천을 빨갛게 물들였다. 서양에서도 꼭두서니 뿌리에서 붉은 물감을 뽑았다.

꼭두서니 줄기는 덩굴지며 1 ~ 3m쯤 자란다. 줄기는 네모지고 모난 곳에 짧은 가시가 아래쪽으로 난다. 그래서 다른 물체에 착 달라붙고 한번 붙으면 잘 안 떨어진다. 줄기는 마디가 지고 마디마다 잎자루가 긴 잎이 넉 장 난다. 마치 넉 장이 돌려난 것처럼 보이지만 마주난 두 잎이 진짜 잎이고 다른 두 잎은 사실 잎받침이다. 잎은 심장꼴로 생겼고 잎맥 다섯 줄이 뚜렷하다. 잎자루와 뒤쪽 잎맥에도 잔가시가 나 있다. 여름이 되면 줄기 끝이나 잎겨드랑이에서 꽃대가 나와 연한 노란색 꽃이 핀다. 꽃은 작고 꽃잎은 다섯 장이다. 가을이 되면 까맣고 동그란 물열매가 당글당글 열린다.

약재 꼭두서니는 뿌리를 캐서 햇볕에 말린다. 잘 말린 약재를 잘게 썰어 물에 달이거나 가루로 빻아서 먹었다. 뿌리는 굵고 마디가 있고 붉은빛이 난다. 땅속에서 캐내서 공기를 쐬면 더 빨개진다. 하지만 지금은 암을 일으킨다고 해서 약으로 안 쓴다.

《동의보감》에는 '천근(茜根), 곡도숑'이라고 한자 이름과 우리 이름이 나온다. "이 풀은 빨간 물을 들일 수 있다. 잎은 대추 잎을 닮았는데 끝이 뾰족하고 아래가 넓다. 줄기와 잎에 모두 가시가 있어 깔깔하다. 한 마디마다 잎이 너덧 장 돌려난다. 풀이나 나무를 타고 덩굴이 뻗어 오른다. 뿌리는 짙은 붉은빛이다. 산과 들에서 자란다. 음력 2월과 3월에 뿌리를 캐서 볕에 말린다. 약에 넣을 때는 잘게 썬 뒤 볶아서 쓴다. 구리칼로 썰어서 볶는데 납이나 쇠붙이에 안 닿게 해야 한다."라고 나온다.

약효 피를 멎게 하는 힘이 세서 코피가 나거나 오줌이나 똥에 피가 섞여 나오거나 피멍이 들었을 때 약으로 썼다. 아기를 낳고 피가 안 멈추고 줄곧 나올 때나 관절염에도 약으로 썼다. 입안에 염증이 생기거나 목이 붓거나 잇몸에 염증이 생겼을 때는 달인 물로 입을 헹군다.

《동의보감》에는 "성질이 차다. 맛은 달고 독이 없다. 몸과 마음이 허약해져 생기는 6가지 병(六極)으로 심장(心)과 허파(肺)가 상해서 피를 게우거나 뒤로 피를 쏟을 때 약으로 쓴다. 코피가 나고, 똥에 피가 섞여 나올 때, 피오줌을 누고, 달거리 때가 아닌 데 피를 흘릴 때 쓰면 피를 멎게 한다. 살갗이 헐거나 뱀이나 지네나 두꺼비 독 때문에 생기는 병을 낫게 한다."라고 했다.

꼭두선이, 가삼자리, 갈퀴잎, 천초
덩굴풀
여러해살이풀
1 ~ 3m
7 ~ 9월
10월

2005년 8월 경기도 양평

천초근

약재 만드는 법	봄이나 가을에 뿌리를 캐서 햇볕에 말린다. 잘 말린 약재를 잘게 썬다.
약 쓰는 법	물에 달이거나 가루로 빻아서 먹는다. 입안에 염증이 생기거나 목이 붓거나 잇몸에 염증이 생겼을 때는 달인 물로 입을 헹군다.
약 성질	성질이 차다. 맛이 달며 독이 없다.
약효	피 멈추기
약 쓰는 때	피를 토할 때, 코피 날 때, 똥오줌에 피가 섞여 나올 때, 아기를 낳고 피가 줄곧 나올 때, 관절염
주의할 점	지금은 암을 일으킨다고 약으로 쓰지 않는다.

꿀풀

Prunella vulgaris var. *lilacina*

꿀풀은 볕이 잘 드는 산기슭에 많이 나는 여러해살이풀이다. 길섶이나 풀밭에서도 볼 수 있다. 꽃에 꿀이 많다고 '꿀풀'이다. 꽃을 뽑아서 꽃부리를 입으로 쪽쪽 빨면 꿀물처럼 달달한 단맛이 난다. 작은 방망이처럼 꽃이 모여 핀다고 '꿀방망이'라고도 한다.

꿀풀은 한 곳에서 줄기가 여러 대 나와서 수북하게 자란다. 어른 무릎 높이쯤까지 큰다. 줄기에는 흰 털이 나 있고 네모나게 모가 졌다. 가끔 가지를 치기도 하지만 대부분 가지를 안 치고 외대로 큰다. 뿌리 가까이에서는 잎이 모여나고, 줄기에는 서로 마주난다. 여름 들머리에 줄기 끝에 작은 방망이 꼴로 꽃이 모여 핀다. 꽃은 붉은 자줏빛이다. 꽃을 가까이 들여다보면 위쪽 꽃잎은 모자를 쓴 것처럼 생겼다. 아래 꽃잎은 세 갈래로 갈라졌고 가운데 꽃잎에는 잔 톱니가 삐뚤빼뚤하게 나 있다. 꽃은 한여름이 되면 갑자기 시들어 밤빛으로 말라 버린다. 한겨울에도 말라비틀어진 줄기와 꽃봉오리가 그대로 달려 있다. '한여름에 시들어 죽는 풀'이라는 뜻으로 한자로 '하고초'라고 한다.

어린순을 나물로 먹는다. 쓴맛이 세니 끓는 물에 데쳐서 하루쯤 우려낸 뒤에 먹는다. 꽃방망이는 튀겨 먹는다. 꽃이 예뻐서 꽃밭에 심어도 좋다.

약재 오뉴월 여름 들머리쯤 꽃이 필 때 베어다 그늘에 말려서 약으로 쓴다. 잘 말린 약재를 물에 달여 먹거나 가루로 빻아서 먹는다. 곪은 곳이나 부스럼에는 생풀을 짓찧어서 붙인다. 눈이 아플 때는 달인 물로 눈을 씻는다.

꿀풀은 중국에서 맨 처음 펴낸 약초책인《신농본초경》'하품'에 나온다.《향약집성방》에는 '초부 하품의 하'에 드는 풀이다. "맛은 쓰고 맵다. 성질은 차고 독이 없다."라고 나온다.《동의보감》에는 '하고초(夏枯草), 져비꿀'이 꿀풀인 것 같다. '져비꿀'은 '제비꿀'이란 말이다. "곳곳에서 자란다. 겨울에도 시들지 않는다. 봄에 하얀 꽃이 피며 5월에 마른다. 4월에 캔다."라고 했다. 꿀풀은 꽃 빛깔이 자줏빛인데《동의보감》에서는 하얀 꽃이라고 했다. 요즘에 제비꿀이라고 하는 풀은 꿀풀과 달리 다른 풀에 더부살이하는 풀이다. 꿀풀 대신 약으로도 쓴다.

약효 꿀풀은 간에 쌓인 독을 풀어 주고 염증을 없앤다. 간이 나빠서 얼굴이 누레지고 눈알이 빨개지고 아프거나 눈물이 자주 날 때 약으로 쓴다. 위나 콩팥이나 오줌보에 염증이 생겨 아플 때도 먹는다. 또 혈압을 낮춰 주고 여러 가지 암을 미리 막거나 고치는 약으로도 쓴다.

《동의보감》에는 "성질이 차다. 맛은 쓰며 맵다. 독이 없다. 몸에 열이 났다 추웠다 하는 것, 목이나 귀, 겨드랑이에 멍울이 지거나 곪은 것, 머리가 헐거나 부스럼이 난 것을 낫게 한다. 또 몸에 뭉친 응어리를 깨뜨리고, 혹을 풀어 주고, 막힌 기운을 뚫어 주고, 아픈 눈을 낫게 한다."라고 나온다.

◐ 꿀방망이, 꿀방맹이, 가지골나물, 가지래기꽃, 두메꿀풀, 하고초
✽ 여러해살이풀
10 ~ 40cm
✲ 5 ~ 8월
6 ~ 9월

2003년 5월 경기도 수원 농촌진흥청

제비꿀 *Thesium chinense*

하고초

약재 만드는 법	봄에 꽃이 필 때 뿌리째 거둬 그늘에서 말린다. 말린 것을 잘게 썬다. 생풀을 쓰기도 한다.
약 쓰는 법	말린 약재를 물로 달이거나 가루로 빻아 먹는다. 종기나 종양에는 생풀을 짓찧어서 붙이고 눈이 아플 때는 달인 물로 눈을 씻어 낸다.
약 성질	성질이 차다. 맛은 쓰고 맵고 독이 없다.
약효	염증 없애기, 열 내리기, 혈압 낮추기
약 쓰는 때	간염, 폐결핵, 임파선염, 위염, 방광염, 신장염, 고혈압, 악성 종양, 눈이 붉게 부어 아플 때

나팔꽃

Ipomoea nil

나팔꽃은 꽃밭이나 길가에 일부러 심어 기르는 한해살이 덩굴풀이다. 원래는 따뜻한 열대 아시아 지방에서 자라던 식물이다. 꽃이 나팔처럼 생겼다고 '나팔꽃'이라고 하고, 칠월칠석 견우와 직녀가 만나는 때에 꽃이 핀다고 '견우화'라고도 한다.

나팔꽃은 제 혼자 힘으로 못 크고 받침대나 다른 나무를 타고 자란다. 가느다란 줄기가 시계 방향으로 다른 물체를 뱅뱅 감으면서 뻗는다. 줄기에는 하얀 털이 빽빽하게 난다. 잎은 어긋나고 잎자루가 길다. 잎은 세 갈래로 갈라지고 밑이 궁둥이처럼 옴폭 파였다. 잎이 안 갈라지고 둥글면 '둥근잎나팔꽃'이다. 여름부터 가을 들머리 사이에 잎겨드랑이에서 꽃이 핀다. 보라색 꽃이 가장 많이 피는데 붉은색, 흰색, 분홍색, 파란색 꽃도 핀다. 도르르 말려 있던 꽃이 스르르 풀리면서 나팔처럼 활짝 핀다. 아침 일찍 피었다가 햇볕이 뜨거운 점심때가 되면 시든다. 꽃이 지면 꽃받침 속에 둥근 열매가 맺힌다. 열매가 여물면 쩍 벌어지고, 열매 속에는 송편처럼 생긴 까만 씨앗이 들어 있다.

약재 《향약집성방》에는 농부가 소를 끌고 와서 이 약과 바꿔 갔기 때문에 나팔꽃 씨를 '견우자(牽牛子)'라고 한다고 나온다. 나팔꽃은 여문 씨를 받아 햇볕에 말려서 약으로 쓴다. 물에 담가 불리거나 불에 서너 시간 찌거나 살짝 볶아서 쓰기도 한다.

《동의보감》에는 "하얀 씨는 백축(白丑)이라고 하고, 까만 씨는 흑축(黑丑)이라 한다. 음력 9월이 지나 씨를 받는다."라고 나온다. 또 술에 버무려 6시간쯤 찌거나 볶아 쓰는데, 날것은 약효가 더 빠르게 나타난다고 했다. 《향약집성방》에는 "햇볕에 잘 말린 뒤 물에 일어서 뜨는 것은 버리고 가라앉는 것만 골라내 또 햇볕에 말린다. 그리고 술에 버무려 6시간 동안 찐 뒤 다시 햇볕에 말려 쓴다. 급하게 쓸 때는 절구에 찧어 까만 껍질을 벗긴 뒤에 쓰거나 절반쯤 익도록 조금 볶아 쓰기도 한다."라고 나온다. 나팔꽃 씨에는 독이 있어서 법제를 잘 해야 한다. 또 하루 4g, 한 번에 2g을 넘게 먹으면 안 된다.

약효 나팔꽃 씨는 물똥을 싸게 하고 오줌이 잘 나가게 하고 몸속에 있는 벌레를 없앤다. 그래서 변비로 오랫동안 똥이 안 나오거나, 몸이 붓고 배에 물이 차거나, 배 속에 회충 같은 벌레가 있을 때 달이거나 가루를 내서 먹는다. 하지만 씨앗에는 독이 있어서 조심해서 써야 한다. 잘못 먹으면 배가 아프고, 토하고, 피똥이나 피오줌을 싼다. 심하면 혼수상태에 빠지기도 한다. 꼭 쓰는 양을 잘 지켜야 한다. 아기를 가진 엄마나 위가 약한 사람은 먹으면 안 된다.

《동의보감》에는 "성질이 차다. 맛은 쓰고 독이 있다. 기를 잘 내리고 몸에 생기는 종기를 없애고, 몸에 바람이 들어 난 병을 고친다. 똥오줌을 잘 누게 하고, 찬 고름을 내려 주고, 뱀이나 벌레에 물린 독을 없애 주고, 아이를 유산시킨다."라고 나온다.

◐ 금령이, 나발꽃, 견우화, 견우자
덩굴풀
한해살이풀
2~3m
7~9월
8~10월

2003년 9월 경기도 수원

견우자

약재 만드는 법	8 ~ 10월에 잘 익은 씨를 털어 햇볕에 말린다. 쓸 때에는 물에 담가 불리거나, 냄비에 넣고 볶아 쓰기도 한다.
약 쓰는 법	물에 달여 먹는다. 밥 먹고 한 시간 뒤에 먹는다. 갈아서 먹거나 알약을 만들어 먹기도 한다.
약 성질	성질이 차다. 맛은 쓰고 독이 있다.
약효	오줌내기, 해독, 염증 없애기, 벌레 없애기
약 쓰는 때	몸이 부을 때, 변비, 회충, 습성 신장염
주의할 점	아기를 가진 엄마나 위가 약한 사람에게는 안 쓴다. 독이 있어서 하루 4g, 한 번에 2g 넘게 먹으면 안 된다.

노루발

Pyrola japonica

노루발은 산속 그늘진 곳에서 자라는 늘 푸른 여러해살이풀이다. 소나무 숲에서 잘 자란다. 한겨울이 되어도 잎이 시들지 않고 푸르다. 꼭 꽃처럼 생긴 열매껍질을 매단 채 꽃대가 그대로 말라 곧게 서 있다. 중국 약초책인《본초강목》에는 '녹제초(鹿蹄草)'라고 나온다. 잎 생김새가 꼭 사슴 발자국을 닮았다는 뜻이다. 우리나라에서는 사슴보다 노루가 많기 때문에, 꽃 생김새가 노루 발굽을 닮았다고 이름이 노루발이다.

노루발은 땅속 곰팡이 도움을 받아 함께 살아가는 풀이다. 그래서 뿌리가 땅속 깊이 뻗지 않고, 가는 땅속줄기가 옆으로 길게 뻗는다. 옆으로 뻗은 땅속줄기 마디에서 싹이 돋아 여러 포기가 가까이 모여 자란다. 땅속줄기 끝은 늘 땅거죽을 향해 위로 뻗는다. 잎은 뿌리에서 곧장 여러 장 모여난다. 잎자루가 길다. 잎끝은 뭉뚝한 달걀꼴이고 가장자리에 얕은 톱니가 났다. 잎몸은 두툼하고 잎맥이 허연빛으로 뚜렷하다. 잎 앞쪽은 풀빛이지만 뒤쪽은 자줏빛이 돈다. 늦봄이나 여름 들머리에 멀그스름한 꽃 대궁이 어른 종아리께까지 삐주룩이 쭉 올라온다. 6 ~ 7월이 되면 꽃 대궁 위쪽에서 하얀 꽃이 땅을 쳐다보며 듬성듬성 핀다. 꽃잎은 다섯 장인데 꽃잎이 안쪽으로 살짝 오므라들어서 마치 하얀 방울처럼 보인다. 가을 들머리에 납작하고 둥근 열매가 밤빛으로 익는다. 다 익으면 다섯 갈래로 갈라지는데 꽃이랑 생김새가 닮았다.

약재 노루발은 꽃이 피는 여름에 뿌리째 캐서 햇볕에 잘 말린 뒤 약으로 쓴다. 잘 말린 노루발을 알맞게 썰어 물에 달여 먹는다. 술을 담가 먹기도 한다.《동의보감》에는 안 나온다.

약효 노루발은 핏줄을 넓히고 심장을 튼튼하게 하며 혈압을 떨어뜨리는 힘이 있다. 콩팥과 허파를 튼튼하고 부드럽게 해 주며 뼈와 근육이 아픈 것을 낫게 한다. 뼈마디가 아프거나 고혈압일 때, 오줌이 잘 안 나올 때 달인 물을 먹으면 좋다. 또 몸에 안 좋은 균을 죽이는 힘이 있고 피를 멈추게 한다. 입속이나 잇몸에 염증이 생겨 부었을 때, 입에서 냄새가 날 때, 목이 부었을 때, 감기가 걸려 가래가 나올 때 달인 물로 양치질하면 좋다. 칼에 베이거나 뱀이나 벌레에 물렸을 때에는 잎을 으깨 짠 즙을 문질러 바르면 피가 멎고 아픔이 사라진다. 땀띠나 풀독이나 옻을 만져서 살갗이 가려울 때에도 달인 물을 바르면 좋다.

◐ 노루발풀, 애기노루발, 애기노루발풀

여러해살이풀

15 ~ 30cm

6 ~ 7월

9월

2002년 7월 충청북도 음성 수리산

매화노루발 *Chimaphila japonica*

녹제초

약재 만드는 법	꽃이 필 때 뿌리째 캐서 햇볕에 말린 뒤 잘게 썬다.
약 쓰는 법	물에 달여 먹거나 살갗에 바른다. 생풀을 짓찧어 아픈 곳에 붙이기도 한다.
약 성질	성질은 평범하고 맛은 쓰다.
약효	피 멈추기, 균 없애기, 강심, 혈압 낮추기
약 쓰는 때	잇몸이 붓거나 입에서 냄새가 날 때, 목이 부었을 때, 감기가 걸려 가래가 나올 때, 오줌이 잘 안 나올 때, 뼈마디가 아플 때, 고혈압, 칼에 베이거나 뱀이나 벌레에 물렸을 때, 땀띠나 풀독이나 옻이 올라 살갗이 가려울 때

닥풀

Hibiscus manihot

닥풀은 밭에서 기르는 한해살이풀이다. 원래는 중국에서 자라는 풀인데 약으로도 쓰고 종이도 만들려고 들여와 기른다. 닥풀 뿌리에는 끈적끈적한 점액이 많다. 닥나무로 한지를 만들 때 끈끈한 뿌리 점액을 풀로 썼기 때문에 '닥풀'이라는 이름이 붙었다.

닥풀은 어른 가슴팍께까지 큰다. 줄기가 곧추 자라고 가지를 안 친다. 줄기에는 털이 잔뜩 나 있다. 잎은 가지를 따라 어긋나는데 잎자루가 길다. 잎몸은 손가락 모양으로 다섯에서 아홉 개까지 깊게 갈라지고 가장자리에 톱니가 난다. 한여름이 되면서부터 누런 꽃이 활짝 핀다. 꽃잎은 다섯 장인데 얇아서 하늘하늘하고 서로 살짝 겹쳐서 선풍기 날개처럼 휘도는 모습이다. 꽃잎에는 세로줄이 잔뜩 나 있고 꽃 한가운데는 짙은 자줏빛이 돈다. 가을에 꽃이 지면 긴 타원꼴 열매가 맺는데 다섯 개로 모가 났다.

약재 닥풀 뿌리는 우엉 뿌리처럼 굵고 곧게 자란다. 가을에 뿌리를 캐서 약으로 쓴다. 물로 깨끗이 씻어서 겉껍질을 벗긴 뒤에 햇볕에 말린다. 잘 말린 약재를 잘게 썰어 물에 달여 먹는다. 꽃과 씨도 약으로 쓴다.
《동의보감》에는 '황촉규화(黃蜀葵花), 일일화'라고 한자 이름과 우리 이름이 함께 나온다. "접시꽃(촉규화)과는 다른 종류이다. 이것은 노란 꽃이 피는 촉규화를 말하는 것이 아니다. 황촉규화는 잎이 뾰족하고 좁으며 많이 패이고 늦여름에 누르스름한 꽃이 핀다. 음력 6 ~ 7월에 꽃을 따서 그늘에서 말려 약으로 쓴다."라고 했다.

약효 뿌리에서 나오는 끈적끈적한 점액이 위염이나 위궤양처럼 배 속에 난 상처를 감싸서 낫게 한다. 또 목이 붓거나 아플 때 뿌리를 달인 물을 먹으면 좋다.
《동의보감》에는 꽃을 약으로 쓴다고 나온다. "오줌이 잘 나가지 않는 것을 시원하게 나가게 한다. 아기가 나오지 않을 때 먹으면 아기를 잘 낳도록 돕는다. 오랫동안 고름과 진물이 나오면서 낫지 않는 여러 가지 부스럼이나 종기를 낫게 한다."라고 했다.
또 닥풀 씨앗을 가루 내서 먹거나 달여 먹으면 오줌이 잘 나오고 엄마 젖도 잘 나온다. 《동의보감》에는 "오줌이 잘 나오지 않는 것을 낫게 한다. 또 아이를 낳은 뒤 몸을 쉽게 풀도록 돕는다."라고 나온다.

황촉규,
당촉규화, 촉귀
한해살이풀
1 ~ 1.5m
8 ~ 9월
10월

2003년 9월 경기도 양평

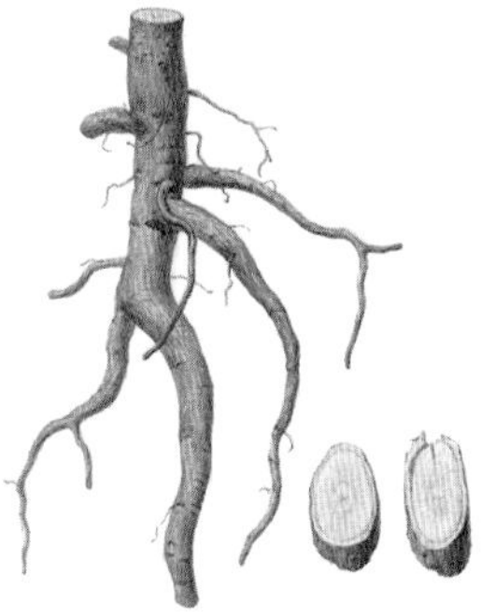

황촉규근

약재 만드는 법	가을에 뿌리를 캐서 껍질을 벗긴 뒤 햇볕에 말린다. 잘게 썰어 쓴다.
약 쓰는 법	물에 달여 먹는다.
약 성질	성질이 차다. 맛은 달고 쓰다.
약효	오줌내기, 염증 없애기
약 쓰는 때	위염, 위궤양, 기침, 기관지염, 젖이 안 나올 때, 오줌을 시원하게 못 눌 때

단삼

Salvia miltiorrhiza

단삼은 약으로 쓰려고 들여와 밭에서 기르는 여러해살이풀이다. 본디 중국에서 자라는 풀인데, 가끔 우리나라 산에서 자라기도 한다. 뿌리가 인삼을 닮고 색깔이 빨갛다고 이런 이름이 붙었다.

단삼은 어른 무릎 위까지 큰다. 줄기를 만져 보면 네모나고, 온몸에 털이 나 있어 까끌까끌하다. 잎은 서로 마주난다. 긴 잎자루에 작은 잎들이 한 쌍에서 세 쌍이 마주 달리고 끝에 잎이 한 장 달린다. 작은 잎은 달걀꼴인데 끝이 뾰족하고 가장자리에 톱니가 났다. 잎맥이 도드라져서 쭈글쭈글하다. 오뉴월부터 꽃대에 보랏빛 꽃이 층층으로 옆을 보면서 빙 둘러 핀다. 꽃은 통 모양인데 끝이 입술처럼 두 갈래로 갈라진다. 아랫입술 꽃잎은 다시 세 갈래로 갈라지는데, 갈라진 가운데가 가장 크다. 수술이 코털처럼 밖으로 길게 삐져나온다.

약재 단삼은 가을에 뿌리를 캐서 잔뿌리를 다듬고 잘 씻어서 햇볕에 말린다. 잘 말린 뿌리를 적당히 썰어서 물에 달여 먹는다. 가루를 내서 먹거나 알약을 만들기도 한다.
《동의보감》에는 '단삼(丹參)'이라고 나온다. "술에 담갔다가 먹으면 달리는 말도 따라잡을 수 있다고 '분마초(奔馬草)'라고도 한다. 술로 씻어서 볕에 말려 쓴다."라고 했다.
약효 피를 잘 돌게 하고, 뭉친 피를 풀고, 달거리를 고르게 한다. 또 고름을 빼내고 새살이 돋게 하며 아픈 것을 낫게 해 준다. 여자들 달거리가 고르지 않거나 없을 때, 아기를 낳고 배가 아플 때 먹으면 좋다. 멍이 들거나 뼈마디가 아플 때 먹어도 좋다. 가슴이 답답하고 잠이 오지 않을 때 먹으면 마음이 편안해진다.
《동의보감》에는 "성질이 조금 차다(평범하다고도 한다). 맛은 쓰고 독이 없다. 다리가 약하면서 저리고 아픈 것과 팔다리를 쓰지 못하는 것을 고친다. 또 고름을 빨아내고 아픈 것을 멎게 하고 살찌게 한다. 오래된 피를 부수고 새로운 피를 보탠다. 아기가 자리를 잘 잡게 도와주며 배 속에서 죽은 아기를 나오게 한다. 또 달거리를 고르게 하고 달거리가 아닐 때 갑자기 피를 쏟는 붕루(崩漏)와 대하를 멎게 한다."라고 나온다.

여러해살이풀
40 ~ 80cm
5 ~ 6월
8 ~ 9월

2007년 6월 경기도 수원

단삼

약재 만드는 법	가을에 뿌리를 캔다. 잔뿌리를 다듬고 잘 씻어서 햇볕에 말린 뒤 알맞게 썬다.
약 쓰는 법	물에 달여 먹는다.
약 성질	성질이 조금 차다. 맛은 쓰고 독이 없다.
약효	혈압 낮추기, 진정, 염증 없애기, 암 막기, 균 없애기
약 쓰는 때	여자들 달거리가 고르지 않거나 없을 때, 아기를 낳고 배가 아플 때, 멍이 들거나 뼈마디가 아플 때, 가슴이 답답하고 잠이 오지 않을 때

담배풀

Carpesium abrotanoides

담배풀은 산기슭이나 숲 가장자리에서 많이 자라는 두해살이풀이다. 잎이 담뱃잎을 닮았다고 붙은 일본 이름을 우리말로 바꿔서 담배풀이라는 이름이 붙었다. 우리나라에는 오래전부터 쓰던 '여우오줌'이라는 이름이 있다. 《동의보감》에도 '여의오좀'이라는 우리 이름이 나온다. 담배풀에서 여우 오줌 같은 냄새가 난다고 붙은 이름이다.

담배풀은 뿌리에서 잎들이 수북하게 모여나다가 딴딴한 줄기가 어른 무르팍에서 허리춤께까지 큰다. 뿌리에서 돋은 잎은 꽃이 필 때쯤 시든다. 줄기를 따라 올라가면서 손바닥만 한 잎들이 곰비임비 어긋나는데, 위로 갈수록 잎이 작아진다. 잎은 달걀꼴이고 끝이 뾰족하고 가장자리에는 톱니가 삐죽삐죽 난다. 잎은 잎자루로 날개처럼 흘러내린다. 온몸에 털이 나고 특이한 냄새가 난다. 한여름부터 잎겨드랑이마다 콩알만 한 꽃이 조롱조롱 달린다. 단지처럼 생긴 꽃받침 속에 노란 꽃들이 자잘하게 잔뜩 들어차 핀다. 가을이 되면 길쭉하고 뾰족하고 납작한 씨가 여문다. 씨는 끈적끈적해서 사람 옷이나 짐승 털에 잘 달라붙는다. 옷에 붙으면 파고들어 살갗을 따끔따끔 찌른다. 열매 생김새가 꼭 학에 들러붙어 사는 이를 닮았다고 ' 학슬(鶴蝨)'이라는 한자 이름이 있다.

약재 가을에 씨를 털어 햇볕에 잘 말려 약으로 쓴다. 조금 독이 있어서 불에 살짝 볶아 물에 달이거나 가루를 내거나 알약을 만들어 먹는다. 뿌리째 뽑아다 잘 말려서 물에 달여 먹기도 한다. 달인 물이나 줄기와 잎을 짓찧어 낸 즙을 살갗에 바르기도 한다.

《동의보감》에는 '학슬(鶴蝨), 여의오좀'이라고 한자 이름과 우리 이름이 함께 나온다. "싹과 잎이 쭈글쭈글하여 소엽(차조기)과 닮았다. 음력 7월에 누르스름한 하얀 꽃이 핀다. 8월에 열매가 달리는데 씨가 아주 잘다. 아무 때나 줄기와 잎을 함께 따서 쓴다."라고 나온다. 긴담배풀이나 여우오줌, 좀담배풀 따위를 담배풀 대신 약으로 쓰기도 한다.

약효 몸속에 사는 회충, 요충, 촌충 같은 기생충을 없앤다. 또 기생충 때문에 배가 아픈 것을 낫게 한다. 목이 붓고 아프거나 살갗이 가렵고 부스럼이 날 때 먹어도 좋다.

《동의보감》에는 "성질이 평범하다(서늘하다고도 한다). 맛은 쓰고 독이 조금 있다. 다섯 장기에 사는 기생충과 회충을 죽이고 학질(말라리아)을 낫게 한다. 또 고치기 힘든 부스럼에 붙이기도 한다."라고 나온다. 하지만 독이 조금 있어서 많이 먹으면 게우거나 머리가 아프기도 해서 알맞게 써야 한다.

- ◐ 담배나물, 여우오줌풀
- ✲ 두해살이풀
- 50 ~ 100cm
- ✲ 8 ~ 9월
- 10 ~ 11월

2008년 8월 경기도 의정부

긴담배풀 *Carpesium divaricatum*

여우오줌 *Carpesium macrocephalum*

학슬

약재 만드는 법	가을에 익은 씨를 털어 햇볕에 말린다.
약 쓰는 법	가루를 내서 먹는다. 물에 달여 먹기도 한다.
약 성질	성질은 평범하다. 맛은 쓰고 독이 조금 있다.
약효	벌레 없애기
약 쓰는 때	몸속에 회충, 요충, 촌충 같은 기생충이 살 때
주의할 점	많이 먹으면 게우거나 머리가 아픈 부작용이 있다.

도꼬마리

Xanthium strumarium

도꼬마리는 길가나 빈터, 들판에 흔히 자라는 한해살이풀이다. 본디 유라시아에서 자라던 풀인데 아주 옛날 우리나라로 들어온 귀화식물이다. 《동의보감》에는 한자 이름으로 '사이(葉耳)', 우리 이름으로 '돋고마리'라고 했다. 또 옛날 중국으로 양털에 열매가 붙어서 들어왔다고 '양부래(羊負來)'라고 한다고 나온다.

도꼬마리는 줄기가 구무럭구무럭 자라고 가지를 제법 친다. 어른 가슴팍께까지 자란다. 잎이 세모꼴이고 잎자루가 길다. 잎몸에 잎맥 석 줄이 뚜렷하게 나 있고, 잎 가장자리에는 톱니가 삐죽삐죽 났다. 줄기와 잎에는 흰 털이 짧게 나 있다. 눈으로 보면 보드라워 보이지만 손으로 만져 보면 거칠거칠하다. 한여름부터 가을 들머리까지 암꽃과 수꽃이 따로 핀다. 수꽃은 가지 끝에 원뿔 모양으로 피고, 암꽃은 잎겨드랑이에 두세 송이가 뭉쳐 핀다. 가을이 되면 잎겨드랑이에 열매가 당글당글 달린다. 열매는 달걀처럼 둥그스름하고, 열매 안에 크기가 다른 씨앗이 두 알 있다. 열매 겉에는 가시가 잔뜩 났다. 가시 끝이 갈고리처럼 휘어서 사람 옷이나 짐승 털에 척척 달라붙고 잘 안 떨어진다. 이렇게 해서 씨앗이 멀리까지 퍼진다. 아이들이 열매를 따다가 서로 던지며 놀기도 한다. 도꼬마리는 큰도꼬마리와 많이 닮았다. 큰도꼬마리는 미국에서 들어왔다. 지금은 도꼬마리를 밀어내고 가장 흔하게 자란다. 큰도꼬마리 열매는 가시 길이가 더 길고, 더 촘촘하게 난다.

약재 도꼬마리는 열매를 약으로 쓴다. 열매가 다 익은 뒤 따서 햇볕에 잘 말린다. 그리고 겉에 난 가시를 없애고 살짝 볶아서 쓴다. 물에 달여 먹거나 가루를 내거나 알약을 만들어 먹는다. 살갗이 아픈 곳에는 달인 물로 씻거나 가루 내어 뿌린다. 잎과 뿌리도 약으로 쓴다.
《동의보감》에는 "음력 5월 초와 7월 초에 줄기와 잎을 뜯고 9월 초에 열매를 따서 그늘에 말린다."라고 나온다. 또 "약에 넣을 때는 절구에 찧어서 가시를 없앤 뒤 살짝 볶아서 쓴다."라고 했다.

약효 땀이 나게 하고 아픈 것을 멈추고 벌레나 나쁜 균을 없앤다. 몸에 열이 나고 머리가 아프고 감기에 걸렸을 때, 코가 막혔을 때, 팔다리가 뻣뻣해지고 오그라들면서 아플 때, 이가 아플 때 약으로 쓴다. 오랫동안 먹으면 힘이 나고 귀와 눈이 밝아지며 몸이 거뜬해진다. 모기나 개에 물렸을 때나 살갗이 가렵고 버짐이 핀 곳에는 줄기와 잎을 짓찧어 나온 즙을 바르면 좋다.
《동의보감》에 열매는 "성질이 따뜻하다. 맛은 쓰며 달고 독이 없다. 간에 생기는 열을 없애고 눈을 밝게 한다."라고 나온다. 줄기와 잎은 "성질이 조금 차다. 맛은 쓰며 맵고 독이 조금 있다. 몸에 바람이 들어 머리가 차면서 아플 때, 풍습(風濕)으로 온몸이 아플 때, 팔다리가 오그라들면서 아플 때, 궂은살과 썩은 살에 약으로 쓴다. 바람이 들어 생기는 모든 병을 없앤다. 골수를 보태 주고 허리와 무릎을 덥게 하며 목이나 귀, 겨드랑이에 생기는 멍울인 나력(瘰癧)이나, 옴, 버짐, 가려움증을 낫게 한다."라고 했다.

◐ 양부래, 도인두, 갈기초
✲ 한해살이풀
❶ 1.5m
✲ 8 ~ 9월
❻ 10월

2004년 10월 서울대 약초 시험장

창이자

약재 만드는 법	가을에 열매가 익으면 털어서 햇볕에 잘 말린다. 겉에 난 가시를 없애고 살짝 볶아서 쓴다.
약 쓰는 법	물에 넣고 한 시간쯤 달여 먹는다. 살갗이 아픈 곳에는 달인 물로 씻거나 가루 내어 뿌린다.
약 성질	성질이 따뜻하다. 맛은 쓰며 달고 독이 없다.
약효	아픔 멈추기, 염증 없애기, 혈압 낮추기, 균 없애기, 열 내리기
약 쓰는 때	감기로 머리가 어지럽고 아플 때, 이가 아플 때, 코 막힐 때, 팔다리가 뻣뻣하게 오그라들면서 아플 때, 옴, 버짐

도라지

Platycodon grandiflorum

도라지는 햇볕이 잘 드는 산과 들에 피는 여러해살이풀이다. 요즘에는 밭에서 많이 기른다. 도라지 밭에 가면 알싸한 도라지 냄새가 폴폴 난다. 뿌리를 반찬으로 많이 먹고 약으로도 쓰는데, 오래 묵은 도라지 뿌리는 인삼에 버금가는 약효를 지녔다. 도라지는 순 우리 이름이다. 뿌리로 나물이나 장아찌, 묵나물을 만들어 먹는다. 어린잎을 뜯어서 나물로 무치거나 튀겨 먹는다. 도라지를 넣고 술을 담그기도 한다.

도라지는 어른 허리춤쯤 키가 큰다. 줄기는 사시랑이지만 단단하고, 곧게 자라 위쪽에서 가지를 친다. 줄기를 꺾어 보면 끈적끈적한 하얀 물이 나온다. 잎은 어긋나거나 마주나거나 서너 장이 돌려나기도 한다. 잎은 달걀꼴이고 끝이 뾰족하며 가장자리에 톱니가 나 있다. 여름부터 가지 끝마다 보라색 꽃이 하늘을 바라보고 핀다. 꽃봉오리가 공처럼 부풀어 오르다가 톡 터지며 꽃잎이 활짝 펴진다. 꽃은 다섯 갈래로 얕게 갈라진다. 암수한꽃이지만 수술이 먼저 성숙해서 다른 꽃과 꽃가루받이를 한다. 하얀 꽃이 피면 '백도라지'라고 하고, 꽃잎이 겹으로 피면 '겹도라지'라고 한다. 가을에 열매가 맺는데, 열매 속에 까만 밤색 씨가 많이 들어 있다.

약재 도라지 뿌리는 인삼을 닮았다. 도라지 뿌리에는 인삼이 가진 주요 성분인 사포닌이 들어 있어서 씹으면 씁쓸하고 아리다. 뿌리가 5년 넘게 커야 약효가 좋다. 가을이나 봄에 뿌리를 캐서 껍질째 햇볕에 말린다. 반찬으로 먹는 뿌리는 봄에서 여름에 캔다. 뿌리껍질은 색깔이 누런데, 껍질을 벗기면 허옇다. 말린 뿌리를 어슷하게 썰어서 물에 두세 시간 달여 먹는다. 가루로 빻아 먹기도 한다.
《동의보감》에는 '길경(桔梗), 도랏'이라고 한자 이름과 우리 이름이 함께 나온다. "어느 곳에서나 다 자라는데 산에서 난다. 음력 2월과 8월에 뿌리를 캐 햇볕에 말린다. 요즘은 나물로 만들어 사철 내내 먹는다."라고 나온다.

약효 감기에 걸려 열나고 기침 나고 가래가 끓을 때 물에 달여 먹으면 썩 잘 낫는다. 또 숨이 가쁘고 가슴이 답답할 때나 목이 아프고 쉬었을 때도 먹는다. 폐렴이나 폐결핵에 걸렸을 때나 배가 아프고 물똥을 쌀 때 먹어도 좋다. 혈압을 낮추고 고름을 빨아내는 힘도 있다.
《동의보감》에는 "성질이 조금 따뜻하다(평범하다고도 한다). 맛은 맵고 쓰며 독이 조금 있다. 허파 기운이 잘못되어서 숨이 차면서 기침하는 것을 낫게 한다. 또 모든 기운(氣)을 내리며 목구멍과 가슴, 옆구리가 아픈 것을 낫게 하고 여러 가지 독을 없앤다. 도라지는 모든 약 기운을 위로 끌고 올라가면서 아래로 못 내려가게 한다. 또 기(氣)와 혈(血)을 끌어올리기 때문에 배에 있는 노 같은 역할을 하는 약이다."라고 했다.

◐ 도래, 돌가지, 길경, 백약, 도랏, 산도라지, 백도라지
✽ 여러해살이풀
40 ~ 100cm
✲ 7 ~ 9월
10월

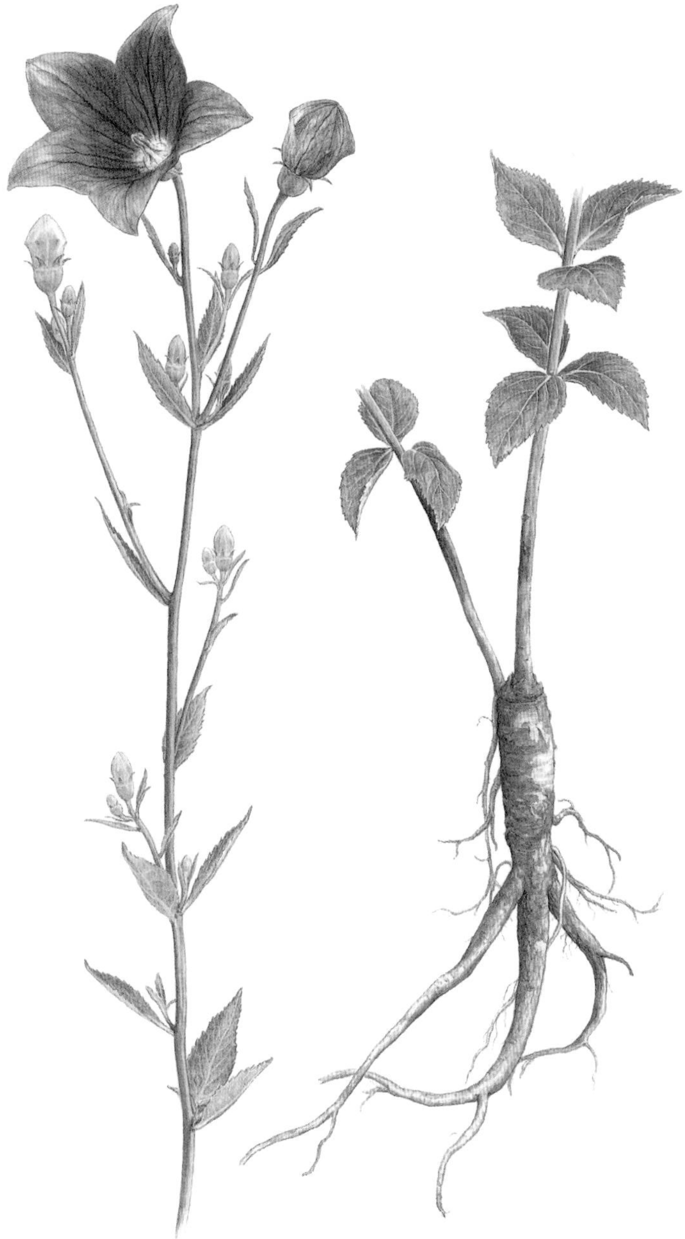

2005년 7월 경기도 연천

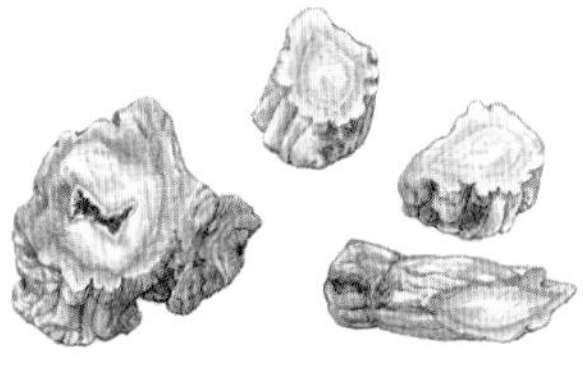

길경

약재 만드는 법	가을이나 봄에 뿌리를 캐서 햇볕에 말린다. 말린 뿌리를 어슷하게 썬다.
약 쓰는 법	물에 넣고 두세 시간 달여 먹는다. 가루로 빻아 먹기도 한다.
약 성질	성질이 조금 따뜻하다. 맛이 맵고 쓰며 독이 조금 있다.
약효	기침 멈추기, 가래 없애기, 염증 없애기
약 쓰는 때	감기, 기침, 가래, 천식, 인후염, 편도선염, 폐결핵, 폐렴

동아

Benincasa cerifera

동아는 밭에서 심어 기르는 한해살이 덩굴풀이다. 우리나라에서 저절로 자라던 풀이 아니고 동남아시아나 인도에서 자라는 풀이다. 열매가 서리를 맞은 뒤에 익는다고 한자로 '동과'라고 한다.

동아는 줄기를 땅으로 길게 뻗으며 가지를 치며 자라다가 덩굴손이 나와서 다른 물체를 감고 올라간다. 줄기에는 자잘한 털이 잔뜩 나서 손으로 만져 보면 깔깔하다. 잎은 넓적하고 다섯에서 일곱 갈래로 움푹움푹 갈라진다. 가장자리에는 톱니가 난다. 여름이 되면 노란 꽃이 피는데, 꽃잎은 다섯 장이다. 한 그루에 수꽃과 암꽃이 따로 피는 암수딴꽃이다. 가을이 되면 애호박처럼 생긴 길둥근 열매가 달린다. 처음에는 풀빛이다가 서리를 맞으면 하얀 분이 더께처럼 낀다. 손으로 만져 보면 분가루가 묻어 나온다. 속을 갈라 보면 꼭 참외 속처럼 생겼는데, 씨는 호박씨 같다.

약재 열매가 익으면 껍질을 벗겨 속살을 얇게 썰어서 햇볕에 말리고 씨도 잘 말려서 약으로 쓴다. 물에 달여 먹거나 가루를 내 먹기도 한다. 잘 익은 열매에서 즙을 짜 먹기도 한다.
《동의보감》에는 '백동과(白冬瓜), 동화'라고 한자 이름과 우리 이름이 함께 나온다. "'지지(地芝)'라고도 한다. 덩굴로 뻗는다. 열매가 달리면 처음에는 푸르스름한 풀빛이다가 서리가 내린 뒤에는 껍질에 분을 칠한 것처럼 허옇게 된다. 그래서 '백동과'라고 한다. 열이 많은 사람한테는 좋지만, 몸이 찬 사람이 먹으면 몸이 야윈다."라고 했다. 씨는 '동과자'라고 한다. "서리가 내린 뒤나 음력 8월에 받아서 껍질은 버리고 씨만 꺼내 살짝 볶아서 쓴다."라고 했다.
약효 열을 내리고 담을 삭이고 고름을 빼내고 오줌을 시원하게 누게 해 준다. 몸이 퉁퉁 붓거나 기침이 나고 가래가 끓을 때나 몸에 종기가 났을 때 먹으면 좋다. 또 치질에 걸렸을 때 달인 물로 씻어 주면 좋다. 얼굴에 주근깨가 많이 났을 때는 씨를 가루로 빻아 꿀에 개어 바르면 주근깨가 없어진다.
《동의보감》에 열매는 "성질이 조금 차다(서늘하다고도 한다). 맛은 달고 독이 없다. 세 가지 목이 타는 것(三消)을 고친다. 몸에 쌓인 열을 풀고 똥오줌이 잘 나가게 한다. 광물성 약재에 있는 독을 없앤다. 몸이 붓는 병과 가슴이 답답한 것을 낫게 한다."라고 하면서 몸에 열이 있을 때 먹으면 좋지만 찰 때 먹으면 몸이 여위고, 병이 오래 되거나 음(陰)이 부족한 사람은 먹지 말라고 했다. 또 너무 살쪄서 살을 빼고 몸을 가볍게 하면서 건강하게 만들려면 동아로 국을 끓여 먹거나 나물로 무쳐 오랫동안 먹으면 좋다고 했다.
씨는 "성질이 평범하거나 차다. 맛은 달고 독이 없다. 살갗을 매끄럽게 하고 얼굴빛이 좋아지게 하며 주근깨를 없앤다. 또 씨에서 얼굴에 바르는 기름도 짠다."라고 나온다. 잎은 "벌에 쏘여 생긴 독을 없앤다."라고 했다.

- 동과, 백동과
- 덩굴풀
- 한해살이풀
- 3~4m
- 7~8월
- 10월

2003년 8월 경기도 광주

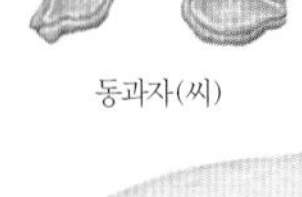

동과자(씨)

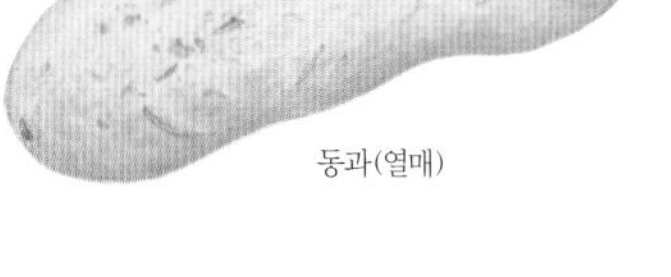

동과(열매)

동과

약재 만드는 법	가을에 열매가 익으면 껍질을 벗겨 얇게 썬 뒤 햇볕에 말린다. 씨도 훑어 내서 따로 모아 햇볕에 말린다.
약 쓰는 법	물에 달여 먹거나 가루를 내어 먹는다.
약 성질	성질이 조금 차다. 맛이 달며 독이 없다.
약효	오줌내기, 열 내리기, 목마름 풀기, 염증 없애기
약 쓰는 때	몸이 퉁퉁 부을 때, 기침이 나고 가래가 끓을 때, 몸에 종기가 났을 때, 얼굴에 주근깨가 났을 때

들현호색

Corydalis ternata

들현호색은 산기슭이나 논둑, 밭둑에서 자라는 여러해살이풀이다. 조금 눅눅한 땅에서 잘 자란다. 현호색(玄胡索)은 색깔이 검고, 거친 땅에서 자라고, 싹이 꼬이면서 돋아난다는 뜻을 가진 한자 이름이다. 땅속에 있는 덩이줄기를 약으로 쓰는데, 들현호색과 꽃이 닮은 현호색, 애기현호색, 댓잎현호색도 함께 약으로 쓴다. 들현호색은 꽃이 불그스름한 분홍빛이고 잎줄기에 잎이 석 장씩 달린다. 현호색은 꽃이 파랗고, 애기현호색은 잎이 잘게 갈라진다. 댓잎현호색은 잎이 대나무 잎처럼 길쭉하다.

들현호색은 땅속 덩이줄기에서 가는 뿌리가 나와 옆으로 뻗으면서 또 다른 덩이줄기가 염주처럼 줄줄이 달린다. 덩이줄기에서 여러 대가 올라와 어른 발목 높이쯤 큰다. 잎은 어긋나는데 긴 잎자루 끝에 잎이 석 장씩 달린다. 잎자루는 위로 올라갈수록 짧아진다. 작은 잎은 둥그스름하고 가장자리에 톱니가 들쭉날쭉 났다. 잎을 뒤집으면 희뿌옇다. 봄이 되면 불그스름한 분홍빛 꽃이 핀다. 꽃은 꽁무니가 새 발톱처럼 길쭉하게 뒤로 뻗고 앞쪽은 입술처럼 두 갈래로 갈라졌다. 여름이 되면 작은 콩꼬투리처럼 생긴 열매가 열린다.

약재 들현호색은 여름이 되면 잎이 말라 죽는데 이때 덩이줄기를 캐서 약으로 쓴다. 덩이줄기는 둥그스름하며 울퉁불퉁하다. 위쪽에 줄기가 붙은 자리가 있고, 아래쪽에는 뿌리가 붙었던 자리가 있다. 겉은 노르스름하다. 깨끗이 씻어 껍질을 벗긴 뒤 햇볕에 말리거나 끓는 물에 넣어 속에 있는 하얀 심이 누렇게 될 때까지 삶아 햇볕에 말린다. 잘게 썰어서 물에 달여 먹거나 가루로 빻아 먹는다. 아픔을 멎게 하는 힘을 더 크게 하려면 식초에 담갔다가 볶아서 쓰고, 뭉친 피를 풀거나 피가 잘 돌게 하려면 술에 넣은 뒤 볶아 쓴다.
《동의보감》에는 '현호색(玄胡索)'이라고 나온다. "곳곳에서 자라는데 뿌리는 반하와 닮았고 빛깔이 노랗다. 식초에 달여서 쓴다."라고 했다.

약효 여러 가지 아픔을 멎게 하고 뭉친 피를 풀어 주고 피를 잘 돌게 하는 힘이 있다. 배나 머리나 허리나 뼈마디가 아플 때, 달거리로 배가 아플 때 먹으면 좋다. 또 몸에 경련이 일어나거나 떨릴 때, 몸에 멍이 들었을 때 먹어도 좋다. 혈압도 내려 준다. 하지만 독이 있어서 아기를 가진 엄마나 달거리가 잦은 사람은 먹지 않는다.
《동의보감》에는 "성질이 따뜻하다. 맛은 맵고(쓰다고도 한다) 독이 없다. 몸 푼 뒤에 피가 맺혀 생긴 여러 가지 병을 낫게 한다. 달거리가 고르지 못할 때, 배 속에 멍울이 생겼을 때, 달거리 때가 아닌데 피가 나올 때, 몸 푼 뒤에 피가 안 멎고 줄곧 나올 때 먹으면 낫는다. 다쳐서 생긴 피멍울을 풀어 주고, 아기를 유산시키고, 아랫배 속에 생긴 덩어리를 삭이고 피멍울을 헤친다. 기(氣)가 모자라서 생기는 병과 마음이 아프거나 아랫배가 아픈 것을 낫게 한다."라고 나온다. 하지만 《동의보감》에 쓰인 것과 달리 독이 있어서 함부로 쓰면 안 된다.

◐ 꽃나물, 세잎현호색, 에게잎, 외잎현호색, 논현호색
✾ 여러해살이풀
❶ 15cm 안팎
✲ 4월
ϭ 6~7월

2004년 5월 경기도 광릉

현호색 *Corydalis remota*

댓잎현호색 *Corydalis turtschaninovii*

현호색

약재 만드는 법	꽃이 지면 덩이줄기를 캐서 햇볕에 말린다. 끓는 물에 삶아서 햇볕에 말리기도 한다. 잘 말린 뒤 잘게 썬다.
약 쓰는 법	물에 달여 먹는다.
약 성질	성질이 따뜻하다. 맛은 맵고 독이 조금 있다.
약효	아픔 멈추기, 진정, 최면
약 쓰는 때	달거리로 배가 아플 때, 아기 낳고 배가 아플 때, 배 아플 때, 뼈마디가 아플 때, 고혈압, 몸에 멍이 들었을 때
주의할 점	배 속에 아기를 가진 엄마는 먹지 않는다.

딱지꽃

Potentilla chinensis

딱지꽃은 들판이나 개울가, 산기슭, 바닷가에서 흔하게 자라는 여러해살이풀이다. 햇볕이 쨍쨍 내리쬐고 아주 메마른 땅에서 잘 자란다. 뿌리에서 나는 잎이 딱지처럼 땅바닥에 납작하게 붙는다고 '딱지꽃'이라는 이름이 붙었다.

딱지꽃은 어른 무릎에서 엉덩이쯤까지 큰다. 땅속 깊숙이 뿌리를 내리고, 굵은 땅속줄기가 이리저리 휘뚜루마뚜루 뻗는다. 뿌리에서 줄기가 여러 대 나와 비스듬히 크면서 가지를 친다. 줄기는 불그스름하다. 뿌리에서는 잎이 모여나고 줄기에서는 서로 어긋난다. 잎줄기에 길쭉한 쪽잎이 여러 장 달리고, 쪽잎은 거친 톱날처럼 깊게 갈라진다. 쪽잎은 줄기 위쪽으로 올라갈수록 크기가 작아진다. 잎 앞쪽은 반들반들하지만 뒤쪽에는 하얀 잔털이 잔뜩 난다. 뿌리에서 난 잎 뒤쪽에는 하얀 잔털이 없어서 줄기에서 난 잎과 다르다. 여름 들머리에 가지 끝에서 노란 꽃 여러 송이가 수북이 핀다. 꽃잎은 다섯 장이고, 꽃잎 한 장 한 장은 사람 궁둥이처럼 가운데가 쏙 파였다. 한여름에 달걀꼴 열매를 맺는다.

약재 딱지꽃은 뿌리를 약으로 쓴다. 가을이나 이른 봄에 뿌리를 캐서 햇볕에 잘 말린다. 잘 말린 뿌리를 잘게 썰어 물에 달여 먹는다. 여름에는 줄기째 베어 그늘에 말린 뒤 잘게 썰어 약으로 쓴다. 《동의보감》에는 안 나온다.

약효 딱지꽃 뿌리는 피를 멎게 하는 힘이 세다. 오줌이나 똥에 피가 섞여 나오거나 코피가 나거나 아기집이나 내장에서 피가 날 때 먹으면 좋다. 또 열을 내리고 몸속에 쌓인 독을 풀고 설사를 멎게 해 준다. 이질이나 적리, 대장염, 온몸이 쑤시고 아플 때, 몸이 굳을 때 먹는다. 어린순이나 뿌리를 나물 반찬으로 자주 먹으면 힘이 나고 밥맛이 좋아지고 위장이 튼튼해진다.

◐ 갯딱지, 딱지, 당딱지꽃

✿ 여러해살이풀

30 ~ 60cm

✲ 6 ~ 7월

7 ~ 8월

2002년 8월 경기도 수원 농촌진흥청

위릉채

약재 만드는 법	봄이나 가을에 뿌리를 캐서 햇볕에 잘 말린다. 잘게 썰어서 쓴다.
약 쓰는 법	물에 달여 먹는다.
약 성질	성질이 평범하다. 맛은 쓰다.
약효	균 없애기, 피 멈추기, 암 막기
약 쓰는 때	똥오줌에 피가 섞여 나올 때, 코피가 날 때, 아기집에서 피가 날 때, 내장에서 피가 날 때, 물똥을 쌀 때, 이질, 적리, 마비, 류머티즘

마디풀

Polygonum aviculare

마디풀은 길가나 볕이 잘 드는 빈터에서 흔히 자라는 한해살이풀이다. 줄기에 마디가 뚝뚝 졌다고 마디풀이다. 길가에 많이 난다고 한자로 '노변초'라고도 한다. 질경이처럼 사람한테 밟혀도 잘 살고 땅이 단단해도 뿌리를 잘 내리고 자란다. 《동의보감》에는 '옥ᄆᆡ 듭'이라는 우리 이름이 나온다. 'ᄆᆡ 듭'은 매듭이다. 한방에서는 '편축(萹蓄)'이라고 한다. 모두 줄기에 마디가 많아서 지어진 이름이다.

마디풀은 어쩌다 줄기가 곧게 서기도 하지만 대부분 옆으로 비스듬히 퍼지며 가지를 많이 치며 자란다. 다 커도 어른 무릎쯤까지 올라온다. 키는 작지만 딱 봐도 줄기가 옹골지고 딴딴한 느낌이 난다. 줄기에 마디가 뚝뚝 지고 마디마다 얇고 허연 껍질이 둘러싼다. 가까이 들여다보면 허연 껍질은 두 갈래로 갈라졌고 끄트머리가 터실터실 잘게 갈라졌다. 줄기에는 세로로 줄이 나 있다. 잎은 서로 어긋나며 다닥다닥 나고 잎자루가 거의 없다. 잎은 가름한 달걀꼴이다. 여름 들머리부터 잎겨드랑이에서 희거나 불그스름한 꽃이 하나에서 다섯 개까지 자잘자잘 핀다. 꽃잎처럼 보이는 것은 사실 꽃받침이다. 꽃잎처럼 다섯 개로 갈라진다. 가을이 되면 세모난 열매를 맺는데 꽃받침에 싸여 있다. 어린잎은 나물로 먹고, 풀을 베어다 집짐승을 먹이기도 한다.

약재 마디풀은 꽃이 필 때 벤다. 햇볕에 잘 말린 뒤 잘게 썰어서 물에 달여 먹는다. 달인 물로 살갗을 씻기도 한다. 생풀을 짓찧어 즙을 내 먹기도 한다.

《동의보감》에는 '편축(萹蓄), 옥ᄆᆡ 듭'이라고 한자 이름과 우리 이름이 함께 나온다. "곳곳에서 난다. 싹은 패랭이꽃을 닮았고, 잎은 풀빛인데 댓잎을 닮았지만 더 가늘다. 마디 사이에서 꽃이 피는데 아주 잘다. 음력 5월에 뜯어 그늘에서 말린다. 물가에서 자라며 자줏빛 꽃이 피는 것이 좋다. 짓찧어 즙을 내어 먹는다."라고 나온다.

약효 달인 물을 먹으면 오줌을 시원하게 잘 누게 해 준다. 또 오줌보나 오줌길에 염증이 생기거나 피오줌을 눌 때 달인 물을 먹는다. 아이들 배 속에 회충이나 요충이 있을 때는 달인 물을 먹거나 졸여서 엿처럼 고아 먹는다. 치질이나 황달에 걸렸을 때는 풀을 짓찧어 즙을 내서 먹으면 좋다. 또 달인 물로 여자들이 뒷물을 하거나 습진에 걸린 살갗을 씻어도 좋다. 하지만 맛이 쓰고 성질이 서늘해서 비위가 약한 사람은 오래 안 먹는 것이 좋다.

《동의보감》에는 "성질이 평범하다. 맛은 쓰고(달다고도 한다) 독이 없다. 몸에 퍼진 옴이나 가려운 곳, 큰 종기, 치질을 낫게 하고 세 가지 기생충을 없앤다. 회충을 없애고 오줌길이 막혀 아랫배가 몹시 아픈 임질을 낫게 하며 오줌을 잘 누게 한다. 또 똥오줌이 잘 나가지 않을 때 쓴다."라고 했다.

◐ 돼지풀, 옥매듭풀, 노변초, 편축
✽ 한해살이풀
❶ 30 ~ 40cm
✲ 6 ~ 7월
❻ 9 ~ 10월

2007년 9월 경기도 일산

편축

약재 만드는 법	여름에 꽃이 필 때 풀을 베어 햇볕에 잘 말린 뒤 잘게 썰어서 쓴다.
약 쓰는 법	물에 달여 먹는다. 달인 물로 살갗을 씻기도 한다.
약 성질	성질은 조금 서늘하다. 맛은 쓰고 독이 없다.
약효	오줌내기, 염증 없애기, 균 없애기
약 쓰는 때	요도염, 요도 결석, 변비, 회충이나 요충이 있을 때, 몸이 붓고 오줌이 안 나올 때, 황달

마타리

Patrinia scabiosaefolia

마타리는 햇볕이 잘 드는 산과 들에서 자라는 여러해살이풀이다. 마타리는 순우리말 이름인데, 아직까지 어디에서 온 이름인지 뚜렷하게 밝혀지지 않았다. 《동의보감》에는 뿌리에서 된장 썩는 냄새가 난다고 '패장(敗醬)'이라고 나온다. 온몸에서도 독특한 고린내가 난다. 마타리는 '가얌취'라고도 해서 어린싹을 나물로 해 먹거나 쌀과 섞어서 나물밥을 지어 먹는다.

마타리는 뿌리줄기가 굵고 옆으로 뻗는다. 뿌리에서 잎이 수북하게 모여나다가 줄기가 나오는데, 줄기는 가느다랗지만 딴딴하고 곧게 쭉 자란다. 어른 허리에서 가슴께까지 큰다. 줄기 위쪽에서는 가지를 친다. 잎은 줄기 마디마다 서로 마주난다. 줄기에서 난 잎은 뿌리에서 난 잎과 생김새가 사뭇 다르다. 잎몸은 여러 조각으로 버들잎처럼 깊게 갈라지고 가장자리에는 뾰족한 톱니가 있다. 여름부터 가을까지 노란 꽃이 핀다. 줄기 위쪽 잎겨드랑이에서 사시랑이 꽃대가 쑥 마주 올라와 핀다. 아래쪽에 있는 꽃대는 길고 위쪽에 있는 꽃대는 짧아서, 옆에서 보면 서로 엇비슷한 높이로 나란하게 꽃이 핀다. 꽃대는 층층마다 직각으로 어긋나서 올라오기 때문에 서로 안 부딪친다. 그래서 꽃이 골고루 햇볕을 받을 수 있다. 꽃은 크기가 작아서 자글자글 모여 핀다.

뚝갈은 마타리와 거의 닮았다. 뚝갈은 꽃이 하얗고 억센 털이 많이 나 있다. 금마타리와 돌마타리는 마타리보다 포기가 작다. 어른 무릎 높이쯤 자란다. 금마타리 뿌리잎은 손바닥처럼 넓적하고 5 ~ 7갈래로 얕게 갈라진다.

약재 마타리는 꽃이 진 가을에 뿌리를 캐서 약으로 쓴다. 캐낸 뿌리는 깨끗하게 흙을 털어낸 뒤 햇볕에 잘 말린다. 잘 말린 뿌리는 잘게 썰어서 물을 넣고 달여 먹는다. 《동의보감》에는 "산과 들에서 자란다. 뿌리는 자주색이고 시호와 닮았다. 오래 묵은 된장 냄새가 나기 때문에 '패장(敗醬)'이라고 한다. 음력 8월에 뿌리를 캐 햇볕에 말린다."라고 했다.

약효 마타리는 피를 잘 돌게 하고 뭉친 피를 풀고 고름을 빼내고 열을 내리게 한다. 맹장이 곪아 배가 아플 때나 엄마가 아기를 낳은 뒤 배가 줄곧 아플 때 약으로 쓴다. 뿌리를 달인 물로 눈을 씻으면 유행성 눈병에도 좋다. 살갗에 난 고름이나 옴, 종기에는 뿌리를 짓찧어서 붙인다.

《동의보감》에는 "성질이 평범하다(조금 차다고도 한다). 맛은 쓰고 짜며 독이 없다. 여러 해 묵은 피멍울을 헤치고 고름을 삭여 물이 되게 한다. 또 아기를 쉽게 낳게 하며 몸 푼 뒤에 생기는 여러 가지 병을 낫게 한다. 하지만 배 속에 있는 아기를 유산하게 한다. 뜨거운 열이나 불에 덴 것, 살갗에 생기는 여러 가지 피부병, 옴과 버짐, 살갗 다친 곳에 세균이 들어가 생기는 병을 낫게 한다. 눈이 빨개지거나 흐려지는 예장(眼障)과 예막(眼膜) 같은 눈병이 생긴 것, 눈에 군살이 돋아난 것, 귓병을 앓아 듣지 못하는 것을 고친다. 또 고름을 빨아내고, 병으로 몸에 생긴 여러 가지 작은 구멍을 아물게 한다."라고 했다.

- 가얌취, 개감취, 패장
- 여러해살이풀
- 60 ~ 150cm
- 7 ~ 9월
- 9 ~ 10월

2004년 5월 경기도 광릉수목원

뚝갈 *Patrinia villosa*

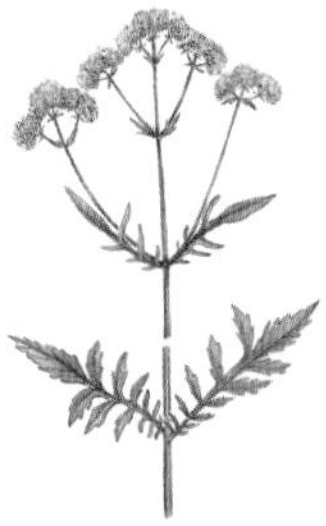

돌마타리 *Patrinia rupestris*

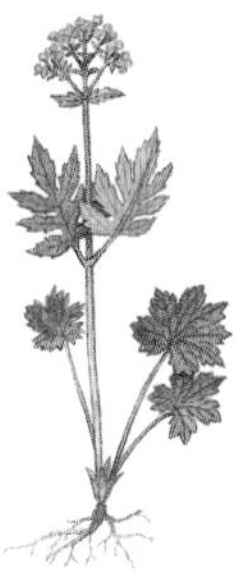

금마타리 *Patrinia saniculifolia*

패장

약재 만드는 법 가을에 뿌리를 캐서 햇볕에 말린 뒤 잘게 썰어 쓴다.

약 쓰는 법 물에 달여 먹는다. 살갗에 난 부스럼에는 생풀을 짓찧어서 붙인다. 눈병에는 달인 물로 씻는다.

약 성질 성질이 평범하다(조금 차다고도 한다). 맛은 쓰고 짜며 독이 없다.

약효 염증 없애기, 열 내리기, 고름 빨아내기, 아픔 멈추기

약 쓰는 때 맹장이 곪아 배가 아플 때, 아기를 낳은 뒤 배가 아플 때, 눈알이 빨개질 때, 살갗에 종기나 옴 같은 부스럼이 났을 때

만삼

Codonopsis pilosula

만삼은 깊은 산속에서 자라는 덩굴지는 여러해살이풀이다. 덩굴지는 산삼이라고 이런 이름이 붙었다. 산에서 보면 더덕과 헷갈릴 정도로 생김새와 꽃이 닮았고 풍기는 냄새도 비슷하다. 하지만 잎과 꽃이 더덕보다 작고, 잎과 줄기에 하얀 털이 잔뜩 나 있어서 더덕과 다르다. 만삼 뿌리는 더덕처럼 구워 먹거나 장아찌를 담근다. 잎과 줄기는 나물로 먹을 수 있다.

만삼은 가느다란 철사 같은 사시랑이 줄기가 구불텅구불텅 다른 나무나 물체를 감고 올라간다. 줄기를 잘라 보면 하얀 즙이 나온다. 만져 보면 끈적끈적하다. 잎은 어긋나는데, 짧은 가지에서는 마주난다. 잎은 달걀꼴이고 끝이 뾰족하고 밑은 둥글다. 잎 뒤쪽은 희끄무레하다. 여름에 가지 끝에서 풀빛이 어른어른한 하얀 꽃이 아래를 보고 핀다. 꽃대 끝에서 둥그런 풀빛 꽃받침이 다섯 갈래로 툭 터지면서 꽃이 핀다. 꽃은 종처럼 생겼고 끝이 다섯 갈래로 얕게 갈라진다. 가을이 되면 고깔모자처럼 생긴 열매가 열리고 다 익으면 세 쪽으로 갈라진다.

약재 만삼 뿌리는 더덕이나 도라지 뿌리처럼 굵고 길쭉하고 잔주름이 주글주글 났다. 어린아이 팔 길이만큼 땅속으로 깊이 뻗는다. 오래될수록 깊게 뻗고 약효도 좋다. 가을이나 봄에 뿌리를 캐서 줄기를 잘라 낸다. 물에 잘 씻어 햇볕에 말린 뒤 잘게 썰어서 물에 달여 먹는다. 볶아서 달여 먹기도 한다. 《동의보감》에는 따로 나오지 않는다.

약효 만삼은 맛이 달고 성질은 평범하다. 오래 묵은 만삼 뿌리는 인삼에 버금갈 만큼 약효가 좋다. 인삼처럼 몸을 튼튼하게 해 준다. 몸에 저항력을 높여 주고 혈압을 낮추고 위를 튼튼하게 한다. 온몸에 기운이 없고 허약할 때, 시난고난 앓아누웠을 때, 입맛이 없고 소화가 잘 안 될 때, 마음이 심란해서 잠을 못 잘 때, 오랫동안 기침을 하고 가래가 끓을 때 먹으면 좋다.

- 삼승더덕
- 여러해살이풀
- 1.5 ~ 2m
- 7 ~ 8월
- 10월

2003년 8월 강원도 평창

더덕 *Codonopsis lanceolata*

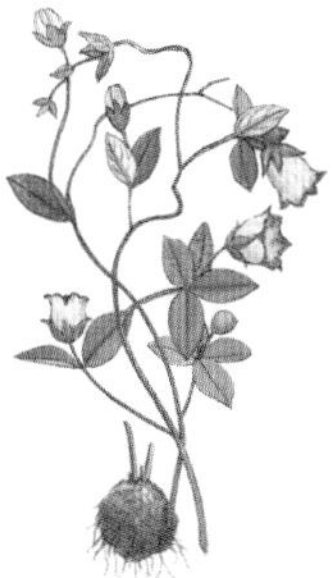

알만삼(소경불알) *Codonopsis ussuriensis*

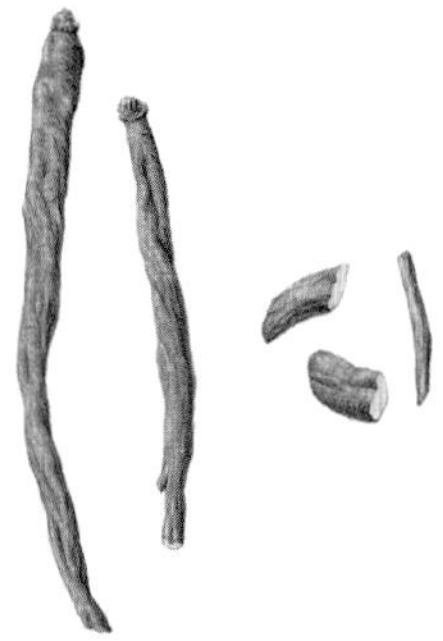

만삼

약재 만드는 법	가을이나 봄에 뿌리를 캐서 줄기를 잘라 낸다. 물에 잘 씻어 햇볕에 말린 뒤 잘게 썬다.
약 쓰는 법	물에 달여 먹는다.
약 성질	성질이 평범하고, 맛은 달다.
약효	강장, 피 보충, 궤양 없애기, 기력 상승
약 쓰는 때	몸이 허약할 때, 입맛이 없을 때, 오랫동안 앓았을 때, 정신 불안, 기침, 가래

매자기

Scirpus maritimus

매자기는 연못이나 늪 가장자리나 논둑에서 잘 자라는 여러해살이풀이다. 흐르는 물에서는 안 살고 물이 고여 있고 물기가 많은 땅을 좋아한다. 또 아주 더럽거나 아주 맑은 물에서는 안 살고 적당히 더러운 물가에서 산다. 《동의보감》에는 '삼릉(三稜), ᄆᆡ자깃불휘'라고 한자 이름과 우리 이름으로 나온다. 삼릉은 줄기가 세모져서 붙은 한자 이름이다. 'ᄆᆡ자깃불휘'는 매자기 뿌리라는 말이다. 이것을 보면 매자기는 아주 오래전부터 써 왔던 우리 이름이다.

매자기는 땅속에 있는 둥그스름한 덩이줄기에서 아기 손가락 굵기만 한 뿌리줄기가 옆으로 뻗는다. 뿌리줄기 끄트머리마다 까만 덩이줄기가 또 달린다. 덩이줄기에서 가는 수염뿌리가 덥수룩하게 난다. 덩이줄기에서 줄기가 올라와 어른 가슴팍쯤까지 큰다. 대궁을 만져 보면 세모나다. 잎은 어긋나는데 벼 잎처럼 갸름하고 길쭉해서 능청능청 휜다. 잎 밑동은 줄기를 감싼다. 줄기 끝에서 가느다란 꽃대가 사방으로 갈라져 나와 그 끝에 둥그스름한 풀빛 이삭이 달린다. 여름부터 가을까지 꽃이 이삭 끄트머리를 비집고 나와 부얼부얼하게 핀다. 꽃대가 갈라지는 줄기 끝에는 잎처럼 길쭉한 턱잎이 서너 개 길게 뻗는다. 가을이 되면 이삭이 누렇게 익는다. 씨는 세모나서 새 부리처럼 뾰족하고 까맣다.

약재 가을이나 봄에 덩이줄기를 캔다. 덩이줄기는 양파처럼 둥글둥글하다. 줄기와 잔뿌리를 다듬고 껍질을 벗겨 햇볕에 말린다. 잘 말린 덩이줄기를 알맞게 썰어서 달여 먹는다. 식초에 넣어 삶아서 쓰기도 한다. 그러면 멍울을 없애고 아픔을 멈추는 힘이 세어진다. 흑삼릉과 애기흑삼릉 덩이줄기도 약으로 쓴다.

《동의보감》에는 "곳곳에서 나는데 흔히 얕은 물속에서 자란다. 잎은 모두 세모지고 상강이 지난 뒤에 뿌리를 캐 겉껍질과 잔뿌리를 버린다. 빛깔이 노랗고 꼭 붕어처럼 생긴 작고 무거운 것이 좋다. 싹이 나오지 않고 가는 뿌리가 있으면서 닭 발톱처럼 굽은 것을 '계조삼릉(鷄爪三稜)'이라고 한다. 가는 뿌리가 나오지 않고 오매처럼 생긴 것은 '흑삼릉(黑三稜)'이라고 한다. 이 둘은 같은 식물이다. 식초에 달여 익힌 뒤 썰어 약한 불기운에 말려 쓰거나 축축한 종이에 싸서 불에 구워 쓴다."라고 나온다.

약효 물에 달여 먹으면 나쁜 피를 없애고, 피를 잘 돌게 하고, 아픔을 멎게 하고, 기운을 솟게 한다. 아기를 낳은 뒤로 줄곧 배가 아프며 피가 안 멎고 날 때 먹으면 좋다. 또 젖이 잘 안 나오거나 먹은 게 소화가 안 될 때, 여자들 달거리가 없을 때 먹어도 좋다. 하지만 아기를 가진 엄마는 먹으면 안 된다.

《동의보감》에는 "배 속에 생긴 덩어리를 헤치고 부인 몸속에 피가 뭉친 것을 낫게 한다. 아기를 유산을 시키고 달거리를 잘하게 하고 나쁜 피를 없앤다. 아기를 낳은 뒤에 피를 많이 흘려 정신이 흐려질 때나 배가 아플 때, 엉긴 피가 내려가지 않을 때 쓴다. 또 다쳐서 생긴 피멍울을 삭게 한다."라고 했다.

◐ 매자기
✿ 여러해살이풀
80 ~ 150cm
✲ 7 ~ 10월
10월

2003년 9월 경기도 광릉수목원

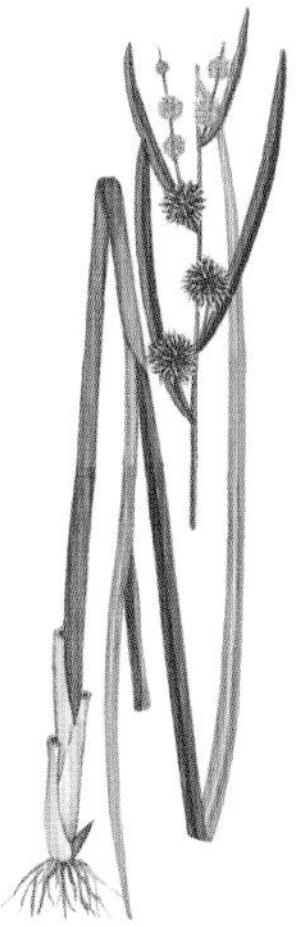

흑삼릉 *Sparganium erectum*

형삼릉

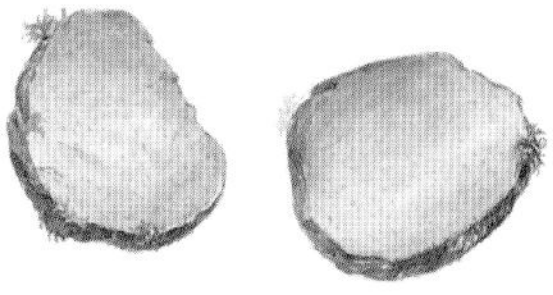

약재 만드는 법	가을이나 봄에 덩이줄기를 캔다. 줄기와 잔뿌리를 다듬고 껍질을 벗겨 햇볕에 말린 뒤 알맞게 썬다.
약 쓰는 법	물에 달여 먹는다.
약 성질	성질이 평범하다. 맛은 달고 독이 없다.
약효	피 깨뜨리기, 아픔 멈추기, 기운 북돋기, 소화
약 쓰는 때	아기를 낳은 엄마가 배가 아프며 피가 안 멎을 때, 달거리가 없을 때, 젖이 잘 안 나올 때, 소화가 안 될 때
주의할 점	아기를 가진 엄마는 안 먹는다.

맥문동

Liriope platyphylla

맥문동은 산기슭이나 숲 속 그늘에서 자라는 여러해살이풀이다. 길가나 공원 꽃밭에도 많이 심는다. 한겨울에도 잎이 누렇게 시들지 않고 푸릇푸릇하게 겨울을 나기 때문에 '겨우살이풀'이라고도 한다. 《동의보감》에는 '맥문동(麥門冬), 겨으사리'라고 한자 이름과 우리 이름이 함께 나온다. "잎이 사철 마르지 않고 뿌리는 구슬을 꿰어 놓은 것 같다. 그 생김새가 꼭 보리알 같아서 맥문동이라고 이름 붙였다."라고 했다.

맥문동은 뿌리줄기가 땅속으로 구불구불 뻗다가 잎이 모여 나와 여러 포기를 이룬다. 뿌리 끝 군데군데에서 땅콩만 하게 덩어리가 진다. 뿌리줄기에서는 가느다란 수염뿌리가 잔뜩 난다. 뿌리에서 잎들이 무더기로 돋아 아기 팔 길이만큼 수북하게 자란다. 잎은 난초 잎처럼 좁게 길쭉하고 부드럽게 휜다. 무성한 잎 사이로 꽃대 하나가 어른 무릎쯤까지 꼿꼿이 올라온다. 여름 들머리에 꽃대 위쪽 마디마다 동글동글한 꽃망울이 다다귀다다귀 달렸다가 툭툭 터지면서 꽃이 핀다. 꽃은 자줏빛이고 꽃잎이 여섯 장이다. 가을이 되면 까만 구슬처럼 동글동글한 열매가 달린다.

맥문동은 개맥문동과 닮았다. 맥문동 잎맥은 11 ~ 15개이고 잎이 더 넓다. 개맥문동 잎맥은 7 ~ 11개이다. 맥문동은 따뜻한 남부 지방에서 자라고, 개맥문동은 더 추운 곳에서 산다.

약재 맥문동은 꽃이 피기 전이나 지고 난 뒤에 뿌리를 캐서 살진 덩이뿌리를 약으로 쓴다. 개맥문동 덩이뿌리도 약으로 쓴다. 살진 덩이뿌리를 그늘에서 말린 뒤 물에 담가 부드러워지면 안에 있는 딴딴한 심을 빼고 햇볕에서 잘 말린다. 잘 말린 약재는 노르스름하고 말랑말랑하다. 물에 넣고 달여 먹는다. 술에 담갔다가 쓰기도 한다. 중국에서 들여온 약재는 속심이 그대로 남아 있다. 우리 약재보다 약효가 떨어진다.
《동의보감》에는 "음력 2월과 3월, 9월과 10월에 뿌리를 캐 그늘에서 말린다. 살찌고 큰 것이 좋다. 쓸 때에는 끓는 물에 불려 심을 빼낸다. 그렇게 하지 않으면 답답증이 생긴다. 수태음경으로 들어가는데 경락으로 가게 하려면 술에 담갔다가 쓴다. 우리나라에는 경상도, 전라도, 충청도에서 난다. 기름진 땅에서 자라고 섬에서도 난다."라고 했다.

약효 맥문동은 몸이 허약할 때 보약으로 많이 먹는다. 또 가래를 삭이고 기침을 멈추게 한다. 목이 아프거나 목구멍과 입안이 마르고 목 마려울 때, 폐결핵, 당뇨병에도 좋다. 엄마 젖이 잘 나오지 않을 때나 똥이 굳어 안 나올 때에도 먹는다. 또 심장을 튼튼하게 하고 혈압도 낮춰 준다.
《동의보감》에는 "성질이 조금 차다(평범하다고도 한다). 맛은 달고 독이 없다. 몸이 허약해서 열이 나고 입이 마르며 목이 탈 때, 허파가 안 좋아 피고름을 뱉는 것, 열독 때문에 몸이 까매지고 눈이 누레지는 것을 낫게 한다. 심장을 보하고 허파를 깨끗하게 만들고 정신을 가라앉히고 맥을 안정시킨다."라고 나온다.

겨우살이풀
여러해살이풀
30 ~ 50cm
5 ~ 8월
10 ~ 11월

2002년 8월 경기도 일산

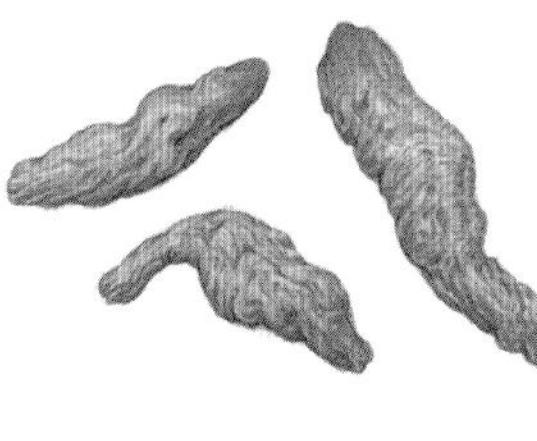

맥문동

약재 만드는 법	늦가을이나 이른 봄에 덩이뿌리를 캔다. 덩이뿌리를 그늘에서 말린 뒤 물에 담가 부드러워지면 심을 빼고 햇볕에 말린다.
약 쓰는 법	물에 달여 먹는다.
약 성질	성질이 차다. 맛은 달고 독이 없다.
약효	강장, 균 없애기, 열 내리기, 목마름 풀기
약 쓰는 때	심한 기침 가래, 폐결핵, 폐렴, 몸이 약할 때, 몸에서 열이 나고 가슴이 답답할 때, 당뇨가 있어 목이 마를 때, 변비, 심장이 약할 때, 위염이 오래되어 배가 아플 때, 낯빛이 안 좋을 때, 젖이 안 나올 때
주의할 점	물똥을 자주 싸거나 감기로 코가 막히고 열이 심한데도 땀이 나지 않고 오슬오슬 춥고 떨릴 때에는 쓰지 않는다. 심을 빼고 쓴다.

모시대

Adenophora remotiflora

모시대는 산속 그늘지고 눅눅한 곳에서 자라는 여러해살이풀이다. 잎이 모시풀처럼 생겨서 '모시대'라고 한다. 하지만 모시대라는 이름은 일제 강점기에 붙은 이름이다. 《동의보감》에는 '계로기'라는 우리 이름이 나온다. 계로기는 풀이 죽은 나물을 일컫는 우리말이라고 한다. 잔대처럼 생긴 뿌리를 약으로 쓰는데 예로부터 백 가지 독을 풀어 주는 약으로 알려졌다. 또 어린순과 뿌리를 나물로 먹는다.

모시대는 사시랑이 줄기가 딴딴하게 곧추 뻗어 올라온다. 가지를 거의 안 치고 어른 허리춤까지 큰다. 잎은 어긋나게 달리고 잎자루가 길다. 잎은 깻잎을 닮았다. 아래쪽에 달린 잎은 손바닥처럼 넓적하고 위로 올라갈수록 작아진다. 끝이 뾰족하고 밑은 심장 꼴로 쏙 들어가고 가장자리에는 톱니가 거칠게 난다. 여름부터 가을 들머리까지 연보랏빛 꽃이 핀다. 줄기 위쪽에서 꽃대가 가지를 치듯이 나와 듬성듬성 꽃이 달린다. 꽃은 땅을 보면서 고개를 수그리고 핀다. 꽃은 깔때기처럼 생겨서 끝이 다섯 갈래로 갈라진다. 하얀 꽃이 피면 흰모시대다. 도라지모시대는 모시대보다 꽃이 크고 더 활짝 벌어진다. 가을에 열매가 여무는데 씨앗이 많이 들어 있다.

약재 모시대는 가을이나 이른 봄에 뿌리를 캔다. 햇볕에 잘 말려서 알맞게 썬 뒤 물에 달여 먹는다. 날뿌리를 짓찧어서 곪은 곳에 붙이기도 한다.
《동의보감》에는 '제니(薺苨), 계로기'라고 한자 이름과 우리 이름이 함께 나온다. "인삼과 닮았는데 잎이 작다. 뿌리는 도라지와 닮았지만 심이 없어서 다르다. 음력 2월과 8월에 뿌리를 캐서 햇볕에 말린다. 어느 지방에나 다 있는데 산에 있다. 요즘은 나물로 먹는다. 싹은 삶아서 먹고 뿌리를 캐서 말려 먹으면 맛이 아주 좋다."라고 했다.
약효 약물에 중독되거나 식중독에 걸렸을 때, 뱀에 물리거나 벌레에 쏘였을 때 먹으면 좋다. 기침이 나고 가래가 끓거나 목이 아플 때, 열이 나면서 목이 탈 때 먹어도 좋다.
《동의보감》에는 "성질이 차다. 맛은 달고 독이 없다. 모든 약독을 풀고 여러 가지 독을 없앤다. 뱀이나 벌레한테 물린 것과 독화살에 다친 상처를 낫게 한다."라고 나온다.

북 모시잔대
모싯대
여러해살이풀
40 ~ 100cm
8 ~ 9월
10월

2004년 7월 강원도 평창 산채 시험장

도라지모시대 *Adenophora grandiflora*

제니

약재 만드는 법	가을이나 이른 봄에 뿌리를 캔다. 햇볕에 잘 말려서 알맞게 썬 뒤 약으로 쓴다.
약 쓰는 법	물에 달여 먹는다. 날뿌리를 짓찧어서 곪은 곳에 붙이기도 한다.
약 성질	성질이 차다. 맛이 달며 독이 없다.
약효	기침 멈추기, 가래 없애기, 혈당 내리기, 열 내리기
약 쓰는 때	약물에 중독되거나 식중독에 걸렸을 때, 뱀에 물리거나 벌레에 쏘였을 때, 기침이 나고 가래가 끓거나 목이 아플 때, 열이 나면서 목이 탈 때

모시풀

Boehmeria nivea

모시풀은 밭에서 기르는 여러해살이풀이다. 원래는 따뜻한 동남아시아에서 자라던 풀인데 줄기에서 실을 뽑으려고 들여왔다. 우리나라 삼국 시대부터 길렀다. 목화가 들어오기 전까지 모시풀 줄기 껍질을 벗겨 실을 만들어 옷을 짜 입었다. 《동의보감》에는 '저근(苧根), 모싯불휘'라고 한자 이름과 우리 이름이 함께 나오는데, "지금 천을 짜는 모시 뿌리다."라고 했다.

모시풀은 어른 키를 훌쩍 넘어 크기도 한다. 가지를 조금 치면서 곧게 자란다. 뿌리 가까이는 나무처럼 딱딱하고 위쪽은 사각사각한 풀 줄기다. 온몸에는 잔털이 났다. 가느다란 잎자루가 옆으로 대차게 길게 뻗고 어른 손바닥만 한 잎이 달린다. 잎맥이 뚜렷하고 잎이 쭈글쭈글하다. 가장자리에는 거친 톱니가 났다. 잎끝은 꼬리처럼 길쭉하게 빠진다. 잎 뒤쪽에는 흰 털이 잔뜩 나 있어서 허옇다. 여름이 되면 줄기 아래쪽에 수꽃이 피고, 위쪽에는 암꽃이 핀다. 누르스름한 수꽃은 잎겨드랑이에서 짧은 꽃대가 올라와 자글자글 달린다. 푸르스름한 암꽃은 둥글둥글 모여 핀다. 가을이 되면 둥그스름한 열매가 여문다.

약재 모시풀 뿌리는 나무뿌리처럼 딱딱하고, 오징어 다리처럼 여러 갈래로 갈라져 구불텅구불텅 뻗는다. 가을에 뿌리를 캔다. 햇볕에 잘 말린 뒤 알맞게 썰어서 물에 달여 먹는다. 살갗에 부스럼이 날 때는 달인 물로 몸을 씻기도 한다. 곪은 곳에는 뿌리와 잎을 짓찧어 붙인다.

약효 열을 내리고 독을 풀어 주고 피나는 것을 멎게 해 준다. 또 오줌을 시원하게 누게 해 주고 아기가 배 속에서 편안하게 자리 잡도록 돕는다. 내장에서 피가 날 때, 열이 나면서 목이 탈 때, 오줌이 안 나올 때, 열이 나서 살갗에 열꽃이 피고 부스럼이 날 때도 먹는다.

《동의보감》에는 "성질이 차다(평범하다고도 한다). 맛은 달고 독이 없다. 아이 살갗이 헐거나 다친 곳에 세균이 들어가 얼굴이 빨개지고 몸이 붓는 병이나 살갗에 생기는 고름을 낫게 한다. 아기를 가진 엄마가 밑으로 피를 흘릴 때, 아기를 낳기 전이나 뒤에 열이 있고 가슴이 답답한 것을 낫게 한다. 다섯 가지 임질(五淋)을 고치고, 열병이 돌아 몹시 목이 타고 미쳐 날뛰는 것을 낫게 한다. 또 독약이 묻은 화살이나 뱀, 벌레에게 물린 곳에 붙인다."라고 하면서 모시 날뿌리를 물에 담갔다가 그 물을 마시면 목마름이 풀리고, 오줌이 빨갛고 아랫배가 몹시 아픈 열림(熱痳)을 낫게 한다고 나온다.

- ◐ 남모시
- ✲ 여러해살이풀
- 1 ~ 2m
- ✲ 7 ~ 8월
- 9 ~ 10월

2004년 9월 전라북도 고창

저마근

약재 만드는 법	봄가을에 뿌리를 캐서 물에 깨끗이 씻는다. 햇볕에서 말린 뒤 알맞게 썬다.
약 쓰는 법	물에 달여 먹는다.
약 성질	성질이 차다(평범하다고도 한다). 맛은 달고 독이 없다.
약효	피 멈추기, 오줌내기, 아픔 멈추기
약 쓰는 때	장에서 피가 날 때, 열이 나면서 목이 탈 때, 오줌이 안 나올 때, 똥오줌에 피가 나올 때, 열이 나서 살갗에 열꽃이 피고 부스럼이 날 때, 요도염, 태동 불안

국화과
금불초속

목향

Inula helenium

목향은 밭에서 기르는 여러해살이풀이다. 생김새가 꼭 나무 같고 좋은 냄새가 난다고 이런 이름이 붙었다. 예전에는 풀에서 꿀 냄새가 난다고 '밀향'이라고도 했다. 원래는 유럽에서 자라던 풀이다.

목향은 어른 허리춤쯤 크는데 어른 키를 훌쩍 넘어 자라기도 한다. 이리저리 가지를 많이 치고 온몸에 털이 잔뜩 나 있다. 잎은 줄기 따라 어긋난다. 아래쪽에 붙은 잎은 잎자루가 길지만 위로 올라갈수록 잎자루가 없고 잎몸 밑이 줄기를 감싼다. 잎몸은 넙데데한 달걀꼴인데 끝이 뾰족하고 가장자리에 톱니가 삐죽빼죽 나 있다. 여름이 되면 노란 꽃이 줄기나 가지 끝에서 핀다. 꽃 가운데는 사람 머리처럼 둥글고 가두리에는 가늘고 길쭉한 꽃잎이 빙 둘러 난다. 가을이 되면 열매가 여무는데, 씨에는 붉은 밤색 솜털이 달려 있다.

약재 목향은 뿌리를 캐서 약으로 쓴다. 옛날 사람들은 뿌리가 깡마르고 짙은 냄새를 풍겨야 좋은 약재로 쳤다. 가을에 캐서 햇볕에 잘 말린 뒤 알맞게 썰어 물에 달여 먹는다. 기를 잘 돌게 하는 약으로 쓰려면 그냥 쓰고, 설사나 이질을 멎게 하는 약으로 쓸 때는 구워서 쓰는 것이 좋다. 잘 말린 뿌리를 옷장에 넣어 벌레를 막기도 한다.

《동의보감》에는 '목향(木香)'이라고 한자 이름이 나온다. "생김새가 마른 뼈처럼 생긴 것이 좋다. 기를 잘 돌게 하려면 불에 대지 말고 생으로 갈아 먹는다. 설사를 멎게 하고 대장을 튼튼하게 하려면 목향을 젖은 종이로 싸서 잿불에 묻어 구워 쓴다."라고 나온다.

약효 아픈 것을 멎게 하고, 나쁜 병균을 없애고, 혈압을 낮추고, 위를 튼튼하게 하고, 가래를 삭인다. 배가 아프거나 먹은 것을 토하거나 물똥을 좍좍 쌀 때 먹으면 좋다. 목이 아프고 기침이 날 때 먹어도 좋다. 달인 물을 먹으면 배 속에 사는 기생충도 없앤다.

《동의보감》에는 "성질이 따뜻하다. 맛은 맵고 독이 없다. 가슴과 배가 온갖 기(氣)로 아픈 것, 아홉 가지 마음이 아픈 것(心痛), 여러 해 쌓인 냉기 때문에 배가 불러 오르면서 아픈 것, 배 옆구리가 덩어리로 뭉쳐 아픈 현벽(痃癖), 몸에 피멍울이 맺히거나 덩어리가 생기는 징괴(癥塊)를 낫게 한다. 또 설사하고 토하는 것과 이질을 멎게 한다. 독을 풀어 주고 헛것에 들린 것을 낫게 하며 돌림병에 걸리지 않게 막는다. 또 약이 가진 정기가 알맞은 곳으로 잘 가게 돕는다."라고 했다.

밀향
여러해살이풀
80 ~ 200m
7 ~ 8월
가을

2003년 10월 전라북도 진안

토목향

약재 만드는 법	가을에 뿌리를 캐서 햇볕에 잘 말린 뒤 알맞게 썬다.
약 쓰는 법	물에 달여 먹는다.
약 성질	성질이 따뜻하다. 맛은 맵고 독이 없다.
약효	건위, 설사 멈추기, 균 없애기
약 쓰는 때	소화가 안 될 때, 입맛이 없을 때, 배가 아플 때, 토할 때, 설사, 목이 아프고 가래가 있을 때, 배 속에 기생충이 있을 때

민들레

Taraxacum platycarpum

민들레는 길가나 빈터, 논밭, 산기슭 어디에서나 흔하게 볼 수 있는 여러해살이풀이다. 하지만 우리가 흔히 보는 민들레는 죄다 서양민들레다. 서양민들레는 다른 나라에서 들어와 이 땅에 뿌리내린 풀이다. 꽃을 받치고 있는 꽃받침 잎이 뒤로 젖혀지면 서양민들레고, 뒤로 안 젖혀지고 꽃을 감싸고 있으면 토박이 민들레다. 흰민들레, 한라민들레, 산민들레, 북녘민들레, 고무민들레, 탐라민들레 들도 토박이 꽃이다.

민들레는 줄기가 따로 없다. 삐죽삐죽한 톱날 같이 생긴 잎이 뿌리에서 곧장 나온다. 잎을 자르면 하얗고 끈끈한 즙이 나온다. 봄이 되면 가느다란 대궁이 아이 무릎쯤까지 쭉 올라오고 그 끝에 노란 꽃이 핀다. 꽃 한 송이처럼 보이지만 사실은 작은 꽃들이 많이 모여 핀 것이다. 가까이서 톺아보면 꽃잎 한 장 한 장은 암술과 수술이 달린 꽃 한 송이다. 꽃이 지면 하얀 갓털이 둥그렇게 모여 달린다. 갓털 끝에 씨가 하나씩 매달려 있다. 바람이 불면 갓털이 씨를 매달고 가볍게 날아간다. 겨울이 되면 잎이 땅바닥에 딱 붙어서 겨울을 난다.

민들레는 나물로 먹는다. 이른 봄에 어린순을 뿌리와 함께 캐 나물로 무쳐 먹거나 국에 넣는다. 쓴맛이 강해서 물에 한번 데치고 우려낸 뒤에 먹는다. 김치를 담가 먹기도 하고, 차로 마시기도 한다. 뿌리를 잘 말린 뒤 구워서 우려내면 맛과 향, 빛깔까지 커피와 비슷하다.

약재 민들레는 꽃이 필 때 뿌리째 캐어다 약으로 쓴다. 햇볕에 잘 말린 뒤 잘게 썰어서 달여 먹는다. 생풀을 짓찧어서 즙을 먹거나 상처 난 곳에 붙이기도 한다. 흰민들레, 노랑민들레, 산민들레도 약으로 쓴다.
《동의보감》에는 '포공초(蒲公草), 안즌방이'라고 한자 이름과 우리 이름이 함께 나온다. "음력 3 ~ 4월에 국화와 닮은 노란 꽃이 핀다. 줄기와 잎을 끊으면 하얀 진이 나온다. 사람들이 이것을 먹는데, '포공영(蒲公英)'이라고 한다."라고 나온다.

약효 열을 내리고 기침이 멈추고 가래를 삭인다. 몸속에 쌓인 나쁜 독도 풀어 준다. 또 아기를 낳은 엄마가 젖이 안 나올 때 민들레를 달여 먹으면 젖이 잘 나온다. 먹은 것이 체하거나 소화가 잘 안 될 때 먹어도 좋다. 곪거나 부스럼이 생긴 곳에는 잎을 짓찧어 붙이면 잘 낫고, 살갗에 난 사마귀를 없애 주기도 한다.
《동의보감》에는 "성질이 평범하다. 맛은 달고 독이 없다. 부인 젖가슴에 생기는 부스럼이나 고름, 종기, 염증을 낫게 한다. 열 때문에 생기는 독을 풀고 심한 부스럼을 삭이며 멍울을 헤친다. 음식에 있는 독을 풀고 먹은 것이 더부룩한 기운을 없애는 데 아주 좋다. 단단하고 뿌리가 깊은 부스럼을 낫게 하는 데 가장 좋다."라고 했다. 하지만 많이 먹으면 물똥을 쌀 수 있다.

◐ 안질방이, 포공초, 황화지정, 앉은뱅이, 문들레
✽ 여러해살이풀
❶ 20 ~ 30cm
✲ 3 ~ 5월
ⓞ 5 ~ 6월

2007년 5월 충청북도 제천

흰민들레 *Taraxacum coreanum*

서양민들레 *Taraxacum officinale*

포공영

약재 만드는 법	봄부터 여름까지 꽃이 필 때 뿌리째 캐어다 햇볕에 말린다. 약으로 쓸 때는 잘게 썬다.
약 쓰는 법	물에 달여 먹는다. 생풀을 짓찧어서 즙을 먹거나 상처 난 곳에 붙이기도 한다.
약 성질	성질이 평범하다. 맛은 달고 독이 없다.
약효	건위, 소화, 염증 없애기, 열 내리기
약 쓰는 때	감기, 기침, 가래, 늑막염, 간염, 담낭염, 소화가 안 될 때, 변비, 젖앓이
주의할 점	많이 먹으면 설사가 날 수 있다.

박하

Mentha piperascens

박하는 도랑이나 물가나 축축한 곳을 좋아하는 여러해살이풀이다. 잎을 따서 손으로 조물조물 비비면 시원하고 알싸한 냄새가 난다. 잎에서 짜낸 기름으로 박하사탕을 만든다. 원래 동아시아에서 자라던 풀인데, 중국과 인도를 거쳐 유럽으로 전해졌다. 옛날부터 박하 향을 얻으려고 밭에서 길렀다. 《산림경제》에도 박하 기르는 방법이 나와 있다. 이집트에서는 기원전 천 년쯤부터 밭에서 길렀다는 기록이 있다. 즙을 짜내 사탕뿐만 아니라 향수나 치약 따위를 만든다.

박하는 뿌리줄기가 땅속으로 뻗으면서 여러 대가 무더기로 돋아난다. 어른 무릎께까지 크고 가지를 친다. 줄기는 네모나고 털이 나 있다. 잎은 서로 마주나는데, 층층이 올라가며 서로 열십자로 어긋난다. 잎은 길쭉한 타원꼴인데 끝이 뾰족하고 잎맥이 뚜렷하다. 잎 가장자리에는 톱니가 나 있다. 7 ~ 9월에 자잘한 보랏빛 꽃이 마주나는 잎겨드랑이에 빙 둘러 오글자글 핀다. 꽃무더기는 줄기 따라 잎겨드랑이마다 층층이 핀다. 작은 꽃을 들여다보면 통꽃인데 끝이 네 갈래로 갈라졌다. 가을이 되면 꽃이 지고 열매를 맺는다.

약재 박하는 꽃이 필 때 베어다가 그늘에 말려서 약으로 쓴다. 풀빛이 짙고 냄새가 셀수록 좋다. 말린 잎은 잘 부스러지기 때문에 물에 살짝 적셔서 잘게 썬 뒤 다시 그늘에서 말린다. 물에 달여 먹거나 가루로 빻아 먹기도 한다. 박하는 오래 달이지 않는다. 즙을 내어 아픈 곳에 바르기도 한다.
《동의보감》에는 '박하(薄荷), 영싱이'라고 한자 이름과 우리 이름이 함께 나온다. "밭에 심는데 날로 먹을 수 있다. 또 김치를 담가 먹는다. 여름과 가을에 줄기와 잎을 따서 햇볕에 말려서 쓴다."라고 했다.

약효 몸에 땀을 나게 해서 독을 풀어 주고 피로를 풀리게 하고 머리와 눈을 시원하게 해 준다. 머리가 아플 때나 몸에서 열이 날 때 달여 먹으면 좋다. 또 소화가 안 될 때나 목구멍이 붓고 아플 때도 먹는다. 뼈마디가 쑤시고 아픈 곳에는 생풀을 짓찧어서 바른다. 박하 잎을 달인 물로 목욕을 하거나 차로 우려 마셔도 피로가 풀리고 신경통에도 좋다.
《동의보감》에는 "성질이 따뜻하다(평범하다고도 한다). 맛은 맵고 쓰며 독이 없다. 모든 약 기운이 영위(榮衛)로 가도록 이끈다. 땀 나게 해서 독을 빼 준다. 추위나 바람이 몸에 스며 걸리는 병이나 머리 아픔, 중풍을 낫게 한다. 그리고 뼈마디를 잘 놀리게 하며 몹시 피로한 것을 풀어 준다."라고 나온다. 또 "성질이 서늘하고 맛이 맵다. 머리와 눈을 아주 시원하게 하고, 골수가 메말라 뼈 속이 후끈후끈 달아오르면서 쑤시는 골증(骨蒸)을 낫게 한다. 수태음과 수궐음경으로 들어가는데 약 기운이 위로 올라가는 약이다."라고도 했다.

- 승하, 영생이
- 여러해살이풀
- 50cm 안팎
- 7 ~ 9월
- 9월

2002년 8월 경기도 광릉수목원

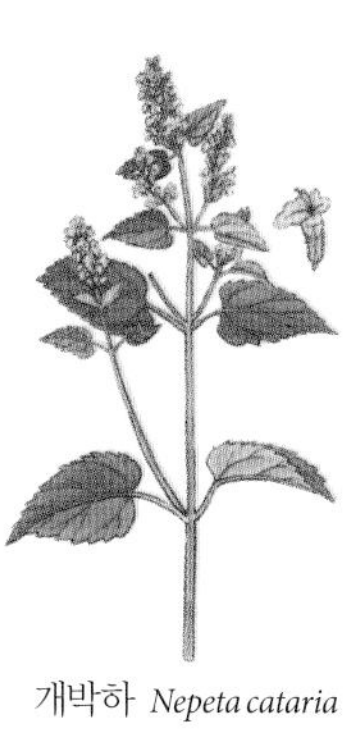

개박하 *Nepeta cataria*

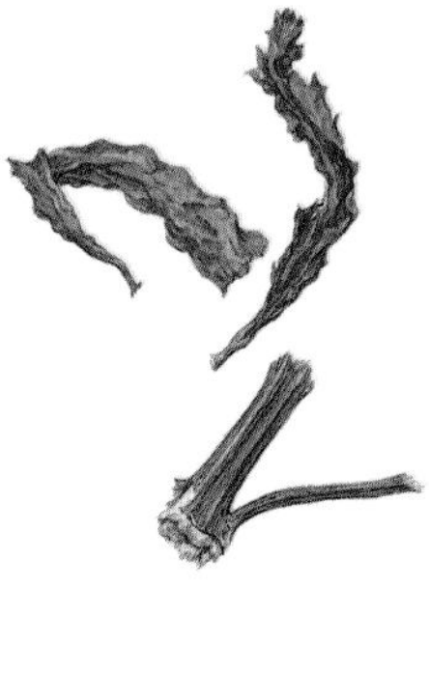

박하

약재 만드는 법	여름부터 가을까지 사이에 풀을 베어 햇볕이나 그늘에서 말린 뒤 잘게 썰어 쓴다.
약 쓰는 법	물에 넣어 달이거나 가루로 빻아 먹는다. 즙을 내어 아픈 곳에 바르기도 한다.
약 성질	성질이 따뜻하다(평범하다고도 한다). 맛이 매우면서 쓰고 독이 없다.
약효	열 내리기, 염증 없애기, 아픔 멈추기
약 쓰는 때	소화가 안 될 때, 두통, 치통, 감기, 목구멍이 붓고 아플 때, 눈이 빨개졌을 때, 부스럼이 났을 때, 머리가 아플 때
주의할 점	박하는 오래 달이지 않는다.

반하

Pinellia ternata

반하는 논두렁, 밭두렁이나 길섶이나 산기슭에서 자라는 여러해살이풀이다. 햇볕이 잘 들지만 가끔씩 그늘이 지고, 땅은 메마르지 않고 축축한 곳에서 잘 자란다. 하지가 지나고 여름철이 반쯤 지나야 제대로 큰다고 '반하'라는 이름이 붙었다고 한다. 꿩이 즐겨 먹는 무릇이라고 '꿩의무릇', '끼무릇'이라는 이름도 있다. '끼'는 꿩이라는 뜻이고, '무릇'은 동그란 알줄기를 뜻하는 말이라고 한다. 《동의보감》에는 '반하(半夏), 끠물웃'이라고 한자 이름과 우리 이름이 함께 나온다. 끼무릇은 아주 오래전부터 반하를 일컫는 우리말인 것을 알 수 있다.

반하는 도토리나 밤알 같은 알줄기에서 바로 기다란 잎자루가 한두 줄기 나온다. 잎자루 끝에 잎 석 장이 모여 달린다. 잎은 길쭉한 달걀꼴인데 끝이 뾰족하고 가장자리가 밋밋하다. 잎줄기 아래쯤에 콩알만 한 알갱이가 달리는데 땅에 떨어지면 싹이 돋는다. 이 알갱이를 한자로 '육아', 우리말로 '살눈'이라고 한다. 늦봄부터 여름까지 사시랑이 꽃줄기가 꼿꼿하게 쭉 뻗어 올라온다. 꽃대 끝에서 꽃턱잎이 치맛자락처럼 꽃을 감싼다. 꽃턱잎 속에는 기다란 꽃줄기가 또 자라는데 밑에는 암꽃이 피고 위에서 수꽃이 핀다. 꽃줄기는 꽃을 감싼 꽃턱잎 밖으로 쥐 꼬랑지처럼 날렵하게 뻗어 올라간다. 가을이 되면 열매를 맺는데 다 익어도 풀빛이다.

약재 반하는 가을에 뿌리를 캐서 껍질을 벗긴 뒤 햇볕이나 불을 쬐어 말린다. 독이 있어서 그냥 먹으면 혀가 굳고 목 안이 아리다. 그래서 소금물에 담가 아린 맛을 우려내거나 생강즙에 넣고 끓여서 속까지 익힌 뒤에 약으로 쓴다. 약으로 쓸 때는 잘게 썰어서 물에 넣고 달여 먹는다.

《동의보감》에는 "밭과 들 곳곳에서 자란다. 음력 5월, 8월에 뿌리를 캐 햇볕에 말린다. 둥글고 하얗고 오래 묵은 것이 좋다. 끓는 물에 담갔다가 조각으로 썰어 침 같은 미끈미끈한 진이 다 없어질 때까지 일곱 번 씻는다. 그리고 생강즙에 하룻밤 담갔다가 약한 불을 쬐어 말려서 쓴다. 또 음력 12월에 물에 우려서 밖에 내놓아 얼린다. 이것을 일곱 번 되풀이한 뒤 오래 두었던 것이 가장 좋다."라고 나온다.

약효 반하는 구역질이나 기침을 멈추는 힘이 있다. 위염이나 위궤양 때문에 속이 메스껍거나 더부룩하고 토할 때 약으로 쓰면 좋다. 또 가래가 끓고 기침이 날 때 먹어도 좋다. 하지만 독이 있어서 날것으로 먹으면 안 된다. 몸이 허약하거나 아기를 가진 엄마는 먹지 않는다.

《동의보감》에는 "성질이 평범하다(날것은 조금 차고 익히면 따뜻하다). 맛은 맵고 독이 있다. 상한(傷寒)에 걸려 추웠다 열이 났다 하는 것을 낫게 한다. 명치 아래에 담열(痰熱)이 그득하게 몰린 것과 기침하고 숨이 찬 것을 낫게 한다. 가래침을 삭이고 음식을 잘 먹게 한다. 비(脾)를 든든하게 하고 토하는 것을 멎게 하고 가슴 속에 있는 가래를 없앤다. 또 학질(말라리아)을 낫게 하며 아이를 유산시킨다."라고 했다.

끼무릇, 꿩의무릇
여러해살이풀
30cm 안팎
5 ~ 7월
8 ~ 10월

2003년 8월 경기도 수원 농촌진흥청

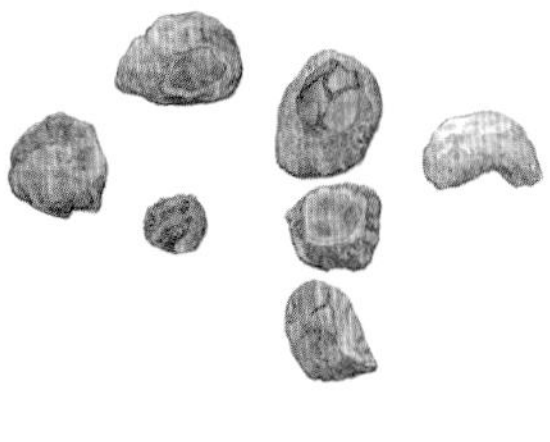

반하

약재 만드는 법	가을이나 봄에 뿌리를 캐서 햇볕이나 불에 쬐어 말린다. 소금물에 담가 아린 맛을 우려내거나 생강즙에 넣고 끓여서 속까지 익힌 뒤 잘게 썬다.
약 쓰는 법	물에 달여 먹는다.
약 성질	성질이 평범하다(날것은 조금 차고 익히면 따뜻하다). 맛은 맵고 독이 있다.
약효	가래 없애기, 구토 억제, 기침 멈추기, 암 막기
약 쓰는 때	위염이나 위궤양 때문에 속이 메스껍거나 더부룩하고 토할 때, 가래가 끓고 기침이 날 때
주의할 점	독이 있어서 날것으로 먹으면 안 된다. 몸이 허약하거나 아기를 가진 엄마는 먹지 않는다.

배초향

Agastache rugosa

배초향은 햇볕이 잘 드는 자갈밭에서 잘 자라는 여러해살이풀이다. 풀이 우거진 들판이나 길섶, 집 가까이에서도 볼 수 있다. 풀에서 솔향기 같기도 하고 깻잎 냄새 같기도 한 냄새가 난다. 잎을 손으로 비벼 보면 냄새가 더 진하게 난다. 어린잎은 나물로 먹고, 잎은 차를 우려먹는다.

배초향은 어른 무릎에서 허리춤까지 큰다. 줄기는 꼿꼿이 서다가 위쪽에서 가지를 많이 친다. 대를 만져 보면 네모나고, 줄기 따라 잎이 서로 마주난다. 잎몸은 둥그스름하지만 끝이 뾰족하고 가장자리에는 톱니가 둔하게 났다. 잎맥이 뚜렷하고 잎몸은 쪼글쪼글하다. 여름 들머리부터 자줏빛 꽃이 피는데 여름 더위가 물러날 때쯤에 더 활짝 핀다. 줄기나 가지 끝에서 작은 꽃들이 오밀조밀 모여서 꽃방망이처럼 핀다. 가까이 들여다보면 작은 꽃은 통 모양인데 끝이 두 갈래로 갈라졌다. 윗입술 꽃잎은 작고 아랫입술 꽃잎은 세 갈래로 갈라진다. 수술이 꽃 밖으로 길게 삐져나와서 꽃방망이가 터실터실하다.

약재 배초향은 꽃이 필 때 베어다가 바람이 잘 통하는 그늘에서 말려 약으로 쓴다. 썰 때는 젖은 헝겊에 덮어 두어 축축하게 만들었다가 썰어야 부스러기가 덜 생긴다. 알맞게 썰어서 다시 그늘에 말린 뒤 물에 달여 먹는다. 풀색이 짙고 잎이 많이 붙어 있고 냄새가 센 것이 좋다.
《동의보감》에 '곽향(藿香)'이라고 한자 이름이 나온다. 약으로 쓸 때는 물로 씻어 흙과 줄기를 버리고 잎을 쓴다고 나온다. 옛사람들은 향을 만들어 피웠다고도 한다.

약효 배초향은 땀이 나게 하고 기를 잘 통하게 하고 소화가 잘 되게 돕는 힘이 있다. 또 나쁜 균을 죽이는 힘도 있다. 여름에 감기가 걸려 열이 나고 머리가 아플 때 먹으면 좋다. 먹은 것이 체해서 토하거나 설사를 할 때 먹어도 좋다. 입맛이 없을 때 먹으면 밥맛이 돌아온다. 달인 물로 입을 헹구면 구린 입 냄새가 싹 가시고, 무좀이나 부스럼이 난 곳을 씻어도 좋다.
《동의보감》에는 "성질은 조금 따뜻하다. 맛은 맵고 독이 없다. 몸에 바람이 들어 몸이 붓는 풍수(風水)와 잘 낫지 않는 종기인 독종(毒腫)을 낫게 한다. 나쁜 기운을 없애고 음식을 먹고 체해서 토하고 설사하는 것을 멎게 한다. 비장과 위장에 병이 들어 토하고 구역질하는 것을 낫게 하는 데 가장 중요한 약이다."라고 썼다.

- 방아풀
- 깨풀, 중개풀
- 여러해살이풀
- 40 ~ 100cm
- 7 ~ 9월
- 9 ~ 10월

2005년 9월 서울대 약초 시험장

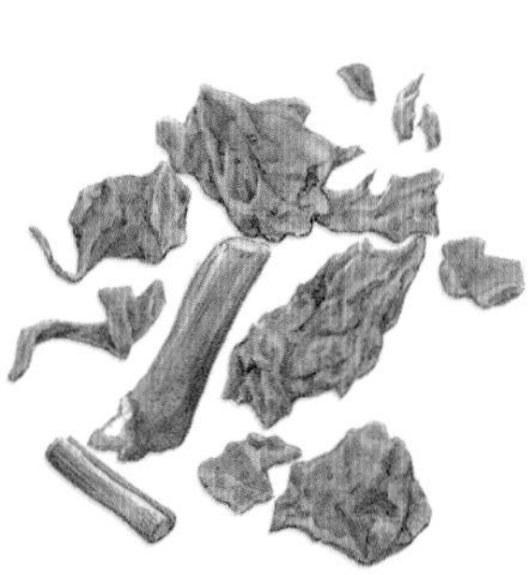

곽향

약재 만드는 법	6~7월 꽃이 필 때쯤 풀을 베어 바람이 잘 통하는 그늘에서 말린다. 잘 말린 약재를 잘게 썰어서 쓴다.
약 쓰는 법	물에 달여 먹는다.
약 성질	성질이 조금 따뜻하다. 맛은 맵고 독이 없다.
약효	열 내리기, 균 없애기, 건위
약 쓰는 때	여름 감기, 입맛이 없을 때, 소화가 안 되거나 체했을 때, 토할 때, 설사, 무좀, 부스럼, 입 냄새가 날 때

백미꽃

Cynanchum atratum

백미꽃은 산기슭에서 흔하게 자라는 여러해살이풀이다. 뿌리를 약으로 쓰는데, 뿌리가 가늘고 하얗다고 이런 이름이 붙었다. 이름을 보면 꽃이 하얄 것 같지만 꽃은 짙은 자줏빛이다.

백미꽃은 가지를 안 치고 줄기가 쑥 큰다. 어른 무릎 높이쯤까지 큰다. 온몸에는 부드러운 털이 빽빽하게 나고, 줄기를 꺾어 보면 하얀 즙이 나온다. 줄기 따라 잎이 층층이 마주난다. 잎몸은 달걀꼴인데 끝이 짧게 뾰족하고 밑은 둥글다. 가장자리는 톱니가 없이 밋밋하다. 잎을 뒤집어보면 잎맥이 툭툭 불거져 나왔다. 봄부터 여름 들머리까지 자줏빛 꽃이 잎겨드랑이에 빙 둘러 핀다. 꽃은 통꽃인데 끝이 다섯 갈래로 깊게 갈라져서 꼭 꽃잎이 다섯 장 붙은 것처럼 보인다. 가을이 되면 기다란 새 부리처럼 생긴 뾰족한 꼬투리가 열린다. 꼬투리가 익어서 갈라지면 하얀 솜털이 달린 씨앗이 바람에 날린다. 민백미꽃은 꽃이 하얗고, 줄기 끝이나 잎겨드랑이에서 핀다.

약재 백미꽃은 가을이나 이른 봄에 뿌리를 캐서 약으로 쓴다. 수염뿌리가 꼭 국수 다발을 풀어 놓은 것처럼 잔뜩 뻗는다. 햇볕에 잘 말린 뒤 잘게 썰어서 물에 달여 먹는다. 조금 쓴맛이 난다.

《동의보감》에는 '백미(白薇), 아마존'이라고 한자 이름과 우리 이름이 함께 나온다. "들판에서 난다. 줄기와 잎이 모두 푸르러서 마치 버들잎 같다. 뿌리는 누르스름한 하얀 빛을 띠어서 쇠무릎을 닮았지만 더 짧고 작다. 음력 3월 초에 뿌리를 캐 그늘에서 말린 뒤 쌀뜨물에 담갔다가 잔뿌리를 버리고 쪄서 쓴다."라고 했다. 민백미꽃 뿌리도 약으로 쓴다.

약효 백미꽃은 열을 내리고, 심장을 튼튼하게 하고, 오줌이 잘 나오게 하고, 혈압을 낮추는 힘이 있다. 열이 날 때 먹으면 아주 좋다. 열이 높아서 정신을 못 차릴 때나 손발이 부을 때, 오줌 빛깔이 붉거나 오줌이 안 나올 때 먹는다. 중풍이나 뇌일혈이나 뇌경색으로 쓰러졌을 때 먹어도 좋다.

《동의보감》에는 "성질이 평범하다(차다고도 한다). 맛은 쓰고 짜며 독이 없다. 온갖 나쁜 기운과 헛것에 들려 깜박깜박 잠들거나 사람을 알아보지 못하거나 미친 짓 하는 것을 고친다. 또 추웠다 열이 났다 하며 아픈 온학(溫瘧)을 낫게 한다."라고 나온다.

◐ 털백미꽃, 털개백미꽃, 아마존

✽ 여러해살이풀

40 ~ 80cm

✲ 5 ~ 7월

9 ~ 10월

2004년 6월 전라북도 진안

민백미꽃 *Cynanchum ascyrifolium*

선백미꽃 *Cynanchum inamoenum*

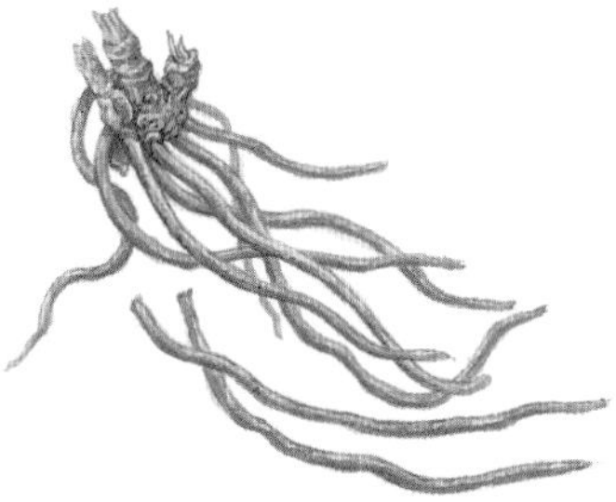

백미

약재 만드는 법	가을이나 이른 봄에 뿌리를 캐서 햇볕에 잘 말린 뒤 잘게 썬다.
약 쓰는 법	물에 달여 먹는다.
약 성질	성질이 차다. 맛은 쓰고 짜며 독이 없다.
약효	열 내리기, 오줌내기, 염증 없애기
약 쓰는 때	열이 날 때, 오줌이 잘 안 나올 때, 중풍, 뇌출혈, 뇌경색

백선

Dictamnus dasycarpus

백선은 산기슭이나 산골짜기 볕이 잘 드는 곳에서 자라는 여러해살이풀이다. 뿌리를 약으로 쓰려고 일부러 기르기도 한다. 《동의보감》에는 우리 이름으로 '검화'라고 나온다. 늦가을에 까만 꽃처럼 달리는 꼬투리 때문에 붙은 이름 같다. 또 풀에서 나는 냄새가 양 노린내처럼 고약하다고 '백양선(白羊鮮)'이라고 한다. 운향과에 속한 식물 가운데 백선만 여러해살이풀이다.

백선은 어른 허리춤쯤 큰다. 줄기는 가지를 잘 안치고 곧게 선다. 잎은 어긋나고, 아카시나무 잎처럼 긴 잎자루에 작은 잎들이 마주 보며 달린다. 잎자루 끝에는 꼭 한 잎만 달린다. 잎자루에는 좁은 날개가 있다. 오뉴월에 줄기 끝에서 긴 꽃대가 올라와 꽃이 열 송이쯤 옆을 보고 핀다. 꽃은 희거나 발그레하다. 꽃잎이 다섯 장이고 꽃잎마다 진한 자줏빛 줄이 나 있다. 암술대와 수술이 코털처럼 길게 나오다 위쪽으로 조금 휘어져 올라간다. 꽃대를 손으로 툭 치면 아주 고약한 냄새가 와락 퍼진다. 가을에 열매가 맺는데 새 부리처럼 길쭉하고 다섯 조각으로 버그러진다. 열매 안에는 까만 씨가 두세 개 들어 있다.

약재 백선은 뿌리를 캐서 약으로 쓴다. 뿌리는 희고 굵은데 문어 다리처럼 휘뚜루마뚜루 뻗는다. 뿌리에서는 생선 비린내 같은 냄새가 난다. 가을이나 봄에 뿌리를 캐서 뿌리 가운데에 있는 단단한 심을 빼낸 뒤 껍질을 벗긴다. 벗긴 껍질을 햇볕에 말린 뒤 잘게 썰어 쓴다. 물에 달이거나 가루를 내거나 알약을 만들어 먹는다. 살갗이 가렵거나 부스럼이 생겼을 때는 달인 물로 씻는다.

《동의보감》에는 '백선(白鮮), 검홧불휘'라고 한자 이름과 우리 이름이 함께 나온다. "음력 4 ~ 5월에 뿌리를 캐 그늘에서 말린다."라고 했다.

약효 백선 뿌리껍질을 달인 물은 피부병에 아주 좋은 약이다. 오래도록 안 낫는 습진이나 두드러기, 옴, 부스럼, 종기에 달인 물을 바르면 잘 낫는다. 또 황달에 걸리거나 아기를 낳은 엄마 배가 시난고난 아플 때, 오줌이 찔끔거리며 시원하게 안 나올 때에도 달인 물을 먹으면 좋다.

《동의보감》에는 "성질이 차다. 맛은 쓰고 짜며 독이 없다. 몸에 부스럼이 나 머리와 얼굴이 붓는 모든 열독풍(熱毒風), 몸에 바람이 들어 병이 드는 악풍(惡風)과 풍창(風瘡), 옴과 버짐 때문에 살갗이 벌겋게 문드러지는 것, 눈썹과 머리털이 빠지고 살갗이 땅기는 것을 낫게 한다. 또 열 때문에 얼굴이 누레지는 황달, 술을 먹고 생기는 황달, 갑자기 생기는 황달, 음식을 먹고 생기는 황달, 일을 고되게 해서 생기는 황달을 낫게 한다. 모든 풍비(風痺) 때문에 힘줄과 살, 뼈가 약해지고 몸이 굳어 굽혔다 폈다 하지 못하는 것을 낫게 한다."라고 했다.

북 검화
자래초, 북선피, 양선초, 백양선
여러해살이풀
90cm 안팎
5 ~ 6월
10월

2002년 5월 경기도 수원 농촌진흥청

백선피

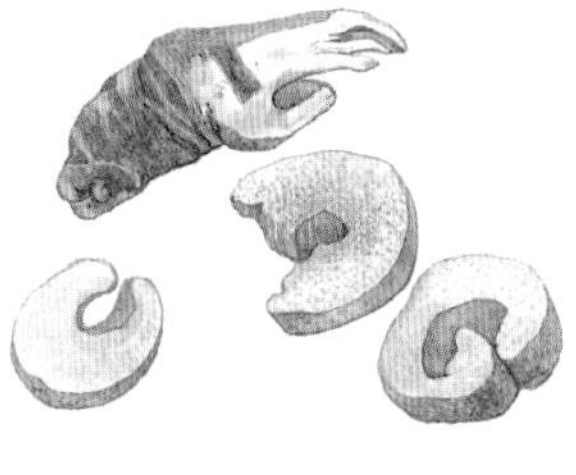

약재 만드는 법	뿌리를 캐서 뿌리 가운데에 있는 단단한 심을 빼낸 뒤 껍질을 벗긴다. 벗긴 껍질을 햇볕에 말린 뒤 잘게 썰어 쓴다.
약 쓰는 법	물에 달이거나 가루를 내거나 알약을 만들어 먹는다. 살갗이 가렵거나 부스럼이 생겼을 때는 달인 물로 씻는다.
약 성질	성질이 차다. 맛이 쓰고 짜며 독이 없다.
약효	열 내리기, 염증 없애기, 균 없애기
약 쓰는 때	습진, 두드러기, 종기, 황달, 아기 낳은 뒤 배앓이를 할 때, 오줌을 찔끔찔끔 쌀 때

범부채

Belamcanda chinensis

범부채는 마을 둘레에서 자라는 여러해살이풀이다. 꽃을 보려고 일부러 많이 심는다. 햇볕이 바짝 잘 드는 산기슭이나 들판에서도 퍼져 자란다. 스스로 퍼져 자라기보다 사람들이 일부러 심어 기르는 풀이다. 꽃이 범 가죽 무늬 같고 잎이 부채처럼 펴진다고 '범부채'라는 이름이 붙었다.

범부채는 뿌리줄기가 옆으로 뻗으면서 자란다. 뿌리줄기는 마디가 지고 마디마다 잔뿌리가 많이 난다. 뿌리줄기에서 올라온 줄기는 어른 허리나 가슴께까지 큰다. 꼿꼿하게 올라오다가 윗부분에서 가지를 조금 친다. 갈라진 가지 끝이 두서너 갈래로 다시 갈라진다. 잎은 앞뒤로 납작하고 기다란 칼처럼 자라는데 서로 어긋장을 놓으며 부챗살처럼 펼쳐진다. 여름이 되면 가지 끝에서 꽃이 핀다. 꽃잎 여섯 장이 활짝 펴지고, 불그스름한 꽃잎에 짙은 빨간 점무늬가 자잘하게 나 있다. 날마다 한두 송이씩 피었다가 그날로 시드는데, 꽃잎 여섯 장이 서로 마치 나사처럼 오른쪽으로 빙빙 꼬여 시든다. 다음날에는 다른 꽃이 핀다. 꽃가루받이를 한 꽃은 그대로 붙어 있고 꽃가루받이를 못한 꽃은 툭 떨어진다. 가을에 달걀처럼 둥그스름한 꼬투리 열매가 달린다. 다 익은 열매는 세 조각으로 쩍 갈라지고, 그 속에 둥글고 반질반질하고 까만 씨가 당글당글 달려 있다.

약재 봄가을에 뿌리줄기를 캐서 약으로 쓴다. 갓 캐낸 뿌리줄기를 잘라서 혀에 대면 탁 쏘는 듯한 매운맛이 난다. 물에 깨끗이 씻어서 햇볕에 잘 말린 뒤 쌀뜨물에 담갔다가 다시 햇볕에 말린다. 잘게 썰어서 물에 달여 마신다. 부스럼에는 가루로 빻아 뿌리거나 생잎을 짓찧어서 붙인다.
《동의보감》에는 '사간(射干), 범부체'라고 한자 이름과 우리 이름이 함께 나온다. "곳곳에서 난다. 잎은 좁고 길며 옆으로 퍼져서 마치 새가 날개를 편 것 같아서 '오선(烏扇)'이라고도 한다. 뿌리에 잔털이 많고 껍질은 검은 누른빛이고 살은 노랗고 빨간빛이다. 음력 3월, 9월에 뿌리를 캐 햇볕에 말린 뒤 쌀뜨물에 담갔다가 약으로 쓴다."라고 했다.

약효 범부채는 목구멍을 트이게 하고, 열을 떨어뜨리고, 독을 풀고, 멍울을 푸는 힘이 있다. 목이 붓거나 아프고 기침이 나고 목이 쉰 데 아주 잘 듣는다. 또 입에서 고약한 냄새가 날 때 먹기도 하고, 살갗에 부스럼이나 종기가 난 곳에 달인 물을 바르기도 한다. 범부채 씨앗을 달인 물로 눈을 씻으면 눈 아픈 것도 낫는다. 독이 조금 있어서 위가 약하거나 아기를 가진 엄마는 먹지 않는다.
《동의보감》에는 "성질은 평범하다. 맛은 쓰고 독이 조금 있다. 목구멍 속에 종기가 나거나 목 안이 벌겋게 붓고 아파 물이나 죽을 넘기지 못하는 것을 낫게 한다. 오래 묵은 피멍울이 심장과 비장에 있어서 기침하거나, 침을 뱉거나 말을 할 때 냄새가 나는 것을 낫게 한다. 뭉친 담을 없애고 멍울을 삭인다."라고 했다.

◐ 나비꽃, 사간붓꽃, 범의부채, 범부처
✿ 여러해살이풀
❶ 1m
✲ 7 ~ 8월
❻ 9 ~ 10월

2003년 5월 경기도 수원 농촌진흥청

사간

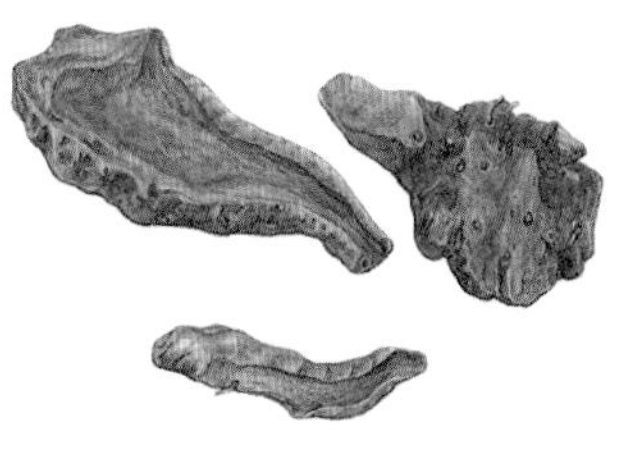

약재 만드는 법	봄가을에 뿌리를 캔다. 햇볕에 잘 말린 뒤 쌀뜨물에 담갔다가 다시 햇볕에 말린다. 잘게 썰어서 쓴다.
약 쓰는 법	물에 달여 먹는다. 부스럼에는 가루로 빻아 뿌리거나 생잎을 짓찧어서 붙인다.
약 성질	성질은 평범하다. 맛은 쓰며 독이 조금 있다.
약효	염증 없애기, 열 내리기, 기침 멈추기, 가래 없애기, 균 없애기
약 쓰는 때	기침이 날 때, 목에서 가랑가랑 소리가 날 때, 목이 붓고 아플 때, 목에 염증이 생겼을 때
주의할 점	위가 약한 사람이나 아기를 가진 엄마는 먹지 않는다.

봉선화

Impatiens balsamina

봉선화는 마당이나 뜰, 울타리나 담장 밑에 심는 한해살이풀이다. 원래는 인도와 말레이시아와 중국에서 자라는 꽃이다. 꽃밭에 심어 여름에 피는 꽃을 보려고 들여왔다. 1241년에 쓴《동국이상국집》이라는 책에 봉선화가 나온 것으로 보아 그 전부터 심어 기른 것 같다. 꽃 생김새가 봉황이라는 새를 닮았다고 '봉선화'라고 하는데, 사람들은 봉숭아라고 많이 말한다.

봉선화는 줄기가 곧게 자란다. 어른 무릎 높이보다 더 큰다. 줄기는 딴딴하지 않아서 손톱으로 누르면 아삭거리며 옴폭 파인다. 잎은 어긋나는데 버들잎처럼 날렵하면서 뾰족하고 가장자리에 톱니가 나 있다. 줄기 끝에서는 잎이 촘촘하게 난다. 여름이 되면 잎겨드랑이마다 사시랑이 꽃대가 갈고리처럼 밑으로 살짝 쳐지면서 꽃이 두세 송이씩 달린다. 빨간색, 흰색, 분홍색, 자주색 꽃이 핀다. 꽃잎은 하늘하늘 얇고 부드럽다. 아래쪽 꽃잎 두 장이 크고 넓적하다. 꽃통 끝은 생쥐 꼬랑지처럼 길고 둥그렇게 말린다. 늦여름부터 갸름한 달걀꼴 열매가 아래로 축축 쳐지며 달린다. 열매에는 짧은 털이 보슬보슬 났다. 열매가 다 여물면 손만 살짝 대도 톡톡 터지면서 동글동글하고 누런 밤색 씨가 여기저기로 튄다.

옛날부터 어린아이부터 어른까지 봉선화 꽃으로 손톱에 빨간 물을 들였다. 가을 들머리에 봉선화 꽃과 잎을 따 백반을 함께 찧어서 손톱이나 발톱에 동여맨다. 하루가 지나면 빛깔 고운 붉은 물이 든다. 백반 대신 괭이밥 잎을 쓰기도 한다.

약재 봉선화는 가을에 씨를 턴다. 껍질을 벗겨 잘 말린 뒤 물에 달여 먹는다. 뿌리와 꽃도 약으로 쓴다.《동의보감》에는 '봉선화(鳳仙花), 봉선화'라고 나온다. 상처에 뿌리와 잎을 함께 짓찧어 붙인다고 했다.

약효 봉선화 씨를 달여 먹으면 피가 잘 돌아서, 피멍이나 응어리를 풀어 주고 뼈마디가 아픈 것을 낫게 한다. 달거리가 없으면서 배가 아플 때도 먹는다. 손톱과 발톱 무좀이나 습진, 벌레나 독뱀에 물렸을 때, 종기나 부스럼에는 봉선화 잎을 짓찧어 바르거나 씨를 가루 내서 발라도 좋다. 봉선화 씨에는 독이 있기 때문에 함부로 먹으면 안 되고, 아기를 가진 엄마는 먹어서는 안 된다.

《동의보감》에는 매 맞아서 난 상처에 뿌리와 잎을 함께 짓찧어 붙인다고 나온다. 또 '하얀 봉선화(白鳳仙花)'가 나오는데, "종기와 등에 생긴 고름을 빼낸다. 먼저 살갗이 헌데를 쌀 식초로 씻은 뒤에 꽃과 뿌리, 잎을 통째로 짓찧어 붙인다. 날마다 한 번씩 갈아 붙이면 잘 낫는다."라고 했다.

북 봉숭아

◐ 금봉화,
보웅화, 지갑초

✱ 한해살이풀

ⓘ 60cm

✲ 7 ~ 9월

ó 8월부터

2006년 9월 경기도 파주

급성자

약재 만드는 법	가을에 익은 씨를 털어서 껍질을 벗기고 잘 말린다.
약 쓰는 법	물에 달여 먹거나 가루를 내서 먹는다. 생풀을 짓찧어 살갗에 붙이기도 한다.
약 성질	성질이 따뜻하다. 맛은 조금 쓰고 매우며, 독이 조금 있다.
약효	균 없애기, 피 깨뜨리기, 피 돌기
약 쓰는 때	피멍이 들었을 때, 달거리가 없을 때, 벌레나 독뱀한테 물렸을 때, 습진이나 무좀
주의할 점	아기를 가진 엄마는 먹으면 안 된다.

불로초

Ganoderma lucidum

불로초는 이른 여름부터 가을까지 나무 밑동이나 그루터기에서 나는 버섯이다. 자두나무, 밤나무, 뽕나무, 너도밤나무, 매화나무 같은 나무에 붙어서 자란다. 한 해를 살지만 따뜻한 곳에서는 여러 해를 산다. 나무둥치에서 한번 나면 서너 해 줄곧 돋다가 시나브로 사라진다. 홀로 나기도 하고, 무리 지어 나기도 한다. 사람이 먹으면 안 늙는 풀이라고 '불로초'라고 했다. 옛날부터 좋은 약재로 여겼다. 지금은 약으로 쓰려고 참나무, 매화나무, 뽕나무를 베어다가 나무에 작은 구멍을 뚫고 균을 넣어 기른다.

불로초는 중국에서 오랜 옛날에 쓰인 《신농본초경》과 《본초강목》이라는 약초책에 산삼과 더불어 가장 좋은 약이라고 적혀 있다. 하지만 《동의보감》에는 나오지 않는다. 사람들은 흔히 '영지버섯'이라고 하는데, 《동의보감》에 나오는 '영지(靈芝)'는 '석이(石耳)' 버섯을 달리 부르는 이름이다.

여름이 되면 버섯대가 올라오고 부채꼴 모양으로 갓이 자란다. 갓은 둥글거나 콩팥처럼 생겼다. 처음에는 누런빛이 도는 흰색이었다가 점점 붉은 밤색이나 짙은 밤색으로 바뀐다. 갓 밑에는 작고 동글동글한 홀씨 구멍이 잔뜩 뚫렸고 옅은 주황색이다. 버섯이지만 겉이 무르지 않고 나무처럼 딴딴하고 윤이 반질반질 난다. 갓에는 둥그런 테가 고리처럼 주름지면서 자라고 겉이 우툴두툴하다. 세로로는 부챗살 같은 줄이 흐릿하게 나 있다. 자루는 둥그런 갓에서는 가운데에 붙고, 콩팥처럼 생긴 갓에서는 안으로 홈이 팬 쪽에 붙는다. 색깔은 붉은색, 붉은 밤색, 검은 밤색인데 단단하면서도 반짝거린다. 따로 꽃이 안 피고 홀씨를 퍼뜨린다. 홀씨는 달걀꼴이고 연한 밤빛이다.

약재 불로초는 다 자랐을 때 따서 햇볕에 말려 물을 넣고 달여 먹는다. 단맛, 짠맛, 신맛, 쓴맛, 매운맛이 고루 나고 독이 없다. 좋은 불로초는 겉이 매끄럽고 옅은 밤색이나 붉은 밤색이다. 갓 크기가 고르고 탄력이 있으며, 상처가 없는 것이 좋다.

약효 불로초를 먹으면 다섯 장기에 기(氣)와 피를 보태 주고, 힘줄과 뼈를 튼튼하게 하고, 마음을 가라앉히고, 뼈마디가 잘 움직이도록 돕는다. 몸이 약하고 힘없던 사람도 기운이 솟고 튼튼해진다. 가슴이 두근두근 뛰면서 잠이 안 올 때, 혈압이 높을 때, 숨길에 염증이 생겨 기침이 나고 가래가 끓어 시난고난 고생할 때, 간에 염증이 생겨 아플 때 먹으면 좋다. 요즘에는 여러 가지 암을 고치는 약으로도 쓴다.

《신농본초경》에는 "귀가 어두운 증세를 다스리고 뼈마디가 잘 움직이도록 돕는다. 정신을 북돋우며 정기를 돕고 뼈와 살을 튼튼하게 하고 얼굴빛을 좋게 한다. 맛은 달고 성질은 따뜻하다."라고 했다.

북 만년버섯
◐ 영지, 지치, 장수버섯
한해살이 버섯, 여러해살이 버섯
2 ~ 10cm

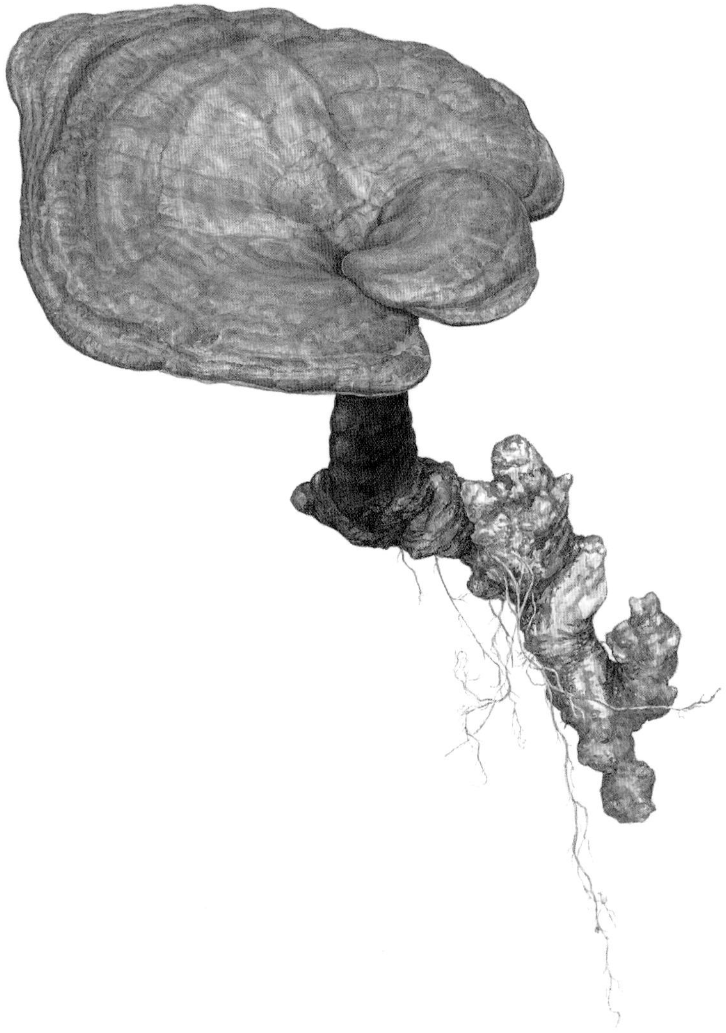

2008년 8월 충청북도 제천

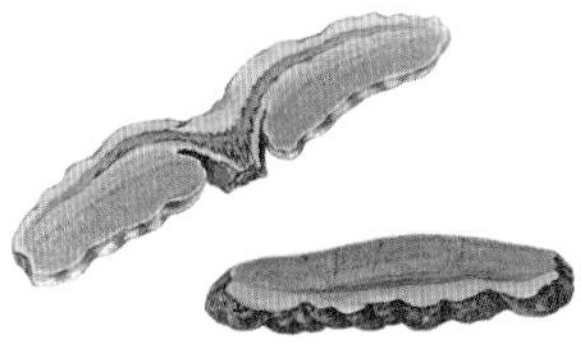

영지

약재 만드는 법	다 자랐을 때 여름부터 가을까지 따서 햇볕에 잘 말린다.
약 쓰는 법	물에 달여 먹는다.
약 성질	성질은 평범하다. 맛은 달고 조금 쓰다.
약효	신경 억제, 혈압 낮추기, 기침 멈추기, 가래 없애기, 간 기능 활성
약 쓰는 때	기침감기, 고혈압, 빈혈, 고지혈증, 간염, 기관지염, 천식, 암, 불면증

사철쑥

Artemisia capillaris

사철쑥은 바닷가나 강가 모래밭에서 자라는 여러해살이풀이다. 우리나라에 나는 쑥 종류 가운데 하나다. 쑥은 시골 논밭 둘레에 많이 나고 거름기가 많은 땅을 좋아하지만, 사철쑥은 메마르고 땡볕이 내리쬐는 곳에서 잘 자란다. 땅속 깊이 뿌리를 내리기 때문에 메마른 땅에서도 잘 견딘다. 겨울에도 말라죽지 않고 사철을 산다고 이런 이름이 붙었다고 한다. 그런데 이 이름은 일제 강점기에 붙은 이름이다. 《동의보감》에는 '인진호(茵蔯蒿), 더위지기'라고 한자 이름과 우리 이름이 함께 나온다. "여러 곳에서 자란다. 다북쑥(蓬蒿)과 닮았는데 잎이 빳빳하고 가늘며 꽃과 열매가 없다. 가을이 지나면 잎이 마르고 줄기는 겨울이 지나도 죽지 않는다. 묵은 줄기에서 다시 싹이 돋기 때문에 이름을 인진호라고 한다."라고 했다. 사철쑥과 닮은 더위지기라는 쑥이 있다. 지금은 서로 다른 쑥으로 나누지만, 옛날에는 사철쑥과 더위지기를 나누지 않고 다 함께 '인진호'라고 했던 것 같다. 사철쑥은 다른 쑥과 마찬가지로 어린순을 나물로 먹는다.

사철쑥은 줄기에서 가지를 많이 치면서 수북하게 큰다. 어른 허리춤께까지 큰다. 처음에는 뿌리에서 잎이 무성하게 모여나다가 줄기가 올라온다. 뿌리에서 돋은 잎은 하얀 솜털이 배게 나 있는데 꽃이 필 때쯤에는 시들부들 마른다. 줄기 아래는 나무처럼 단단해진다. 줄기에서는 잎이 어긋나는데 가느다란 실처럼 갈래갈래 갈라진다. 한여름부터 조그맣고 노르스름한 꽃들이 다다귀다다귀 달려 핀다. 가을이 되면 열매가 동그랗게 달린다.

약재 사철쑥은 꽃이 피기 전에 베어다가 햇볕에 잘 말려서 약으로 쓴다. 잘게 썰어서 물에 달여 먹는다. 《동의보감》에는 "음력 5월과 7월에 줄기와 잎을 뜯어 그늘에서 말리는데 불기운을 가까이 하지 말아야 한다. 뿌리와 흙을 버리고 잘게 썰어서 쓴다."라고 나온다.

약효 간이 나빠져서 얼굴이 누레지는 황달이 올 때 먹으면 아주 좋다. 또 열을 내리고 혈압과 혈당을 낮추고 오줌을 잘 누게 해 준다.

《동의보감》에는 "성질은 조금 차다(서늘하다고도 한다). 맛은 쓰고 매우며 독이 없다(독이 조금 있다고도 한다). 열이 몰려 생긴 황달 때문에 온몸이 노랗게 되고 오줌이 잘 나가지 않는 것을 낫게 한다. 돌림병에 걸려 열이 몹시 나면서 미친 듯이 몸부림칠 때, 머리가 아플 때, 학질(말라리아)에 걸려 정신이 흐려지고 헛소리를 할 때 먹으면 낫는다."라고 했다.

◐ 더위지기, 인진쑥, 애땅쑥, 애탕쑥
✽ 여러해살이풀
❶ 30 ~ 100cm
✲ 8 ~ 9월
❻ 가을

2006년 9월 충청남도 태안 신두리

인진

약재 만드는 법	늦은 봄부터 이른 여름 사이 꽃이 피기 전에 풀을 베어 햇볕에 잘 말린다. 잘게 썰어 쓴다.
약 쓰는 법	물에 달여 먹는다.
약 성질	성질이 서늘하다. 맛은 쓰고 매우며 독이 없다(독이 조금 있다고도 한다).
약효	염증 없애기, 열 내리기, 지방 분해
약 쓰는 때	황달, 간염, 오줌을 잘 못 눌 때

백합과

산자고속

산자고

Tulipa edulis

산자고는 산속 볕이 잘 드는 풀밭에서 크는 여러해살이풀이다. 우리나라 중부 지방 아래쪽인 경기도와 전라남도, 제주도에서 많이 자란다. 잎과 땅속 비늘줄기는 달달한 맛이 나기 때문에 오래전부터 포기째 나물로 먹는다.

산자고는 동그란 알줄기에서 길쭉하고 갸름한 잎이 두 장 난다. 알줄기 밑에서는 가는 수염뿌리가 난다. 알줄기는 양파처럼 누르스름한 껍질에 싸여 있다. 사오월 보리누름 때쯤에 꽃대가 아이 무릎만치 올라와 하얀 꽃이 핀다. 꽃잎은 여섯 장이고 자줏빛 줄무늬가 나 있다. 꽃잎 바로 밑에는 조그만 잎사귀처럼 생긴 꽃싼잎이 두세 개 달린다. 한낮에는 꽃잎을 열고 있다가, 날이 안 좋으면 꽃잎을 닫는다. 꽃이 지면 둥그스름한 풀색 열매가 달린다. 한여름이 지나면 풀은 말라서 시든다.

약재 산자고는 둥그스름한 알줄기를 약으로 쓴다. 잎이 시들 때 캐서 햇볕에 잘 말린 뒤 물에 달여 먹는다. 날것을 짓찧어 살갗에 붙이기도 한다. 한방에서는 약난초 알줄기를 '산자고근'이라는 약재로 쓴다. 하지만 우리나라에는 약난초가 드물기 때문에 산자고 알줄기를 '광자고'라는 약재 이름으로 약난초 대신 약으로 쓴다.

《동의보감》에는 '산자고(山茨菰), 가치무릇'이라고 한자 이름과 우리 이름이 함께 나온다. 가치무릇은 까치무릇이라는 말이다. "잎은 부추와 닮았고 꽃은 초롱과 비슷하며 세모진 열매가 맺힌다. 음력 2월에 뿌리에서 잎이 돋고, 3월에 꽃이 피고, 4월에 잎이 말라 죽는다. 이때 땅을 파고 뿌리를 캔다. 늦으면 썩는다. 뿌리 위는 털로 덮여 있어서 찾아내기가 어렵다. 싹이 있을 때 어딘지 기억해 두었다가 가을이나 겨울에 캐서 껍질을 긁어 버리고 약한 불에 쬐어 말려 쓴다."라고 나온다. 또 살갗에 붙일 때는 식초를 넣고 갈아서 붙이고, 알약이나 가루를 내서 쓴다고 나온다.

약효 시퍼렇게 든 멍을 풀어 주고 몸속에 엉겨 있는 피를 풀어 주고 곪은 곳을 낫게 해 준다. 곪은 곳에는 말리지 않는 알줄기를 짓찧어 붙여도 잘 낫는다. 목이 부어서 아프거나, 아기를 낳고 피가 뭉쳐 있을 때, 뼈마디가 붓고 아플 때 먹으면 좋다. 독이 있기 때문에 몸이 약한 사람은 안 먹는 것이 좋다.

《동의보감》에는 "독이 조금 있다. 작은 종기나 살갗에서 고름이 나오는 부스럼, 목이나 귀, 겨드랑이에 생기는 멍울을 낫게 한다. 또 얼굴에 난 주근깨와 기미를 없앤다."라고 했다.

북 까치무릇

물구, 물굿

여러해살이풀

15 ~ 30cm

4 ~ 5월

7 ~ 8월

2005년 5월 경기도 광릉수목원

약난초 *Cremastra appendiculata*

광자고

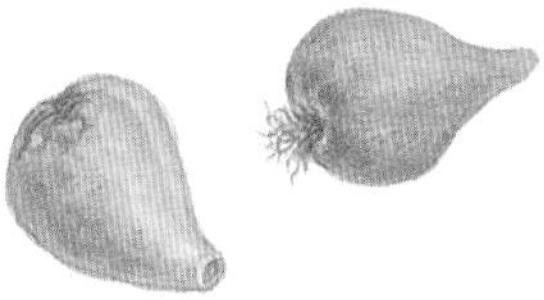

약재 만드는 법	이른 여름 잎이 시들 때 비늘줄기를 캐서 햇볕에 잘 말린다.
약 쓰는 법	물에 달여 먹는다. 날것을 짓찧어 살갗에 붙이기도 한다.
약 성질	성질이 차다. 맛은 달고 매우며 독이 있다.
약효	열 내리기, 염증 없애기, 암 막기
약 쓰는 때	목이 붓고 아플 때, 아기를 낳고 피가 뭉쳐 있을 때, 뼈마디가 붓고 아플 때, 살갗이 헐거나 부스럼이 났을 때
주의할 점	독이 있어서 몸이 약한 사람은 안 먹는다.

삼

Cannabis sativa

삼은 줄기에서 실을 뽑아 옷을 짜려고 밭에서 심어 기르는 한해살이풀이다. 삼실로 짠 천을 '삼베'라고 한다. 원래 중앙아시아에서 자라던 풀인데, 우리나라에서는 《삼국사기》에 적혀 있는 걸로 보아 그 전부터 기른 것 같다. 《동의보감》에는 '대마(大麻)'라고 한자 이름으로 나온다. 지금은 삼 잎과 꽃으로 마약을 만들기 때문에 허가 없이는 삼을 못 기른다.

삼은 줄기가 대나무처럼 쭉쭉 곧게 자란다. 어른 키를 훌쩍 넘게까지도 큰다. 뿌리도 곧게 뻗는데 잔뿌리가 없어서 쑥쑥 잘 뽑힌다. 줄기를 만져 보면 모가 졌고 가운데 골이 파였다. 줄기 아래에서는 잎이 마주나고, 위쪽에서는 어긋난다. 아래쪽 잎은 잎자루가 길고 잎이 5 ~ 9장으로 갈라진다. 위쪽 잎은 잎자루가 짧고 서너 갈래로 갈라진다. 갈라진 작은 잎은 버들잎처럼 길쭉하고 양끝이 뾰족하다. 잎 가장자리에 톱니가 나 있고, 잎맥이 빗금을 그은 것처럼 뚜렷하다. 7 ~ 8월에 꽃이 피는데, 암꽃과 수꽃이 서로 딴 그루에서 피는 암수딴그루다. 수그루에서는 연한 풀빛 수꽃이 가지 끝 잎겨드랑이에서 원뿔 모양으로 달려 피고, 암그루에서는 줄기 끝 잎겨드랑이에서 짧은 보리이삭처럼 암꽃이 달린다. 바람이 불어야 수꽃 꽃가루가 암꽃에 날아가 열매를 맺는다. 둥그렇고 딱딱한 열매는 가을에 짙은 잿빛으로 익는다.

약재 삼은 가을에 열매가 익으면 풀을 베어 말린 뒤 두드려서 씨를 턴다. 삼씨는 둥글납작한 달걀꼴이고 딱딱하고 반질반질하다. 잿빛이 도는 흰색이나 밤색이고 겉에는 줄무늬가 있다. 씨앗을 깨뜨리면 특이한 냄새가 난다. 이 씨를 햇볕에 말려 기름을 짜거나 물에 달여 약으로 먹었다.
《동의보감》에는 "씨를 갈아서 즙을 내 죽을 쑤어 먹거나 소엽(차조기)과 함께 즙을 내 죽을 쑤어 먹기도 했는데, 이것을 '소마죽(蘇麻粥)'이라고 한다."라고 했다. 뿌리를 달여서 약으로 쓴다고도 나온다.
약효 옛날에는 똥이 굳어 안 나올 때나 엄마 젖이 안 나올 때, 혈압이 높을 때 먹었다. 하지만 많이 먹으면 게우고 물똥을 싸고 온몸이 굳고 정신이 오락가락하는 부작용이 심하다. 그래서 예전에는 약으로 썼지만 지금은 약으로 안 쓴다.
《동의보감》에 씨는 "위와 장에 열이 몰린 것을 낫게 하고 똥오줌이 잘 나가게 한다."라고 나온다. 또 뿌리는 "배 속에 있는 아이를 쉽고 빨리 낳게 한다. 뿌리를 진하게 달여서 단번에 먹으면 곧 아기가 나온다. 태반이 나오지 않는 데도 쓰면 좋다."라고 했다.

- 북: 역삼
- 대마, 마
- 한해살이풀
- 1 ~ 3m
- 7 ~ 8월
- 10월

2009년 9월 전라북도 전주

화마인

약재 만드는 법	가을에 열매가 익으면 낫으로 베어서 말린 뒤에 두드려서 씨를 턴다. 턴 씨는 햇볕에 말린다.
약 쓰는 법	물에 넣고 달여 먹는다.
약 성질	성질은 평범하고 맛은 달다.
약효	혈압 낮추기, 설사
약 쓰는 때	똥이 안 나올 때, 젖이 안 나올 때, 혈압이 높을 때
주의할 점	많이 먹으면 토하고 물똥을 싸고 몸이 굳는다.

삼백초

Saururus chinensis

삼백초는 눅눅한 곳에서 자라는 여러해살이풀이다. 원래는 제주도 협재라는 곳에서 자라던 풀인데 지금은 온 나라 여러 곳에서 심어 기르고 있다. 들에서 저절로 자라는 삼백초는 멸종위기종으로 보호하고 있다. 삼백초라는 이름은 뿌리와 잎과 꽃 이렇게 세 군데가 하얘서 붙었다고도 하고, 잎 석 장이 하얘서 붙었다고도 한다. 풀을 약으로 쓰기도 하고 차로 달여 마시거나 술을 담근다. 두부나 돼지고기를 요리할 때도 넣는다.

삼백초는 하얀 뿌리줄기가 땅속을 옆으로 길게 뻗어 나가고, 줄기가 올라와 어린 아이 키 만큼 큰다. 잎은 마디마다 서로 어긋나고 잎자루 밑은 조금 넓어져 줄기를 감싼다. 잎몸은 심장꼴이고 잎맥이 5 ~ 7줄 뚜렷하게 나 있다. 잎 앞쪽은 풀빛이고 뒷면은 허옇다. 여름이 되면 잎겨드랑이에서 꽃대가 길쭉하게 올라온다. 꽃대는 축 쳐져 있다가 하얀 꽃이 자글자글 피면 곧게 선다. 꽃에는 꽃잎이 없고 작은 꽃술이 솔처럼 돋아난다. 길쭉한 꽃대 끝이 도마뱀 꼬리처럼 이리저리 휘기도 한다. 속 이름인 '*Saururus*'는 '도마뱀 꼬리'라는 그리스 말인데, 꽃대가 휘는 모습을 보고 이름을 붙였다. 꽃이 필 때쯤이면 끄트머리 잎 석 장이 하얗게 바뀐다. 꽃이 지면 아무렇지도 않게 다시 풀빛으로 돌아온다. 한여름부터 열매가 맺는다. 열매는 둥글고 씨가 하나씩 들어 있다.

약재 삼백초는 여름부터 가을 사이에 뿌리째 캐서 그늘에서 잘 말린다. 쓰기 전에 잘게 썰어 물을 넣고 두세 시간 달여 밥 먹기 전에 먹는다. 생풀을 짜 즙을 내서 먹거나, 짓찧어서 상처에 붙이기도 한다. 《동의보감》에는 따로 나오지 않는다.

약효 삼백초는 열을 내리고, 오줌이 잘 나오게 하며, 독을 풀어 주고, 피를 맑게 한다. 콩팥이 안 좋거나 오줌보나 오줌길에 염증이 생겨 몸이 붓고 오줌이 잘 안 나올 때 달여 먹으면 좋다. 급성 간염에 걸려 열이 펄펄 끓을 때나 얼굴이 누레지는 황달이 올 때도 먹는다. 또 고혈압, 신장암, 협심증, 빈혈, 여드름, 심한 축농증, 자궁염, 변비, 위장병, 당뇨, 종기, 아토피, 잇몸이 붓고 피가 날 때, 치질로 아플 때 쓴다. 뱀에 물리거나 몸에 종기가 난 곳, 불에 덴 곳, 상처가 나서 피가 날 때에는 생풀을 짓찧어서 붙이면 잘 낫는다. 약 성질이 차가워서 비장이나 위장이 약한 사람은 먹지 않는다. 사람에 따라서는 약을 먹은 뒤 속을 게울 수도 있다.

◐ 삼점백, 수목통, 백설골, 백면골, 물가삼백초, 사우르
✲ 여러해살이풀
❶ 50 ~ 100cm
✲ 6 ~ 8월
ⓞ 8 ~ 9월

2003년 6월 경기도 수원

삼백초

약재 만드는 법	여름부터 가을 사이에 뿌리째 캐서 햇볕에 잘 말린다. 쓰기 전에 잘게 썬다.
약 쓰는 법	물에 달여 먹는다. 밥 먹기 전에 먹는다. 생풀을 짜 즙을 내서 먹거나 짓찧어서 상처에 붙인다.
약 성질	성질이 차다. 맛은 쓰고 맵다.
약효	열 내리기, 오줌내기, 염증 없애기
약 쓰는 때	요도염, 방광염, 콩팥염, 급성 간염, 황달, 종양, 종기, 피부병
주의할 점	약 성질이 차가워서 비장이나 위장이 약한 사람은 먹지 않는다. 사람에 따라서는 약을 먹은 뒤 토할 수도 있다.

매자나무과

삼지구엽초속

삼지구엽초

Epimedium koreanum

삼지구엽초는 물소리도 안 들리는 깊은 산속 그늘진 곳에서 자라는 여러해살이풀이다. 삼지구엽초는 가지가 세 개이고, 잎이 아홉 장 달린 풀이라는 한자 이름이다. 삼지구엽초는 일찍부터 사람 몸에 이로운 약초로 알려졌다. 팔순 노인이 삼지구엽초를 먹고 기운이 솟아 짚고 다니던 지팡이를 내팽개쳤다고 '방장초'라고도 한다. 《동의보감》에는 '음양곽(淫羊藿), 삼지구엽플'이라고 한자 이름과 우리 이름이 함께 나온다. "양이 삼지구엽초를 먹고 하루에도 여러 번 짝짓기를 해서 음양곽이라고 한다."라고 하면서 "선령비(仙靈脾)라고도 하고, 백성들은 삼지구엽초(三枝九葉草)라고 한다. 산과 들에 나는데 잎은 살구나무 잎을 닮았고 잎 꼭대기에 씨가 있다. 줄기는 조와 닮았다."라고 나온다. 약으로도 쓰고 술을 담가 먹거나 차를 우리고, 어린잎은 나물로 먹는다.

삼지구엽초는 뿌리줄기가 땅속으로 구불구불 뻗는다. 뿌리줄기는 단단하고 수염뿌리가 잔뜩 난다. 한 뿌리줄기에서 줄기가 여러 대 나와 무더기로 자란다. 어른 종아리께까지 큰다. 줄기는 가늘지만 단단하고, 쭉 올라오다가 세 갈래로 갈라진다. 갈라진 가지 끝마다 잎이 석 장씩 모두 아홉 장이 달린다. 사오월에 누르스름한 꽃이 땅을 바라보고 핀다. 꽃잎은 넉 장인데, 새가 발톱을 오므린 것처럼 생겼고, 꿀주머니가 뒤로 길게 뻗는다. 꽃 생김새가 마치 배가 멈출 때 내리는 닻처럼 생겼다고 '닻꽃'이라고도 한다. 열매는 여름 들머리쯤에 여문다.

약재 여름부터 가을 사이에 잎과 줄기를 베어다가 바람이 잘 통하는 그늘에서 말린다. 잘게 썰어 물에 넣고 두세 시간 달인다. 밥 먹고 한 시간 뒤에 먹는다.

《동의보감》에서는 "음력 5월에 잎을 뜯어 햇볕에 말린다. 물소리가 들리지 않는 곳에서 자란 것이 좋다. 또 술을 섞으면 좋다고 한다. 또 술에 씻은 뒤 잘게 썰어서 약한 불에 쬐어 말려서 쓴다."라고 나온다. 산꿩의다리, 노루오줌, 승마는 모두 삼지구엽초처럼 가지가 세 갈래로 갈라지고, 잎이 석 장씩 달린다. 이것을 음양곽이라고 속이기도 한다.

약효 삼지구엽초는 불끈불끈 기운이 솟게 하고, 뼈와 근육을 튼튼하게 한다. 팔다리가 굳거나 경련이 날 때 먹어도 좋다. 또 혈압을 떨어뜨리고 오줌을 시원하게 누게 해 준다. 치매나 건망증에도 좋다.

《동의보감》에는 "성질이 따뜻하다(평범하다고도 한다). 맛은 맵고(달다고도 한다) 독이 없다. 바람이나 찬 기운 때문에 생기는 모든 병인 풍냉증(風冷症)과 몸이 허약하고 피곤한 허로(虛勞)를 낫게 한다. 또 허리와 무릎을 튼튼하게 한다. 남자가 양기가 끊어져 발기가 안 되거나 여자가 음기가 끊어져 아이를 낳지 못할 때 쓴다. 늙은이가 정신이 흐려지고 힘이 없는 것, 중년에 건망증이 있는 것, 발기 불능, 음경 속이 아픈 것을 낫게 한다. 힘을 북돋고 뼈와 근육을 단단하게 한다. 남자가 오래 먹으면 자식을 얻고, 목에 생긴 멍울인 나력(瘰癧)을 삭게 하며, 남녀 불두덩에 생긴 헌데를 씻으면 벌레가 나온다."라고 나온다. 하지만 몸에 열이 많이 나는 사람은 덜 먹는 게 좋다.

닻꽃, 선령비, 음양곽, 삼지구엽풀, 방장초

여러해살이풀

15 ~ 30cm

4 ~ 5월

7월

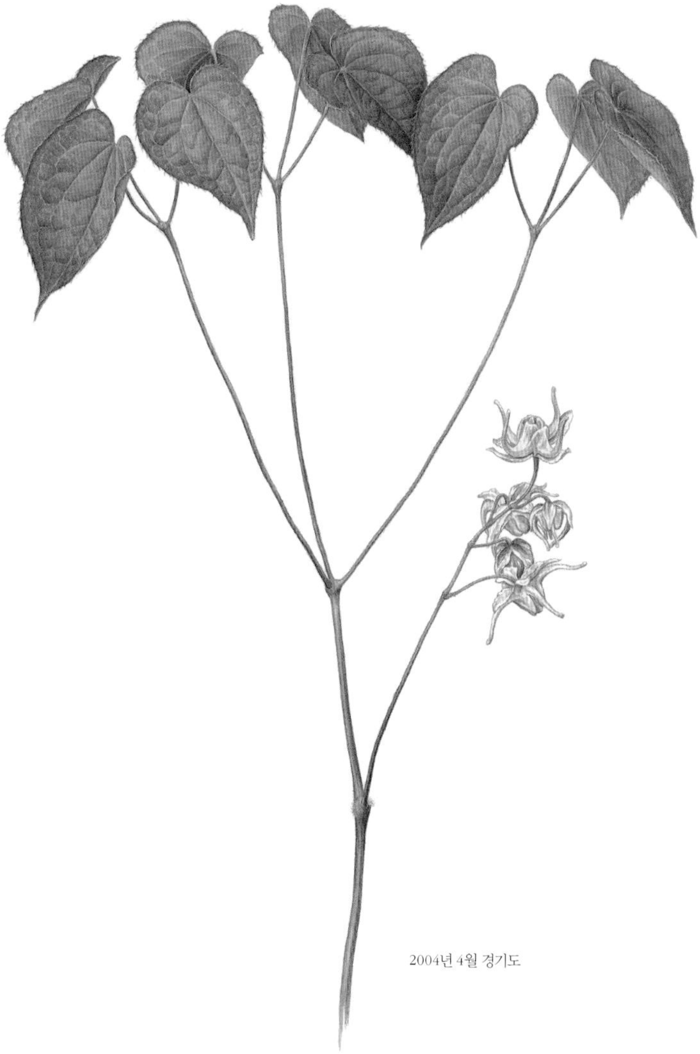

2004년 4월 경기도

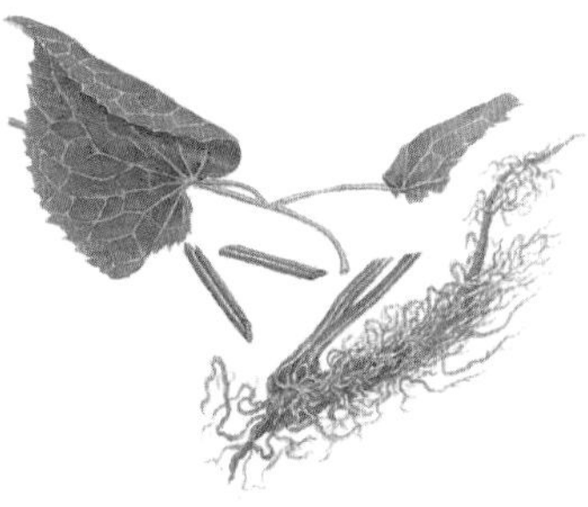

음양곽

약재 만드는 법	여름부터 가을 사이에 잎과 줄기를 벤다. 그늘에서 말린 뒤 잘게 썰어 쓴다.
약 쓰는 법	물에 달여 먹는다. 밥 먹고 한 시간 뒤에 먹는다.
약 성질	성질이 따뜻하다(평범하다고도 한다). 맛은 맵고(달다고도 한다) 독이 없다.
약효	강장, 정력 증강, 혈압 낮추기, 균 없애기, 염증 없애기
약 쓰는 때	성기능이 떨어질 때, 건망증, 신경 쇠약, 히스테리, 허리와 다리에 힘이 없을 때, 팔다리 마비나 경련
주의할 점	몸에 열이 많이 나는 사람은 덜 먹는 게 좋다.

삽주

Atractylodes ovata

삽주는 산속 나무 그늘 진 곳에서 자라는 여러해살이풀이다. 뿌리를 약으로 쓰려고 일부러 밭에도 심는다. 옛날부터 어린순을 나물로 먹거나 죽을 쑤거나 밥에 넣었다. 쓴맛이 있어서 물에 여러 번 우려낸 뒤에 나물로 무친다.

삽주는 사시랑이 줄기가 어른 무릎에서 허리까지 자란다. 대궁을 꺾으면 끈적끈적한 하얀 진이 나오는데, 혀를 살짝 대 보면 씁쓰름한 맛이 난다. 대궁 아래쪽 잎은 세 갈래나 다섯 갈래로 갈라지는데, 위에 달린 잎은 안 갈라지고 둥그스름하다. 잎은 빳빳하고 가장자리에 바늘 같은 짧은 가시가 나 있다. 여름부터 가을까지 줄기나 가지 끝에서 하얀 꽃이 자잘자잘 모여 핀다. 꽃은 생선 가시처럼 생긴 거슬거슬한 꽃받침으로 둘러싸여 있다. 가을에 열매가 여문다.

약재 삽주 뿌리줄기는 구슬을 꿰어 놓은 것처럼 당글당글 마디지며 뻗고 수염뿌리가 잔뜩 난다. 뿌리줄기 맨 끝에는 햇뿌리가 밤톨만 하게 달린다. 이 햇뿌리를 '백출'이라고 하고, 묵은 뿌리를 '창출'이라고 한다. 봄 가을에 뿌리를 캐서 잔뿌리를 따낸 뒤 햇볕에 말린다. 약으로 쓸 때는 잘게 썰어 불에 볶는다. 물에 넣고 두세 시간 달여 먹는다. 《동의보감》에는 '백출(白朮)'과 '창출(蒼朮)'이 모두 나오고, 우리 이름으로 '삽듓불휘'라고 했다. 백출은 "뿌리 생김새가 거칠고 둥근 마디로 되어 있다. 빛깔은 연한 밤빛이다. 쌀뜨물에 한나절 담갔다가 꼭지를 버린다. 빛깔이 하얗고 기름기가 없는 것을 쓴다."라고 나온다. 창출은 "길이가 엄지손가락이나 새끼손가락만 하다. 살찌고 실한 것은 꼭 구슬을 꿴 것 같고, 껍질 빛깔은 밤색이고 냄새와 맛이 몹시 맵다. 반드시 쌀뜨물에 하룻밤 담갔다가 다시 그 물을 갈아 또 하루 더 담근 뒤 겉껍질을 벗기고 노랗게 볶아 써야 한다."라고 했다. 요즘에는 만주삽주와 가는잎삽주를 창출로 쓰고, 삽주와 당백출을 백출로 쓴다.

약효 둘 다 한 뿌리지만 약효는 서로 다르다. 창출은 땀이 나게 하고, 백출은 오히려 땀을 멎게 한다. 창출은 몸속 물기를 없애는 힘이 더 세고, 백출은 위를 튼튼하게 하는 힘이 더 낫다고 한다. 백출은 위장을 튼튼하게 해 주는 약초로 이름이 났다. 소화가 안 되고 위에 염증이나 궤양이 생겼을 때 약으로 쓴다. 또 배가 아프고 먹은 것을 게우고 물똥을 쌀 때 먹어도 좋다. 창출은 감기에 걸리거나 뼈마디가 쑤시거나 몸이 부었을 때 먹는다.

《동의보감》에 백출은 "성질이 따뜻하다. 맛이 쓰며 달고 독이 없다. 비위를 든든하게 하고 설사를 멎게 하고 물기를 없앤다. 또한 소화를 잘 시키고 땀을 멎게 하고 명치 밑이 당기면서 몹시 그득한 것을 낫게 한다. 또 토하고 설사가 멎지 않는 곽란(癨亂)을 고친다. 허리와 배꼽 사이에 있는 혈을 잘 돌게 하며 위장이 차서 생긴 이질을 낫게 한다."라고 했다.

창출은 "성질이 따뜻하다. 맛이 쓰고 매우며 독이 없다. 삼초(三焦)에 물기가 있어서 생기는 병을 낫게 한다. 속을 편안하게 하고, 땀 나게 한다. 몸속 물이 잘 돌지 않아 생기는 여러 가지 멍울이나 덩어리인 담음(痰飮), 현벽(痃癖), 기괴(氣塊)와 나쁜 기운인 산람장기(山嵐瘴氣) 따위를 헤친다. 바람과 추위, 물기 때문에 뼈마디가 아프고 팔다리를 못 움직이는 병인 비증(痺證)과 토하고 설사하는 것이 멎지 않는 병인 곽란(癨亂)을 낫게 하고, 몸에 물이 고여서 몸이 붓고 배가 불룩해지는 병인 수종(水腫), 창만(脹滿)을 없앤다."라고 나온다.

◐ 걸력가, 적출, 쟁두초, 천생출, 동출, 산련, 삼주
✲ 여러해살이풀
❶ 30 ~ 100cm
✲ 7월 ~ 10월
❻ 10 ~ 11월

2005년 9월 경기도 벽제

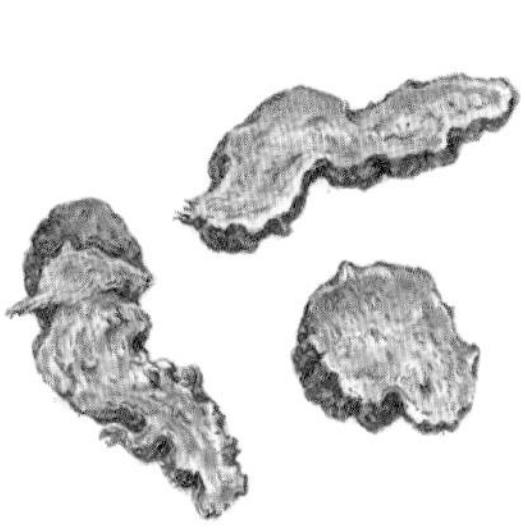

백출

약재 만드는 법	봄가을에 뿌리를 캐서 잔뿌리를 따낸 후 햇볕에 말린다. 약으로 쓸 때는 잘게 썰어 불에 볶는다.
약 쓰는 법	물에 넣고 두세 시간 달여 먹는다.
약 성질	성질이 따뜻하다. 맛은 쓰고 달며 독이 없다.
약효	건위, 땀 내기, 오줌내기, 열 내리기
약 쓰는 때	위장병, 소화 장애, 콩팥 기능 장애, 야맹증, 설사, 감기, 뼈마디 아픔, 몸이 붓는 데

새삼

Cuscuta japonica

새삼은 다른 나무나 풀에 붙어서 더부살이하는 한해살이 덩굴풀이다. 다른 나무나 풀을 돌돌 휘감거나 자기들끼리 칭칭 뒤엉켜 덩굴지며 자란다. 나무를 뒤덮으면 국수 가락을 마주 뒤엉켜 펼쳐 놓은 것 같다. 새삼보다 줄기가 가늘면 '실새삼'이다. 새삼은 산기슭이나 길섶에서 키 큰 나무를 많이 타고 오른다. 실새삼은 밭둑에 많은데, 콩밭에 많이 나서 농사를 망쳐 놓기도 한다. 요즘에는 미국에서 들어온 '미국실새삼'이 훨씬 더 많이 퍼졌다. 《동의보감》에 '새삼'이라는 우리 이름이 나온다. 아주 오래전부터 부르던 우리 이름이다.

새삼은 땅에서 싹이 돋아 자라다가 곧 다른 나무나 풀에 달라붙는다. 그러면 뿌리가 말라서 없어지고 땅에서 떨어져 나온다. 가느다란 줄기는 왼쪽으로 감는다. 빨판이 있어서 들러붙은 나무나 풀에서 양분을 빨아먹는다. 다른 풀과 달리 엽록소가 없어서 스스로 양분을 만들지 못한다. 줄기는 풀빛이다가 누렇거나 불그스름하게 바뀐다. 잎은 없고 비늘 조각이 있다. 8 ~ 9월이 되면 줄기 곳곳에서 짤막한 꽃대가 올라오고 작고 하얀 꽃이 이삭처럼 뭉쳐 핀다.

약재 가을에 씨가 여물면 덩굴을 거두어 햇볕에 잘 말린 뒤 씨를 털어서 약으로 쓴다. 씨는 들깨만 하고 누르스름하다. 씨를 물에 넣고 달여 먹는다. 빻아서 가루를 내어 먹거나 알약을 만들어 먹기도 한다. 씨를 삶아 으깨어 떡을 만들어 먹기도 한다. 실새삼 씨도 약으로 쓴다.
《동의보감》에는 '토사자(兎絲子), 새삼씨'라고 나온다. "어디에나 있는데 흔히 콩밭 가운데서 자란다. 뿌리가 없이 다른 식물에 들러붙어 가늘게 뻗어 올라간다. 빛깔은 누르스름하다. 음력 6 ~ 7월에 씨가 여무는데 몹시 잘아서 누에씨 같다. 9월에 씨를 받아서 볕에 말린다. 술과 같이 쓰면 좋다. 물에 씻어서 모래와 흙을 버린 뒤에 햇볕에 말린다. 잘 말린 씨를 술에 담가 봄에는 5일, 여름에는 3일, 가을에는 7일, 겨울에는 10일간 둔다. 이것을 꺼내 쪄서 익힌 뒤에 짓찧어 덩어리를 만든다. 이것을 햇볕에 말린다. 그리고 다시 짓찧어 가루 내서 약에 넣는다. 급하게 쓸 때는 술에 넣고 푹 무르게 달여 볕에 말린다. 이것을 짓찧어 가루 내어 써도 좋다."라고 했다.
약효 간이 나빠 눈이 침침하고 밤눈이 어두울 때 먹으면 눈이 밝아진다. 콩팥이 안 좋아서 오줌을 시원하게 못 눌 때나 아이가 밤에 오줌을 쌀 때도 먹으면 좋다. 또 뼈가 튼튼해지고, 허리 힘이 세지고, 시리고 아픈 무릎이 낫는다. 새삼 덩굴에서 즙을 짜서 한 잔씩 마시거나 씨앗을 달여 차로 자주 마시면 당뇨병에도 좋다. 하지만 아기를 가진 엄마나 변비가 있는 사람은 먹지 않는다.
《동의보감》에는 "성질이 평범하다. 맛은 맵고 달며 독이 없다. 주로 음경 속이 차갑고, 정액이 저절로 나오고, 오줌을 시원하게 못 누고 방울방울 떨어지는 것을 낫게 한다. 또한 입맛이 쓰고 입이 마르며 목마를 때 쓴다. 정력이 세어지게 돕고 골수를 더 보태 주고 허리가 아프고 무릎이 찬 것을 낫게 한다."라고 나온다.

덩굴 풀
한해살이풀
8 ~ 9월
9 ~ 10월

2005년 9월 경기도 양평

미국실새삼 *Cuscuta pentagona*

토사자

약재 만드는 법	가을에 씨가 여물면 덩굴을 거두어 햇볕에 말린 뒤 두드려 씨를 턴다.
약 쓰는 법	물에 넣고 달여 먹는다. 가루로 빻아 알약을 만들어 먹기도 한다.
약 성질	성질이 평범하다. 맛은 맵고 달며 독이 없다.
약효	강장, 열 내리기, 독 풀기
약 쓰는 때	기운이 없을 때, 허리와 무릎이 시리고 아플 때, 오줌이 잘 안 나올 때, 물똥을 쌀 때, 당뇨병, 밤눈이 어두울 때
주의할 점	아기를 가진 엄마나 변비가 있는 사람은 먹지 않는다.

석위

Pyrrosia lingua

석위는 따뜻한 제주도와 남부 지방에서 자라는 늘 푸른 여러해살이 양치식물이다. 물소리와 사람 소리가 들리지 않는 깊은 숲속 축축한 바위나 오래 묵은 나무 곁에서 자란다. 겨울에도 잎이 안 지고 사철 내내 푸르고, 꽃이 안 피고 고사리처럼 홀씨로 퍼진다. 《동의보감》에도 '석위(石韋)'라고 나온다. "무더기로 바위 위에서 자라는데 잎이 꼭 가죽 같아서 석위라고 한다. 또 잎에 얼룩점이 있어서 꼭 가죽 같기 때문에 석위라고도 한다. 물소리와 사람 소리가 들리지 않는 데 있는 것이 좋다."라고 나온다.

석위는 땅속으로 뿌리줄기가 철사처럼 구불구불 옆으로 뻗는다. 뿌리줄기는 불그스름한 작은 비늘조각으로 잔뜩 덮여 있다. 뿌리줄기에서 곧바로 잎사귀가 드문드문 돋는다. 잎자루가 길고 잎몸은 양끝이 뾰족하고 버들잎처럼 길쭉하다. 잎 앞쪽은 반들반들하고 짙은 풀빛인데 잎을 뒤집으면 뒤쪽은 붉은 밤색 털로 잔뜩 덮여 있다. 잎 뒤쪽 한가운데로 잎맥이 뚜렷하게 나 있어 좌우를 쫙 가른다. 잎 뒤쪽에 홀씨주머니가 있다.

약재 석위는 봄이나 가을에 잎을 베어다가 그늘에서 잘 말린다. 약으로 쓸 때는 잎 뒤쪽 털을 솔로 다 털어내고 썰어서 물에 달여 먹는다. 애기석위와 세뿔석위도 약으로 쓴다.
《동의보감》에는 "음력 2월과 7월에 잎을 뜯어서 그늘에서 말린다. 약에 넣을 때는 반드시 구워서 노란 털을 없애 버리고 쓴다. 털은 사람 허파를 찔러서 기침이 나게 한다."라고 했다.
약효 오줌이 잘 나오게 하고 임질을 고치고 허파에 있는 열을 없애는 힘이 있다. 오줌이 잘 안 나오거나 피가 섞여 나오거나 오줌을 누면 아플 때 먹으면 좋다. 또 콩팥에 돌이 들어차 아플 때, 목구멍이 가렵고 아프고 기침과 가래가 나올 때 먹어도 좋다.
《동의보감》에는 "성질이 평범하다(조금 차다고도 한다). 맛은 쓰고 달며 독이 없다. 다섯 가지 임질에 걸려서 아기집과 불알에 열이 몰려 오줌이 나가지 않거나, 오줌보에 열이 차서 오줌이 방울방울 떨어지거나, 오줌이 저절로 나오는 것을 낫게 한다. 오줌길을 따라 오줌이 잘 나오도록 돕는다."라고 나온다.

여러해살이풀

10 ~ 26cm

2009년 9월 전라북도 전주

세뿔석위 *Pyrrosia hastata*

석위

약재 만드는 법	봄부터 가을까지 뿌리줄기와 잔뿌리를 버리고 잎을 거둬 햇볕이나 그늘에서 말린다. 잎 뒤에 있는 털을 깨끗이 닦고 잘게 썰어 쓴다.
약 쓰는 법	물에 달이거나 곱게 가루로 빻아 먹는다.
약 성질	성질이 평범하다(조금 차다고도 한다). 맛은 쓰고 달며 독이 없다.
약효	오줌내기, 염증 없애기, 피 멈추기
약 쓰는 때	오줌을 못 눌 때, 오줌에 피가 섞여 나올 때, 요로 결석, 신장염, 방광염, 기침이나 기관지염

석창포

Acorus gramineus

석창포는 냇가나 둠벙, 연못가에서 자라는 여러해살이풀이다. 산골짜기 물살이 거세게 내리치는 돌 틈에서도 뿌리 내리고 잘 산다. 우리나라 남쪽 따뜻한 곳에서 많이 자라고, 사철 내내 잎이 안 시들고 쌩쌩하다. 오래전부터 우린 물로 머리를 감던 창포처럼 잎과 뿌리에서 좋은 냄새가 난다. 창포처럼 뿌리를 목욕물에 넣는다.

석창포 뿌리줄기는 마디가 뚝뚝 지면서 옆으로 뻗고, 밑으로 가느다란 수염뿌리가 난다. 땅속 뿌리줄기는 마디가 길고 하얀데, 땅 위로 솟아오르면 마디가 촘촘하고 풀빛으로 바뀐다. 뿌리줄기 끄트머리에서 잎이 무더기로 뭉쳐나는데, 한 장 한 장씩 어긋하게 곰비임비 겹쳐 난다. 잎은 길쭉한 칼처럼 생겨서 어른 팔 길이로 자란다. 잎 가운데에 잎맥 하나가 뚜렷하면 '창포'고, 없으면 '석창포'다. 기다란 잎이 능청능청 늘어지면서 우북수북하다. 여름 들머리에 잎처럼 생긴 꽃대가 길게 올라오고 옆구리쯤에서 꽃방망이가 길게 자란다. 꽃방망이에 노르스름하고 자잘한 꽃들이 모여 핀다. 가을이 되면 열매가 여무는데, 씨 아래쪽에는 가느다란 털이 잔뜩 달렸다.

약재 가을에 뿌리줄기를 캐서 수염뿌리를 다듬어 버리고 물에 씻어 햇볕에 말린다. 땅 위로 솟은 뿌리줄기는 약으로 안 쓴다. 알맞게 썰어 물에 달여 먹거나 가루 내어 먹는다. 부스럼, 헌데, 습진에는 달인 물로 씻거나 가루 내어 뿌린다.

《동의보감》에는 '창포(菖蒲), 석챵포'라고 한자 이름과 우리 이름이 함께 나온다. 아마도 창포와 석창포를 나누지 않고 함께 약으로 쓴 것 같다. "산골짜기 개울가, 바위틈이나 자갈 밑에서 나고 자란다. 잎은 칼날처럼 생겼고, 한가운데에는 잎맥이 있다. 한 치 되는 뿌리에 마디가 아홉 개 지는데, 열두 마디가 지기도 한다. 음력 5월이나 12월에 뿌리를 캐 그늘에서 말린다. 5월 초에는 바깥쪽으로 드러난 뿌리는 쓰지 않는다. 처음 캤을 때에는 뿌리가 무르다가 볕에 말리면 딴딴해진다. 부러뜨리면 한가운데가 조금 빨갛고 씹어 보면 맵고 향기롭고 찌꺼기가 적다."라고 했다.

약효 몸속에 있는 구멍을 열고 기를 잘 통하게 하는 힘이 있다. 또 덩어리를 헤치고 독을 풀고 벌레를 죽인다. 머리를 맑게 하고 기억력이 좋아진다. 머리가 어지럽거나 건망증이 심한 사람이 먹으면 좋다. 또 입맛이 없고 소화가 잘 안 될 때 먹는다. 달인 물을 자주 먹으면 눈과 귀가 밝아지고, 목욕물에 넣으면 기분이 좋아지고 습진이나 살갗이 가려운 피부병을 낫게 한다.

《동의보감》에는 "성질이 따뜻하다(평범하다고도 한다). 맛은 맵고 독이 없다. 신(神)이 드나드는 구멍을 열어주고, 오장을 튼튼하게 하며, 몸에 있는 아홉 구멍이 서로 잘 통하게 한다. 귀와 눈을 밝게 하고, 목소리가 잘 나오게 한다. 몸에 바람이 들고 축축한 기운 때문에 몸이 저린 것을 낫게 하고 배 속에 사는 벌레를 죽인다. 이와 벼룩을 없애며 건망증을 낫게 하고 지혜롭게 만들며 명치 밑이 아픈 것을 낫게 한다."라고 나온다.

- 석장포, 석향포, 창포
- 여러해살이풀
- 20 ~ 50cm
- 6 ~ 7월
- 7 ~ 8월

2003년 9월 전라북도 진안

창포 *Acorus calamus*

석창포

약재 만드는 법	가을에 뿌리줄기를 캔다. 수염뿌리를 다듬어 버리고 물에 씻어 햇볕에 말린다. 잘게 썰어서 쓴다.
약 쓰는 법	물에 달여 먹는다. 달인 물로 살갗을 씻거나 가루 내어 뿌린다.
약 성질	성질이 따뜻하다(평범하다고도 한다). 맛은 맵고 독이 없다.
약효	진정, 건위, 소화, 균 없애기
약 쓰는 때	입맛이 없고 소화가 잘 안 될 때, 의식이 흐린데, 건망증, 간질, 목이 쉰 데, 귀울림, 머리 아픔, 관절염, 위염, 십이지장 궤양, 습진, 피부병

소엽

Perilla frutescens var. *acuta*

소엽은 밭에서 심어 기르는 한해살이풀이다. 흔히 '차조기'라고 한다. 잎이나 꽃이나 생김새가 여러모로 들깨를 닮았다. 온몸이 자줏빛이 돌고 좋은 냄새가 난다. 오래전 중국에 이름난 의사였던 화타라는 사람이 수달이 물고기를 먹고 배탈이 났을 때 이 풀잎을 뜯어 먹는 것을 보고 약으로 썼다는 이야기가 있다. 잎을 깻잎처럼 날것으로 쌈 싸 먹고, 장아찌 담글 때 불그스름한 색깔을 내려고 넣는다.

소엽은 줄기가 네모지고 곧게 자라면서 가지를 친다. 어른 엉덩이께까지 큰다. 줄기 마디마다 잎이 마주난다. 잎자루가 길고 잎은 손바닥처럼 넓적하다. 잎끝은 뾰족하고 가장자리에는 삐쭉삐쭉 톱니가 났다. 잎은 쪼글쪼글 주름이 진다. 한여름부터 가을바람이 불 때쯤에 줄기와 가지 끝이나 줄기 끄트머리 잎겨드랑이에서 꽃대가 올라와 꽃이 다닥다닥 핀다. 쪼그만 꽃을 들여다보면 꽃은 연분홍빛이고 통 모양인데 사람 입술처럼 두 갈래로 갈라졌다. 아랫입술 꽃잎이 조금 더 길쭉하다. 10월이 되어 꽃이 지면 꽃받침 속에 자잘한 씨가 맺는다.

약재 소엽은 잎과 씨를 약으로 쓴다. 잎은 꽃이 필 때쯤 따서 그늘에서 잘 말린다. 잘게 썰어서 물에 달여 먹는다. 씨는 가을에 털어서 볕에 말린다. 물에 달여 먹거나 가루를 내서 먹는다.

《동의보감》에는 '자소(紫蘇), ᄎᆞ초기'라고 한자 이름과 우리 이름이 함께 나온다. "밭에 심는다. 잎 뒷면이 자줏빛이고 주름이 있고 좋은 냄새가 나는 것을 약으로 쓴다. 자줏빛이 안 나고 향기롭지 못한 것은 들차조기(野蘇)인데 약으로 쓰지 못한다. 잎 앞뒤가 모두 다 자줏빛인 것은 더 좋다. 여름에 줄기와 잎을 따고 가을에는 씨를 받는다. 잎은 날로 먹을 수 있다. 여러 가지 생선이나 고기와 같이 국을 끓여 먹으면 좋다." 라고 나온다.

약효 잎은 땀 나게 하며 열을 내리고 피가 잘 돌게 한다. 또 독을 풀고 소화를 돕고 아픔을 가라앉히고 나쁜 균을 죽이는 힘이 있다. 감기가 걸려 열이 나고 기침이 날 때, 소화가 잘 안 될 때, 물고기를 먹고 배탈이 나고 식중독에 걸렸을 때 먹으면 좋다. 씨를 달인 물은 기침이 심하게 나고 가래가 나올 때나 머리가 아프고 밤에 잠이 잘 안 올 때, 똥이 굳어 잘 안 나올 때 먹으면 좋다. 하지만 몸이 허약하거나 땀이 많이 나는 사람은 조심해서 쓴다.

《동의보감》에 잎은 "성질이 따뜻하다. 맛은 맵고 독이 없다. 배가 불러 오르고 그득한 것과 게우고 물똥을 싸는 것과 각기병을 낫게 하고 똥오줌이 잘 나오게 한다. 모든 찬 기운을 없애고 바람과 추위와 살갗에 도는 나쁜 기운을 헤친다. 또 가슴에 있는 담과 기운을 내려 준다."라고 했다. 씨는 "기(氣)가 위로 올라오는 것과 딸꾹질하는 것에 주로 쓴다. 중초(中焦)를 조화롭게 하고, 오장을 돕는다. 기를 내리고, 먹은 것을 게우고 물똥을 싸는 곽란(霍亂)과 반위(反胃)를 멎게 한다. 똥오줌이 잘 나오게 돕고, 기침을 멎게 한다. 심장과 허파를 부드럽게 하며, 가래를 없앤다. 폐기(肺氣)로 숨이 찬 것을 낫게 한다. 귤피와 함께 쓰면 좋다. 살짝 볶아서 쓴다."라고 했다.

- 북 차조기
- 차즈기
- 한해살이풀
- 20 ~ 80cm
- 8 ~ 9월
- 10월

2005년 8월 서울대 약초 시험장

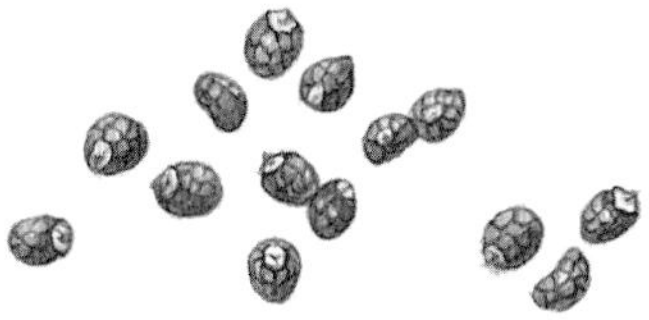

자소자

약재 만드는 법	씨는 가을에 털어서 볕에 말린다.
약 쓰는 법	물에 달여 먹는다.
약 성질	성질이 따뜻하다. 맛은 맵고 독이 없다.
약효	건위, 소화, 열 내리기, 땀 내기, 아픔 멈추기
약 쓰는 때	기침이 심하게 나고 가래가 나올 때, 머리가 아프고 밤에 잠이 안 올 때, 똥이 굳어 안 나올 때
주의할 점	몸이 허약하거나 땀이 많이 나는 사람은 반드시 조심해서 쓴다.

속단

Phlomis umbrosa

속단은 깊은 산속 볕이 잘 드는 풀밭에서 자라는 여러해살이풀이다. 뿌리를 약으로 쓰는데, 《동의보감》에 "아픈 것을 잘 멎게 하고 새살이 돋게 하고 힘줄과 뼈를 이어 주기 때문에 속단(續斷)이라고 한다."라고 나온다. 중국에서는 '산토끼꽃'을 '천속단'이라는 약재로 쓰고, 우리나라에서는 '속단'을 우리 땅에서 나는 속단이라는 뜻으로 '토속단'이라고 해서 약으로 쓴다. 서로 다른 풀이고 천속단이 토속단보다 약효가 더 좋다고 한다. 속단 새순은 나물로 먹고, 뿌리를 가루 내서 차로 우려 마신다.

속단은 줄기가 곧게 자라 어른 허리춤까지 큰다. 줄기를 만져 보면 네모나고 털이 났다. 잎은 두 팔을 벌린 듯 마주난다. 마주난 잎은 줄기를 따라 올라가면서 층층이 직각으로 어긋놓으며 다른 쪽으로 벌린다. 잎자루가 길고 잎몸은 끝이 뾰족하고 가장자리에 삐죽삐죽 톱니가 난다. 여름에 잎겨드랑이를 빙 둘러 불그스름한 꽃이 줄기를 따라 층층이 핀다. 꽃은 통처럼 생겼고 끝이 두 갈래로 갈라진다. 위쪽 꽃잎은 모자를 푹 눌러쓴 모양이고, 아래 꽃잎은 혓바닥처럼 생겨서 세 갈래로 갈라진다. 가을이 되면 꽃받침 속에서 씨가 여문다.

약재 속단은 가을이나 봄에 뿌리를 캔다. 뿌리는 길쭉한 방망이처럼 생겼다. 햇볕이나 밝은 그늘에서 잘 말린 뒤에 잘게 썰어서 물에 달여 먹는다.
《동의보감》에는 "산이나 들에서 자란다. 음력 3월이 지나면 화살대처럼 싹이 돋고 줄기는 네모나다. 잎은 모시풀 잎 같은데 두 장씩 맞붙어서 난다. 음력 4월에 불그스름한 하얀 꽃이 핀다. 뿌리는 엉겅퀴 뿌리처럼 생겼는데 빨갛고 누른빛이다. 음력 7월과 8월에 뿌리를 캐서 그늘에서 말린다. 마디마디가 끊어지고 껍질이 누르고 주름진 것이 좋은 품종이다. 마디마디가 부러질 때 연기 같은 먼지가 나는 것이 좋다. 술에 담갔다가 약한 불에 쬐어 말려 쓴다. 뽕나무겨우살이와 약효가 같다."라고 했다.
약효 허리나 뼈마디가 아프고 뼈가 부러졌을 때 먹으면 좋다. 또 피를 잘 돌게 해서 피멍을 풀어 주고, 피 나는 것을 멈추게 하고, 새살이 빨리 돋게 한다. 아기를 가진 엄마가 먹으면 아기가 편안하게 자리 잡게 도와준다. 아기집에서 피가 날 때, 달거리 때 피가 많이 나올 때도 먹는다. 하지만 열이 많은 사람은 안 먹는 것이 좋다.
《동의보감》에는 "성질이 조금 따뜻하다. 맛은 쓰고 매우며 독이 없다. 경맥을 잘 통하게 하고 힘줄과 뼈를 이어 주며 기가 잘 돌게 도와주고 피가 잘 돌게 한다. 아기를 낳은 뒤에 생기는 모든 병에 쓴다."라고 했다.

- 토속단
- 여러해살이풀
- 1m
- 7월
- 9 ~ 10월

2005년 8월 경기도 양평

산토끼꽃 *Dipsacus japonicus*

토속단

약재 만드는 법	가을이나 봄에 뿌리를 캔다. 햇볕이나 밝은 그늘에서 잘 말린 뒤에 잘게 썰어서 쓴다.
약 쓰는 법	물에 달여 먹는다.
약 성질	성질은 조금 따뜻하다. 맛은 쓰고 매우며 독이 없다.
약효	염증 없애기, 열 내리기
약 쓰는 때	뼈마디가 쑤실 때, 허리가 아플 때, 피멍이 들었을 때, 피가 날 때
주의할 점	열이 많은 사람은 안 먹는 것이 좋다.

속새

Equisetum hyemale

속새는 깊은 산속 나무 그늘 밑 축축한 땅에서 자라는 늘 푸른 여러해살이풀이다. 강원도 위쪽에서 많이 자라는데, 제주도와 울릉도에서도 자란다. 겨울에도 시들지 않고 사철 푸르다. 줄기가 거칠거칠해서 예전에는 결이 거친 나무를 곱게 갈 때 사포 대신 썼다. 그래서 나무한테 적이라는 뜻으로 '목적(木賊)'이라는 한자 이름이 있다.

속새는 땅속으로 뿌리줄기가 옆으로 길게 뻗는다. 뿌리줄기에서는 수염뿌리가 잔뜩 난다. 뿌리줄기는 옆으로 뻗다가 땅 가까이에서 여러 갈래로 갈라지면서 줄기가 올라온다. 땅 위에서 보면 한 뿌리에서 여러 줄기가 무성하게 모여나는 것처럼 보인다. 줄기는 외대로 꼿꼿하게 어른 무릎 위까지 큰다. 줄기는 대나무처럼 툭툭 마디가 진다. 마디는 얇고 거무스름한 비늘잎이 둘러싸는데, 마르면 바스러져 잘 떨어진다. 손으로 잡아 뽑으면 마디가 똑똑 끊긴다. 줄기는 세로로 얕은 골이 잔뜩 나 있고 손으로 만져 보면 거칠거칠하다. 줄기를 꺾어 보면 속은 텅 비었다. 씹어 보면 모래 씹는 것처럼 버석버석하다. 가을에 봉홧불처럼 생긴 홀씨주머니가 줄기 끝에 달린다. 처음에는 푸르스름하다가 노르스름하게 익는다.

약재 여름이나 가을 사이에 줄기를 베어다가 그늘이나 햇볕에 잘 말린다. 약으로 쓸 때는 잘게 썰어서 물에 달여 먹거나 가루를 내서 쓴다. 달인 물로 눈을 씻기도 한다.
《동의보감》에는 '목적(木賊), 속새'라고 한자 이름과 우리 이름이 함께 나온다. "곳곳에서 나는데 마디를 버리고 쓴다. 눈병에 약으로 쓸 때에는 흔히 아이 오줌에 하룻밤 담갔다가 햇볕에 말려서 쓴다. 또 이 약을 먹고 땀이 잘 나도록 하려면 마디를 버리고 썰어서 물에 적신 뒤 불에 쬐어 쓴다."라고 했다.
약효 속새는 피를 잘 멎게 하는 힘이 있다. 내장에서 피가 나서 피똥을 싸거나 치질에 걸려 피가 날 때 먹으면 좋다. 또 눈이 아프고 빨개지고 염증이 생겼을 때 먹으면 눈병이 낫는다. 또 땀을 나게 하고 오줌이 잘 나오게 하는 힘이 있다. 오줌보나 오줌길에 염증이 생기거나 콩팥이 아프거나 오줌을 잘 누지 못해서 몸이 붓고 아플 때 먹어도 좋다. 하지만 많이 먹으면 간이 나빠지고 설사가 나니까 조심해야 한다.
《동의보감》에는 "성질이 평범하다. 맛은 달면서 조금 쓰고 독이 없다. 간과 담을 북돋고, 눈을 밝게 하며, 빨갛거나 하얗거나 파란 막이 눈자위를 가리는 눈병을 없애고, 치질 때문에 똥을 눌 때 피를 쏟는 장풍과 이질에 걸려 피똥을 누는 것을 멎게 한다. 그리고 풍(風)을 몰아내고 달거리가 안 멎고 피가 줄곧 나오거나 달거리 때가 아닌 데도 피가 나오는 것, 빨갛거나 하얗고 끈적거리는 물이 나오는 대하를 다스린다."라고 나온다.

여러해살이풀
30 ~ 60cm
안 핌
가을

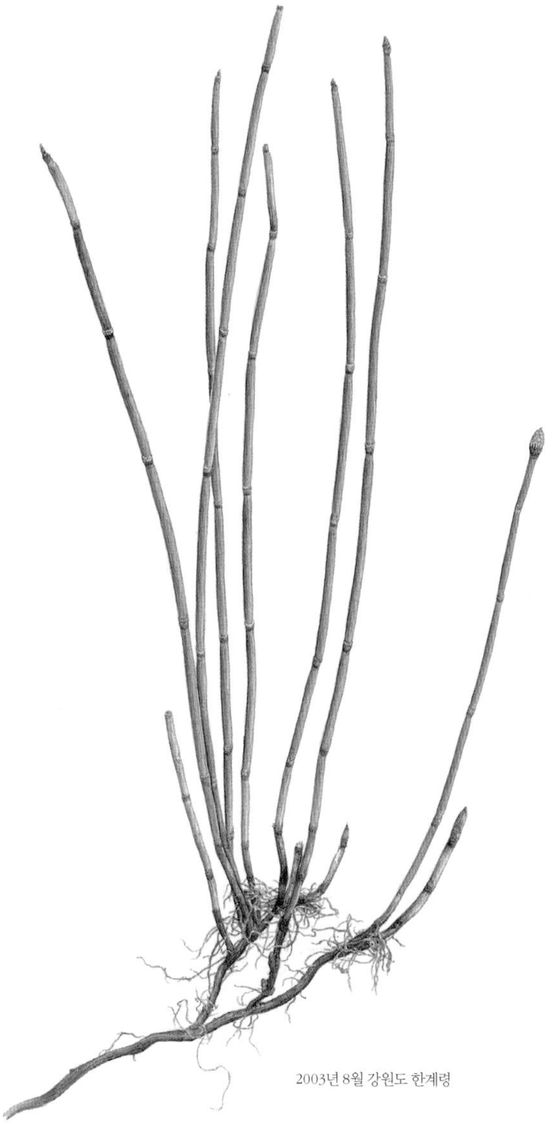

2003년 8월 강원도 한계령

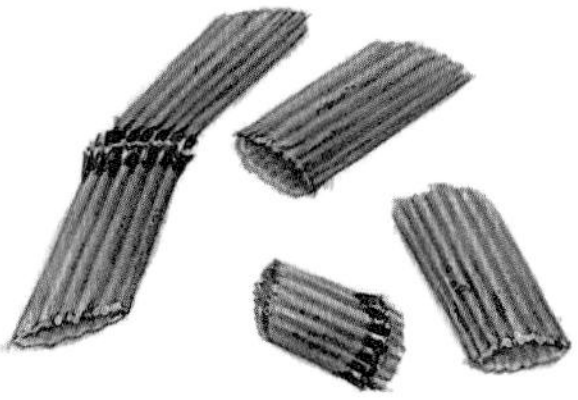

목적

약재 만드는 법	여름부터 가을에 걸쳐 줄기를 베어 그늘이나 햇볕에 말린다. 약으로 쓸 때는 잘게 썬다.
약 쓰는 법	물에 달여 먹는다. 달인 물로 눈을 씻는다.
약 성질	성질이 평범하다. 맛은 달면서 조금 쓰고 독이 없다.
약효	열 내리기, 염증 없애기, 오줌내기
약 쓰는 때	눈이 빨갛게 충혈되고 눈곱이 끼면서 눈을 감고 뜨기가 어렵고 시력이 나빠질 때, 요도염, 방광염, 요로 결석, 신장염으로 오줌을 잘 누지 못하고 붓고 아플 때, 창자에서 피가 날 때
주의할 점	많이 먹으면 중독되고 설사를 하기 때문에 조심해야 한다.

쇠무릎

Achyranthes japonica

쇠무릎은 산기슭이나 길가에서 흔히 자라는 여러해살이풀이다. 줄기 마디가 소 무릎처럼 두툼하게 불룩 튀어나왔다고 이런 이름이 붙었다고 한다. 《동의보감》에는 '우슬(牛膝), 쇠무룹디기'라고 한자 이름과 우리 이름이 함께 나온다. "어느 곳에나 다 있다. 학 무릎 같은 마디가 있는데, 소 무릎과도 닮았기 때문에 '우슬(牛膝)'이라고 이름을 지었다. 다른 이름으로 '백배(百倍)'라고도 한다."라고 나온다. 어린순을 나물로 먹는다.

쇠무릎은 어른 허리춤까지 큰다. 대궁이 곧추 자라면서 가지를 많이 친다. 줄기는 네모나고 마디가 진다. 마디마다 잎이 마주난다. 잎은 갸름한 달걀꼴이고 끝이 뻬족하다. 한여름부터 줄기 끝이나 가지 끝에서 풀색 꽃이 벼 이삭처럼 줄줄이 붙어 핀다. 꽃은 아래쪽부터 피어 위로 올라가는데, 꽃받침이 삐쭉삐쭉해서 가시 방망이 같다. 꽃이 지면 꽃받침이 꽃대에 거꾸로 누워 딱 달라붙는다. 가을이 되면 꽃대에 작은 열매가 깨알처럼 다다귀다다귀 붙는다. 손으로 쑥 훑으면 오도독오도독 떨어진다. 열매는 옷이나 짐승 털에 아주 잘 달라붙어 퍼진다. 쇠무릎이 자란 풀숲을 헤치면 열매가 옷에 다닥다닥 붙어 잘 안 떨어진다.

약재 쇠무릎은 수염뿌리가 휘뚜루마뚜루 뻗는다. 가을이나 이른 봄에 캐서 햇볕에 잘 말린 뒤 잘게 썰어서 약으로 쓴다. 물에 달이거나 가루를 내서 먹는다. 뿌리를 짓찧어서 무릎이나 허리 아픈 곳에도 붙인다.
《동의보감》에는 "길고 크며 부드럽고 반질거리는 것이 좋다. 음력 2월, 8월, 10월에 뿌리를 캐 그늘에서 말린다. 12경맥을 도와 피를 잘 돌게 하고 피가 새로 생기게 하는 약이다. 모든 약 기운을 이끌어 허리와 넓적다리로 내려가게 한다. 술로 씻어서 쓴다."라고 나온다.

약효 피를 잘 돌게 하고 몸 안에 있는 물을 빼 준다. 신경통이나 관절염으로 뼈마디가 저릿저릿하고 쑤시고 아플 때, 피멍이 들었을 때 먹으면 좋다. 엄마가 아기를 낳은 뒤 몸이 퉁퉁 붓고 배가 아플 때, 여자들 달거리가 들쑥날쑥할 때 먹어도 좋다. 하지만 아기를 가졌을 때는 먹지 말아야 한다.
《동의보감》에는 "성질이 평범하다. 맛은 쓰고 시며 독이 없다. 주로 추위와 축축한 기운 때문에 위증(痿證)과 비증(痺證)이 생겨 무릎이 아파서 굽혔다 폈다 하지 못하는 것과 남자가 음증에 걸려 목이 타는 것, 늙은이가 오줌을 참지 못하고 찔끔찔끔 싸는 것을 낫게 한다. 또 골수를 보태고 음기(陰氣)를 잘 통하게 한다. 머리털이 하얘지지 않게 하고 발기 불능과 허리와 등뼈가 아픈 것을 낫게 한다. 달거리를 꼬박꼬박 잘 하도록 돕지만, 배 속 아기를 유산시킨다. "라고 했다.

◐ 쇠무릎풀, 우슬
✿ 여러해살이풀
❶ 50 ~ 100cm
✲ 8 ~ 9월
❻ 9 ~ 10월

2005년 8월 경기도 수원

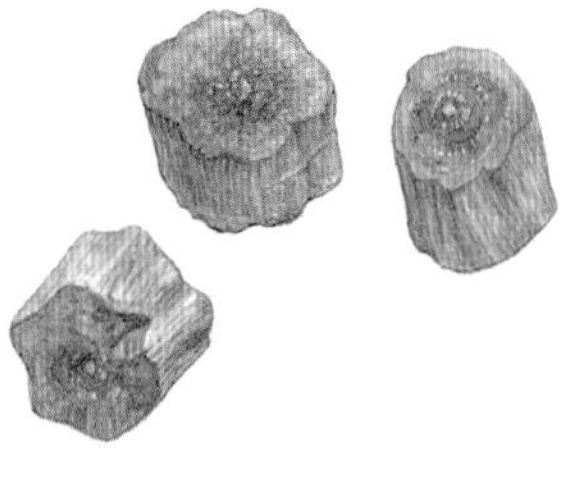

우슬

약재 만드는 법	가을이나 이른 봄에 뿌리를 캔다. 햇볕에 잘 말린 뒤 잘게 썰어서 약으로 쓴다.
약 쓰는 법	물에 달이거나 가루를 내서 먹는다. 뿌리를 짓찧어서 무릎이나 허리 아픈 곳에 붙인다.
약 성질	성질이 평범하다. 맛은 쓰고 시며 독이 없다.
약효	염증 없애기, 열 내리기, 오줌내기, 아픔 멈추기
약 쓰는 때	신경통, 관절염, 피멍이 들었을 때, 아기 낳은 뒤 몸이 부었을 때
주의할 점	아기 가진 엄마는 먹지 않는다.

수세미오이

Luffa cylindrica

수세미오이는 집 가까운 빈터나 담장, 울타리에 일부러 심어 기르는 한해살이 덩굴풀이다. 원래는 따뜻한 남쪽 열대 아시아에서 자라는 식물이다. 수세미는 설거지할 때 그릇을 닦는 물건이다. 지금은 돈을 내고 사서 쓰지만 예전에는 그물처럼 얼기설기 얽힌 수세미오이 열매 속을 수세미로 썼다. 《동의보감》에는 '사과(絲瓜), 수세외'라고 한자 이름과 우리 이름이 함께 나온다. 수세미오이는 아주 오래전부터 써 오던 우리 이름이다. "중국에서 씨를 가져다가 심었다. 생김새는 오이 같은데 매우 길고 크다."라고 했다.

수세미오이는 줄기에서 덩굴손이 나와서 기둥이나 담을 타고 올라간다. 줄기는 튼튼하고 만져보면 모가 났다. 잎은 서로 어긋나고, 덩굴손은 잎과 마주난다. 잎은 어른 손바닥만큼 넓적하고 다섯 갈래로 갈라진다. 한여름부터 잎겨드랑이에서 노란 꽃이 핀다. 수세미오이는 한 그루에 암꽃과 수꽃이 따로 핀다. 수꽃은 여러 송이가 모여 피지만 암꽃은 홀로 핀다. 호박이나 박처럼 암꽃 씨방이 불룩불룩 커지면서 열매가 된다. 처음에는 오이 같다가 나중에는 길쭉한 호박처럼 커진다. 열매가 익으면 그 속이 실로 짠 그물처럼 촘촘하게 얽힌다.

약재 가을에 따거나 서리를 맞은 뒤에 따서 살이 썩게 둔다. 그러면 그물처럼 얽힌 섬유만 남는다. 섬유만 햇볕에 잘 말려 물에 넣고 두세 시간 달여 빈속에 먹는다. 또 열매를 말려 불에 구워 가루 내서 먹거나 날것을 짓찧어 즙을 짜서 바르거나 마신다. 여름에 줄기가 자랄 때 30cm 높이쯤에서 줄기를 베어서 나오는 물을 받아 쓰기도 한다.

《동의보감》에는 "서리가 내린 뒤에 늙은 수세미오이를 따 껍질과 뿌리, 씨까지 약성이 남게 태워서 가루 낸다. 이 가루 4 ~ 12g을 꿀물에 타 먹으면 헌데가 삭으면서 독이 흩어져 속으로 못 들어간다. 어린 열매는 삶아 익혀서 생강과 식초로 양념해서 먹고, 마른 것은 껍질과 씨를 버리고 그 속으로 그릇을 씻는다."라고 나온다.

약효 열매 속을 달여 먹거나 열매즙을 짜 마시면 열을 내리고 기침을 멈추고 가래를 삭인다. 또 머리나 배가 아프거나 젖이 잘 안 나올 때, 치질에 걸렸을 때 마셔도 좋다. 열매나 줄기에서 짜낸 즙을 몸에 바르면 살결이 고와진다. 또 땀띠나 살이 트거나 헌데, 불에 덴 상처에 발라도 좋다.

《동의보감》에는 "성질이 차갑고 독을 푼다. 고치기 힘든 모든 부스럼과 어린아이가 걸린 천연두, 젖 속이 곪는 유저(乳疽), 단단하고 뿌리가 깊고 생김새가 꼭 못처럼 생긴 부스럼, 다리와 발에 난 종기를 고친다."라고 했다.

◐ 수과, 사과등, 사과자, 수과락, 수세미외, 수세외
덩굴풀
한해살이풀
4 ~ 8m
8 ~ 9월
10월

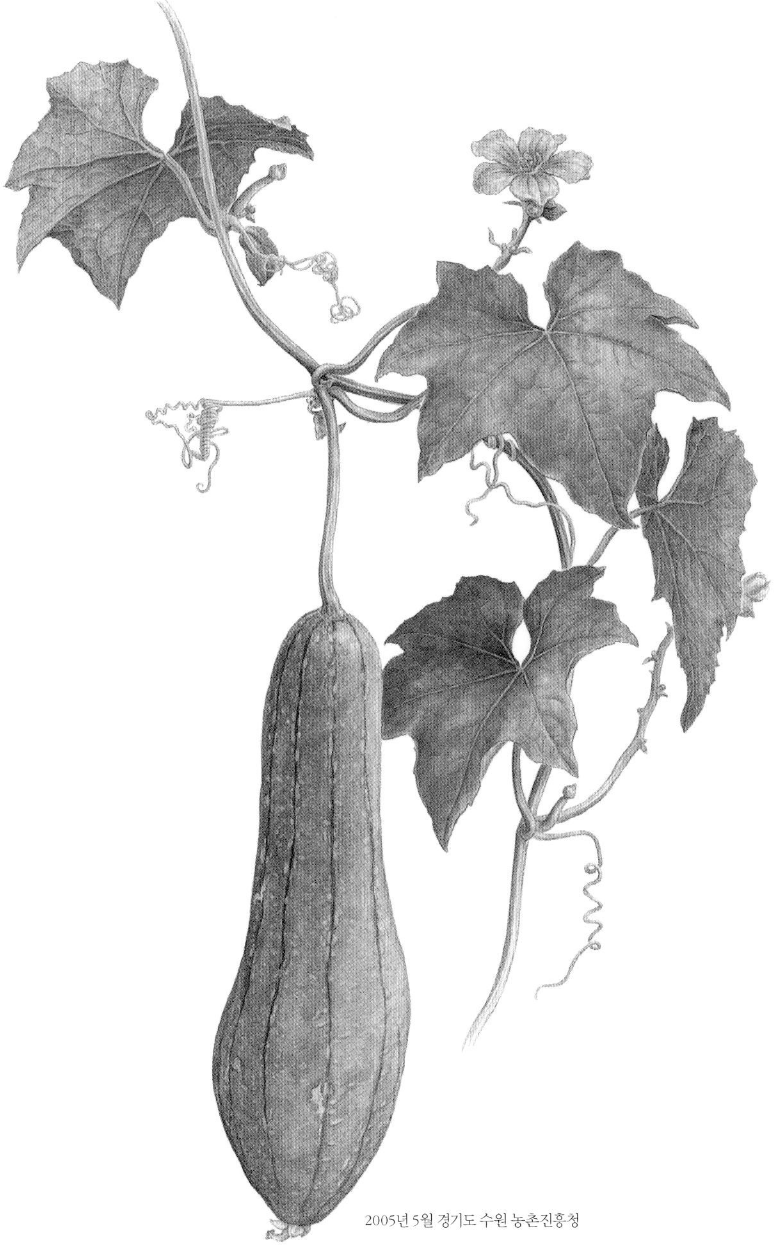

2005년 5월 경기도 수원 농촌진흥청

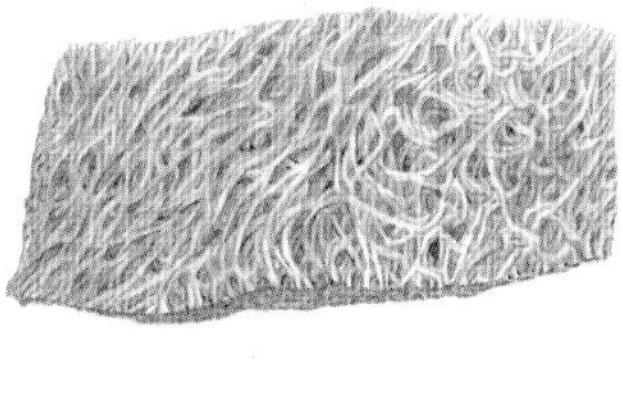

사과락

약재 만드는 법	가을에 열매를 따거나 서리를 맞은 뒤에 따서 살을 없애고 속에 얽힌 섬유만 햇볕에 말린다.
약 쓰는 법	물에 넣고 두세 시간 달여 빈속에 먹는다.
약 성질	성질이 서늘하고 맛은 달다.
약효	오줌내기, 열 내리기, 염증 없애기
약 쓰는 때	두통, 복통, 폐렴, 기침, 가래, 천식, 감기, 젖이 안 나올 때, 치질

쉽싸리

Lycopus lucidus

쉽싸리는 연못이나 늪 가두리나 냇가, 도랑에서 자라는 여러해살이풀이다. 축축한 땅을 좋아한다. 땅속줄기가 옆으로 뻗기 때문에 덤부렁듬쑥 풀숲을 이뤄 자란다. 어린잎은 나물로 먹는다.

쉽싸리는 가지를 안 치고 줄기가 곧게 뻗어 올라온다. 줄기는 단단하고 네모졌다. 층층이 마디가 지고 마디마다 잎이 이마받이로 마주난다. 마디는 거무스름하고 흰 털이 났다. 잎은 갸름해서 버들잎처럼 생겼다. 양끝이 뾰족하고 가장자리에 날카로운 톱니가 난다. 여름 들머리부터 줄기 위쪽 잎겨드랑이를 빙 둘러 하얀 꽃이 빽빽이 모여 핀다. 꽃을 잘 들여다보면 꽃잎이 사람 입술처럼 두 갈래로 갈라졌다. 윗입술 꽃잎은 조금 크고, 아랫입술 꽃잎은 두 갈래로 갈라졌다. 꽃받침은 다섯 갈래로 바늘처럼 뾰족하게 갈라져서 꽃이 떨어지면 가시가 돋은 듯하다. 가을에 열매가 여무는데, 열매는 네모나고 겉이 반질반질 윤이 난다.

약재 쉽싸리는 여름에 꽃이 필 때 베어다가 햇볕에 잘 말린 뒤 약으로 쓴다. 잘게 썰어서 물에 달여 먹거나 가루를 내서 먹는다.

《동의보감》에는 '택란(澤蘭)'이라고 나오고, 우리 이름은 따로 나오지 않는다. "물가나 연못에서 자란다. 줄기는 모가 나고 잎은 박하 잎을 닮았는데 향기는 덜하다. 음력 3월 초에 싹을 뜯어 그늘에서 말린다. 또 음력 4월과 5월에 풀을 거둔다고도 한다."라고 나온다.

약효 쉽싸리는 부인병에 아주 좋은 약이다. 피를 잘 돌게 해 주어서 여자들 달거리가 고르지 않을 때 먹으면 좋다. 아기를 낳고 피가 뭉쳐 배가 아프고 몸이 부었을 때 먹어도 좋다. 부딪쳐 피멍이 들거나 살갗이 곪은 곳에 생풀을 짓찧어서 붙여도 잘 낫는다.

《동의보감》에는 "성질이 조금 따뜻하다. 맛은 쓰고 달다(맵다고도 한다). 독이 없다. 아기를 낳기 전이나 뒤에 생기는 여러 가지 병과 몸 푼 뒤에 배가 아플 때, 아기를 자주 낳아 혈기가 쇠약하고 차서 허로병(虛勞病)이 생겨 바짝 여위었을 때, 쇠붙이에 다쳤을 때 먹으면 좋다. 또 여러 가지 종기를 낫게 하고, 부딪쳐서 생기는 피멍을 삭인다."라고 했다.

- 쉽싸리, 개조박이
- 여러해살이풀
- 1m 안팎
- 7~8월
- 9~10월

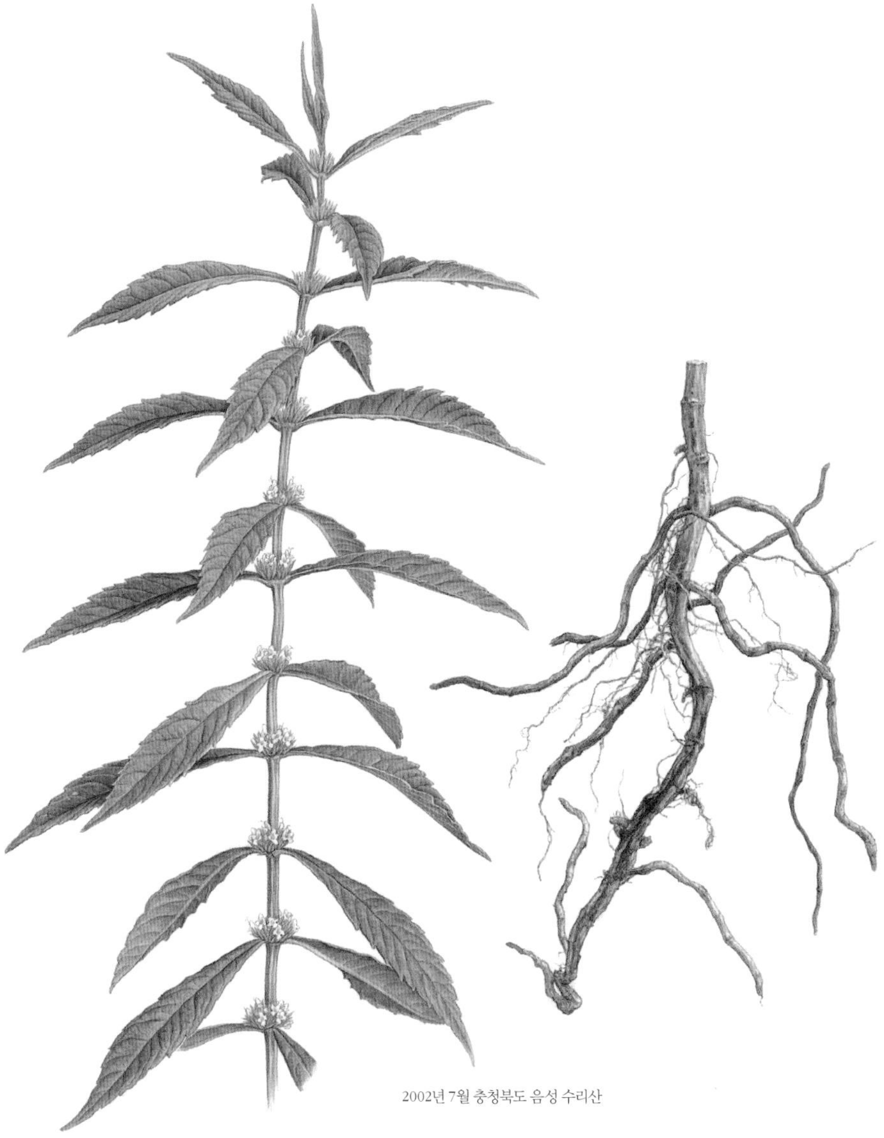

2002년 7월 충청북도 음성 수리산

택란

약재 만드는 법	여름에 꽃이 필 때 베어다가 햇볕에 잘 말린 뒤 잘게 썰어 쓴다.
약 쓰는 법	물에 달여 먹거나 가루를 내서 먹는다.
약 성질	성질은 조금 따뜻하다. 맛은 쓰고 달고 매우며 독이 없다.
약효	오줌내기, 염증 없애기, 피 잘 돌기
약 쓰는 때	아기를 낳고 배가 아플 때, 달거리가 없거나 띄엄띄엄 할 때, 몸이 부을 때, 멍이 들었을 때

산형과
시호속

시호

Bupleurum falcatum

시호는 산이나 들판에서 드물게 자라는 여러해살이풀이다. 뿌리를 약으로 쓰려고 밭에서 기르는데, 저절로 자란 시호보다 약효가 덜 하다. 미나리처럼 향긋한 냄새와 맛이 난다고 '멧미나리' 라고도 한다.

시호 줄기는 가늘지만 만져 보면 딱딱하고 단단하다. 어른 무릎에서 엉덩이께까지 크는데 줄기 위쪽에서 가지를 친다. 잎은 어긋나는데, 대나무 잎처럼 길쭉하고 잎맥이 나란하게 나 있다. 한여름부터 가지와 줄기 끝에서 노란 꽃이 핀다. 우산대처럼 갈라진 꽃대에 자잘한 꽃이 모여 핀다. 가을이 되면 쌀알처럼 생긴 열매가 여문다.

약재 시호 뿌리는 나무뿌리처럼 단단하고 굵고 짤막하다. 짧아도 제멋대로 굽어서 뻗고, 가는 수염뿌리가 잔뜩 난다. 또 가로로 주름이 조글조글 진다. 뿌리를 씹어 보면 쓰면서 아리고 독특한 향이 난다. 가을이나 잎이 아직 안 돋은 봄에 뿌리를 캔다. 바람이 잘 통하는 그늘에서 말린 뒤 잘게 썰어 물에 달여 먹거나 가루로 곱게 빻아서 먹는다. 식초에 담근 뒤에 볶아서도 쓴다. 우리나라에서는 개시호 뿌리도 약으로 쓰지만, 중국에서는 안 쓴다. 개시호는 잎이 줄기를 감싸서 그렇지 않은 시호와 쉽게 가를 수 있다.
《동의보감》에는 '시호(柴胡), 뫼미나리'라고 한자 이름과 우리 이름이 함께 나온다. "어느 곳에나 잘 자란다. 음력 2월에 싹이 돋는데 아주 향기롭다. 줄기는 푸르고 자줏빛이 난다. 잎은 댓잎을 닮았다. 맥문동 잎과도 닮았지만 더 짧다. 7월에 노란 꽃이 핀다. 음력 2월, 8월에 뿌리를 캐 볕에 말린다. 쥐꼬리처럼 외따로 길게 뻗은 뿌리가 좋다. 줄기는 길고 부드러우며 겉껍질이 노랗고 불그스름한 것이 좋다. 구리와 쇠붙이에 닿지 않게 한다. 바깥 날씨가 바뀌면서 걸리는 감기 같은 병에는 날것을 쓰고, 속이 상해서 기를 끌어올려야 할 때에는 술로 축여 볶아서 쓴다. 또 기침이 나고 땀이 날 때에는 꿀물로 축여 볶아서 쓰고, 간과 담에 있는 뜨거운 기운을 내리려면 뿌리꼭지를 버리고 돼지 쓸개즙에 버무려서 볶아 쓴다."라고 나온다.
약효 열을 내려 주고 아픔을 멎게 하고 곪은 곳을 낫게 한다. 열이 나고 몸이 오슬오슬 춥고 떨릴 때, 옆구리가 결리고 아플 때, 귀에서 소리가 날 때, 머리가 어질어질할 때 먹으면 좋다. 간염이나 얼굴이 노래지는 황달이나 치질에 걸렸을 때도 먹는다. 또 말라리아에 걸렸을 때 먹으면 잘 낫는다고 한다.
《동의보감》에는 "성질이 조금 차다(평범하다고도 한다). 맛은 조금 쓰며(달다고도 한다) 독이 없다. 주로 상한(傷寒)에 걸려 추웠다 열이 났다 하는 것, 유행성 열병에 걸려 안팎의 열이 풀리지 않을 때 쓴다. 열 때문에 몸이 약해져 뼈마디가 열이 나며 아픈 것과 몸이 약해져서 추웠다 열이 났다 하는 허로(虛勞)를 낫게 한다. 살갗에 있는 열과 이른 새벽 몸에서 열이 나는 조열(潮熱)을 없앤다. 간에 있는 뜨거운 기운을 잘 내리고 추웠다 열이 났다 하는 학질(말라리아)과 가슴과 옆구리가 그득하면서 아픈 것을 낫게 한다."라고 했다.

멧미나리
여러해살이풀
40 ~ 70cm
8 ~ 9월
9 ~ 10월

2005년 8월 경기도 수원

개시호 *Bupleurum longiradiatum*

시호

약재 만드는 법	가을이나 봄에 뿌리를 캔다. 햇볕에 잘 말려 잘게 썰거나 식초에 담근 뒤에 볶는다.
약 쓰는 법	물에 달여 먹는다. 가루로 곱게 빻아서 먹기도 한다.
약 성질	성질이 조금 차다. 맛은 쓰고 달며 독이 없다.
약효	열 내리기, 아픔 멈추기, 염증 없애기, 진정
약 쓰는 때	열이 나고 몸이 오슬오슬 춥고 떨릴 때, 옆구리가 결리고 아프며 귀에서 소리가 날 때, 머리가 어질어질할 때, 간염, 황달, 치질, 말라리아

쑥

Artemisia princeps

쑥은 길가나 빈터나 묵정밭이나 논두렁, 밭두렁 아무 곳에서나 잘 자라는 여러해살이풀이다. 쑥쑥 큰다고 쑥이다. 아주 오래전부터 써 오던 우리 이름이다. 단군 신화에도 나올 만큼 우리나라 사람들은 오래전부터 쑥을 먹거나 약으로 써 왔다. 어린 쑥을 뜯어다가 국을 끓여 먹거나 떡을 해 먹는다.

쑥은 뿌리가 옆으로 뻗으면서 군데군데에서 싹이 돋는다. 어른 가슴팍께까지 크는데 가지를 많이 치며 덤부렁듬쑥하게 풀숲을 이룬다. 줄기는 세로로 골이 파여 있다. 온몸에 하얀 털이 거미줄처럼 덮여 있어서 희끄무레하다. 온몸에서는 씁쓰레한 냄새가 난다. 잎은 어긋나며 깊게깊게 갈라지고 톱니가 삐쭉빼쭉 난다. 뿌리에서 나온 잎과 줄기 밑에서 난 잎은 나중에 누렇게 말라 죽는다. 한여름부터 불그스름한 꽃이 다다귀다다귀 모여서 핀다. 꽃은 보리알처럼 둥그렇고 자잘하다.

약재 쑥은 단오 때 베어야 약효가 가장 좋다고 한다. 대를 다발로 묶어서 처마 밑 그늘에 매달아 말린다. 바싹 말리지 말고 꾸덕꾸덕하게 말리는 게 좋다. 물에 달여 먹고 뜸을 뜬다.

《동의보감》에는 '애엽(艾葉), 스 지발뿍'이라고 한자 이름과 우리 이름이 함께 나온다. 또 물쑥, 흰쑥, 제비쑥, 떡쑥 같은 여러 쑥이 나오고, 쑥으로 뜸을 뜨는 방법도 나온다. "곳곳에서 자라는데 길가에 있는 것이 좋다. 음력 3월 초와 5월 초에 잎을 뜯어 햇볕에 말리는데 오래된 것을 써야 좋다. 성질이 날것은 차고, 볶은 것은 뜨겁다. 단옷날 해 뜨기 전에 말을 하지 않고 뜯는 것이 좋다. 짓찧어 채로 쳐서 푸른 찌꺼기를 버리고 하얀 것은 받는다. 유황을 조금 넣어서 뜸장을 만들어 뜸을 뜬다. 쌀가루를 조금 넣고 짓찧어 가루를 낸 뒤 약에 넣어 먹는다."라고 했다. 또 쑥 씨를 모아 약으로도 쓴다고 나온다.

약효 쑥은 여자들에게 좋은 약초다. 배를 따뜻하게 해 주어서 여러 가지 병을 낫게 한다. 또 위를 튼튼하게 해 준다. 피가 나거나 상처가 난 곳에는 생풀을 짓찧어서 붙이면 상처를 소독해 주고 잘 아물게 한다. 달인 물로 목욕을 하면 살갗에 난 부스럼이나 종기를 낫게 한다.

《동의보감》에는 "성질이 따뜻하다(뜨겁다고도 한다). 맛은 쓰고 독이 없다. 여러 가지 오래된 병과 여자들이 달거리가 아닌 때에 피를 쏟는 붕루(崩漏)를 낫게 한다. 또 아기가 엄마 배 속에서 편안하게 자리 잡도록 돕고, 배아픔을 멎게 한다. 피가 섞이거나 고름이 섞인 곱똥을 싸는 이질을 낫게 한다. 또 오장에서 피가 나거나 치질에 걸려 피를 쏟는 것을 낫게 한다. 몸 아래쪽에 벌레 때문에 부스럼이 생긴 것을 낫게 하고, 새살이 돋게 한다. 몸에 바람이나 추위가 드는 것을 막고, 아이가 들어서게 만든다."라고 했다.

◐ 사재발쑥, 약쑥, 타래쑥, 바로쑥
✽ 여러해살이풀
❶ 50 ~ 120cm
✲ 7 ~ 9월
⌚ 가을

2006년 8월 인천 선재도

물쑥 *Artemisia selengensis*

떡쑥 *Gnaphalium affine*

제비쑥 *Artemisia japonica*

애엽

약재 만드는 법	4~7월에 꽃이 피기 전에 풀에 베어 그늘에서 말린다. 잘게 썰어 쓰거나 잎을 따서 쓴다.
약 쓰는 법	물에 달여 먹는다. 피 나는 곳에 생풀을 짓찧어서 붙인다.
약 성질	성질은 따뜻하다. 맛은 쓰고 독이 없다.
약효	피 멈추기, 균 없애기, 건위
약 쓰는 때	달거리를 띄엄띄엄 할 때, 달거리하면 배가 아플 때, 대하증, 위장병, 피가 나거나 상처 난 곳

알로에

Aloe vera

알로에는 아프리카에서 자라던 여러해살이풀이다. 알로에는 200종이 넘는 여러 종류가 있다. 이집트와 그리스와 로마에서는 기원전부터 밭에서 길렀다. 우리나라에서는 밭에서 기르지 않고 온실에서 기른다.

알로에는 두툼한 잎이 뿌리와 줄기 밑동에서 켜켜이 어긋난다. 잎은 기다란 칼처럼 생겼다. 끝이 뾰족하고 밑동은 넓어져 줄기를 반 이상 얼싸안는다. 잎은 희끄무레한 풀빛이고 두툼한데, 안쪽은 고랑이 나 있고 뒤쪽은 둥글다. 가장자리에는 뾰족한 가시처럼 톱니가 난다. 한여름에 잎 겨드랑이에서 기다란 꽃대가 쑥 올라와 가지를 친다. 어른 허리춤까지 올라온다. 꽃대 끝에서 누르스름한 꽃이 아래를 바라보고 핀다. 꽃잎은 여섯 장이다. 가을이 되면 세모난 열매가 열리고 세 조각으로 갈라지면서 씨가 나온다.

약재 알로에 잎을 자르면 누런 즙이 흘러나온다. 이 즙을 모아서 달이고 졸이면 까만 덩어리가 된다. 이 덩어리를 약으로 쓰는데 맛이 쓰고 특이한 냄새가 난다. 가루를 내서 먹는다. 또 잎에서 즙을 짜 그대로 달이거나 생잎을 달여 먹기도 한다.
《동의보감》에는 '노회(盧薈)'라고 한자 이름이 나온다. "페르시아에서 난다. 나뭇진이 엉켜 엿처럼 새까맣다. 여러 덩어리를 물속에 넣으면 녹아서 저절로 합해지는 것이 진품이다. 따로 갈아서 쓴다."라고 나온다.
약효 가루를 내서 먹으면 똥이 굳어 안 나오는 변비를 고치고 열을 내리고 몸 안에 있는 기생충을 없앤다. 속이 더부룩하고 소화가 안 될 때 먹어도 좋다. 즙을 그대로 달이거나 생잎을 달여 먹어도 간염이나 위장병이나 변비나 기침과 천식에 좋다. 또 불에 데거나 피멍울이 진 곳에 생잎을 얇게 썰거나 갈아서 붙이면 잘 낫는다. 하지만 아기를 가진 엄마나 설사를 하는 사람은 먹으면 안 된다.
《동의보감》에는 "성질이 차다. 맛은 쓰고 독이 없다. 어린아이 오장에 걸리는 오감(五疳)이라는 병을 낫게 하고 세 가지 기생충을 죽인다. 또 치루와 옴과 버짐, 어린이가 열이 나면서 놀라는 것을 낫게 한다."라고 했다.

노회, 나무노회
여러해살이풀
50 ~ 60cm
7 ~ 8월
가을

2006년 3월 경기도 광명시

노회

약재 만드는 법	잎을 잘라 즙을 받는다. 즙을 졸여서 덩어리로 만든다.
약 쓰는 법	덩어리를 물에 달이거나 가루 내어 먹는다. 즙액이나 잎을 물에 달이기도 한다. 생잎을 썰어 살갗에 붙이기도 한다.
약 성질	성질이 차다. 맛은 쓰며 독이 없다.
약효	강장, 건위, 피부 보호
약 쓰는 때	똥이 굳어 안 나올 때, 열이 날 때, 몸에 기생충이 있을 때, 소화가 안 될 때, 간염, 위장병, 기침이나 천식, 살이 불에 뎄을 때
주의할 점	아기를 가진 엄마나 설사를 하는 사람은 안 먹는다.

애기똥풀

Chelidonium majus var. *asiaticum*

애기똥풀은 산기슭이나 길가나 빈터 눅눅한 곳에서 흔히 보는 한해살이풀이다. 가끔 11월에 싹이 터서 겨울을 로제트로 나 두 해를 살기도 한다. 줄기나 잎을 똑 뜯으면 노란 물이 몽글몽글 나온다. 이 노란 물이 꼭 아기 똥 같다고 이런 이름이 붙었다. 또 엄마 젖 같다고 '젖풀'이라고도 한다. 노란 물에 코를 대고 냄새를 맡아 보면 아주 고약한 냄새가 난다. 이 물에는 독이 있어서 함부로 먹으면 큰일 난다. 소나 염소 같은 집짐승도 애기똥풀은 먹지 않는다. 예전에는 이 즙으로 옷감을 노랗게 물들였다.

애기똥풀은 어른 종아리에서 허리춤까지 큰다. 줄기가 쭉 올라오다가 가지를 몇 갈래 친다. 줄기에는 드문드문 하얀 털이 길게 난다. 잎은 어긋나는데, 긴 잎자루에 작은 쪽잎이 예닐곱 장 붙는다. 작은 쪽잎은 삐죽삐죽 톱니가 나면서 깊게깊게 파인다. 잎 앞쪽은 풀빛이지만 뒤쪽은 허옇다. 여름 들머리부터 늦가을까지 줄기나 가지 끝에서 노란 꽃이 활짝 핀다. 꽃잎이 넉 장이다. 꽃이 지면 길쭉한 꼬투리 열매가 달린다. 다 여물면 톡 터지면서 작고 까만 씨앗이 튀어나온다. 이 씨앗에는 달달한 물질이 있다. 개미가 이것을 먹으려고 씨앗을 집으로 옮긴다. 이렇게 옮겨진 씨앗에서 새싹이 돋는다.

약재 애기똥풀은 꽃이 피었을 때 베어다 그늘에서 잘 말려 약으로 쓴다. 잘게 썰어서 물에 달여 먹는다. 피부병에는 생풀을 짓찧어서 살갗에 붙이기도 한다. 《동의보감》에는 나오지 않는다.

약효 애기똥풀을 달여 먹으면 기침과 아픔을 가라앉히고 열을 내린다. 오줌이 잘 나오게 해서 몸에 쌓인 독을 몸 밖으로 빼 준다. 또 나쁜 균을 죽이고 암을 막는 힘도 있다. 위가 아프거나 위암에 걸렸을 때 약으로 쓴다. 간이 나빠져서 얼굴이 누렇게 되는 황달에 걸렸을 때도 먹는다. 살갗이 헐거나 버짐이 피거나 무좀이나 벌레 물린 곳, 사마귀에는 애기똥풀을 짓이겨 바른다. 몹시 따갑지만 잘 낫는다. 하지만 독이 있어서 함부로 먹으면 안 되고 전문가 처방에 따라 알맞게 써야 한다. 많이 먹으면 중독되기도 한다. 위가 쓰리고 아프며 몸이 떨리고 피오줌을 누고 심하면 정신을 잃거나 마비가 올 수도 있다.

◐ 아기똥풀, 젖풀, 백굴채, 까치다리, 씨아똥

한두해살이풀

30 ~ 100cm

5 ~ 9월

6 ~ 10월

2003년 8월 경기도 광명

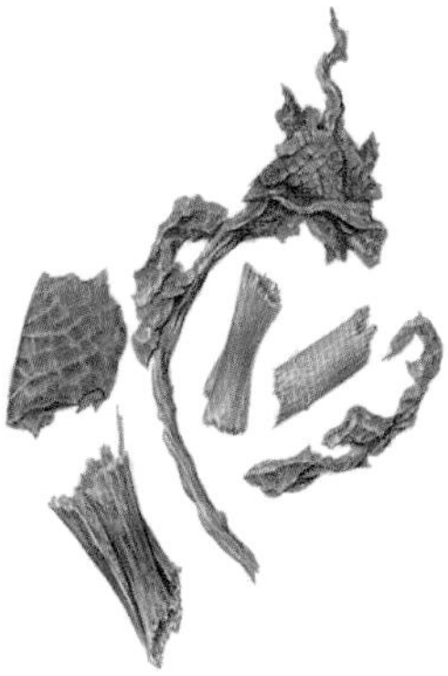

백굴채

약재 만드는 법	여름에 꽃이 피었을 때 베어다가 그늘에서 말린다. 잘게 썰어 쓴다.
약 쓰는 법	물에 달여 먹는다. 생풀을 짓찧어 쓰기도 한다.
약 성질	성질이 조금 따뜻하다. 맛은 쓰고 매우며 독이 있다.
약효	아픔 없애기, 염증 없애기, 암 막기
약 쓰는 때	기침, 백일해, 기관지염, 위가 아플 때, 간염, 황달, 위궤양, 피부병, 종기, 무좀
주의할 점	독이 있어서 함부로 먹으면 안 된다.

약모밀

Houttuynia cordata

약모밀은 숲속 그늘지고 축축한 땅에서 잘 자라는 여러해살이풀이다. 중부 지방 아래에서 자라고 제주도와 울릉도에서도 많이 자란다. 약으로 쓰려고 일부러 밭에서 기르기도 한다. 잎이 메밀 잎을 닮았고 약으로 쓴다고 해서 '약모밀'이라고 하고, 잎을 뜯어 손으로 비벼 보면 생선 비린내가 진하게 난다고 해서 '어성초'라고도 한다. 잎을 데쳐서 우려낸 뒤에 나물이나 튀김으로 먹거나 차로 우려먹는다. 약모밀 잎을 차로 우려 마시면 비린내가 전혀 안 나고 구수한 보리차 맛이 난다.

약모밀은 땅속줄기가 옆으로 뻗으면서 퍼진다. 땅속줄기는 허옇고 마디가 지는데, 마디에서 잔뿌리가 나온다. 줄기는 곧게 서고 어른 무릎께까지 큰다. 줄기에는 세로줄이 몇 줄 나 있다. 잎은 어긋나고 잎자루가 길다. 잎은 심장꼴이고 잎맥 다섯 개가 뚜렷하다. 가장자리가 불그스름한 빛을 띠기도 한다. 잎을 만져 보면 부들부들하다. 여름 들머리에 자잘한 꽃이 모여서 강아지풀처럼 피고, 그 밑에 마치 꽃잎처럼 하얀 꽃받침잎 넉 장이 큼지막하게 마주난다. 꼭 열십자처럼 마주난다고 '십자풀'이라고도 한다.

약재 약모밀은 꽃이 필 때 줄기째 벤다. 그늘에서 잘 말린 뒤 잘게 썰어 물에 넣고 달여 먹는다. 생잎을 짓이겨 살갗에 바르기도 한다.

《동의보감》에 '즙채(蕺菜), 멸'이라고 한자 이름과 우리 이름으로 나오는 약재가 약모밀인 것 같다. 북녘에서는 약모밀을 즙채라고 한다. "여러 지방 산과 밭, 들에서 자란다. 사람들은 이 풀을 날것으로 잘 먹는다. 하지만 많이 먹으면 양기(陽氣)를 해친다."라고 나온다. 즙채를 삼백초로 보는 사람도 있다.

약효 약모밀은 나쁜 균을 없애는 힘이 크다. 또 고름을 빼 내고 오줌이 잘 나가게 하는 힘이 있다. 허파에 병이 들어 기침이 나고 피고름을 토할 때나 폐렴, 폐암에 약으로 쓴다. 또 기관지염, 신경통, 황달, 중풍, 변비, 관절염에도 좋다. 생풀을 짓이겨 치질, 무좀, 땀띠, 옻 오른 곳에 바르면 잘 낫는다.

《동의보감》에는 "성질이 조금 따뜻하다. 맛은 맵고 독이 있다. 지네처럼 생긴 집게벌레 독과 오줌 독으로 생긴 헌데를 낫게 한다."라고 했다. 중국 약초책인 《본초강목》에는 악성 종기나 독을 없애는 데 쓴다고 나온다.

- 북: 즙채
- 십자풀, 어성채
- 여러해살이풀
- 30 ~ 50cm
- 5 ~ 6월
- 9월

2002년 6월 경기도 수원

어성초

약재 만드는 법	꽃이 필 때 풀을 베어 그늘에서 말린다. 알맞게 썰어 쓴다.
약 쓰는 법	물에 달여서 먹는다.
약 성질	성질이 조금 따뜻하다. 맛은 맵고 독이 있다.
약효	열 내리기, 염증 없애기, 고름 빨아내기, 균 없애기
약 쓰는 때	기침이 날 때, 기관지염, 폐렴, 신경통, 중풍, 변비, 관절염, 간이 안 좋아 얼굴이 누레질 때

양귀비

Papaver somniferum

양귀비는 약으로 쓰려고 심어 기르는 한두해살이풀이다. 원래 지중해 둘레와 소아시아에서 자라던 풀이었는데, 인도와 중국을 거쳐 우리나라까지 전해졌다. 중국 당나라 때 미인이었던 양귀비에 견줄 만큼 꽃이 아름답다고 붙은 이름이다.

양귀비는 어른 허리에서 가슴께까지 큰다. 가느다란 줄기가 굵은 철사처럼 꼿꼿하게 자라고 때로는 구무럭구무럭 휘기도 한다. 잎은 서로 어긋나고 잎 밑쪽이 줄기를 반쯤 돌려 감싼다. 잎은 길쭉한 달걀꼴인데 끝이 뾰족하고 가장자리로 삐죽삐죽 톱니가 난다. 봄부터 줄기 끝에서 빨갛거나 하얀 꽃이 핀다. 꽃봉오리일 때는 고개를 푹 숙이고 있다가 하늘을 바라보고 활짝 핀다. 꽃잎은 넉 장인데 커다랗고 하늘하늘 얇다. 꽃은 아침에 폈다가 저녁이면 시든다. 열매는 둥글고 딴딴하고, 다 익으면 열매꼭지에 있는 구멍에서 씨가 나온다.

약재 열매가 익으면 따서 씨를 받고 껍질만 햇볕에 잘 말린다. 잘 말린 껍질을 물에 달여 먹거나 가루를 내서 먹는다. 열매가 익지 않았을 때 상처를 내면 허옇고 찐득한 진물이 나온다. 이 진물을 모아 말리면 '아편'이라는 마약이 된다. 아편은 함부로 만들 수 없도록 법으로 정해 관리를 한다. 씨는 따로 받아 기름을 짠다. 씨에는 마약 성분이 거의 없다.

《동의보감》에 씨는 '앵자속(罌子粟), 양고미씨', 열매껍질은 '각(殼), 양고미발든겁질', 양귀비에서 나온 진을 '아편(鴉片), 양고미여르메진'이라고 한자 이름과 우리 이름이 함께 나온다. "꽃이 하얗거나 빨갛고 잎이 넉 장 있다. 잎에는 빨간 테두리가 있다. 간혹 겹꽃인 것도 있다. 열매는 둥글고 화살촉이 붙은 것처럼 생긴 머리 가운데에 씨가 있는데, 가늘고 빛깔이 하얗다. 열매는 항아리처럼 생겼고, 씨는 좁쌀 같다. 껍질은 속살과 꼭지를 다 버리고 썰어서 꿀물에 하룻밤 재웠다가 약한 불에 누렇게 되도록 볶아서 쓴다. 이질 약에 넣을 때는 식초에 축여 볶아서 넣어야 한다."라고 했다.

약효 열매껍질 달인 물은 아픈 것을 낫게 해 주고 오래된 기침이나 설사, 이질에 약으로 쓴다. 하지만 중독성이 있어서 많이 먹거나 오래 먹으면 안 된다. 아편은 아픈 것을 멎게 하는 힘이 세서, 죽을 만큼 아플 때 응급약으로 쓴다. 예전에는 오래된 기침이나 설사나 오랜 이질을 고치는 약으로 썼다. 하지만 헛것이 보이고 심하게 중독될 수 있어서 지금은 함부로 쓸 수 없다.

《동의보감》에 열매껍질은 "설사와 오래된 이질을 낫게 하고 물기를 빨아들인다. 기운이 없고 허약한 것과 오래된 기침도 낫게 한다. 또 이 약 기운은 신(腎)으로 들어가기 때문에 뼈 속에 생긴 골병(骨病)도 고친다."라고 나온다. 또 양귀비 씨는 "성질이 평범하고(차다고도 한다), 맛은 달고 독이 없다. 먹은 것을 게우거나, 가슴이 담으로 막혀 음식이 내려가지 않는 것을 낫게 한다."라고 했다.

- 아편꽃
- 앵속, 약담배
- 한두해살이풀
- 50 ~ 150cm
- 5 ~ 6월
- 가을

2009년 6월 서울대 약초원

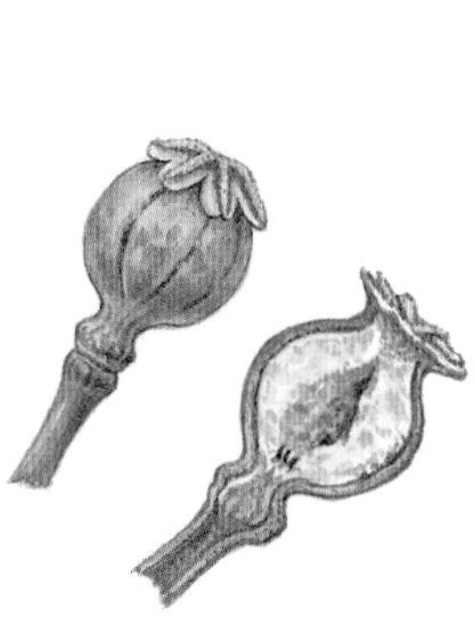

앵속각

약재 만드는 법	가을에 열매가 익으면 따서 씨를 받고 껍질을 햇볕에 잘 말린다.
약 쓰는 법	물에 달여 먹거나 가루를 내어 먹는다.
약 성질	성질이 평범하다. 맛은 시다.
약효	아픔 멈추기, 기침 멈추기, 물기 빨아들이기
약 쓰는 때	기침, 설사, 배가 아플 때
주의할 점	중독성이 있어서 많이 먹거나 오래 먹으면 안 된다.

엉겅퀴

Cirsium japonicum var. *maackii*

엉겅퀴는 길가나 들녘, 산기슭에서 자라는 여러해살이풀이다. 피를 멈추고 엉기게 한다고 이름이 엉겅퀴가 되었다고 한다. 순 우리 이름이다. 뾰족한 가시가 많이 나 있어서 '가시나물'이라고도 한다. 《동의보감》에는 '대계(大薊), 항가싀'라고 한자 이름과 우리 이름이 함께 나온다. '항가싀'는 '한가시'라는 말로 큰 가시라는 뜻이다. 엉겅퀴에 삐죽빼죽 돋은 가시 때문에 붙은 이름 같다. 어린잎은 나물이나 국거리로 쓰고, 연한 줄기는 장아찌를 담근다.

엉겅퀴는 아이들 키만큼 자란다. 처음에는 뿌리에서 잎만 길쭉하게 뭉쳐나다가 나중에 줄기가 뻗어 올라온다. 줄기는 아이 손가락 굵기만 하고 쭉 올라오다가 가지를 친다. 줄기에 난 잎은 어긋난다. 잎몸은 길쭉하고 삐죽빼죽 들쭉날쭉 날카롭게 제멋대로 갈라진다. 갈라진 잎끝마다 바늘 같은 가시가 잔뜩 나 있다. 잎과 줄기에는 하얀 털이 거미줄처럼 얽혀 있다. 여름이 되면 줄기와 가지 끝에서 자줏빛 꽃이 핀다. 꽃 한 송이 같지만 사실은 통처럼 생긴 작은 꽃들이 촘촘하게 모여 핀 것이다. 꽃이 잇꽃과 닮았다고 '들잇꽃'이라고도 한다. 꽃받침은 꼭 도토리깍정이 같다. 암술보다 수술이 먼저 나와 꽃가루를 날려 다른 꽃과 꽃가루받이를 한다. 가을에 되면 누런 씨가 맺는데, 민들레 씨앗처럼 하얀 갓털을 달고 바람에 날린다.

'곤드레'라고 나물로 먹는 고려엉겅퀴는 잎몸이 갈라지지 않고, 가장자리에 가시 같은 털이 있다. 지느러미엉겅퀴는 줄기에 지느러미 같은 날개가 두 줄 있고 가장자리가 가시처럼 뾰족하다.

약재 꽃이 피었을 때 줄기째 베고, 가을에 뿌리를 캐서 햇볕에 잘 말린 뒤 약으로 쓴다. 물에 달여서 먹고 부스럼이 난 곳에는 생잎이나 날뿌리를 짓찧어 붙인다. 《동의보감》에는 "곳곳에서 자라는데 음력 5월에 막 돋아난 잎을 뜯고 9월에 뿌리를 캐 그늘에서 말린다."라고 나온다.

약효 엉겅퀴는 피를 잘 멎게 하는 힘이 있다. 코피가 잘 나거나 오줌이나 똥에 피가 섞여 나올 때, 아기를 낳고 피가 안 멈출 때 약으로 쓴다. 또 피를 토하거나, 혈압이 높거나, 간이 나빠 얼굴이 노래질 때도 좋다. 엉겅퀴를 뿌리째 짓찧어 허리나 무릎처럼 뼈마디가 아픈 곳에 붙이고, 살갗에 부스럼이 나거나 옴으로 가려운 곳에도 붙인다.

《동의보감》에는 "성질이 평범하다. 맛은 쓰고 독이 없다. 뭉친 피를 풀리게 하고 피를 토하거나 코피를 흘리는 것을 멎게 한다. 또 종기와 옴과 버짐을 낫게 한다. 여자들 적백대하를 낫게 하고 정(精)을 보태 주며 피를 보태 준다."라고 했다. 또 《동의보감》에는 '소계(小薊)'도 나온다. 우리 이름으로 '조방거싀'라고 하는데, 요즘 이름으로 조뱅이다. 엉겅퀴나 조뱅이나 모두 뭉친 피를 풀어 준다. 《동의보감》에는 "엉겅퀴나 조뱅이는 모두 뭉친 피를 헤치지만, 조뱅이는 힘이 약해서 부은 것을 잘 삭히지 못한다."라고 나온다.

- 항가시, 황가새, 가시나물, 들잇꽃
- 여러해살이풀
- 50 ~ 100cm
- 6 ~ 8월
- 8 ~ 9월

2003년 9월 경기도 용문산

고려엉겅퀴 *Cirsium setidens*

지느러미엉겅퀴 *Carduus crispus*

조뱅이 *Breea segeta*

대계

약재 만드는 법	뿌리는 가을에, 잎과 줄기는 꽃이 필 때 베어서 햇볕에 잘 말린다.
약 쓰는 법	물에 달여 먹는다. 부스럼이 난 곳에는 생잎이나 날뿌리를 짓찧어 붙인다.
약 성질	성질이 평범하다. 맛은 쓰며 독이 없다.
약효	피 멈추기, 혈압 낮추기
약 쓰는 때	피를 토하거나 코피가 나거나 오줌에 피가 섞여 나올 때, 간에 염증이 생겨 얼굴이 노래질 때, 혈압이 높을 때

오이풀

Sanguisorba officinalis

오이풀은 햇볕이 잘 드는 산기슭이나 풀밭, 논둑, 밭둑에서 자라는 여러해살이풀이다. 잎을 뜯어 손으로 비비면 오이 냄새가 난다고 오이풀이라고 한다. 수박 냄새라고도 하고 참외 냄새라고도 해서 '수박풀', '외풀'이라는 딴 이름도 있다. 《동의보감》에는 '외ᄂᆞ믈(외나물)'이라는 우리 이름이 나온다. 일제 강점기 때 '외풀'이라고 하다가 '오이풀'이 되었다. 우리 겨레는 아주 오래전부터 풀에서 오이 냄새가 나는 것을 알고 이름을 붙였다. 어린잎은 나물로 먹고, 잎과 꽃은 차로 우려먹는다.

오이풀은 어른 가슴께까지 큰다. 뿌리줄기가 옆으로 뻗으면서 여러 뿌리로 갈라진다. 뿌리는 굵고 딱딱하고 겉은 검고 속은 빨갛다. 사시랑이 줄기가 곧게 올라가다가 위에서 가느다란 가지를 이리저리 친다. 줄기는 가늘지만 딱딱하고, 털이 없이 매끈하다. 줄기 아래 잎은 모여나는데, 잎자루가 길고 작은 쪽잎이 다섯 장에서 열한 장쯤 아까시나무 잎처럼 달린다. 작은 쪽잎은 길쭉한 타원 꼴이고 잎가에 톱니가 났다. 줄기 위에 난 잎은 잎자루가 짧고 잎도 적게 달리고 크기도 쪼그맣다. 7 ~ 9월에 가느다란 가지와 줄기 끝에 풀빛 꽃 뭉치가 이삭처럼 모여 달리고, 꽃 뭉치 위쪽부터 아래로 자잘한 검붉은 꽃이 핀다. 꽃잎은 없고 빨간 꽃받침이 꽃잎처럼 보인다. 가을에 열매가 여문다.

약재 오이풀은 가을이나 이른 봄에 뿌리를 캔다. 잔뿌리를 다듬고 햇볕에 잘 말려서 약으로 쓴다. 알맞게 썰어서 물에 달이거나 가루로 빻아 먹는다. 상처가 난 곳이나 습진에는 가루로 빻아 뿌린다. 분홍 꽃이 피는 산오이풀과 하얀 꽃이 피는 긴오이풀 뿌리는 약으로 쓰지 않는다.

《동의보감》에는 '지유(地楡), 외ᄂᆞ믈불휘'라고 한자 이름과 우리 이름이 함께 나온다. "산과 들에서 자란다. 잎은 느릅나무 잎이랑 닮았는데 더 길고, 꽃과 씨는 검은 자줏빛이고 메주와 닮았기 때문에 '옥시(玉豉)'라고도 한다. 뿌리 겉은 까맣고 속은 빨갛다. 음력 2월, 8월에 뿌리를 캐 햇볕에 말린다."라고 나온다.

약효 오이풀 뿌리는 피를 멎게 하는 힘이 세다. 쇠붙이에 베인 상처나 똥에 피가 섞여 나오거나 폐결핵에 걸려 피를 토하거나 아기를 낳고 피가 안 멈출 때 피를 멎는 약으로 쓴다. 또 물똥을 싸거나 배가 아플 때도 달인 물을 먹는다. 뜨거운 물이나 불에 덴 화상에 오이풀 뿌리를 짓찧어 붙이거나 즙을 내서 바르면 신통할 만큼 잘 낫는다. 습진이나 종기나 옴이나 버짐에도 즙을 바르면 좋다.

《동의보감》에는 "성질이 조금 차다(평범하다고도 한다). 맛은 쓰고 달고 시며 독이 없다. 부인들이 걸리는 일곱 가지 병과 대하, 몸 푼 뒤에 피가 뭉쳐 아픈 것을 낫게 한다. 피똥을 싸는 이질을 멈추고 고름을 빨아내며 쇠붙이에 다친 것을 낫게 한다."라고 했다.

◐ 수박풀, 외순나물, 지유, 지우초

여러해살이풀

100cm 안팎

7 ~ 9월

9월

2006년 8월 강원도 삼척 검봉산

산오이풀 *Sanguisorba hakusanensis*

긴오이풀 *Sanguisorba longifolia*

지유

약재 만드는 법	봄이나 가을에 뿌리를 캐서 햇볕에 말린다. 약으로 쓸 때는 잘게 썬다.
약 쓰는 법	물로 달이거나 가루로 빻아 먹는다. 상처가 난 곳이나 습진에는 가루로 빻아 뿌린다.
약 성질	성질이 조금 차다(평범하다고도 한다). 맛은 쓰고 달고 시며 독이 없다.
약효	피 멈추기, 균 없애기
약 쓰는 때	배가 아프거나 물똥을 쌀 때, 피를 토할 때, 아기를 낳고 피가 멈추지 않을 때, 상처가 나서 피가 날 때, 불이나 뜨거운 물에 덴 곳

원지

Polygala tenuifolia

원지는 산속 햇볕이 잘 드는 풀밭에서 나는 여러해살이풀이다. 우리나라 중부 지방 위쪽에서 드물게 자란다. 옛날 중국에서 펴낸《본초강목》이라는 약초책에는 "이 풀을 먹으면 지혜가 생기고 의지가 강해진다. 그래서 원지(遠志)라는 이름이 생겼다."라고 써 있다.《동의보감》에는 '원지(遠志), 아기플'이라고 한자 이름과 우리 이름이 함께 나온다. 원지를 예전에는 아기풀이라고 했는데, 요즘에는 '애기풀'이라는 풀이 따로 있어서 그냥 원지라는 이름을 쓴다. 원지는 잎이 더 가늘고 꽃이 여름에 핀다. 애기풀은 잎이 더 넓적하고 꽃이 봄에 핀다. 원지는 뿌리를 약으로 쓰지만, 애기풀은 풀 전체를 모두 약으로 쓴다.

원지는 손가락 굵기만 한 뿌리가 땅속으로 구불텅구불텅 뻗는다. 뿌리에서 여러 줄기가 모여 나온다. 대는 가늘고 가지를 많이 친다. 잎은 줄기 따라 어긋나는데, 갸름하고 길쭉하다. 여름이 되면 줄기나 가지 끄트머리께서 보랏빛 꽃이 듬성듬성 핀다. 꽃잎은 석 장인데 서로 붙어서 통꽃처럼 보인다. 가운데 꽃잎 끝이 솔처럼 가늘게 갈라져서 터실터실하다. 자줏빛 꽃받침은 모두 다섯 장인데, 두 장은 마치 꽃잎처럼 활짝 핀다. 열매는 납작하고 익으면 두 쪽으로 갈라져서 씨가 나온다.

약재 가을이나 봄에 뿌리를 캐서 가운데 심을 빼버린 뒤 햇볕에 잘 말린다. 뿌리에서는 좋은 냄새가 난다. 물에 달여 먹는다.《동의보감》에는 "산에서 자란다. 잎이 마황과 닮았다. 잎은 푸르고 뿌리는 누렇다. 음력 4월, 9월에 뿌리를 캐고 잎을 따서 볕에 말린다. 먼저 감초 물에 달여서 심을 빼 버리고 생강즙에 적신 뒤 볶아서 쓴다."라고 했다.

약효 물에 달여 먹으면 마음을 차분하게 가라앉히고 가래를 삭인다. 잘 놀라고 가슴이 두근거릴 때, 마음이 우울하고 잠을 잘 못 이룰 때, 기억이 잘 안 나고 자꾸 깜박깜박 잊어 먹을 때 먹으면 좋다. 숨이 가쁘고 기침이 끊이질 않는 천식으로 시난고난 고생할 때나 폐렴이나 기관지염에 걸렸을 때 먹어도 좋다.
《동의보감》에는 "성질이 따뜻하다. 맛은 쓰고 독이 없다. 지혜롭게 만들고 눈과 귀를 밝게 하며 건망증을 없애고 의지를 굳세게 만든다. 마음(心氣)을 가라앉히고 두근거리는 가슴을 멎게 한다. 정신을 안정시킬 뿐만 아니라 맑게 한다."라고 나온다.

◐ 실영신초, 아기원지
✲ 여러해살이풀
❶ 30cm
✲ 7 ~ 8월
❻ 가을

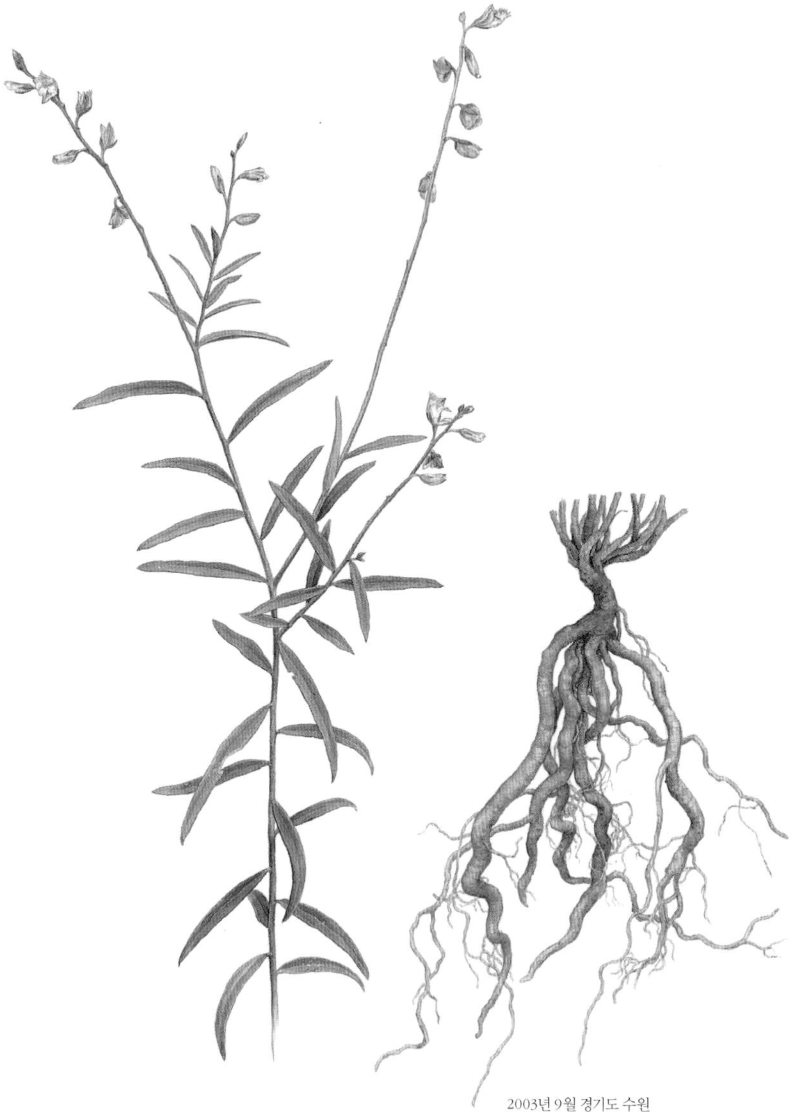

2003년 9월 경기도 수원

애기풀 *Polygala japonica*

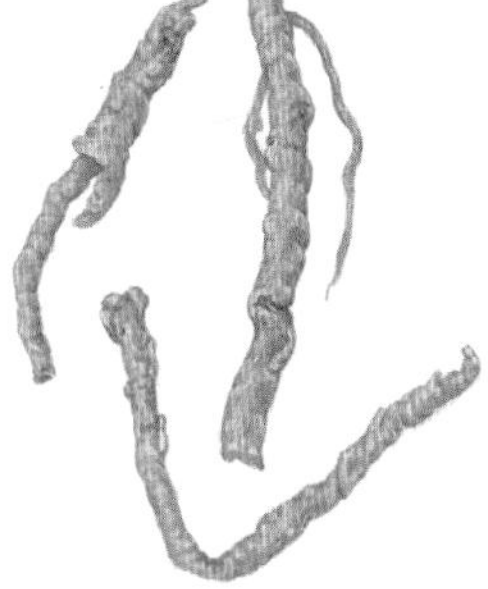

원지

약재 만드는 법	가을이나 봄에 뿌리를 캐서 가운데 심을 빼 버린 뒤 햇볕에 잘 말린다. 알맞게 썰어서 쓴다.
약 쓰는 법	물에 달여 먹는다.
약 성질	성질이 따뜻하다. 맛은 쓰고 독이 없다.
약효	가래 없애기, 최면, 경련 멈추기, 혈압 낮추기, 암 막기
약 쓰는 때	잘 놀라고 가슴이 두근거릴 때, 마음이 우울하고 잠을 잘 못 이룰 때, 기억이 잘 안 나고 자꾸 깜박깜박할 때, 천식, 폐렴, 기관지염

원추리

Hemerocallis fulva

원추리는 산과 들에서 자라는데 햇볕이 잘 드는 산기슭에서 많이 자라는 여러해살이풀이다. 여름이 되면 노란 꽃이 핀다. 꽃을 보려고 마당에 심기도 한다. 꽃을 보고 있으면 근심 걱정이 사라진다고 '망우초'라고도 한다. 아기를 밴 엄마가 몸에 지니고 있으면 아들을 낳는다고 '의남초', 사슴이 먹는 해독초라 하여 '녹총'이라고도 한다. 어린순을 뜯어 살짝 데친 뒤에 무쳐 먹거나, 여름에 꽃을 따서 나물로 먹는다.

원추리는 줄기가 없고 뿌리에서 길쭉한 잎이 곰비임비 겹쳐난다. 잎은 갈대 잎처럼 좁고 길쭉하고 끝이 뾰족하다. 어른 팔 길이만큼 자라는데, 힘이 없어서 끝으로 갈수록 능청능청 휘어진다. 여름이 되면 어른 허리나 가슴께까지 딴딴한 꽃대가 올라온다. 꽃대 끝에서 가지를 몇 개 치고, 가지 끝마다 길쭉한 꽃봉오리가 여러 송이 달린다. 꽃봉오리는 한꺼번에 다 피지 않고 날마다 몇 송이씩 차례로 핀다. 꽃은 아침에 피었다가 밤이면 시든다. 꽃은 백합꽃을 닮았는데 꽃잎이 여섯 장이고 암술과 수술이 코털처럼 길게 나와 있다. 꽃이 지면 모가 세 개 난 열매를 맺는다.

약재 원추리는 뿌리를 약으로 쓴다. 원추리는 원뿌리가 없고 굵은 뿌리가 이리저리 여러 가닥으로 뻗는다. 그리고 뿌리 끝이 통통한데 마치 작은 곤봉을 닮았다. 가을에 뿌리를 캐서 잔뿌리를 다듬고 물에 씻어 햇볕에 잘 말린다. 잘 말린 약재를 썰어서 물에 넣고 달여 먹는다. 또 뿌리를 짓찧어 즙을 내서 빈속에 먹거나, 어린싹을 달여 먹기도 한다. 꽃을 말려서 술을 담그기도 한다.

《동의보감》에는 한자 이름으로 '훤초근(萱草根)', 우리 이름으로 '원추리, 넙ᄂᆞ믈'이라고 나온다. "집 둘레에 많이 심는다. 흔히 싹을 뜯어 끓여 먹는다. 꽃과 꽃받침을 따서 겉절이를 만들어 먹으면 답답한 가슴에 도움이 되어 아주 좋다."라고 썼다.

약효 몸이 붓고 오줌이 잘 안 나올 때, 오줌을 눌 때 가시로 찌르는 것처럼 아프거나 피가 섞여 나올 때 뿌리 달인 물을 먹는다. 또 코피가 나거나, 똥에 피가 섞여 나올 때, 아기집에서 피가 날 때 피를 멎게 해 준다. 엄마 젖이 잘 안 나오거나 젖을 먹이다 염증이 났을 때도 약으로 쓴다.

《동의보감》에는 "성질은 서늘하다. 맛이 달며 독이 없다. 오줌이 빨갛고 잘 나오지 않을 때, 몸에 열이 나고 가슴이 답답하고 괴로울 때, 모래알 같은 것이 오줌 구멍을 막아 몹시 아픈 사림(沙淋)에 걸렸을 때 먹으면 병을 낫게 한다. 콩팥에 있는 음기(水氣)를 내리고, 술을 많이 먹고 오줌이 안 나오며 열이 나고 얼굴이 누레지는 주달(酒疸)을 낫게 한다."라고 나온다. 하지만 《동의보감》과 달리 뿌리와 잎에 독이 조금 있다. 너무 많이 먹거나 오랫동안 먹지 않는다.

◐ 넘나물, 의남초, 녹총, 망우초
여러해살이풀
1m
6~8월
10월

2002년 7월 강원도 평창

각시원추리 *Hemerocallis dumortieri*

애기원추리 *Hemerocallis minor*

왕원추리 *Hemerocallis fulva f. kwanso*

훤초

약재 만드는 법	가을에 뿌리를 캔다. 잔뿌리를 다듬고 물에 씻어 햇볕에 잘 말린 뒤 알맞게 썰어서 쓴다.
약 쓰는 법	물에 달여 먹는다. 생즙을 짜서 먹기도 한다.
약 성질	성질이 서늘하다. 맛은 달며 독이 없다.
약효	피 멈추기, 오줌내기, 기침 멈추기
약 쓰는 때	오줌이 안 나올 때, 코피, 대변 출혈, 자궁 출혈, 유방염
주의할 점	뿌리와 잎에 독이 조금 있다. 너무 많이 먹거나 오랫동안 먹지 않는다.

율무

Coix lachrymajobi var. *mayuen*

율무는 밭에서 기르는 한해살이 곡식이다. 중국에서는 오래전부터 기르다가, 고려 문종 때 곡식으로 먹거나 약으로 쓰려고 송나라에서 들여왔다. 임진왜란 때 일본으로 전해졌다고 한다. 오랜 옛날 중국 후한 시대에 쓴《신농본초경》이라는 약초책에 벌써 율무가 나온다. 오랫동안 차로 달여 마시면 몸이 가볍고 힘이 늘어 건강하게 오래 산다고 했다. 율무는 쌀에 섞어서 밥을 지어 먹기도 하고 가루로 빻아서 죽을 쑤거나 차를 달여 먹기도 한다. 옛날 아이들은 율무 열매를 구슬처럼 줄줄이 실에 꿰어서 장난감으로 가지고 놀았다.

율무는 어른 키만큼 훌쩍 큰다. 줄기는 반듯하게 자라고 가지를 많이 친다. 대를 꺾어 보면 속이 텅 비었다. 잎은 줄기를 따라 어긋난다. 처음에는 줄기를 감싸 안다가 칼처럼 길게 난다. 잎몸은 번들번들하고 매끈한데 가장자리를 만져 보면 껄껄하다. 잎맥은 나란하다. 여름 들머리에 잎겨드랑이에서 사시랑이 꽃대 대여섯 개가 쏙쏙 뻗어 나와 동그란 암꽃이 달린다. 암꽃 꼭지에서 수꽃이 삐져나와 이삭처럼 달린다. 가을이 되면 동그란 열매가 밤빛으로 익어서 당글당글 달린다. 그러면 대가 한쪽으로 쓱 기운다.

약재 율무는 가을에 열매가 익으면 턴다. 열매를 햇볕에 잘 말린 뒤 껍질을 벗겨서 쓴다. 껍질을 벗기면 허연 알갱이가 나온다. 약으로 먹을 때는 물에 달여 먹거나 가루로 빻아 먹는다.
《동의보감》에는 '의이인(薏苡仁), 율미쌀(율무쌀)'이라고 나온다. "알곡을 털어 물이 푹 배게 쪄서 햇볕에 말린 뒤 갈아서 쓴다. 또는 찧어서 쌀을 내기도 한다."라고 했다.
약효 율무를 오랫동안 먹으면 몸이 가뿐해지고 살결이 고와진다. 또 오줌을 잘 누게 하고 고름을 빼 주고 열을 내려 준다. 위를 튼튼하게 해 주고, 기침을 멎게 해 주고, 가래를 삭인다. 몸이 붓거나 오줌이 잘 안 나올 때, 뼈마디가 아플 때, 폐결핵에 걸렸을 때 먹으면 좋다. 요즘에는 위암에 걸렸을 때 먹어도 좋다고 한다.
《동의보감》에는 "성질이 조금 차다(평범하다고도 한다). 맛이 달며 독이 없다. 허파에 병이 생겨 피고름을 토하고 기침하는 것을 고친다. 또 몸에 바람이 들고 몸이 축축하고 굳는 풍습비(風濕痺) 때문에 힘줄이 당기는 것과 다리가 마르거나 붓는 각기병을 낫게 한다. 몸이 가벼워지고 축축하고 더운 땅에서 생기는 나쁜 기운이 몸에 들지 못하게 막는다. 오랫동안 먹으면 음식을 잘 먹게 된다. 성질이 완만해서 약 기운을 세게 내보내지 못하므로 다른 약보다 양을 곱으로 더 써야 한다. 깨물어 보아 이에 붙는 것이 좋은 것이다."라고 했다.

한해살이풀
1~2m
7~8월
10월

2005년 8월 경기도 수원

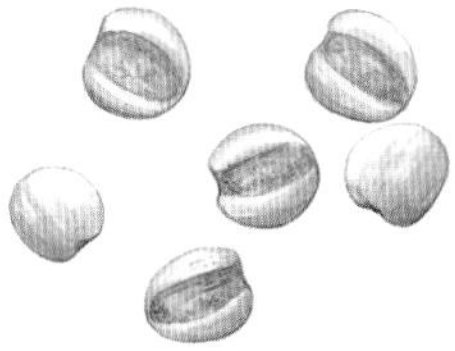

의이인

약재 만드는 법	가을에 익은 열매를 털어 햇빛에 말린다. 껍질을 벗긴 뒤에 쓴다.
약 쓰는 법	물에 달여 먹거나 가루로 빻아서 먹는다.
약 성질	성질이 조금 차다(평범하다고도 한다). 맛이 달며 독이 없다.
약효	오줌내기, 염증 없애기, 열 내리기
약 쓰는 때	몸이 붓거나 오줌이 잘 안 나올 때, 뼈마디가 아플 때, 폐결핵에 걸렸을 때, 위암에 걸렸을 때

쥐손이풀과
쥐손이풀속

이질풀

Geranium thunbergii

이질풀은 산기슭이나 풀밭이나 길섶에서 자라는 여러해살이풀이다. 우리나라에서 나는 여러 가지 쥐손이풀 가운데 가장 흔하게 볼 수 있다. 땅이 축축하고 조금 한적한 곳에서 난다. 다른 종들은 높은 산이나 깊은 산에서 볼 수 있다. 우리나라 중부 이남에서 많이 자라는데, 남쪽으로 갈수록 더 많이 볼 수 있다. 평양 위쪽 북부 지방에서는 자라지 않는다.

이질풀은 줄기가 옆으로 살살 기면서 뻗다가 고개를 쑥 쳐들 듯이 위로 뻗어 올라간다. 온몸에는 하얀 털이 잔뜩 나 있다. 잎은 서로 마주난다. 잎몸은 손바닥 모양으로 생겨서 세 갈래에서 다섯 갈래로 갈라진다. 잎 가장자리로 톱니가 삐죽삐죽 난다. 잎 앞뒤에는 거무스름한 무늬가 있고 털이 나 있다. 잎자루가 달리는 곳에는 송곳처럼 뾰족하게 생긴 턱잎이 서로 떨어져서 난다. 한여름부터 잎겨드랑이에서 꽃대가 올라와 두 갈래로 갈라져 그 끝에 불그스름한 꽃이 핀다. 하얀 꽃이 피기도 한다. 꽃잎은 다섯 장이고 짙은 줄무늬가 나 있다. 꽃이 지면 송곳처럼 뾰족한 열매가 길쭉하게 솟는다. 열매 생김새가 꼭 황새 주둥이를 닮았다고 '노관초(老鸛草)'라고도 한다. 열매가 여물면 밑동에서 껍질이 다섯 갈래로 갈라져 도르르 말려 올라오면서 씨를 용수철처럼 사방으로 튕겨 퍼뜨린다.

약재 이질풀은 꽃이 피고 열매가 열릴 때 베어다가 햇볕에 잘 말려서 약으로 쓴다. 잘게 썰어서 물에 달여 먹거나 가루를 내서 먹는다. 하지만 이질풀은 《동의보감》 같은 옛날 약초책에는 나오지 않는다. 선이질풀, 세잎쥐손이, 참이질풀, 둥근이질풀, 쥐손이풀도 함께 약으로 쓴다.

약효 이질풀은 이질에 걸려 똥에 피고름이 섞여 나올 때 먹으면 잘 낫는다고 해서 붙은 이름이다. 나쁜 균을 죽이는 힘이 있다. 배가 아프고 똥에 피고름이 섞여 나올 때 먹으면 좋다. 또 피를 잘 돌게 하고 근육과 뼈를 튼튼하게 한다. 뼈마디가 시큰거리고 쑤실 때나 팔다리를 못 움직이고 경련이 일어날 때 먹어도 좋다. 혈압을 낮추고 오줌을 시원하게 누게 한다. 이질풀은 짧은 시간에 달이면 오줌을 잘 누게 하고, 오래 달이면 설사를 멈추게 한다.

쥐손이풀방,
우아묘, 현초, 현지초
여러해살이풀
50cm
8 ~ 9월
9 ~ 10월

2004년 8월 경기도 광릉

선이질풀 *Geranium krameri*

쥐손이풀 *Geranium sibiricum*

세잎쥐손이 *Geranium wilfordii*

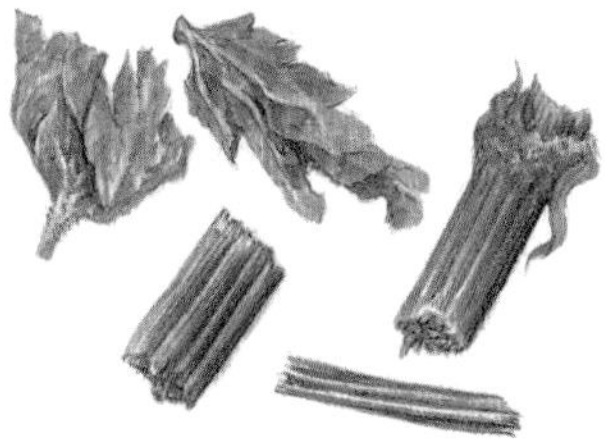

현초

약재 만드는 법	여름에 꽃이 피고 열매가 열릴 때 베어다가 햇볕에 잘 말린다. 잘게 썰어서 쓴다.
약 쓰는 법	물에 달여 먹거나 가루를 내서 먹는다.
약 성질	성질이 평범하다. 맛은 맵고 쓰다.
약효	균 없애기, 아픔 멈추기, 물기 빨아들이기
약 쓰는 때	배가 아프고 똥에 피고름이 섞여 나올 때, 장염, 뼈마디가 시큰거리고 쑤실 때, 팔다리를 못 움직이고 경련이 일어날 때, 피멍이 들었을 때, 설사

익모초

Leonurus japonicus

익모초는 길가나 밭둑이나 냇가에서 자라는 두해살이풀이다. 늘 축축한 땅에서 자란다. 익모초(益母草)는 '엄마에게 좋은 풀'이라는 뜻이다. 《동의보감》에는 '충위자(茺蔚子), 암눈비얏씨'라고 나온다. 암눈비얏은 '앓'과 '눈비얏'이 붙은 이름인데, '앓'은 여자, '눈비얏'은 제비쑥을 부르던 옛 이름이라고 한다.

익모초는 가을에 돋은 잎이 방석처럼 땅에 착 달라붙어서 겨울을 나고, 봄이 되면 대가 꼿꼿하게 올라와 어른 가슴팍까지 큰다. 줄기는 네모지고 하얀 털이 나 있다. 잎은 마주난다. 길쭉하게 세 갈래로 갈라지고, 갈라진 잎이 또 두세 갈래로 갈라진다. 잎 가장자리에는 톱니가 있다. 여름이 되면 줄기 위쪽 잎겨드랑이마다 분홍빛 꽃이 줄기를 빙 둘러서 층층이 핀다. 꽃은 위아래로 갈라지고, 아래 꽃잎은 다시 세 갈래로 갈라지는데 가운데 것이 가장 크고 붉은 줄이 났다. 가을에 씨가 여문다. 씨는 세모지며 검은빛이 돈다. 송장풀이나 석잠풀도 익모초를 닮았지만 잎 생김새가 다르다.

약재 여름에 풀을 벤다. 햇볕에 잘 말린 뒤 썰어서 물에 달여 먹는다. 엿을 고거나 가루로 빻아 알약을 만들거나 생즙을 내어 먹기도 한다. 씨도 약으로 쓴다. 한방에서는 씨를 '충위자(茺蔚子)'라고 한다.
《동의보감》에는 "어느 곳에나 다 있다. '익모초(益母草), 야천마(野天麻)'라고도 한다. 잎이 삼과 닮았다. 줄기는 네모지고 꽃은 자줏빛이다. 단오에 줄기와 잎을 베어 그늘에서 말린다. 햇빛과 불빛을 쬐지 말고 쇠붙이를 대지 말아야 한다. 어떤 책에는 잎이 깻잎 같고 줄기는 네모나고 꽃은 마디 사이에 나며 열매는 맨드라미 씨(雞冠子)와 닮았다고 했다. 씨는 까맣고 음력 9월에 받는다고 하였다."라고 나온다.
약효 예전에는 집집마다 익모초를 잘 말려 두었다가 애 낳은 뒤에 엄마에게 달여 주었다. 엄마가 아기를 낳고 나서 배가 아프고 피가 나고 몸이 부을 때 먹는다. 또 아기를 가지려고 하는 엄마에게도 좋다. 여자들 달거리가 고르지 않거나 달거리할 때마다 배가 아플 때도 먹으면 좋다.
《동의보감》에는 "아이를 갖거나 낳았을 때 생기는 여러 가지 병을 잘 낫게 한다. 그래서 이름을 익모(益母)라고 한다. 아이를 갖게 하고 달거리를 고르게 한다. 두루두루 약효가 있어서 부인들에게 좋은 약이다."라고 했다. 또 젖멍울이 생겼을 때 익모초를 날로 짓찧어 붙이거나 잘 마른 풀을 가루 내서 물에 개어 붙이면 잘 낫는다고 나온다.
익모초 씨는 익모초와 약효가 비슷하지만 눈 아픈 것을 낫게 하고, 눈을 밝게 하는데 더 좋다고 한다. 《동의보감》에는 익모초 씨가 "성질은 조금 따뜻하다(조금 차다고도 한다). 맛이 맵고 달며 독이 없다. 주로 눈을 밝게 하고 몸에 정(精)을 북돋워 주며 몸이 붓는 병을 낫게 한다."라고 했다. 여름에 더위를 먹어 입맛이 없을 때는 생풀을 뜯어다 즙을 짜 마신다. 맛은 아주 쓰지만 신기하게도 밥맛이 돌아온다. 즙을 떠먹을 때는 꼭 나무 숟가락을 쓴다. 쇠숟가락이 닿으면 약효가 떨어진다. 또 몸에 두드러기가 나서 가려울 때 익모초 달인 물로 목욕을 하면 좋다고 나온다. 하지만 아기를 가지고 있거나, 빈혈이 있는 사람은 먹지 않는다.

◐ 야천마, 충울, 암눈비앗, 임모초, 충위자
✲ 두해살이풀
❶ 1~1.5m
✲ 7~8월
❻ 9~10월

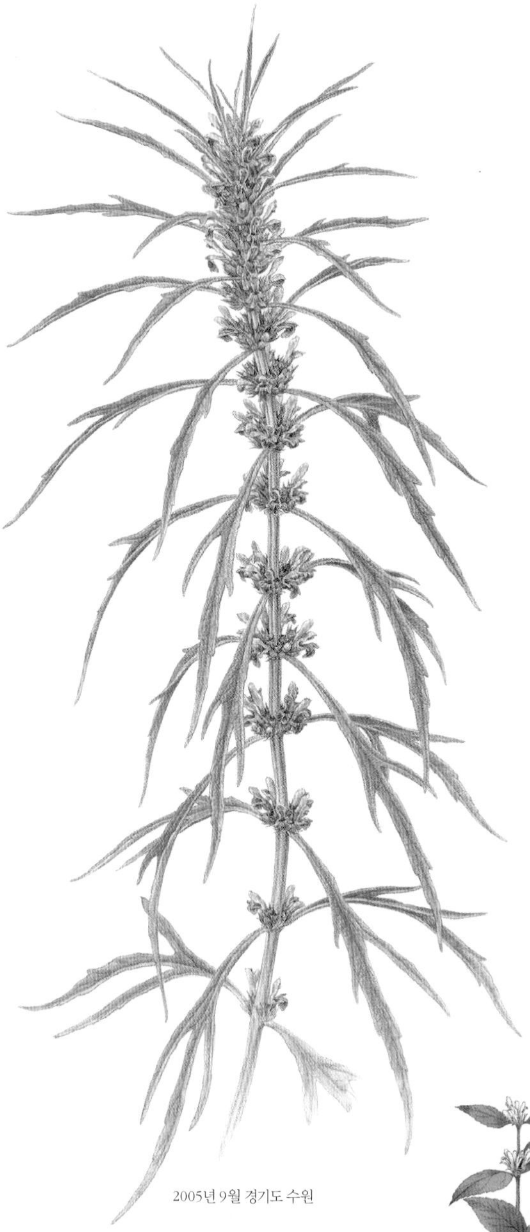

2005년 9월 경기도 수원

송장풀 *Leonurus macranthus*

석잠풀 *Stachys japonica*

충위자(씨)

익모초(전초)

익모초(전초), 충위자(씨)

약재 만드는 법	여름철에 거둬서 햇볕에 말린다. 말린 것은 잘게 썬다. 씨는 가을에 여물면 털어서 받는다.
약 쓰는 법	물에 달여 먹는다. 엿을 고거나 가루로 빻아 알약을 만들거나 생즙을 내어 먹기도 한다.
약 성질	성질이 조금 따뜻하다(조금 차다고도 한다). 맛이 맵고 달며 독이 없다.
약효	아픔 멈추기, 피 잘 돌기, 오줌내기
약 쓰는 때	아기를 낳은 뒤에 배가 아프거나 피가 안 멈추고 나올 때, 달거리가 고르지 않을 때, 더위 먹었을 때, 오줌이 잘 나오지 않거나 오줌에 피가 섞여 나올 때, 고혈압
주의할 점	익모초 씨는 아기를 가지고 있거나, 빈혈이 있는 사람은 먹지 않는다.

인삼

Panax ginseng

인삼은 모든 약초 가운데 으뜸으로 친다. 산삼은 인삼보다 약효가 훨씬 뛰어나지만 아주 드물고 귀하다. 산속에서 스스로 씨가 퍼져 자라면 '천종', 새나 짐승이 씨앗을 먹고 똥을 누어 자라면 '지종'이라고 한다. 사람이 일부러 산에 산삼 씨를 뿌려 기른 것은 '장뇌삼'이라고 한다. 산삼은 아주 더디 자라서 백 년을 자라도 어른 엄지손가락만큼 밖에 안 큰다. 산삼은 날것으로 꼭꼭 씹어 먹는 게 가장 좋다.

예전에는 인삼이나 산삼을 따로 나누지 않고 모두 다 인삼이라 했는데, 밭에서 기르기 시작하면서 산에서 캐면 산삼, 밭에서 기르면 인삼이라고 한다. 인삼은 그늘을 좋아해서 밭에 비스듬하게 그늘막을 친다. 뿌리 생김새가 사람을 닮았다고 인삼이라는 이름이 붙었다. 뿌리는 옆으로 누워 자란다. 1542년에 풍기 군수 주세붕이 인삼을 밭에서 기르도록 했다고 한다. 하지만 더 오래전부터 길렀을 것으로 짐작하고 있다. 우리나라 삼국 시대 때 중국에 인삼을 바친 기록이 있다. 우리말로는 그냥 '심'이라고 줄여 말하고, 심을 캐는 사람을 '심마니'라고 한다. 《동의보감》에도 우리 이름으로 '심'이라고 나온다. 예로부터 우리나라에서 나는 인삼 약효가 가장 뛰어나서, 다른 나라에까지 소문이 자자하다. 중국에서는 '고려인삼', 일본에서는 '조선인삼', 서양에서는 'korean ginseng'이라고 한다. 강화도, 풍기, 금산, 개성이 인삼으로 유명하다.

약재 인삼은 4 ~ 6년쯤 자란 뿌리를 캐서 약으로 쓴다. 날뿌리를 '수삼'이라 하고, 껍질을 벗겨 햇볕에 말리면 딱딱하고 하얀 '백삼', 껍질째 쪄서 말리면 색깔이 불그스름한 '홍삼'이라고 한다. 저마다 쓰임새와 약효가 다르다. 《동의보감》에는 '인삼(人參), 심'이라고 나온다. "산삼은 깊은 산속에서 흔히 자라는데, 박달나무나 옻나무 아래 그늘지고 축축한 곳에서 자란다. 줄기 하나가 위로 자라는데 마치 도라지 같다. 꽃은 음력 3 ~ 4월에 피고 씨는 늦가을에 여문다. 음력 2월, 4월, 8월 초에 뿌리를 캔다. 대칼로 겉껍질을 벗긴 뒤에 햇볕에 말린다."라고 하면서, "약으로 쓸 때는 싹이 트는 대가리를 버려야 한다. 그냥 쓰면 토할 수 있다."라고 했다.

약효 인삼은 두루두루 몸을 튼튼하고 건강하게 해 준다. 사람 기운을 북돋고, 면역력을 높이며, 몸속에 쌓인 독을 풀어 준다. 오랫동안 먹으면 몸이 가벼워지고 오래 살게 해 준다. 《동의보감》에는 "성질이 조금 따뜻하다. 맛이 달고(쓰다고도 한다) 독이 없다. 오장에 기가 모자랄 때 먹는다. 마음이 가라앉고 눈이 밝아지며 혼백(魂魄)이 바르게 되며 기억력이 좋아진다. 폐결핵을 고치고, 게우고 딸꾹질하는 곽란(霍亂)을 멎게 한다. 허파가 줄어드는 병인 폐위(肺痿)에 걸려 고름을 뱉는 것을 고치고 담을 삭인다."라고 했다. 그러면서 "인삼은 허파에 열이 나게 하므로 피를 토하거나, 오랫동안 기침을 하거나, 낯빛이 검고, 기(氣)가 넘치지만 피와 음기가 모자라는 사람한테는 쓰지 않는다. 그럴 때는 더덕을 써야 한다."라고 했다. 혈압이 높거나 몸에 열이 많을 때, 염증이 생겼을 때는 안 먹는 게 좋다.

◐ 심, 삼, 고려삼, 산삼, 야삼, 고려인삼, 조선인삼
✿ 여러해살이풀
❶ 60cm쯤
✲ 3 ~ 4월
❻ 6 ~ 7월

2006년 4월 경기도 수원 농촌진흥청

인삼

약재 만드는 법	심은 지 4~6년 된 인삼은 흙을 털어 내고 날것으로 쓰기도 하고, 햇볕에 말리거나 찐다.
약 쓰는 법	물에 달여 먹는다.
약 성질	성질이 조금 따뜻하다. 맛이 달고(쓰다고도 한다) 독이 없다.
약효	강장, 진정, 강심, 노화 막기, 암 막기
약 쓰는 때	피로, 허약, 해독, 당뇨병, 밥맛이 없을 때, 설사나 구토, 여러 암에 걸렸을 때
주의할 점	혈압이 높거나 몸에 열이 많거나 염증이 막 생겼을 때는 안 먹는 게 좋다.

잇꽃

Carthamus tinctorius

잇꽃은 밭에서 기르는 한두해살이풀이다. 먼 이집트에서 자라던 풀인데 옷감에 붉은 물을 들이려고 아주 오래전에 들여왔다. 이집트에서는 4000년 전쯤부터 잇꽃으로 미라를 감는 천을 물들였다고 한다. 우리나라에서는 신라 시대에 잇꽃으로 옷을 붉게 물들였다는 기록이 있다. 잇꽃 염색은 모든 색 가운데 값이 가장 비싸서 1400년쯤에는 잇꽃 한 근을 쌀 한 섬과 바꿨다고 한다.

잇꽃은 아기 손가락 굵기만 한 줄기가 반듯하게 자라다가 위쪽에서 가지를 좀 친다. 어른 허리춤까지 자란다. 잎은 어긋나고 반들반들 윤이 나고 세모꼴이다. 잎이 창끝처럼 뾰족하다. 잎 가장자리에 톱니가 났는데, 톱니 끝이 바늘처럼 뾰족하다. 찔리면 주삿바늘에 찔린 것처럼 따끔하다. 한여름에 줄기나 가지 끝에서 꽃이 핀다. 길쭉한 꽃들이 자잘하게 모여서 마치 한 송이 꽃처럼 핀다. 꽃은 처음에 노랗다가 빨갛게 물들고 나중에는 검붉은색으로 진다. 꽃이 붉다고 한자 이름으로 '홍화(紅花)'라고도 한다. 가을이 되면 꽃이 지고 열매가 맺는다. 씨는 잣알을 닮았는데 겉도 속살도 허옇다.

옛날부터 꽃을 따서 옷에 물을 들인다. 또 꽃을 물에 넣으면 노란 물이 빠지고, 그 꽃을 다시 잿물에 넣으면 빨간 물이 나온다. 여기에 초를 넣어서 가라앉혀 옛날 여자들이 시집갈 때 볼에 찍고 입술에 바르던 빨간 연지를 만들었다. 씨는 기름을 짜서 등잔불을 밝혔다. 이 등잔불에 붙은 검댕을 긁어서 만든 먹을 '홍화묵'이라고 한다. 먹 가운데 으뜸으로 친다.

약재 이른 여름에 노란 꽃이 빨갛게 바뀔 즈음에 꽃을 뜯어 약으로 쓴다. 그늘에서 잘 말린 꽃을 물에 달여 먹는다. 《동의보감》에는 '홍남화(紅藍花), 닛'이라고 한자 이름과 우리 이름이 함께 나온다. "잎이 쪽(藍)과 닮았기 때문에 쪽 '남(藍)'자를 붙였다."라고 나온다. 싹과 씨도 약으로 쓴다고 나온다. 싹을 짓찧어서 고름이 난 살갗에 붙인다고 했다.

약효 잇꽃은 피가 엉겨 막힌 핏줄을 뚫어 피를 잘 돌게 한다. 혈압을 낮추고 멍든 곳을 풀어 준다. 엄마가 아기를 낳고 배 속에 피가 남아 배가 아플 때나 여자가 달거리가 없거나 달거리 뒤에 배가 아플 때도 좋다. 또 눈이 빨개지며 아프고 다래끼가 났을 때도 먹는다. 하지만 지나치게 쓰면 도리어 피를 부순다니 조심해야 한다. 아기를 가진 엄마는 먹으면 안 된다. 씨앗은 기름을 짜서 동맥경화를 막는 약으로 쓴다.

《동의보감》에는 "성질은 따뜻하다. 맛은 맵고 독이 없다. 아기를 낳고 몸을 푼 뒤에 피를 많이 흘려 어지럽거나 배 속에 안 좋은 피가 고여 배가 쥐어트는 듯이 아플 때, 또 아기가 배 속에서 죽었을 때 약으로 쓴다."라고 했다. 또 "많이 쓰면 피를 헤치고, 적게 쓰면 피를 채워 준다."라고 했다.

◐ 홍화, 홍람, 연지, 약화, 구레나위
❀ 한두해살이풀
❶ 1m
✲ 7 ~ 8월
◎ 9월

2003년 6월 전라북도 변산

홍화자(씨앗)

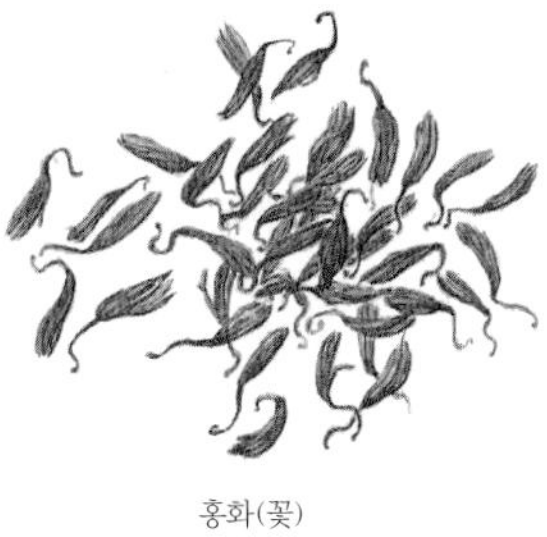

홍화(꽃)

홍화(꽃), 홍화자(씨앗)

약재 만드는 법	6~7월 이른 여름에 노란 꽃이 빨갛게 바뀔 즈음 꽃을 뜯어 그늘에서 잘 말린다. 씨는 기름을 짠다.
약 쓰는 법	물에 넣고 달여 먹는다.
약 성질	성질이 따뜻하다. 맛은 매우며 독이 없다.
약효	피 잘 돌기, 피 깨뜨리기
약 쓰는 때	고혈압, 동맥경화증, 고지혈증, 타박상, 달거리 없을 때, 달거리 뒤에 배가 아플 때, 아기를 낳고 배가 아플 때
주의할 점	아기를 가진 엄마는 먹지 않는다.

난초과
자란속

자란

Bletilla striata

자란은 따뜻한 남쪽 지방에서 드물게 자라는 여러해살이 난초다. 바닷가 바위틈에서도 자라고 제주도나 남쪽 바다 섬에서도 난다. 뿌리를 약으로 쓰려고 일부러 밭에서 기르기도 한다. 아주 오래전부터 약으로 써 왔다. 자란(紫蘭)이라는 이름은 '보라색 꽃이 피는 난초'라는 뜻으로 일본에서 부르는 이름이다. 우리나라에서는 16세기에 펴낸《사성통해》라는 책에 '대왐플'이라는 우리 이름이 처음 나온다.《동의보감》에는 '백급(白芨), 대왐플'이라고 나온다. 대왐플에 '대'는 대나무를 뜻하고, '왐'은 밤 열매를 뜻하는 옛말이라고 한다. 플은 아교를 뜻한다.

자란은 뿌리에서 곧바로 잎이 대여섯 장 나온다. 잎 밑동끼리 서로 감싸며 줄기처럼 올라오면서 어긋난다. 잎은 넓적하지만 길쭉하고 끝이 뾰족하다. 세로로 많은 줄이 나 있고 가장자리는 매끈하다. 봄이 지나고 더워지기 시작하는 오뉴월에 불그스름한 꽃대가 꼿꼿하게 어른 무릎 안팎 높이로 올라온다. 꽃대 위쪽에서 붉은 자줏빛 꽃이 예닐곱 송이 핀다. 꽃은 일주일이 채 안 돼 진다. 꽃이 지면 실타래처럼 생긴 꼬투리 열매가 맺는다. 꼬투리는 세로로 틈이 살짝 벌어지고, 바람이 불면 그 틈으로 티끌만 한 씨들이 빠져나와 흩날린다. 하지만 씨가 퍼져도 싹이 트지 않는다고 한다. 자란은 덩이뿌리로 퍼진다.

약재 자란 뿌리는 감자처럼 둥그스름한 알뿌리에서 가느다란 수염뿌리가 덥수룩하게 잔뜩 난다. 꽃이 지고 난 가을이나 잎이 나기 전인 봄에 뿌리를 캐서 약으로 쓴다. 알뿌리는 겉이 노르스름하지만 속은 하얗다. 잔뿌리를 없애고 깨끗이 씻어서 찐 뒤 껍질을 벗겨서 햇볕에 잘 말린다. 물에 달여 먹기도 하고 가루를 내서 따뜻한 물과 함께 먹는다. 또 상처에 피가 날 때 가루를 바르면 피가 잘 멎는다.
《동의보감》에는 "뿌리는 마름 열매처럼 생겼다. 세모지고 하얗다. 음력 2월, 8월, 9월에 뿌리를 캐서 햇볕에 말린다."라고 했다.

약효 자란은 피를 멈추는 힘이 아주 세다. 폐결핵에 걸려서 피를 토할 때나 위나 장에서 피가 나고 피똥을 쌀 때, 코피를 흘릴 때 먹으면 좋다. 상처가 나서 피가 나거나 부스럼이 났거나 뜨거운 물이나 불에 덴 곳에 가루를 뿌려도 잘 낫는다. 하지만 바꽃 덩이뿌리로 만든 약재인 오두와 함께 쓰면 안 된다. 또 감기에 걸려 열이 나고 기침을 할 때는 안 먹는다.
《동의보감》에는 "성질이 평범하다(조금 차다고도 한다). 맛은 쓰고 매우며 독이 없다. 온갖 종기나 심한 부스럼, 등에 나는 부스럼, 멍울, 고름, 치질이나 치루를 고친다. 또 칼이나 화살에 상처가 나거나, 끓는 물이나 불에 덴 것 따위도 낫게 한다.", "백렴(가회톱)과 백급을 옛날이나 지금이나 보약으로 쓰기보다 헌데를 아물게 하는 처방에 많이 썼다. 거의 둘을 서로 알맞게 섞어서 썼다."라고 나온다.

백급대암풀, 대암풀, 대밤풀
여러해살이풀
50cm 안팎
5 ~ 6월
10월

2004년 4월 경기도 수원 농촌진흥청

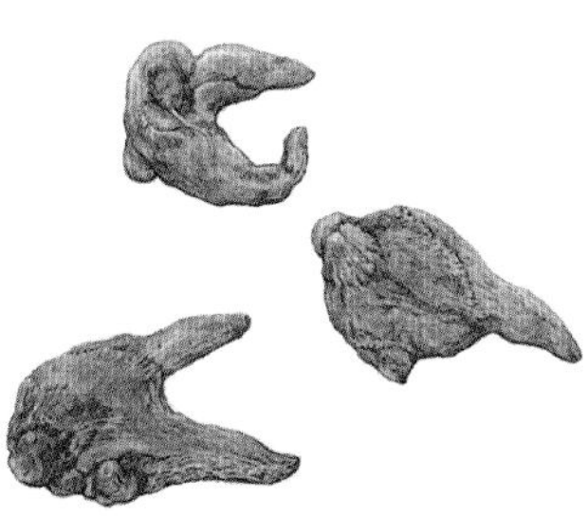

백급

약재 만드는 법	봄이나 가을에 뿌리를 캔다. 수염뿌리를 없애고 깨끗이 물에 씻어 찐 뒤 껍질을 벗겨 다시 햇볕에 말린다.
약 쓰는 법	물에 달여 먹는다. 가루를 내서 먹거나 살갗에 바른다.
약 성질	성질이 평범하다(조금 차다고도 한다). 맛은 쓰고 매우며 독이 없다.
약효	피 멈추기, 염증 없애기, 궤양 없애기
약 쓰는 때	폐결핵, 내출혈, 피를 토할 때, 코피, 상처 나서 피가 날 때, 부스럼, 습진
주의할 점	또 감기에 걸려 열이 나고 기침을 할 때는 안 먹는다. 오두와 함께 약으로 안 쓴다.

자리공

Phytolacca esculenta

자리공은 집 가까이에서 볼 수 있는 여러해살이풀이다. 담벼락 밑이나 공터, 밭둑, 길가에서 큰다. 우리나라에는 자리공, 미국자리공, 섬자리공이 자란다. 미국자리공은 이름 그대로 미국에서 자라던 풀이다. 섬자리공은 울릉도에서만 난다. 미국자리공은 자리공보다 키가 더 크고 꽃대나 열매가 밑으로 처진다. 또 꽃이나 줄기가 붉은빛을 띤다.

자리공은 줄기가 곧게 서고 옗은 풀빛이다. 어른 가슴팍쯤까지 큰다. 줄기를 따라 커다란 잎이 어긋난다. 잎몸은 달걀꼴인데 양끝이 뾰족하고 가장자리는 밋밋하다. 잎맥이 뚜렷하고 잎몸은 쭈글쭈글하다. 오뉴월 찔레꽃머리 때부터 줄기 끝이나 잎겨드랑이에서 꽃대가 올라와 하얀 꽃이 꽃방망이로 모여 핀다. 꽃대는 하늘로 곧추서거나 비스듬하게 위로 선다. 꽃잎은 없고 꽃잎처럼 보이는 것은 사실 꽃받침이다. 한여름부터 열매가 포도송이처럼 당글당글 달린다. 풀색이던 열매는 붉은 보라색으로 익는다. 열매는 동글납작해서 만두를 꼭 오므려 놓은 것 같고 세로로 줄이 나 있다. 말랑말랑해서 손가락으로 살짝 힘을 줘도 톡 터지면서 빨간 물이 줄줄 흐른다. 자리공은 열매즙을 짜서 옷감을 빨갛게 물들이거나 잉크로 쓴다. 만주나 북녘에서는 잎을 살짝 데쳐서 나물로 먹었다고 한다.

약재 자리공은 뿌리를 약으로 쓰는데 독이 있어서 조심해서 써야 한다. 가을이나 이른 봄에 뿌리를 캔다. 햇볕에 잘 말린 뒤에 썰어서 쓰거나 식초로 볶아서 독을 약하게 한 뒤 쓴다. 《향약집성방》에는 흰자리공과 붉은자리공이 나온다. 옛날부터 자리공과 미국자리공을 가려서 약으로 썼다는 것을 알 수 있다. 《동의보감》에는 '상륙(商陸), 쟈리공불휘'라고 한자 이름과 우리 이름이 함께 나온다. "곳곳에서 자란다. 붉은 것과 흰 것 두 가지가 있다. 흰 것은 약에 넣어 쓰는데, 붉은 것은 독이 많아서 먹으면 미친다. 그래서 살갗에 종기가 났을 때만 붙인다. 잘못해서 먹으면 몸이 상해서 피똥을 싸고 죽는다. '장류근(章柳根)'이나 '장륙(章陸)'이라고도 한다. 꽃이 붉은 것은 뿌리도 빨갛고, 흰 것은 뿌리도 하얗다. 음력 2월, 8월에 뿌리를 캐서 햇볕에 말리는데 사람 생김새랑 닮은 뿌리가 효과가 좋다. 구리칼로 껍질을 긁어 버리고 얇게 썰어서 물에 사흘쯤 담갔다가 녹두를 섞어 한나절 동안 찐다. 그 다음 녹두를 버리고 햇볕에 말리거나 약한 불기운에 말린다."라고 했다.

약효 똥이 굳어 안 나올 때나 콩팥이 안 좋아서 오줌이 안 나오고 몸이 부을 때 먹는다. 목에 염증이 생기거나 숨이 가쁘고 기침이 나고 가래가 끓을 때도 좋다. 살갗이 곪거나 종기가 난 곳에는 날뿌리를 짓찧어서 붙인다. 독이 있어서 많이 먹게 되면 토하거나 온몸이 굳고 숨이 가빠지며 잘못하면 심장이 멈추기도 한다. 아기를 가진 엄마나 몸이 약한 사람은 먹지 않는다.

《동의보감》에는 "성질이 평범하다(서늘하다고도 한다). 맛은 맵고 시며 독이 많다. 몸이 붓는 열 가지 병과 목구멍에 종기가 생겨 목이 막힌 것을 낫게 한다. 독벌레나 상한 음식을 먹고 생긴 독을 없앤다. 배 속 아기가 떨어지게 만들고 종기를 고친다. 헛것에 들린 것을 없애고 똥오줌이 잘 나오게 한다. 또 살갗에 생긴 부스럼에 붙인다."라고 했다.

장녹, 상륙
여러해살이풀
1m
5 ~ 6월
7 ~ 8월

2007년 8월 충청남도 천안

미국자리공 *Phytolacca americana*

상륙

약재 만드는 법	가을이나 이른 봄에 뿌리를 캔다. 햇볕에 잘 말린 뒤에 썰어서 쓰거나 식초로 볶아서 독을 약하게 한 뒤 쓴다.
약 쓰는 법	물에 달여 먹는다. 날뿌리를 짓찧어 상처에 붙인다.
약 성질	성질이 평범하다(서늘하다고도 한다). 맛은 맵고 시며 독이 많다.
약효	오줌내기, 염증 없애기, 가래 없애기, 궤양 없애기
약 쓰는 때	변비, 콩팥에 염증이 생겼을 때, 오줌이 안 나올 때, 몸이 부을 때, 기관지염, 기침, 가래, 살갗에 종기가 나거나 곪았을 때
주의할 점	독이 있어서 함부로 쓰면 안 된다. 아기를 가진 엄마나 몸이 약한 사람은 먹지 않는다.

작약

Paeonia lactiflora

작약은 꽃을 보려고 일부러 심어 기르는 여러해살이풀이다. 중국에서는 진나라 때부터 길렀다고 한다. 빨간 꽃이 핀다고 '적작약'이라고 한다. 하얀 꽃이 피면 '백작약'이라고 하고, 꽃 생김새는 닮았지만 나무에서 피면 '모란'이다. 산에서 자라고 분홍빛 꽃이 피는 작약은 '산작약'이라고 한다. 작약은 꽃 색깔과 생김새에 따라 여러 가지 종이 있다. 또 오래 심어 기르다 보니 여러 가지 품종이 생겨났다. 꽃이 크고 함지박만큼 풍성해서 '함박꽃'이라고도 한다. 《동의보감》에도 '함박곳'이라고 우리 이름이 나온다. 오래전부터 뿌리를 약으로 써 왔다.

작약은 뿌리에서 여러 줄기가 올라와 어른 무릎에서 허리춤까지 큰다. 줄기는 곧추 자라고 잎은 어긋난다. 잎꼭지가 길고 쪽잎이 석 장 달리는데, 쪽잎은 다시 두세 갈래로 갈라진다. 봄에서 여름으로 바뀔 때쯤 줄기 끝에서 꽃이 하늘을 쳐다보며 활짝 핀다. 꽃잎 열 장쯤이 겹으로 피고 꽃 가운데에 노란 꽃밥이 가득하다. 가을이 되면 열매가 익어 갈라지면서 까맣고 동그란 씨앗이 나온다.

약재 작약은 뿌리를 캐서 약으로 쓴다. 뿌리는 통통한 잔뿌리로 몇 갈래 갈라진다. 잘라 보면 속살에 붉은 빛이 돈다. 가을이나 봄에 캔다. 햇볕에 잘 말린 뒤 잘게 썰어 물을 넣고 달여 먹는다. 때로는 썬 것을 불에 볶아서 쓰기도 한다.

《동의보감》에는 '작약(芍藥), 함박곳불휘'라고 한자 이름과 우리 이름이 함께 나온다. "산과 들에서 자란다. 음력 2월과 8월에 뿌리를 캐 햇볕에 말린다. 산골에서 저절로 자란 것을 쓰는 것이 좋고, 집 둘레에서 거름을 주면서 키운 것은 약으로 안 쓴다. 꽃이 빨갛고 홑잎이 나는 것을 써야 한다.", "술에 축여 볶거나 잿불에 묻어 구워서도 쓴다."라고 나온다.

약효 작약은 피를 잘 돌게 하고 아픔을 가라앉힌다. 여자들 달거리가 없거나 뜸할 때, 아기를 낳기 전이나 낳은 뒤에 먹으면 좋다. 또 식은땀이 나거나 땀이 많이 날 때, 배가 아프고 물똥을 쌀 때, 온몸이 시큰시큰 아플 때 먹어도 좋다.

《동의보감》에는 "성질은 평범하다(조금 차다고도 한다). 맛은 쓰고 시며 독이 조금 있다. 힘든 일을 하고 땀을 많이 흘린 뒤 몸에 바람이 들어 팔다리가 아프고 뼈마디가 쑤시는 혈비(血痹)를 낫게 한다. 피를 잘 통하게 하고, 속을 누그러뜨린다. 나쁜 피를 헤치며 종기를 삭인다. 배아픔을 멈추고 피멍울을 풀고 고름을 없앤다. 여자들에게 생기는 모든 병과 애를 낳고 난 뒤에 생기는 여러 가지 병에 쓰며, 달거리를 통하게 한다. 배에 바람이 들어 피를 쏟거나 치루(痔瘻), 등창(發背), 살갗이 짓무르고 헌데, 빨개진 눈, 궂은살에 쓴다. 또 눈을 밝게 한다."라고 했다. 또 "적작약은 오줌을 잘 나가게 하고, 기를 내린다. 백작약은 아픈 것을 멈추고 피멍울을 헤친다."라고 했다.

북 함박꽃
적작약
여러해살이풀
50~80cm
5~6월
7~8월

2004년 5월 충청북도 옥천 약초포

백작약 *Paeonia japonica*

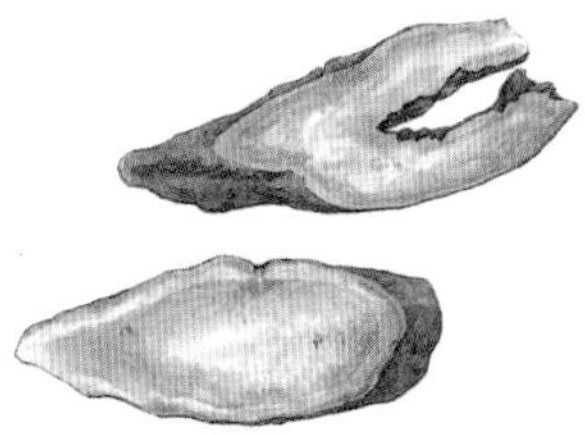

작약

약재 만드는 법	봄가을에 뿌리를 캐서 햇볕에 말린 뒤 썰어서 쓴다. 불에 볶아 쓰기도 한다.
약 쓰는 법	물에 달여 먹는다. 가루를 내서 먹거나 알약으로도 먹는다.
약 성질	성질이 평범하다(조금 차다고도 한다). 맛은 쓰고 시며 독이 조금 있다.
약효	아픔 멈추기, 피 잘 돌기, 강장
약 쓰는 때	달거리가 없거나 뜸할 때, 달거리하면 배가 아플 때, 온몸이 아플 때, 배가 아플 때, 식은땀이 날 때

장구채

Silene firma

장구채는 풀밭이나 길가나 산속 볕이 잘 드는 곳에서 자라는 두해살이풀이다. 첫 해는 싹이 터서 땅바닥에 딱 붙어 로제트 잎으로 겨울을 나고, 이듬해 줄기가 자란다. 줄기가 장구채처럼 쭉쭉 뻗는다고 이런 이름이 붙었다고 하고, 꽃봉오리가 장구처럼 생겨서 이런 이름이 붙었다는 말도 있다. 하지만《동의보감》에는 '왕불류행(王不留行), 댱고새'라고 한자 이름과 우리 이름이 함께 나온다. 댱고새가 장고채를 거쳐 장구채가 되었다. 댱고새가 어디에서 온 말인지 아직 알 수는 없지만, 악기로 쓰는 장구를 뜻하는 것은 아니라고 한다. 한자 이름인 '왕불류행(王不留行)'에 얽힌 이야기도 있다. 옛날에 어떤 왕이 사냥을 나갔는데 그만 배탈이 났다. 그때 임금을 돌보던 의사가 장구채를 달여서 먹였더니, 병이 말끔히 나았다고 한다. 그래서 왕이 머무르지 않고 갈 수 있다는 뜻으로 이런 이름이 붙었다고 한다.

장구채는 뿌리에서 줄기가 두세 대 올라와 곧추 크면서 가지를 친다. 어른 종아리쯤에서 허벅지쯤까지 큰다. 줄기는 자줏빛이 돈다. 띄엄띄엄 마디가 지면서 잎 두 장이 마주난다. 마디는 꺼무스름한 보랏빛이 돈다. 잎은 버들잎처럼 갸름하면서 끝이 뾰족하다. 한여름에 줄기나 가지 끝 잎겨드랑이에서 사시랑이 꽃대가 빙 둘러 올라와 하얀 꽃이 핀다. 꽃잎은 다섯 장인데, 잎 한 장 한 장은 사람 엉덩이처럼 쏙 파였다. 꽃받침은 작은 단지처럼 둥그스름하고 보라색 줄이 나 있다. 가을이 되면 열매가 여물어 끝이 여섯 갈래로 갈라진다. 씨앗에는 작은 돌기가 오돌토돌 나 있다. 봄에 갓 나온 어린싹을 캐서 뜨거운 물에 데쳐 찬물로 우려낸 뒤에 조물조물 무쳐 나물로 먹는다. 국을 끓이기도 한다.

약재 장구채는 꽃이 필 때 벤다. 햇볕에 잘 말린 뒤 알맞게 썰어 물에 달여 먹는다. 씨앗을 털어 가루 내서 약으로도 쓴다.《동의보감》에는 "여러 곳에 다 있다. 잎은 숭람(菘藍)과 닮았다. 꽃은 불그스름한 흰색이고, 열매는 꽈리와 닮았다. 씨는 둥글고 까매서 마치 배추 씨를 닮았다. 또 씨는 기장(黍)이나 조(粟)처럼도 생겼다. 음력 5월에 싹과 줄기를 뜯어 햇볕에 말린다. 뿌리, 줄기, 꽃, 씨를 다 쓸 수 있다. '전금화(剪金花), 금잔은대자(金盞銀臺子)'라고도 한다. 임질을 고치는데 아주 그만이다."라고 했다.

약효 피를 잘 돌게 하고 달거리를 고르게 하고 젖이 잘 나오게 한다. 또 부은 몸을 가라앉히고 염증을 없앤다. 여자들 달거리가 없을 때나 아기를 낳고 젖이 안 나올 때 먹으면 좋다. 코피가 나거나 상처에서 피가 날 때, 뼈마디가 쑤실 때도 먹는다. 하지만 아기를 가졌을 때는 먹으면 안 된다.

《동의보감》에는 "성질은 평범하다. 맛이 쓰고 달며 독이 없다. 쇠붙이에 상처가 났을 때 쓴다. 피를 멎게 하고 아픈 것을 멈추며, 몸에 박힌 가시가 나오게 한다. 코피, 종기, 부스럼을 고친다. 몸에 바람이 들어 생긴 풍독(風毒)을 몰아내고, 피를 잘 통하게 만들어 달거리를 고르게 하고, 아기를 잘 낳도록 돕는다."라고 했다.

- 왕불류행
- 두해살이풀
- 30 ~ 80cm
- 7월
- 8 ~ 9월

2003년 8월 강원도 횡성 태기산

왕불류행

약재 만드는 법	여름에 꽃이 필 때 베어다가 햇볕에 잘 말려서 알맞게 썰어 쓴다. 또 씨앗을 털어서 약으로 쓴다.
약 쓰는 법	물에 달여 먹는다. 씨앗은 가루 내어 먹는다.
약 성질	성질은 평범하다. 맛이 쓰고 달며 독이 없다.
약효	염증 없애기, 열 내리기, 아픔 멈추기
약 쓰는 때	달거리가 없을 때, 젖이 안 나올 때, 젖몸살, 코피, 뼈마디가 아플 때
주의할 점	아기 가진 엄마는 안 먹는다.

절굿대

Echinops setifer

절굿대는 볕이 잘 드는 산기슭이나 풀밭에서 자라는 여러해살이풀이다. 예전에는 남녘 어디에서나 자라는 풀이었지만, 지금은 거의 사라져 쉽게 볼 수 없다. 꽃이 꼭 절굿공이를 닮았다고 '절굿대'라는 이름이 붙었다.

절굿대는 어른 가슴께까지 키가 큰다. 줄기는 곧게 올라오다가 위쪽에서 두서너 갈래로 가지를 친다. 온몸에 하얀 털이 더께처럼 덮여 있다. 줄기 아래쪽에서는 잎이 마주나고 위쪽으로 올라가면서 어긋난다. 뿌리에서 돋은 잎은 잎자루가 길고 줄기에서 나는 잎은 잎자루가 없다. 잎몸은 엉겅퀴 잎처럼 여러 번 깊게 파여서 여남은 갈래로 갈라진다. 잎 가장자리에는 삐쭉빼쭉 톱니가 있고 톱니 끝은 가시처럼 뾰족하다. 잎을 뒤집어 보면 하얀 솜털이 잔뜩 나 있어서 하얗다. 여름 들머리부터 줄기나 가지 끝에 알사탕처럼 동그란 보라색 꽃 뭉치가 달린다. 꽃 뭉치에는 수많은 대롱꽃들이 빽빽하게 모여 있다. 대롱꽃 하나하나는 끝이 다섯 갈래로 갈라져 뒤로 젖혀지면서 핀다. 속명인 '*Echinops*'는 고슴도치(echinos)를 닮았다는 희랍어에서 왔다. 동그란 꽃 뭉치 때문에 붙은 이름이다. 열매는 늦가을에 여문다. 옛날에는 어린잎을 뜯어 나물로 먹거나, 잎을 말려서 떡에 넣었다고 한다. 하지만 지금은 드물게 자라는 풀이기 때문에 함부로 캐면 안 된다. 꽃을 보려고 마당에 심기도 한다. 10월에 씨를 받아 바로 뿌려야 이듬해 봄에 난다.

약재 절굿대는 가을에 뿌리를 캐서 햇볕에 잘 말린 뒤에 물에 달여 먹는다. 가루로 빻아서 먹거나 술을 담그기도 한다. 옛날부터 뿌리를 캐서 약으로 썼는데 한방에서는 '누로'라고 한다. 그런데 뻐꾹채, 큰절굿대, 절굿대 뿌리를 모두 '누로'라고 하고 함께 약으로 쓴다. 큰절굿대는 잎에 밤색 털이 나고, 잎 가장자리에 잔가시가 잔뜩 나 있다. 또 꽃이 하얗다.

《동의보감》에 '누로(漏蘆), 결국대'라고 한자 이름과 우리 이름이 함께 나온다. 이 결국대를 뻐꾹채로 보기도 한다. "산과 들에서 자란다. 줄기는 젓가락만 하다. 씨는 꼬투리에 들어 있다. 꼬투리는 참깨와 비슷한데 더 작다. 뿌리는 검고 순무(蔓靑)와 닮았는데 더 가늘다. 음력 8월에 뿌리를 캐 그늘에서 말린다."라고 했다. 또 줄기와 잎도 약으로 쓴다고 나온다.

약효 열을 내리고 몸에 쌓인 독을 풀고 고름을 빼낸다. 아기를 낳았는데 젖이 안 나오고 아플 때 먹어도 좋다. 얼굴이 굳고, 근육이나 뼈마디가 아플 때, 살이 곪거나 종기가 났을 때, 습진이나 치질에 걸렸을 때도 먹는다.

《동의보감》에는 "성질이 차다. 맛이 쓰고 짜며 독이 없다. 몸에 바람이 들거나 더위 때문에 살갗에 부스럼이나 종기가 나는 열독풍(熱毒風)과 살갗이 가렵고, 두드러기가 나고, 살갗이 빨개지며 고름이 생기고, 젖가슴이나 목, 귀 뒤, 겨드랑이, 오금에 멍울이 생기는 병을 고친다. 고름을 잘 빼내고, 피를 더 보태 준다. 쇠붙이에 다쳐서 피 나는 곳에 붙이면 피가 멎는다. 헌데와 옴을 낫게 한다."라고 썼다. 또 줄기와 잎은 "비장과 위장에 탈이 나 몸이 여위면서 살갗이 허는 감식(疳蝕)을 낫게 한다. 또 벌레를 죽이는 데 효과가 있다."라고 했다.

- 북: 절구대, 분취아재비
- 둥둥방망이, 개수리취
- 여러해살이풀
- 1m 안팎
- 7 ~ 9월
- 늦가을

2002년 5월 경기도 광릉

뻐국채 *Rhaponticum uniflorum*

누로

약재 만드는 법	가을에 뿌리를 캐서 햇볕에 잘 말린 뒤 알맞게 썰어 쓴다.
약 쓰는 법	물에 달여 먹는다. 가루로 빻아서 먹기도 한다.
약 성질	성질이 차다. 맛이 쓰고 짜며 독이 없다.
약효	열 내리기, 염증 없애기, 균 없애기, 아픔 멈추기, 고름 빨아내기, 피 멈추기
약 쓰는 때	유방염, 젖이 안 나올 때, 근육이나 뼈마디가 아플 때, 얼굴 마비, 종기, 습진, 치질, 코피, 오줌에 피가 섞여 나올 때

접시꽃

Althaea rosea

접시꽃은 마당에 심어 기르는 두해살이풀이다. 열매가 마치 접시처럼 납작해서 이런 이름이 붙었다고 한다. 중국에서 자라던 풀인데 삼국 시대쯤에 우리나라에 들어온 것으로 짐작된다. 옛날부터 꽃을 보려고 마당에 심었다.

접시꽃은 해바라기만큼이나 키가 큰다. 어른 키를 훌쩍 넘어 큰다. 줄기는 가지를 안 치고 오직 꼿꼿하게 큰다. 줄기는 둥글고 어른 손가락 굵기쯤 된다. 언뜻 봐서는 매끈해 보이지만 만져보면 억센 털이 나 있다. 줄기에서 기다란 잎자루가 나와 넓적한 잎이 어긋난다. 넓적한 잎은 다섯에서 일곱 갈래로 얕게 갈라지고, 가장자리에 톱니가 있어 껄껄하다. 여름 들머리에 잎겨드랑이에서 꽃이 활짝 핀다. 줄기마다 꽃 색깔이 한 가지가 아니고 여러 가지다. 붉은 꽃이 가장 흔하지만 하얀색, 노란색, 자주색, 분홍색 꽃이 핀다. 줄기 아래에서 위쪽으로 올라가면서 차례로 핀다. 꽃잎 다섯 장이 서로 살짝 겹치면서 바람개비처럼 돌아간다. 꽃잎 여러 장이 겹겹이 겹쳐 피기도 한다. 가을이 되면 열매를 맺는다. 납작한 열매가 터지면서 씨앗이 나온다.

약재 접시꽃은 뿌리와 꽃을 약으로 쓴다. 뿌리는 가을이나 봄에 캐서 햇볕에 잘 말리고, 꽃은 필 때 따서 그늘에서 말린 뒤에 물에 달여 먹는다.

《동의보감》에는 '홍촉규(紅蜀葵), 블근쏫픠ᄂᆞᆫ규화'라고 한자 이름과 우리 이름이 함께 나온다. 《동의보감》에는 뿌리뿐만 아니라 꽃과 잎, 씨도 약으로 쓴다고 나온다. "어느 곳에서나 다 있다. 융촉(戎蜀) 지방에서 심기 때문에 촉규라는 이름이 붙었다. 생김새는 아욱을 닮았다. 다섯 가지 빛깔 꽃이 피는 것은 무궁화(槿花)와 닮았다."라고 했다. "사철 외겹으로 붉은 꽃이 피는 접시꽃 뿌리를 캐서 쓴다."라고 나온다.

약효 꽃은 오줌이 잘 나오게 하고 설사를 멎게 하고 똥을 시원하게 누게 해 준다. 여자들 대하증에도 좋다. 뿌리에서는 끈끈한 즙이 나와서 속이 쓰리고 아플 때 먹으면 속을 다스려 주기도 한다. 잎은 칼에 찔린 상처에 짓이겨 바르면 좋다.

《동의보감》에는 "성질이 차다. 맛은 달고 독이 없다. 뿌리와 줄기 모두 찬 기운에 몸이 상하여 나는 허열을 내리고 오줌을 잘 나가게 하며 피고름을 없앤다."라고 했다. 꽃은 "붉은 꽃과 흰 꽃이 있다. 붉은 꽃은 피가 섞여 나오는 대하증을 고치고, 흰 꽃은 진물이 나오는 대하증을 고친다. 또 붉은 꽃은 피(血)를 다스리고, 흰 꽃은 기(氣)를 다스린다."라고 했다. 잎은 "쇠붙이에 다치거나 불에 덴 곳을 낫게 한다. 또 어른이나 아이 몸에 열이 몰려 생긴 독이나 이질을 낫게 한다."라고 했다. 씨는 "임질에 걸려 오줌이 잘 나가지 않는 것을 고치고, 작은창자가 잘 통하게 한다. 또 아기를 빨리 낳게 돕지만, 아기를 유산시키기도 한다. 모든 부스럼과 옴, 흉터나 혹을 낫게 한다."라고 나온다.

접중화
촉규화, 떡두화
두해살이풀
1.5 ~ 2.5m
6월
9월

2007년 6월 경기도 일산

촉규근

약재 만드는 법	가을이나 봄에 뿌리를 캐서 햇볕에 잘 말린 뒤 알맞게 썰어 쓴다.
약 쓰는 법	물에 달여 먹는다.
약 성질	성질이 차다. 맛은 달고 독이 없다.
약효	고름 빨아내기, 염증 없애기, 피 멈추기
약 쓰는 때	속이 쓰릴 때, 오줌이 잘 안 나올 때, 물똥을 쌀 때, 똥이 굳어 안 나올 때, 대하증

제비꽃

Viola mandshurica

제비꽃은 봄이 되면 길가나 빈터, 산기슭, 밭둑 어디서나 꽃을 볼 수 있는 여러해살이풀이다. 꽃 생김새가 제비가 나는 모습을 닮았다고 제비꽃이라고도 하고, 봄에 제비가 날아올 때 꽃이 핀다고 제비꽃이라는 이름이 붙었다고도 한다. 하지만 19세기 전까지 제비꽃이라는 이름은 어느 책에도 보이지 않다가 1937년에 처음 나온다. 오래전에는 '오랑캐꽃'이라고 했다.

제비꽃은 줄기가 없이 뿌리에서 잎만 수북하게 난다. 어른 발목쯤까지 크는데, 키가 작아서 '앉은뱅이꽃'이라고도 한다. 잎은 길쭉한 세모꼴이고 가장자리에 톱니가 나 있다. 사오월이 되면 잎 사이에서 가느다란 꽃대 몇 개가 제법 꼿꼿하게 올라온다. 꽃대 끝이 갈고리처럼 살짝 휘면서 자주색 꽃이 한쪽을 바라보며 핀다. 꽃잎은 다섯 장이다. 맨 위쪽 꽃잎 두 장은 뒤쪽으로 살포시 말려서 넘어가고, 양쪽 꽃잎은 서로 마주보고, 맨 아래 꽃잎은 혓바닥을 내민 것처럼 보인다. 맨 아래 꽃잎 뒤쪽은 길쭉한 뿔처럼 뻗는데, 여기에 꿀이 들어 있다. 5월이 되면 꽃이 지고 긴둥근꼴 열매가 달린다. 열매 안에는 좁쌀보다도 훨씬 작은 동그란 씨앗이 쪼르르 들어 있는데, 열매가 여물면 세 갈래로 탁 터지면서 씨앗이 튀어나온다. 바닥에 떨어진 씨앗에는 달달한 하얀 물질이 붙어 있다. 개미들이 씨앗을 집으로 옮겨 이 물질만 떼어 먹고 씨는 굴 밖으로 내다 버린다. 이렇게 해서 씨가 여기저기로 퍼진다.

우리나라에는 여러 가지 제비꽃이 56종 산다. 저마다 꽃 색깔이나 잎 생김새가 조금씩 다르지만, 언뜻 보면 다 비슷비슷해서 헷갈린다. 이른 봄에 어린순을 뿌리째 캐서 나물로 먹는다. 조금 쓴맛이 나기 때문에 끓는 물에 살짝 데쳐서 물에 우려낸 뒤 먹는다. 조금 미끈거리면서 산뜻한 맛이 난다. 닭고기와 함께 삶아 먹기도 한다.

약재 제비꽃은 여름에 뿌리째 캔다. 햇볕에 잘 말린 뒤에 잘게 썰어서 물에 달여 먹는다. 가루로 빻아 먹기도 한다. 부스럼이나 독사에 물린 상처에는 생풀을 짓찧어 붙인다. 호제비꽃이나 서울제비꽃 따위도 함께 약으로 쓴다. 《동의보감》에는 따로 나오지 않는다. 한방에서는 약재를 '자화지정'이라고 하는데, 《동의보감》에 나오는 '자화지정(紫花地丁)'은 엉겅퀴를 달리 이르는 한자 이름이다.

약효 열을 내리고 나쁜 독을 풀어 주고 염증을 없앤다. 몸에 열이 나면서 생기는 부스럼이나 두드러기, 살갗이 헐고 벌겋게 되면서 화끈거릴 때 약으로 쓴다. 또 전립선이나 오줌보나 뼈마디에 염증이 생겨 아플 때 먹어도 좋다. 눈이 빨개지고 아플 때도 먹거나 달인 물로 씻어도 좋다.

◐ 오랑캐꽃, 병아리꽃, 앉은뱅이꽃, 장수꽃, 씨름꽃
여러해살이풀
10cm
4~5월
6월

2003년 5월 경기도 일산

호제비꽃 *Viola yedoensis*

서울제비꽃 *Viola seoulensis*

자화지정

약재 만드는 법	5~7월에 뿌리째 캐서 햇볕에 말리거나 날것을 쓴다. 말린 것은 잘게 썰어서 쓴다.
약 쓰는 법	물에 달인다. 가루로 빻아 먹기도 한다. 종기나 독사에 물린 상처에는 생풀을 짓찧어 붙인다.
약 성질	성질이 차다. 맛은 쓰고 맵다.
약효	염증 없애기, 열 내리기, 고름 빨아내기, 균 없애기
약 쓰는 때	설사, 오줌이 잘 나오지 않는 때, 전립선염, 방광염, 간염, 몸이 부을 때, 부스럼이나 독사에 물린 상처

족도리풀

Asarum sieboldii

족도리풀은 깊은 산속 그늘지고 축축한 땅에서 자라는 여러해살이풀이다. 꽃이 족도리를 닮았다고 족도리풀이다. 족도리는 옛날에 여자들이 결혼을 할 때 쓰던 작은 모자다.

족도리풀은 뿌리줄기가 옆으로 뻗으면서 마디가 지고 잔뿌리가 길게 휘뚜루마뚜루 잔뜩 난다. 뿌리에서 바로 잎줄기가 길게 나와 잎 두 장이 마주난다. 줄기는 따로 없다. 키가 어른 발목에서 종아리께까지 자란다. 잎은 얇아서 야들야들하고 심장꼴로 끝이 뾰족하다. 봄에 잎자루와 함께 꽃대도 올라온다. 꽃대는 잎보다 키가 더 작아서, 끝에 달린 꽃이 땅에 닿을락말락한다. 꽃이라고 하지만 사실은 꽃받침통이다. 꽃받침통은 붉은 자줏빛으로 둥근 단지처럼 생겼고 만져 보면 딴딴하다. 겉에는 세로 주름이 나 있다. 꽃받침통이 세 갈래로 터지면서 꽃잎처럼 핀다. 꽃잎은 따로 없다. 꽃에서 아무런 냄새도 안 나기 때문에 나비나 벌이 안 날아온다. 그 대신 개미나 땅 위를 기어 다니는 벌레들이 가루받이를 해 준다.

족도리풀에는 애호랑나비가 알을 낳는다. 애호랑나비 애벌레는 족도리풀 잎만 먹는다. 뿌리로 은단이나 껌을 만들기도 한다.

약재 족도리풀은 뿌리를 캐서 약으로 쓴다. 꽃이 지고 난 5 ~ 7월에 뿌리를 캐서 뿌리꼭지를 떼어낸 뒤 그늘에서 잘 말린다. 햇빛에 말리거나 물로 씻으면 약효가 떨어진다. 뿌리에 독이 있기 때문에 날것으로 먹으면 안 된다. 뿌리를 깨물어 먹어 보면 톡 쏘는 맛이 나고 혀가 얼얼하게 맵다. 혀가 굳기도 한다. 날뿌리를 손으로 비벼도 매운 내가 난다. 잘 말린 뿌리에 물을 붓고 오래 달여 먹는다. 또 가루를 코에 불어 넣거나, 달인 물로 입가심한다.

《동의보감》에는 '세신(細辛)'이라는 한자 이름만 나온다. "산과 들에서 자란다. 뿌리가 가늘고 맛이 몹시 맵다. 그래서 이름을 세신이라고 한다. 음력 2월, 8월에 뿌리를 캐 그늘에서 말린 뒤 뿌리꼭지를 버리고 쓴다. 이 약재 하나만 쓸 때는 가루 내어 쓰는데 2g을 넘지 않아야 한다. 많이 쓰면 숨이 답답하고 막혀서 숨이 통하지 않으면 죽을 수 있다."라고 했다.

약효 열을 내리고 아픔을 멎게 하고 나쁜 병균을 없앤다. 머리나 이빨이나 배가 아플 때, 감기에 걸려 열이 나고 기침이 나고 코가 막혔을 때, 목에서 가래가 나오고 아플 때 약으로 쓴다. 입 냄새가 구릴 때에는 달인 물로 입을 헹구면 좋다.

《동의보감》에는 "성질이 따뜻하다. 맛이 몹시 맵고(쓰고 맵다고도 한다) 독이 없다. 몸에 바람이 들고 축축한 풍습(風濕) 때문에 몸이 저리고 아플 때 쓴다. 속을 따뜻하게 하고 기를 내린다. 목구멍 속에 종기가 나거나 목구멍이 좁아지거나 막히거나 코가 막힌 것을 고친다. 쓸개 힘을 세게 한다. 머리에 바람이 들어 땀이 나고 머리가 아픈 것을 낫게 하고 눈을 밝게 한다. 이가 아픈 것을 멎게 하고 가래를 삭이며 땀이 나게 한다."라고 나온다. 《동의보감》에는 독이 없다고 하지만 사실은 독이 있어서 조심해서 써야 한다.

- 족두리풀
- 여러해살이풀
- 10 ~ 30cm
- 4월
- 6 ~ 9월

2004년 4월 경상북도 청송 중대산

세신

약재 만드는 법	봄부터 여름 사이에 뿌리를 캐서 그늘에서 말린다. 햇빛에 말리거나 물로 씻으면 약효가 떨어진다.
약 쓰는 법	뿌리나 잎을 물에 넣고 달여 먹는다. 가루를 코에 불어 넣거나, 달인 물로 입가심한다.
약 성질	성질이 따뜻하다. 맛이 몹시 맵고(쓰고 맵다고도 한다) 독이 있다.
약효	아픔 멈추기, 열 내리기, 염증 없애기
약 쓰는 때	감기, 두통, 치통, 류머티즘성 관절염, 신경통, 요통, 기관지염, 후두염, 비염, 뇌졸중, 뇌출혈
주의할 점	독이 있기 때문에 날것을 먹거나 많이 먹으면 안 된다.

쥐방울덩굴

Aristolochia contorta

쥐방울덩굴은 산기슭에서 드물게 자라는 덩굴지는 여러해살이풀이다. 꽃 아래쪽이 방울처럼 툭 불거졌다고 이런 이름이 붙었다. 또 열매가 말에 달았던 방울을 닮았다고 붙은 이름이라고도 한다. 《동의보감》에는 '마두령(馬兜鈴), 쥐방올'이라고 한자 이름과 우리 이름이 함께 나온다. 아주 예전부터 쥐방울이라는 이름으로 불렸다. 예전에는 뿌리와 열매를 약으로 썼지만 지금은 암을 일으키는 물질이 있어서 약으로 안 쓴다.

쥐방울덩굴은 다른 나무나 물체를 감고 올라간다. 감고 올라갈 게 없으면 자기들끼리 뭉쳐서 자란다. 줄기는 가늘고 길며 나무처럼 딴딴하다. 가지를 많이 친다. 온몸에서는 고약한 냄새가 난다. 잎은 어긋나고 잎자루가 길다. 잎몸은 끝이 뾰족하고 아래쪽은 궁둥이처럼 볼록 들어간 심장꼴이다. 잎 뒤쪽에는 하얀 털이 나 있어서 뿌옇게 보인다. 여름이 되면 잎겨드랑이에서 노르스름한 꽃이 핀다. 꽃은 서양 사람들이 부는 색소폰이라는 나팔을 닮았다. 위쪽이 나팔처럼 동그랗고 허리가 부드럽게 휘어지다가 밑은 방울처럼 둥그렇게 부푼다. 가을이 되면 자그마한 참외 같은 열매가 달린다. 풀빛이다가 누렇게 익으면, 위쪽이 여섯 갈래로 쩍 갈라지면서 마치 낙하산을 거꾸로 매달아 놓은 것처럼 가느다란 실에 매달린다. 가느다란 실이 끊어질 듯 끊어질 듯 하지만 한겨울이 되어도 안 떨어지고 매달려 있다.

약재 가을에 열매를 거둬 햇볕에 잘 말린 뒤 껍질을 벗긴다. 잘 마른 약재를 알맞게 썰어 물에 달여 먹는다. 《동의보감》에는 "곳곳에서 난다. 덩굴이 나무에 감겨 뻗어 나간다. 열매 생김새가 방울처럼 생겼다. 다 익으면 4 ~ 5쪽으로 갈라지고, 잎이 떨어진 뒤에도 달려 있다. 열매가 말 목에 다는 방울을 닮았기 때문에 '마두령'이라고 한다. 다 익으면 저절로 터진다. 음력 8 ~ 9월 사이에 열매를 따서 햇볕에 말린다. 속에 있는 씨만 받고 껍질과 속꺼풀은 버린다. 씨를 조금 볶아서 쓴다."라고 했다. 또 뿌리는 '마두령근(馬兜鈴根)'이라고 하면서 "생김새가 목향 뿌리를 닮았다. 새끼손가락만큼 굵고 붉고 누런색이다. 이름을 '토청목향(土靑木香)'이라고 하며 또 '독행근(獨行根)'이라고도 한다. 음력 3월에 뿌리를 캐 구워서 쓴다."라고 했다.

약효 쥐방울덩굴 뿌리는 배가 아프거나 이질에 걸리거나 배가 부풀어 오를 때 약으로 썼다. 열매는 가래가 끓고 기침이 끊임없이 나올 때, 치질에 걸렸을 때, 혈압이 높을 때 달여 먹었다.
《동의보감》에 열매는 "성질이 차다(평범하다고도 한다). 맛은 쓰고 독이 없다. 허파에 열이 있어서 기침하고 숨찬 것을 낫게 한다. 허파를 시원하게 하며 기를 내린다."라고 했다. 뿌리는 "피가 나오는 치질과 부스럼이나 종기를 낫게 한다."라고 했다.

북 방울풀
다른 이름: 쥐방울, 마도령, 까치오줌요강, 까마귀오줌통
덩굴풀
여러해살이풀
1.5 ~ 3m
7 ~ 8월
9 ~ 10월

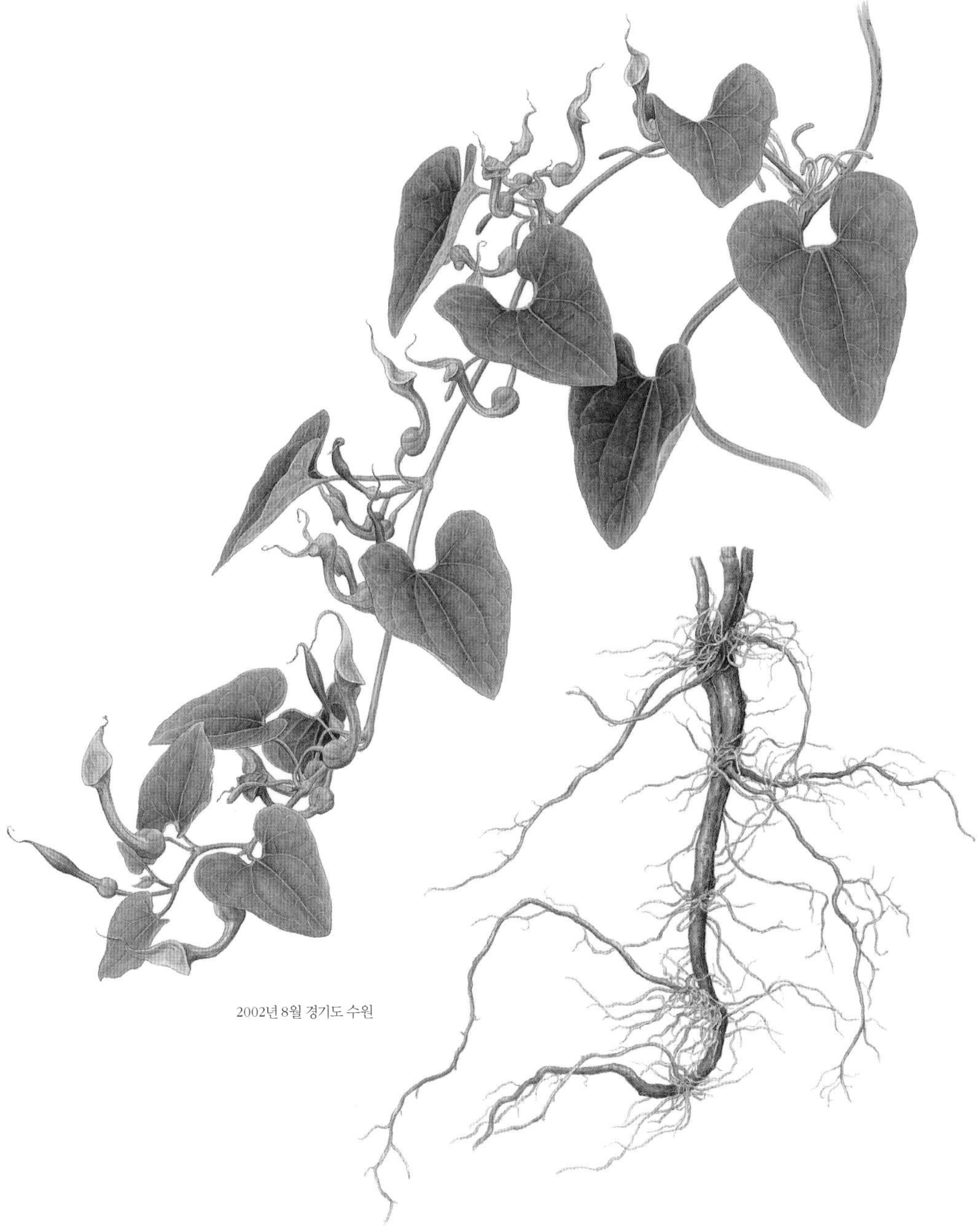

2002년 8월 경기도 수원

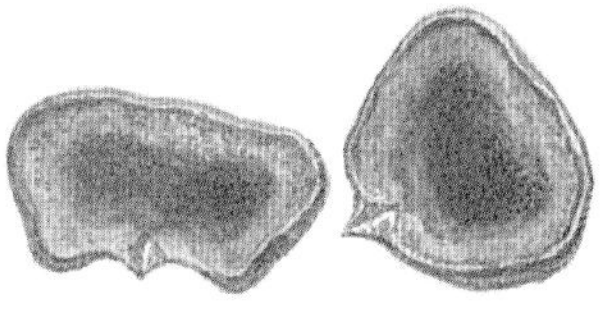

마두령

약재 만드는 법	가을에 열매를 거둬 햇볕에 잘 말린 뒤 알맞게 썰어 쓴다.
약 쓰는 법	물에 달여 먹는다.
약 성질	성질은 차다(평범하다고도 한다). 맛은 쓰고 독이 없다.
약효	기침 멈추기, 가래 없애기, 염증 없애기, 균 없애기
약 쓰는 때	기침, 가래, 치질, 고혈압
주의할 점	오래 먹으면 암을 일으켜서 지금은 약으로 안 쓴다.

지모

Anemarrhena asphodeloides

지모는 우리나라 황해도 지방 산과 풀밭에서 자라는 여러해살이풀이다. 뿌리를 약으로 쓰려고 일부러 밭에서 기른다.

지모는 뿌리줄기가 굵고 짧게 옆으로 뻗는다. 뿌리줄기에는 가느다란 수염뿌리가 텁수룩하게 난다. 뿌리줄기 끝에서 새순이 또 돋아나 퍼진다. 잎은 모두 뿌리줄기에서 뭉쳐난다. 잎은 가늘고 길쭉해서 넌출넌출 자란다. 어른 허리께까지 올라온다. 잎 아래쪽은 서로 겹쳐서 얼싸안는다. 여름에 잎사귀 사이에서 꽃대 하나가 올라온다. 덤부렁듬쑥한 풀포기 위로 어른 가슴께까지 멀쑥하게 큰다. 꽃대에 분홍빛 꽃이 듬성듬성 두세 송이씩 모여서 핀다. 꽃은 통꽃인데 끝이 여섯 갈래로 갈라진다. 한여름부터 가을까지 열매가 여문다. 열매 속에 까만 씨가 하나씩 들어 있다. 씨에는 까만 날개가 석 장 달려 있다.

약재 지모는 삼 년 넘게 자란 뿌리줄기를 캐서 약으로 쓴다. 가을이나 이듬해 봄에 뿌리줄기를 캔다. 가을에 캔 뿌리가 더 좋다. 수염뿌리와 터실터실 난 털을 다듬어 햇볕에 잘 말린다. 소금물이나 술에 담근 뒤 볶아서 쓰기도 한다. 물에 달여 먹거나 가루나 알약으로 먹기도 한다.
《동의보감》에는 '지모(知母)'라고 나온다. "벌판에서 자란다. 뿌리는 석창포 뿌리와 닮았다. 몹시 무르고 부드러우며 눅진눅진하다. 잎은 잘 죽지 않고, 뿌리를 파내어도 줄곧 돋아나다가 뿌리가 아주 바짝 마른 다음에야 안 나온다. 음력 4월에 파란 꽃이 피는데 부추 꽃이랑 닮았다. 8월에 씨가 달린다. 음력 2월과 8월에 뿌리를 캐서 햇볕에 말려 잔털을 다듬고 쓴다. 눅진눅진하면서 누렇고 하얀 빛이 나는 것이 좋다. 보약에 넣을 때에는 소금물이나 꿀물에 축여 찌든가 볶아서 쓴다. 기운이 올라가게 하려면 술로 축여 볶는다. 약재가 쇠붙이에 닿지 않게 해야 한다. 우리나라에는 황해도에서 많이 나는데 품질이 좋다."라고 했다.
약효 지모는 열을 내리는 데 아주 좋다. 감기가 걸려 열이 나고 머리가 아프고 몸살이 날 때 달인 물을 먹는다. 또 기침이 나고 목이 아플 때, 똥이 딱딱하게 굳어 안 나올 때 먹어도 좋다. 하지만 설사를 할 때는 안 먹는다.
《동의보감》에는 "성질이 차다(평범하다고도 한다). 맛은 쓰며(달다고도 한다) 독이 없다. 몸이 허해서 뼈 속이 후끈후끈 달아오르면서 아플 때, 콩팥 기운이 상했을 때 주로 쓴다. 목이 타서 자꾸 물을 먹는 것을 멎게 하고 오래된 학질(말라리아)과 황달을 낫게 한다. 작은창자를 통하게 하며 가래를 삭이고 기침을 멎게 한다. 심장과 허파를 부드럽게 해 준다. 아기를 낳은 뒤 몸조리를 잘못해서 생기는 병을 낫게 한다."라고 했다.

◐ 평양지모, 지삼
✲ 여러해살이풀
❶ 60 ~ 90cm
✲ 6 ~ 7월
⊙ 8 ~ 10월

2003년 8월 경기도 수원 농촌진흥청

지모

약재 만드는 법	가을이나 이듬해 봄에 뿌리줄기를 캐서 수염뿌리와 터실터실 난 털을 다듬어 햇볕에 잘 말린다. 소금물이나 술에 담근 뒤 볶아서 쓰기도 한다.
약 쓰는 법	물에 달여 먹는다. 가루나 알약으로 먹기도 한다.
약 성질	성질이 차다(평범하다고도 한다). 맛은 쓰며(달다고도 한다) 독이 없다.
약효	열 내리기, 염증 없애기, 진정, 혈압 낮추기
약 쓰는 때	감기가 걸려 열이 나고 머리가 아프고 몸살이 날 때, 기침이 나고 목이 아플 때, 변비
주의할 점	설사를 할 때는 안 먹는다.

지치

Lithospermum erythrorhizon

지치는 햇볕이 잘 드는 산속 풀밭에서 드물게 자라는 여러해살이풀이다. 우리나라에서는 저절로 자라는 지치가 아주 드물어서 함부로 뽑으면 안 된다. 약으로 쓰려고 일부러 밭에서도 기른다. 《산림경제》에도 모래땅에 심고, 호미로 김을 맬 때 뿌리를 다치게 하면 안 된다고 나온다. 뿌리를 약으로 쓰는데 붉은 자줏빛이 돈다고 '자초(紫草)'라고도 한다. 이 한자 이름이 바뀌어서 지치가 되었다. 지치가 나는 곳에 새하얀 눈이 쌓이면 뿌리에서 나온 물 때문에 새빨갛게 물든다고 한다. 동양이나 서양이나 오래전부터 지치 뿌리로 옷감을 자줏빛으로 물들였다. 아주 오래전부터 귀한 옷감이었다. 우리나라 삼국 시대 때는 가장 지위가 높은 사람들이 지치로 물들인 자색 옷을 입었다.

지치 뿌리는 땅속으로 깊게 뻗는다. 오래 묵을수록 자줏빛 색깔이 진하다. 뿌리에서 대가 두서너 개 나와 곧추 자라다가 위쪽에서 가지를 친다. 어른 무릎께까지 큰다. 온몸에는 하얀 잔털이 잔뜩 나 있어서 만져 보면 꺼끌꺼끌하다. 잎은 어긋나는데 잎자루가 없고 양끝이 뾰족하다. 오뉴월에 작고 하얀 꽃이 몇 송이씩 모여서 핀다. 꽃잎이 다섯 장이다. 여름이 되면 열매가 여문다. 씨는 잿빛으로 반질반질하다.

《동의보감》에는 지치로 술을 담그는 방법이 나온다. "지치를 가늘게 썰어서 항아리에 담아 놓는다. 소주 1병에 지치 20 ~ 28g을 넣는다. 그 다음 뜨거운 소주를 지치 담은 항아리에 붓는다. 오랫동안 두면 새빨간 빛깔을 띤다. 보기도 좋고 입맛도 돋운다."라고 했다.

약재 봄에 뿌리를 캐서 햇볕에 말리거나 불에 쬐어 말린다. 물에 닿으면 색이 바래기 때문에 물로 씻지 않는다. 잘 말린 뿌리를 잘게 썰어서 쓴다. 물에 달여 먹고, 가루로 빻아서 살갗에 바른다.

《동의보감》에는 '자초(紫草), 지최'라고 한자 이름과 우리 이름이 함께 나온다. "산과 들 곳곳에서 자란다. 요즘 자줏빛을 물들이는 데 쓰는 자초이다. 음력 3월에 뿌리를 캐 그늘에서 말린 뒤 술에 씻어 쓴다."라고 했다.

약효 지치 뿌리는 예전부터 얼굴이 노래지는 황달이나 간염에 걸렸을 때, 홍역이나 마마에 걸렸을 때 약으로 썼다. 또 피를 깨끗하게 하고 잘 돌게 하고 뭉친 피를 풀어 주는 힘이 있다. 피를 토하거나 코피가 나거나 오줌이나 똥에 피가 섞여 나올 때 먹어도 좋다. 뿌리를 짓찧어 상처 난 곳에 바르면 상처가 잘 낫고 새살이 빨리 돋는다. 불에 데거나 동상에 걸리거나 습진이나 곪은 곳에 바르면 잘 낫는다. 요즘에는 암을 고치는 약으로도 쓴다. 하지만 설사할 때는 먹지 않는다.

《동의보감》에는 "성질이 차다(평범하다고도 한다). 맛은 쓰며(달다고도 한다) 독이 없다. 다섯 가지 황달을 낫게 한다. 또 오줌이 잘 나가게 하고 배가 붓거나 그득히 불러 오르는 것을 내린다. 오래된 부스럼이나 종기, 버짐, 여드름을 고친다. 어린이가 걸린 홍역과 마마를 낫게 한다."라고 했다.

- 자초, 지추, 지초
- 여러해살이풀
- 30 ~ 70cm
- 5 ~ 6월
- 여름

2002년 6월 경기도 수원 농촌진흥청

자초

약재 만드는 법	봄에 뿌리를 캐서 햇볕에 말리거나 불에 쬐어 말린다. 잘게 썰어서 쓴다.
약 쓰는 법	물에 달여 먹는다. 가루로 빻아서 살갗에 바른다.
약 성질	성질이 차다(평범하다고도 한다). 맛은 쓰며(달다고도 한다) 독이 없다.
약효	열 내리기, 염증 없애기, 피 멈추기
약 쓰는 때	변비, 오줌이나 똥에 피가 섞여 나올 때, 코피가 날 때, 불에 데었을 때, 동상, 습진, 곪은 곳
주의할 점	설사할 때는 먹지 않는다.

지황

Rehmannia glutinosa

지황은 밭에서 기르는 여러해살이풀이다. 뿌리를 약으로 쓴다. 지황 뿌리는 사람 손가락만큼 굵고 옆으로 휘뚜루마뚜루 뻗는다. 뿌리꼭지에서 잎이 모여나는데, 배추 잎처럼 주름이 많이 지고 가장자리에 톱니가 났다. 모여난 잎 가운데에서 줄기가 위로 쭉 뻗어 자란다. 줄기에 달린 잎은 어긋난다. 여름 들머리에 줄기 끝과 잎겨드랑이에서 불그스름한 꽃이 핀다. 꽃은 종처럼 생겼고 끝이 다섯 갈래로 갈라진다. 줄기와 꽃에는 하얀 잔털이 많이 나 있어서 보슬보슬해 보인다.

약재 지황 뿌리는 한방에서 여러모로 많이 쓰이는 약재다. 봄가을에 뿌리를 캐서 쓴다. 지황 뿌리를 날것 그대로 약으로 쓰면 '생지황', 잘 말려서 쓰면 '건지황', 술을 넣고 찌면 '숙지황'이라고 한다. 한 뿌리로 세 가지 약재를 만든다. 생지황은 가을에 뿌리를 캐서 흙을 털어 내고 쓴다. 지황을 캘 때는 쇠붙이 그릇에 담지 않는다. 맛을 보면 흙내가 난다. 건지황은 가을에 뿌리를 캐서 물에 씻은 다음 그대로 또는 조금 쪄서 그늘에서 말린다. 숙지황은 건지황을 술에 불려 찐 뒤 말린다. 한 번에 끝내지 않고 아홉 번을 되풀이해야 가장 좋다. 물에 달여 먹거나 즙을 짜 먹거나 가루를 내서 알약을 만든다. 날뿌리를 짓찧어서 붙이거나 즙을 바르기도 한다.

《동의보감》에는 "생지황을 물에 담가 물 위에 뜨는 것을 천황, 절반쯤 뜨는 것을 인황, 밑바닥에 가라앉는 것을 지황이라고 한다. 물 밑에 가라앉는 것일수록 약효가 좋다. 절반쯤 뜨는 것이 그 다음이고, 물 위에 뜨는 것은 약으로 쓰지 않는다. 지황을 캘 때는 구리나 쇠붙이로 만든 도구를 쓰지 않는 것이 좋다."라고 했다.

약효 이름이 다른 만큼 약효도 다르다. 생지황은 열이 나서 입이 바짝 마르고 목이 탈 때 약으로 쓴다. 또 피를 토하거나 코피가 날 때, 똥이 굳어 안 나올 때 먹어도 좋다. 손이나 발이 삔 곳에는 생지황을 짓찧어 붙인다. 《동의보감》에 생지황은 "성질은 차다. 맛이 달고(쓰다고도 한다) 독이 없다. 모든 열을 내리며 뭉친 피를 헤치고 피멍울을 삭게 한다. 또 달거리를 꼬박꼬박 잘 하게 한다. 부인이 달거리 때가 아닌 데도 피가 나와 멎지 않을 때와 아기를 가졌는데 밑으로 피를 쏟을 때 쓴다. 또 코피가 나거나, 피를 토할 때도 쓴다."라고 했다.

건지황은 열이 나서 목이 타고 살갗에 빨갛게 열꽃이 필 때 약으로 쓴다. 온몸이 쑤시고 아플 때, 피를 토하거나 코피를 흘릴 때도 먹는다. 생지황은 열을 내리는 힘이 더 세고, 건지황은 몸속에 피를 만들어 주는 힘이 더 세다. 숙지황은 심장을 튼튼하게 하고 혈압을 낮추고 빈혈에 좋다. 또 당뇨병이나 신경 쇠약이나 치매에도 좋고 어린아이가 튼튼하게 자라도록 도와준다. 《동의보감》에 숙지황은 "성질이 따뜻하다. 맛은 달면서 조금 쓰고 독이 없다. 모자란 피를 크게 보태 준다. 수염과 머리털이 검어진다. 골수를 보태 주고, 몸이 살찌게 하며, 힘줄과 뼈를 튼튼하게 한다. 또 몸에 기운이 없는 것을 북돋워 주고, 혈맥을 통하게 한다. 귀와 눈을 밝게 한다."라고 했다.

하지만 아기를 가진 엄마나 설사하는 사람에게는 생지황을 쓰면 안 되고, 건지황도 설사하는 사람에게는 안 쓴다. 숙지황은 소화가 잘 안 되고 자주 체하는 사람에게는 안 쓴다. 또 지황은 패모와 함께 쓰지 않고, 약으로 먹을 때 무를 먹으면 안 된다.

여러해살이풀
30cm
6 ~ 7월
9월

2003년 5월 경기도 수원 농촌진흥청

건지황

숙지황

건지황, 생지황, 숙지황

약재 만드는 법	생지황은 봄가을에 뿌리를 캐서 흙을 털어 내고 쓴다. 건지황은 뿌리를 쪄서 그늘에서 말린다. 숙지황은 건지황을 술에 불려 쪄서 말린다.
약 쓰는 법	물에 달여 먹는다. 즙을 짜거나 가루를 내서 알약을 만든다.
약 성질	생지황은 성질이 차고 맛은 쓰며 달다. 건지황은 서늘하고 달다. 숙지황은 조금 따뜻하고 달다.
약효	숙지황_피 보충, 강장, 피 멈추기 / 건지황_피 멈추기 / 생지황_열 내리기, 피 멈추기
약 쓰는 때	생지황_열 날 때, 코피 날 때, 피오줌 쌀 때, 피 토할 때, 변비, 멍든 데, 달거리 없을 때 건지황_열 날 때, 피 토할 때, 코피 날 때, 달거리가 고르지 않을 때, 열꽃이 필 때 숙지황_고혈압, 빈혈, 당뇨병, 신경쇠약, 치매, 어린아이가 허약할 때
주의할 점	아기를 가진 엄마나 위장이 약한 사람은 안 먹는다. 지황은 무나 패모와 함께 쓰지 않는다.

진득찰

Siegesbeckia glabrescens

진득찰은 밭두렁이나 빈터, 길가에서 자라는 한해살이풀이다. 농사꾼은 농사를 망치는 잡초라고 쑥쑥 뽑아 버리지만, 알고 보면 쓸모 있는 약으로 쓰는 풀이다. 꽃이나 열매에서 진득진득한 물이 나와 옷이나 짐승 털에 찰싹찰싹 잘 들러붙는다고 이런 이름이 붙었다. 《동의보감》에 우리 이름으로 '진득출'이라고 처음 나온다.

진득찰은 붉은 대가 어른 무릎 안팎으로 올라오면서 가지를 친다. 가지는 서로 마주 갈라져서 두 팔을 하늘로 벌리듯 뻗는다. 잎도 마디마다 마주난다. 잎몸은 세모꼴이고 잎 가장자리에는 뾰족뾰족한 톱니가 났다. 잎을 뒤집어 보면 잎맥 석 줄이 도드라져 툭 불거져 나왔다. 한여름부터 가을까지 줄기나 가지 끝에서 노란 꽃이 핀다. 꽃은 콩알만 하다. 꽃을 가까이서 톺아보면 머리처럼 둥그스름한 가운데에는 대롱 꽃이 피고, 가장자리에는 혀처럼 길쭉한 꽃잎이 붙는다. 꽃받침은 다섯 장인데 주걱처럼 생기고 진득진득한 물이 나온다. 가을이 되면 열매가 여물어서 짐승 털이나 옷에 들러붙어 퍼진다. 우리나라에는 진득찰, 털진득찰, 제주진득찰 석 종이 산다. 중부 지방에는 털진득찰이 더 많고, 남녘으로 갈수록 진득찰이 더 많이 자란다. 제주도에는 제주진득찰이 자란다. 털진득찰은 진득찰보다 털이 더 많고, 잎이 더 크다. 어린잎을 삶아서 나물로 먹는다.

약재 진득찰은 꽃이 필 무렵에 베어다가 햇볕에 잘 말려서 약으로 쓴다. 술과 꿀을 발라 찐 뒤에 말리기도 한다. 잘게 썰어서 물에 달여 먹는다. 살갗에 잎을 짓이겨 붙이기도 한다. 《동의보감》에는 '희첨(稀薟), 진득출'이라고 한자 이름과 우리 이름이 함께 나온다. "곳곳에서 난다. '화험초(火杴草)'라고도 한다. 풀에서 도꼬마리와 비슷한 냄새가 나는데 쪄서 볕에 말리면 냄새가 다 날아간다. 음력 5월 5일, 6월 6일, 9월 9일에 줄기와 잎을 베어 햇볕에 말린다."라고 나온다. 털진득찰도 함께 약으로 쓴다.

약효 몸에 바람이 들어 팔다리를 못 움직이고 뼈마디가 아플 때, 중풍에 걸려 말을 못하고 몸을 못 움직이고 얼굴이 굳을 때 달여 먹는다. 또 혈압이 높거나 간염이나 황달에 걸렸을 때도 먹는다. 몸에 종기가 나거나 습진에 걸려 가려운 곳에는 잎을 짓이겨 바르면 잘 낫는다.

《동의보감》에는 "성질이 차다. 맛은 쓰고 독이 조금 있다. 주로 열이 심해서 속이 답답하고 그득한 것을 낫게 한다. 중풍에 걸려 몸이 쑤시며 굳는 병인 풍비(風痺)를 고친다."라고 했다.

- 진둥찰, 회첨, 찐득찰, 민득찰
- 한해살이풀
- 40 ~ 100cm
- 8 ~ 9월
- 10월

2005년 9월 경기도 광릉

털진득찰 *Sigesbeckia pubescens*

희첨

약재 만드는 법	8~9월 꽃이 필 무렵에 베어다가 햇볕에 잘 말린다. 술과 꿀을 발라 찐 뒤에 말리기도 한다. 잘게 썰어서 쓴다.
약 쓰는 법	물에 달여 먹는다. 살갗에 잎을 짓이겨 붙이기도 한다.
약 성질	성질이 차다. 맛은 쓰고 독이 조금 있다.
약효	혈압 낮추기, 보간
약 쓰는 때	팔다리를 못 움직이고 뼈마디가 아플 때, 중풍, 얼굴에 마비가 올 때, 고혈압, 간염, 황달, 종기, 습진

질경이택사

Alisma orientale

질경이택사는 논이나 못, 연못가, 강가 얕은 물에서 크는 여러해살이풀이다. 잎이 질경이 잎을 닮았다고 이런 이름이 붙었다. 또 잎이 소 귀를 닮았다고 '쇠귀나물'이라고도 한다. 《동의보감》에는 우리 이름으로 '쇠귀ᄂᆞ믈'이라고 나온다.

질경이택사는 뿌리줄기가 토끼 꼬리처럼 뭉툭하고 짧다. 뿌리줄기에서 수염뿌리가 쑥대머리처럼 어지럽게 뻗는다. 잎은 모두 뿌리에서 모여난다. 두툼하고 통통한 잎자루가 어른 팔 길이만큼 뻗어 올라가고 둥글넓적한 잎이 달린다. 잎끝은 뾰족하고 잎맥이 나란하다. 한여름에 잎사귀 사이에서 꽃대 하나가 어른 허리춤까지 쭉 올라온다. 꽃대 위쪽 마디마다 대여섯 개 가지가 빙 둘러 갈라진다. 갈라진 가지에서 작은 꽃대가 또 빙 둘러 갈라지고 그 끝에서 하얀 꽃이 핀다. 꽃잎은 석 장이다. 가을이 되면 둥그스름한 열매가 여문다.

약재 질경이택사는 뿌리줄기를 약으로 쓰는데 못에서 물이 나가는 것처럼 몸에서 물이 잘 나가게 해 준다는 뜻으로 한자로 '택사(澤瀉)'라고 한다. 잎이 마른 늦가을이나 이듬해 봄에 뿌리줄기를 캐서 수염뿌리를 다듬어 햇볕에 말린 뒤 껍질을 벗긴다. 약한 불에 쬐어 말리기도 한다. 썰어서 물에 달여 먹는다. 가루로 빻아 먹기도 한다. 택사와 벗풀도 함께 약으로 쓴다.

《동의보감》에는 '택사(澤瀉), 쇠귀ᄂᆞ믈불휘'라고 한자 이름과 우리 이름이 함께 나온다. "연못에서 자란다. 어느 곳에나 다 있다. 음력 8월, 9월에 뿌리를 캐 볕에 말린다. 약에 넣을 때는 술에 하룻밤 담가 두었다가 볕에 말려서 쓴다."라고 했다.

약효 오줌이 시원하게 안 나오고 찔끔찔끔 쌀 때 먹으면 좋다. 콩팥이 안 좋아서 몸이 부을 때나 오줌보나 오줌길에 염증이 생겨 아플 때에도 먹는다. 또 혈압이나 혈당을 낮추기 때문에 고혈압이나 당뇨병에 걸렸을 때 먹어도 좋다.

《동의보감》에는 "성질이 차다. 맛은 달고 짜며 독이 없다. 오줌보에 몰린 오줌을 잘 나가게 한다. 다섯 가지 임질을 고치고, 오줌보에 있는 열을 없앤다. 오줌길과 작은창자를 잘 통하게 하며 오줌이 방울방울 떨어지는 것을 멎게 한다. 몸에 있는 축축한 기운을 없애는 데 아주 좋은 약이다. 하지만 콩팥 힘을 떨어뜨리기 때문에 많이 먹거나 오랫동안 먹으면 안 된다. 《신농본초경》에는 많이 먹으면 눈병이 생긴다고 하였다."라고 했다.

- 쇠귀나물
- 여러해살이풀
- 50 ~ 90cm
- 7 ~ 8월
- 9월

2002년 7월 경기도 수원

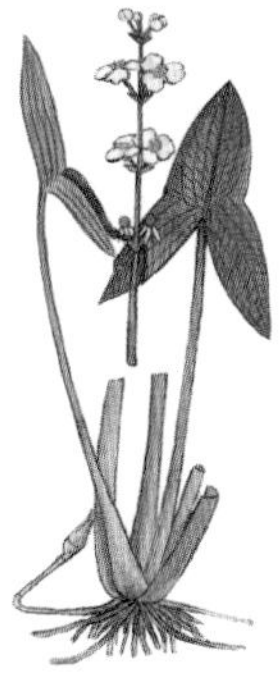

택사 *Alisma canaliculatum*　　벗풀 *Sagittaria sagittifolia* subsp. *leucopetala*

택사

약재 만드는 법 잎이 마른 늦가을이나 이듬해 봄에 뿌리줄기를 캐서 수염뿌리를 다듬어 햇볕에 말린다. 약한 불에 쬐어 말리기도 한다. 썰어서 쓴다.

약 쓰는 법 물에 달여 먹는다. 가루로 빻아 먹기도 한다.

약 성질 성질이 차다. 맛이 달고 짜며 독이 없다.

약효 오줌내기, 혈당 내리기, 균 없애기, 보간

약 쓰는 때 오줌이 잘 안 나올 때, 콩팥이 안 좋아서 몸이 부을 때, 방광염, 요도염, 고혈압, 당뇨병

짚신나물

Agrimonia pilosa

짚신나물은 산기슭이나 길가나 풀밭에서 흔히 자라는 여러해살이풀이다. 사람한테 밟혀도 씩씩하게 잘 자란다. 메마른 곳이나 공기가 나쁜 곳에서는 살지 않는다. 줄기에 달린 잎 생김새가 꼭 짚신을 닮았다고 이런 이름이 붙었다고도 하고, 열매가 짚신에 잘 붙었다고 이런 이름이 붙었다고도 한다. 《동의보감》에는 '낭아(狼牙), 낭아초'라고 나온다. 이리 송곳니처럼 생긴 풀이라는 뜻이다. 풀이 돋을 때 모습을 보고 지은 이름 같다. 19세기에 펴낸 《물명고》라는 책에 '집신나물'이라는 이름이 처음 나온다. 봄에 돋은 싹을 뜯어 데친 뒤 물에 우려 쓴맛을 없애고 나물로 무치거나 튀김으로 먹는다.

짚신나물은 어른 무릎에서 허리춤까지 자라면서 가지를 친다. 온몸에는 털이 나서 만져 보면 거칠거칠하다. 잎은 어긋나는데, 긴 잎자루에 작은 잎이 여러 장 붙는다. 잎자루 아래쪽에 마주 붙은 잎은 작고 위로 올라갈수록 커진다. 맨 끝에는 잎 석 장이 붙는다. 큰 잎 사이사이에는 아주 쪼그만 새끼 잎이 또 오막조막 달린다. 줄기에서 잎자루가 나오는 마디에는 옷깃처럼 생긴 반달꼴 쪽잎 두 장이 줄기를 감싼다. 잎이나 턱잎 모두 가장자리에 거친 톱니가 나 있다. 여름 들머리부터 기다란 꽃대가 쭉 올라와서는 노란 꽃이 줄줄이 달려 핀다. 꽃잎은 다섯 장이다. 가을이 되면 꽃이 떨어지고, 작은 통처럼 생긴 꽃받침 안에서 씨가 여문다. 다 익으면 다섯 조각으로 벌어지면서 씨가 나온다. 꽃받침 통에는 갈고리 같은 털이 잔뜩 나 있어서 짐승 털이나 옷에 붙어서 멀리 퍼진다.

약재 짚신나물은 꽃이 피기 전에 벤다. 햇볕이나 그늘에서 잘 말려서 약으로 쓴다. 잘게 썰어서 물에 달여 먹는다. 가루를 내거나 즙을 짜서 먹기도 한다. 살갗에는 풀을 짓찧어 붙인다.
《동의보감》에는 "싹은 뱀딸기 싹과 닮았는데, 더 두텁고 크며 진한 풀빛이다. 뿌리는 검고 짐승 어금니처럼 생겼기 때문에 '낭아'라고 했다. '아자(牙子)'라고도 한다. 음력 2월, 8월에 뿌리를 캐 햇볕에 말린다. 축축해져서 썩고 곰팡이가 생긴 것은 사람을 죽인다."라고 했다.
약효 짚신나물은 피를 멎게 하는 힘이 세다. 피를 토하거나 코피가 나거나 잇몸에서 피가 나거나 피오줌을 쌀 때 먹으면 좋다. 또 여러 가지 암을 고치는 힘이 있고 설사를 멎게 한다. 또 가을에 뿌리를 캐서 달여 먹으면 몸속에 사는 기생충을 없앨 수 있다. 봄에는 새순을 따서 나물로 자주 먹으면 여름철에 설사나 배탈이 안 난다. 살갗에 종기나 상처가 났을 때, 뱀에 물렸을 때는 잎을 짓찧어서 붙인다.
《동의보감》에는 "성질이 차다. 맛은 쓰며 시고 독이 있다. 옴으로 가려운 것과 종기나 부스럼, 치질을 낫게 한다. 촌백충처럼 배 속에 사는 모든 벌레를 죽인다."라고 했다.

◐ 용아초, 지풀, 개구리눈
여러해살이풀
60 ~ 120cm
6 ~ 8월
가을

2004년 6월 강원도 양양

용아초

약재 만드는 법 꽃이 피기 전에 베어서 햇볕이나 그늘에서 잘 말린 뒤 잘게 썰어 쓴다. 가루를 내거나 즙을 짜 먹기도 한다.

약 쓰는 법 물에 달이거나 가루로 빻아 먹는다. 뱀에 물리거나 종기가 난 곳에는 생풀을 짓찧어서 붙인다.

약 성질 성질이 차다. 맛은 쓰고 시며 독이 있다.

약효 피 멈추기, 아픔 멈추기, 설사 멈추기, 균 없애기, 벌레 없애기

약 쓰는 때 코피, 피를 토할 때, 오줌과 똥에 피가 섞여 나올 때, 여러 가지 내출혈, 설사, 이질, 위궤양, 장염, 달거리가 멎지 않을 때, 여러 가지 암, 몸속에 기생충을 없앨 때, 트리코모나스 질염에 걸렸을 때

쪽

Persicaria tinctoriua

쪽은 밭에 심어 기르는 한해살이풀이다. 원래는 중국에서 나던 풀인데 옛날부터 옷감을 퍼런 쪽빛으로 물들이려고 들여와서 기른다. 이집트에서는 3000년 전부터 옷감을 물들이는데 썼다고 한다. 우리나라에서도 삼국 시대부터 옷감을 쪽빛으로 물들였다고 한다.

쪽은 어른 무릎께까지 큰다. 줄기는 곧게 올라오고 가지를 조금 친다. 줄기는 붉은 자줏빛이고 매끄럽다. 아기 손 한 뼘 간격으로 마디가 지고 마디마다 잎이 어긋난다. 잎자루가 붙은 마디는 희끄무레한 얇은 껍질이 싸고 있다. 손으로 벗기면 살포시 벗겨진다. 잎은 달걀꼴이고 끝이 뾰족하다. 한여름부터 가을 들머리까지 잎겨드랑이와 줄기 끝에서 꽃대가 올라와 불그스름한 꽃이 핀다. 꽃이 쪼그마해서 다다귀다다귀 붙는다. 가을이 되면 씨가 맺는다. 씨는 보리알만 한데 세모졌고 겉이 반지르르하고 검은 밤빛이다.

약재 쪽잎은 진한 풀빛이지만 따다 말리면 검푸르게 바뀐다. 잎을 따서 햇볕에 말린 것을 '남엽', 쪽잎을 우려낸 물에 석회를 넣고 햇볕에 말려서 만든 파란 가루를 '청대', 열매를 햇볕에 말린 것을 '남실'이라고 한다. 물에 달이거나 가루를 내어 먹는다.

《동의보감》에는 열매를 '남실(藍實), 족씨'라고 한자 이름과 우리 이름이 함께 나온다. "음력 5월, 6월에 씨를 받는다. 여뀌 씨처럼 생겼는데 더 크고 빛깔이 까맣다."라고 했다. 씨뿐만 아니라 즙, 청대, 쪽물을 담은 그릇에 가라앉은 앙금, 쪽으로 물들인 옷감도 약으로 쓴다고 나온다.

약효 잎과 열매는 몸에 쌓인 독을 풀어 주고, 청대는 열을 내리고 피를 멈추게 한다. 벌에 쏘이거나 뱀에 물렸을 때는 생잎을 짓찧어 즙을 내어 바르면 좋다. 종기나 곪은 데나 부스럼이나 습진에도 쪽잎 달인 물로 씻거나 생즙을 내어 바르면 잘 낫는다.

《동의보감》에 남실은 "성질이 차다(서늘하다고도 한다). 맛이 쓰고(달다고도 한다) 독이 없다. 여러 가지 독을 풀어 준다. 여러 가지 벌레 독, 귀신이 붙어 생기는 병, 벌레에 쏘인 독을 없앤다. 경락 속에 몰린 기를 풀어서 건강하게 하며 잠을 적게 자게 한다."라고 했다.

쪽잎 즙은 "여러 가지 약에 있는 독을 없앤다. 한라투구꽃 독, 그물 독, 독약, 독화살, 광물성 약재들에 들어 있는 독을 푼다. 유행성 열병으로 발광하는 것, 상처가 덧나 생기는 병, 열이 나거나 종기 때문에 생기는 독, 코피를 흘리는 거나 피를 토하는 것, 쇠붙이에 다쳐서 피를 흘려 정신이 아찔해지는 것 따위를 고친다. 답답하고 목마른 것을 멎게 한다. 벌레와 뱀에 물린 독, 애를 낳은 뒤에 피를 많이 흘리는 것, 아이가 열이 높거나 몸이 여위고 배가 불러오는 병을 낫게 한다."라고 했다.

청대는 "성질이 차다. 맛은 짜며 독이 없다. 온갖 약독을 풀고, 돌림병에 걸려 머리가 아프면서 몸이 춥다가 열이 나는 것이 번갈아 일어날 때 쓴다. 열이 나서 생기는 부스럼이나 오래된 종기, 쇠붙이에 다친 상처, 밑으로 피를 쏟는 것, 뱀이나 개에 물려 생긴 독을 고친다. 아이가 감열(疳熱)로 몸이 야위는 것을 낫게 하고 몸속 벌레를 죽인다."라고 했다.

- 가시련꽃
- 개연, 칠남성
- 한해살이풀
- 50 ~ 60cm
- 8 ~ 9월
- 10월

2002년 8월 경기도 광릉수목원

청대

약재 만드는 법	여름과 가을 사이에 잎을 따서 물에 우려낸 뒤 석회를 넣고 햇볕에 말린다.
약 쓰는 법	물에 달이거나 가루를 내어 먹는다.
	벌레에 물렸을 때나 습진, 살갗에 염증이 생겼을 때는 잎을 짓찧어 바른다.
약 성질	성질이 차다. 맛이 짜며 독이 없다.
약효	열 내리기, 해독, 염증 없애기, 피 멈추기
약 쓰는 때	열이 날 때, 소화가 안 될 때, 몸이 붓고 염증이 생겼을 때, 기관지염

참나리

Lilium lancifolium

참나리는 볕이 잘 드는 산기슭이나 절벽 틈, 바위틈, 둑에서 크는 여러해살이풀이다. 가끔 들판에서도 보인다. 나리꽃 가운데 으뜸이라고 이런 이름이 붙었다. 산에 핀다고 '산나리', 꽃에 난 까만 점 때문에 '호랑나리'라고도 한다. 《동의보감》에는 우리 이름으로 '개나리'라고 나온다. 옛날에는 참나리를 개나리라고 했다. 노란 꽃이 피는 떨기나무인 개나리는 본디 우리 이름이 '가지꽃'이다. 예전에 먹을 것이 없을 때 참나리 비늘줄기를 캐어다 죽을 쑤어 먹기도 했다. 어린순은 나물로 무쳐 먹을 수 있다. 꽃잎과 비늘줄기는 술을 담가 먹는다.

참나리에는 크기가 탁구공만 하고 통마늘처럼 생긴 비늘줄기가 있다. 비늘줄기는 얇은 비늘이 겹겹이 뭉쳐서 양파 껍질처럼 벗겨진다. 비늘줄기 머리에도 잔뿌리가 잔뜩 나고, 밑동에서도 난다. 줄기는 새끼손가락만 한 굵기로 꼿꼿하게 쑥 올라와 어른 키만큼 큰다. 가지는 따로 안 친다. 줄기에는 검은 자줏빛 점이 잔뜩 나 있다. 잎은 대나무 잎처럼 길쭉하고 끝이 뾰족하다. 사방 여기저기를 향해 다닥다닥 어긋난다. 잎겨드랑이에는 까만 콩알 같은 구슬눈(珠芽)이 달린다. 손끝으로 툭 건드리면 힘없이 떼굴떼굴 굴러 떨어진다. 땅으로 떨어져서 데굴데굴 구르다가 알맞은 곳에 자리를 잡으면 나중에 싹이 튼다. 여름 무더위가 시작될 때 줄기와 가지 끝에서 큼지막한 주황색 꽃이 땅바닥을 바라보고 핀다. 꽃잎은 여섯 장이고 꽃잎 끝이 새우등처럼 둥그렇게 뒤로 말린다. 꽃잎에는 짙은 자줏빛 점이 주근깨처럼 잔뜩 나 있다. 암술과 수술대가 길게 밖으로 나온다. 가을에 열매를 맺지만, 이 열매에서는 싹이 돋지 않는다.

약재 참나리 비늘줄기는 가을이나 봄에 캔다. 비늘줄기를 깨끗이 씻어 끓는 물에 살짝 데치거나 뜨거운 김으로 찐 뒤 햇볕에 잘 말려서 물에 달여 먹는다. 《동의보감》에는 '백합(百合), 개나리불휘'라고 나온다. '백합'은 비늘줄기가 양파처럼 100개 겹쳐 있다고 붙은 이름이다. "산과 들에서 자란다. 두 가지가 있는데, 하나는 잎이 가늘며 불그스름한 하얀 꽃이 핀다. 다른 하나는 잎이 크고 줄기가 길며 뿌리가 굵고 꽃이 하얗다. 이 두 가지를 약에 쓴다. 하지만 까만 얼룩점이 있는 노란 꽃이 피고, 잎이 가늘고, 잎 사이에 까만 씨가 있는 것은 약으로 쓸 수 없다. 뿌리는 통마늘처럼 생겼는데 수십 쪽이 겹겹이 붙어 있다. 음력 2월, 8월에 뿌리를 캐 햇볕에 말린다. 빨간 꽃이 피는 것은 '산단(山丹)'이라고 하는데 아주 좋지 않다. 나리 뿌리는 백 조각이 서로 쌓여 이루어진다. 오줌을 잘 내보내는 좋은 약이다. 꽃이 하얀 것이 좋다."라고 했다.

약효 열병을 앓고 난 뒤에 신경이 쇠약해져서 잠을 못 자고 가슴이 두근거리며 불안할 때 먹으면 좋다. 폐결핵이나 마른기침이 자꾸 날 때나 아기를 낳고 몸조리 할 때 먹어도 좋다. 《동의보감》에는 "성질이 평범하다. 맛은 달며 독이 없다(독이 있다고도 한다). 몸에 찬 기운이 들어 걸리는 백합병(百合病)을 낫게 하고, 똥오줌이 잘 나가게 한다. 모든 나쁜 기운과 헛것에 들려 울고 미친 소리로 울부짖는 것을 낫게 한다. 배 속 기생충을 없애고, 젖멍울과 등에 나는 부스럼, 살갗에 생기는 온갖 부스럼을 낫게 한다."라고 했다.

◐ 산나리, 호랑나리, 나리, 알나리
여러해살이풀
1 ~ 2m
7 ~ 8월
9월

2007년 7월 충청북도 제천

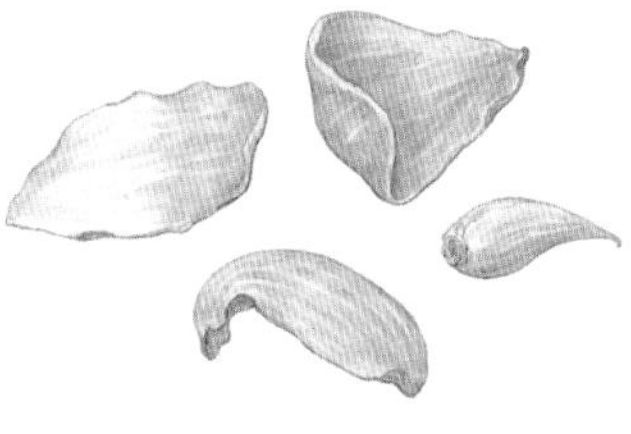

백합

약재 만드는 법	봄가을에 비늘줄기를 캔다. 비늘줄기를 깨끗이 씻어 끓는 물에 살짝 데치거나 뜨거운 김으로 찐 뒤 햇볕에 잘 말린다.
약 쓰는 법	물에 달여 먹는다.
약 성질	성질이 평범하다. 맛은 달며 독이 없다(독이 있다고도 한다).
약효	기침 멈추기, 강장, 진정, 항알레르기, 항산화
약 쓰는 때	신경 쇠약, 밤에 잠이 안 올 때, 폐결핵, 마른기침이 날 때, 근육통, 신경통

참당귀

Angelica gigas

참당귀는 산골짜기 축축한 곳에서 자라는 여러해살이풀이다. 약으로 쓰려고 일부러 밭에서 기르기도 한다. 줄기와 꽃이 온통 붉어서 멀리서도 금방 알아볼 수 있다. 중이 사는 깊은 골짜기에서 자란다고 '승암초'라는 이름도 있다. 《동의보감》에는 우리 이름으로 '숭엄초'라고 나온다. 봄에 돋은 잎과 줄기는 나물로 먹는다. 조금 매운맛이 나지만 향긋하며 씹히는 맛이 좋다. 쓴맛이 없어서 살짝 데친 뒤 찬물에 한두 번 헹구어 나물로 무친다.

참당귀는 줄기가 곧게 올라와 어른 키만큼 자란다. 줄기는 속이 비었다. 뿌리와 줄기 아래에서 나는 잎은 잎자루가 길다. 긴 잎자루 아래쪽은 보자기처럼 생겨서 줄기를 감싼다. 잎은 세 갈래로 큼지막하게 갈라지고, 갈라진 잎은 다시 3 ~ 5갈래로 또 작게 갈라진다. 줄기 위로 올라갈수록 잎이 작아지고 덜 갈라진다. 8 ~ 9월이 되면 줄기나 가지 끝에 아주 자잘한 자주색 꽃들이 잔뜩 모여서 우산처럼 둥그렇게 핀다. 10월쯤 열매를 맺는다.

약재 참당귀는 가을이나 봄에 뿌리를 캐서 약으로 쓴다. 굵은 뿌리는 땅속으로 뻗으면서 휘뚜루마뚜루 갈라지고 잔뿌리가 난다. 오래 묵은 뿌리일수록 향이 진하고 약효도 좋다. 막 캐낸 뿌리를 툭 꺾으면 허연 젖물이 흐른다. 캐낸 뿌리는 그늘에 잘 말려서 뿌리꼭지를 떼어 내고 물에 넣고 달여 먹는다. 술을 담그기도 한다. 《동의보감》에는 '당귀(當歸), 숭엄초불휘'라고 나온다. "산과 들에서 자라는 데 심기도 한다. 음력 2월, 8월에 뿌리를 캐 그늘에서 말린다. 살이 많고 마르지 않은 것이 가장 좋다. 또는 살이 많고 반지르르하면서 빳빳하게 마르지 않은 것이 좋다고도 한다. 또는 말 꼬리처럼 생긴 것이 좋다고도 한다. 뭉친 피를 풀려면 뿌리꼭지를 쓴다. 피를 멎게 하려면 잔뿌리를 쓴다. 다 함께 쓰면 한편으로는 피를 헤치고 한편으로는 피를 멎게 한다. 이것이 피를 고르게 하는 것(和血)이다."라고 했다. 약방에서는 '조선당귀, 토당귀'라고 한다. 중국에서 약으로 쓰는 당귀(*A. sinensis*)는 참당귀와 다른 식물이지만 같은 약재로 쓴다. 중국 당귀는 하얀 꽃이 핀다. 우리나라 참당귀는 피를 헤치는 힘이 세지만, 중국 당귀는 피를 보태 주는 힘이 세다. 중국 당귀는 2000m가 넘는 높은 산에서 기르기 때문에 우리나라에서 기르기가 어렵다.

약효 참당귀는 피를 잘 돌게 하고 몸에 모자란 피를 보태 준다. 여자에게 아주 좋은 약이다. 달거리가 없거나 들쑥날쑥할 때, 달거리하면 배가 많이 아플 때, 아기를 낳고 배가 아플 때 먹는다. 또 빈혈이 있거나 코피가 날 때, 피멍이 들었을 때 먹어도 좋다. 똥이 굳어 안 나오는 사람이 먹으면 시원하게 똥을 누게 해 준다. 하지만 물똥을 싸거나 소화가 안 돼서 배가 더부룩할 때는 쓰지 않는다. 또 생강과 석창포와는 함께 섞어 약으로 쓰지 않는다. 《동의보감》에는 "성질이 따뜻하다. 맛은 달고 매우며 독이 없다. 몸에 바람이 들어 생기는 풍병(風病)과 피에 생기에 혈병(血病), 몸이 허약하고 피곤한 허로(虛勞)병을 낫게 한다. 나쁜 피를 없애고 새로운 피가 생기게 한다. 몸속에 덩어리가 생긴 병과 부인이 밑으로 피를 쏟을 때, 아기를 못 가질 때 약으로 쓴다. 또 여러 가지 나쁜 종기나 부스럼, 쇠붙이에 다쳐서 피가 몸속에서 뭉친 것을 낫게 한다. 이질로 배가 아픈 것을 멎게 하며, 학질(말라리아)을 낫게 한다. 오장을 튼튼하게 하며 새살이 돋게 한다."라고 했다.

- 북 당귀
- 조선당귀, 토당귀, 승검초, 신감채, 승암초
- 여러해살이풀
- 1 ~ 2m
- 8 ~ 10월
- 11월

2007년 8월 경기도 포천

바디나물 *Angelica decursiva*

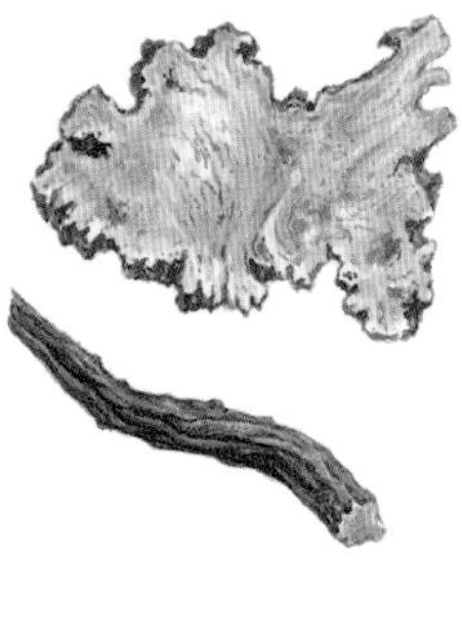

토당귀

약재 만드는 법	봄가을에 뿌리를 캐서 그늘에 말린 뒤 알맞게 썰어서 쓴다.
약 쓰는 법	물에 달여 먹는다.
약 성질	성질이 따뜻하다. 맛은 달고 매우며 독이 없다.
약효	피 보태기, 피 잘 돌기, 강장
약 쓰는 때	몸이 허약할 때, 머리가 아플 때, 뼈마디가 쑤실 때, 빈혈, 달거리가 들쭉날쭉할 때, 아기 낳은 뒤 배가 아플 때
주의할 점	물똥을 싸거나 소화가 안 돼서 배가 더부룩할 때는 쓰지 않는다. 생강과 석창포와 함께 약으로 안 쓴다.

참여로

Veratrum nigrum var. *ussuriense*

참여로는 산속에서 자라는 여러해살이풀이다. 뿌리를 약으로 쓰는데 독이 세서 함부로 쓰면 안 된다. 여로나 흰여로나 박새 같은 풀뿌리도 참여로와 함께 한방에서는 '여로'라는 이름으로 함께 약으로 쓴다.

참여로는 줄기 밑에만 잎이 수북하게 나고, 위쪽으로는 잎 없이 외대로 꼿꼿하게 자란다. 어른 가슴팍까지 큰다. 줄기 밑동은 잎집이 썩어서 터실터실하게 감싸고 있다. 밑에 난 잎은 어린 아이 팔 길이만큼 길쭉하면서 넙데데하다. 잎 밑동은 줄기를 감싼다. 늦여름부터 가을 들머리까지 자줏빛 꽃이 줄기 끝과 가지에서 다닥다닥 핀다. 꽃잎은 여섯 장이다. 꽃이 지면 열매가 주저리주저리 달린다. 열매는 긴둥근꼴로 생겨서 홈이 세 개 파였다.

약재 참여로는 뿌리줄기가 짧게 뻗고 굵은 수염뿌리가 텁수룩하게 난다. 봄가을에 뿌리를 캔다. 독이 있어서 찹쌀 뜨물에 하룻밤 재웠다가 식초에 볶거나 끓는 물에 데쳐서 독을 우려낸 뒤 햇볕에 말려 쓴다. 물에 달이거나 가루를 내서 쓴다. 하지만 독이 세서 함부로 쓰면 큰일 난다.

《동의보감》에는 참여로가 아니라 박새가 나온다. '여로(藜蘆), 박새'라고 한자 이름과 우리 이름이 함께 나온다. "산에서 자란다. 뿌리는 파와 닮았는데 털이 많다. 과남풀(龍膽)과 닮았다. 음력 2월, 3월, 8월에 뿌리를 캐 그늘에서 말린다. '녹총(鹿葱)'이라고도 한다. 찹쌀 씻은 물에 삶은 뒤에 볕에 말려 살짝 볶아서 쓴다."라고 했다.

약효 예전에는 먹은 것을 급하게 토해야 할 때, 중풍에 걸려 가래를 토하고 숨이 찰 때, 목에 염증이 생겼을 때 먹었다지만 지금은 먹는 약으로는 안 쓴다. 요즘에는 집짐승에 붙어사는 빈대나 벼룩 따위를 없애거나 뒷간에 파리와 구더기를 없앨 때, 농작물에 들러붙는 벌레를 없애려고 달인 물을 뿌린다. 또 사람 머리에 비듬이 생기거나 살갗에 부스럼이 나고 옴에 걸렸을 때 달인 물을 바르기도 한다. 독이 세서 몸이 약한 사람이나 아기를 가진 엄마가 먹으면 큰일 난다.

《동의보감》에는 "성질이 차다. 맛은 맵고 쓰며 독이 많다. 머리에 난 부스럼, 옴으로 가려운 것, 심한 종기나 버짐을 낫게 한다. 죽은 살을 없애며 여러 가지 벌레를 죽인다. 가슴에 바람이 들어 생기는 가래를 토하게 한다."라고 했다.

- 검정여로, 큰여로
- 여러해살이풀
- 1.5m 안팎
- 8~9월
- 가을

2004년 7월 경기도 광릉

박새 *Veratrum oxysepalum*

흰여로 *Veratrum versicolor*

여로 *Veratrum maackii* var. *japonicum*

여로

약재 만드는 법	봄가을에 뿌리를 캔다. 독이 있어서 꼭지를 떼 내고 찹쌀 뜨물에 하룻밤 재웠다가 식초에 볶거나 끓는 물에 데쳐서 독을 우려낸 뒤 햇볕에 말려 쓴다.
약 쓰는 법	달인 물을 살갗에 바르거나 씻는다.
약 성질	성질이 차다. 맛은 맵고 쓰며 독이 많다.
약효	벌레 없애기
약 쓰는 때	비듬, 부스럼, 옴, 벌레를 없앨 때
주의할 점	독이 세서 먹으면 안 된다.

천남성

Arisaema amurense f. serratum

천남성은 산속 그늘지고 축축한 곳에서 자라는 여러해살이풀이다. 둥근 덩이줄기가 남쪽 밤하늘에 빛나는 별을 닮았다고 이런 이름이 붙었다고 한다. 또 호랑이 발바닥을 닮았다고 '호장'이라고도 한다.

천남성은 양파처럼 생긴 덩이줄기에서 가는 뿌리가 쑥대머리처럼 더부룩하게 난다. 덩이줄기에서 새끼손가락 굵기만 한 대궁 하나가 꼿꼿하게 쑥 올라온다. 어른 종아리께까지 큰다. 대궁은 풀빛이고 자줏빛 반점이 자글자글 나기도 한다. 줄기 끝이 두 갈래로 갈라지면서 새가 날개를 펼치듯이 잎이 열 장 안팎으로 달린다. 오월부터 한여름까지 꽃대가 곧게 쭉 올라와 끝에서 긴 통처럼 생긴 꽃이 핀다. 꽃을 감싼 겉껍질은 위쪽 끝이 꼬부라져 가리개처럼 생겼다. 가을이 되면 꽃을 싼 겉껍질은 말라 버리고 동글동글한 열매가 옥수수처럼 당글당글 달려 빨갛게 익는다.

약재 천남성은 가을에 덩이줄기를 캐서 약으로 쓴다. 하지만 덩이줄기는 독이 있어서 함부로 먹으면 안 된다. 날로 먹었다간 입안이 부르트고 목 안이 아리고 속을 게우기도 한다. 맨손으로 풀을 자꾸 만져도 살갗이 가렵고 벗겨지기도 한다. 덩이줄기 껍질을 벗기고 생강즙이나 백반을 함께 넣고 끓여 속까지 익혀서 독을 뺀다. 소나 돼지 쓸개즙에 오랫동안 담가두기도 한다. 그리고 햇볕에 말린 뒤에 알맞게 썰어 물에 달여 먹거나 가루로 빻아 먹는다.

《동의보감》에는 "천남성(天南星), 두여머조자기"라는 한자 이름과 우리 이름이 함께 나온다. "산과 들에 난다. 음력 2월, 8월에 뿌리를 캔다. 약으로 쓸 때에는 구워서 쓴다. 소 쓸개즙에 넣어 법제한 것이 더욱 좋다. 음력 12월에 물속에 담가 얼려서 마른 성질을 없앤 뒤에 속이 터지게 구워 쓰거나, 속에 있는 흰 점이 없어지도록 생강즙이나 백반을 넣고 삶은 것이 좋다."라고 했다.

약효 천남성 덩이줄기는 담을 삭이고 경련을 멎게 하고 뭉친 피를 풀어 준다. 중풍에 걸려 몸을 쓰지 못할 때, 입과 눈이 삐뚤어질 때, 가래가 나오고 기침을 오래 하며 시난고난 앓을 때, 허리나 어깨에 담을 들어 아플 때 약으로 쓴다. 독이 있어서 몸이 허약한 사람이나 아기를 가진 엄마는 먹으면 안 된다. 오래도록 낫지 않는 종기에는 날뿌리를 식초에 담갔다가 붙인다. 그러면 염증이 없어지고 아픔이 누그러진다.

《동의보감》에는 "성질이 평범하다. 맛은 쓰며 맵고 독이 있다. 중풍을 낫게 하고 담을 삭이며 가슴을 편안하게 한다. 또 부스럼과 종기를 없앤다. 아기를 유산시키고 파상풍을 낫게 한다."라고 했다.

- 호장
- 여러해살이풀
- 15 ~ 30cm
- 5 ~ 7월
- 9 ~ 10월

2002년 6월 충청북도 소백산

천남성

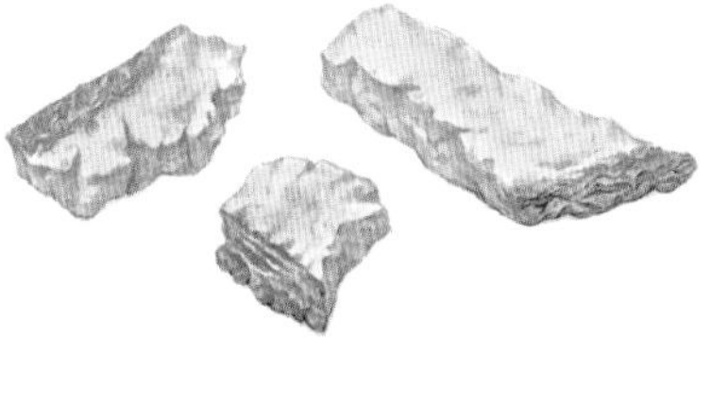

약재 만드는 법	가을에 뿌리를 캔다. 껍질을 벗기고 생강즙이나 백반을 함께 넣고 끓여 속까지 익힌 뒤에 햇볕에 말려서 쓴다. 잘게 썰어서 쓴다.
약 쓰는 법	물에 달여 먹거나 가루를 내어 먹는다.
약 성질	성질이 평범하다. 맛은 쓰며 맵고 독이 있다.
약효	가래 없애기, 진정, 경련 멈추기, 피 깨뜨리기
약 쓰는 때	중풍에 걸려 몸을 쓰지 못하거나 입과 눈이 삐뚤어질 때, 가래가 나오고 기침을 오래도록 할 때, 허리나 어깨에 담을 들어 아플 때
주의할 점	독이 있어서 반드시 독을 없앤 뒤 쓴다. 몸이 허약하거나 아기를 가진 엄마에게는 약으로 안 쓴다.

천마

Gastrodia elata

천마는 깊은 산 숲속 그늘에서 자라는 여러해살이풀이다. 가랑잎이 수북하게 쌓이고 오래 썩어서 기름진 땅에서 잘 자란다. 천마는 싹이 빨갛고 화살대처럼 돋아 올라온다. 둥그런 대궁 하나가 외줄기로 멀쑥하게 자란다. 줄기는 해끄무레하면서도 불그스름하다. 대나무처럼 띄엄띄엄 마디지고 마디마다 하잘것없는 쪼그만 잎이 난다. 줄기 속은 텅 비었다. 여름 들머리에 외대 끝에서 조그만 단지처럼 생긴 꽃이 줄줄이 달린다. 꽃은 누르스름한 밤색이다. 꽃잎 석 장이 합쳐져 피고, 꽃잎 끝이 세 갈래로 갈라진다. 안에 꽃잎이 두 장 더 있다. 한여름부터 씨가 여문다.

약재 천마는 뿌리와 싹을 약으로 쓴다. 뿌리는 빛깔은 감자 같고 생김새는 꼭 고구마를 닮았다. 잔뿌리가 하나 없이 민숭민숭하고 둥글게 주름이 진다. 잔뿌리가 없기 때문에 제 힘으로 양분을 빨아들이지 못하고 참나무 뿌리에 사는 버섯 균사에 붙어 더부살이로 양분을 얻는다. 뿌리는 몹시 구린내가 나고 먹으면 조금 맵고 아린 맛이 난다. 그래서 옛사람들은 겉껍질을 벗기고 감자처럼 푹 쪄서 꿀을 발라 새참으로 먹거나 햇볕에 말려 약으로 썼다. 봄가을에 뿌리를 캔다. 뿌리껍질을 벗긴 뒤에 속이 뭉그러질 때까지 쪄서 햇볕이나 불로 빨리 말린다. 그리고 잘게 썬다. 때로는 잘게 썬 것을 불로 볶거나 뜨거운 재 속에 묻어 구워서 쓰기도 한다. 물에 달여 먹거나 가루로 빻아서 먹는다. 싹은 봄에 뜯어 약으로 쓴다.

《동의보감》에는 '천마(天麻), 슈자히좃'이라고 한자 이름과 우리 이름이 함께 나온다. 뿌리는 "적전(赤箭) 뿌리다. 오이를 닮았다. 10 ~ 20개 뿌리가 이어져 자란다. 음력 2월, 3월, 5월, 8월에 뿌리를 캐 햇볕에 말린다. 싹을 '정풍초(定風草)'라고 한다. 뿌리를 캐 물기가 있을 때 겉껍질을 긁어 버리고 끓는 물에 살짝 삶아내어 햇볕에 말린다. 속이 단단한 것이 좋다."라고 했다. 천마 싹은 '적전(赤箭), 뎐맛삭'이라고 나온다. "산이나 들에서 난다. 천마 싹이다. 싹이 외줄기로 화살처럼 돋아 올라온다. 잎은 줄기 끝에서 난다. 줄기와 싹이 모두 빨갛기 때문에 '적전(赤箭)'이라고도 한다. 음력 3월, 4월에 싹을 뜯어 볕에 말린다. 이 풀은 바람이 불 때에는 흔들리지 않고 바람이 없을 때에는 저절로 흔들린다."라고 했다.

약효 뿌리는 머리가 어지럽고 아픈 데, 중풍으로 말을 못할 때, 팔다리에 경련이 날 때, 신경 쇠약에 좋은 약으로 알려졌다. 또 고혈압이나 어린아이가 간질이나 유행성 뇌척수막염 같은 병에 걸렸을 때 약으로 먹는다.

《동의보감》에 천마는 "성질이 평범하다(차다고도 한다). 맛은 쓰며(달다고도 한다) 독이 없다. 몸이 축축하고 바람이 들어 팔다리가 저리고 아픈 여러 가지 풍습비(風濕痺)와 팔다리가 오그라드는 것과 아이가 간질에 걸려 경련을 일으키는 풍간(風癎)과 경풍(驚風)을 낫게 한다. 또 어지럽거나 간질 때문에 말이 잘 되지 않는 것과 잘 놀라고 마음이 상한 것을 고친다. 힘줄과 뼈를 튼튼하게 하며 허리와 무릎을 잘 쓰게 한다."라고 하면서 몸이 허약해서 생기는 모든 어지럼증을 없앨 수 있다고 했다.

싹은 "성질이 따뜻하다. 맛은 맵고 독이 없다. 헛것에 들린 것과 여러 가지 나쁜 벌레 독과 나쁜 기운을 없앤다. 부스럼과 종기를 삭이고 허리나 아랫배가 아픈 산증(疝證)을 낫게 한다."라고 했다. 또 "천마는 풍을 고치는데, 그 싹인 적전은 약효가 겉에서 속으로 들어가고, 뿌리인 천마는 약효가 속에서 밖으로 나온다."라고 했다.

- 적전, 정풍초, 적마, 죽간초, 수자해좃
- 여러해살이풀
- 50 ~ 100cm
- 6 ~ 7월
- 8 ~ 9월

2004년 6월 전라북도 장수

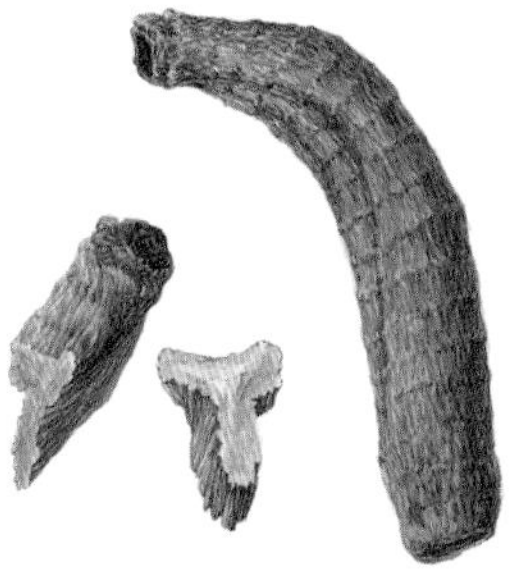

천마

약재 만드는 법	봄가을에 뿌리를 캔다. 뿌리껍질을 벗긴 뒤에 속이 뭉그러질 때까지 쪄서 햇볕이나 불로 빨리 말린다. 쓰기에 앞서서 잘게 썬다. 때로는 잘게 썬 것을 불로 볶거나 뜨거운 재 속에 묻어 구워서 쓰기도 한다.
약 쓰는 법	물에 달여 먹거나 가루로 빻아서 먹는다.
약 성질	성질이 평범하다(차다고도 한다). 맛은 쓰며(달다고도 한다) 독이 없다.
약효	아픔 멈추기, 혈압 낮추기, 진정
약 쓰는 때	머리가 어지럽고 아플 때, 팔다리가 굳을 때, 고혈압, 어린아이 간질병, 유행성 뇌척수막염, 중풍

층층갈고리둥굴레

Polygonatum sibiricum

층층갈고리둥굴레는 뿌리를 약으로 쓰려고 밭에서 기르는 여러해살이풀이다. 아주 드물게 우리나라 산에서 자란다. 잎이 층층으로 나고, 잎끝이 갈고리처럼 휘어서 이런 이름이 붙었다. 《동의보감》에 '황정(黃精), 듁댓불휘'라는 약재가 나오는데 이것이 층층갈고리둥굴레인 것 같다. 우리 이름인 '듁댓불휘'는 죽대 뿌리라는 말이다. 줄기가 대나무처럼 쭉 뻗고, 잎이 대나무 잎처럼 생겼다고 죽대라는 이름이 붙었다. "잎이 한 마디에 둘러난 것을 '황정'이라 하고, 어긋난 것을 '편정(偏精)'이라 한다. 편정은 황정보다 약효가 덜하다. 우리나라에서는 평안도에만 자란다. 평상시에 나라에 바쳤다."라고 했다. 이것으로 볼 때 황정은 층층갈고리둥굴레를 말하는 것으로 보인다. 편정(偏精)은 여러 가지 둥굴레를 말한다. 우리나라에는 둥굴레가 18종쯤 있다. 둥굴레는 줄기가 활처럼 비스듬히 기울면서 크고, 잎이 어긋난다.

약재 층층갈고리둥굴레는 뿌리줄기가 옆으로 뻗는다. 봄이나 가을에 뿌리줄기를 캐서 잔뿌리를 다듬고 그냥 햇볕에 말리거나 시루에 찐 뒤에 말려서 쓴다. 물에 달여 먹는다.
《동의보감》에는 "'선인반(仙人飯)'이라고도 한다. 음력 3월에 돋아나서 키가 1 ~ 2자 높이로 큰다. 잎은 참대 잎처럼 생겼는데 짧고 줄기에 둘러 난다. 줄기는 부드럽고 연한데 마치 복숭아나무 가지 같다. 줄기 아래쪽은 누렇고 끝은 빨갛다. 음력 4월에 푸르고 하얀 작은 꽃이 핀다. 씨는 기장처럼 하얗다. 씨가 없는 것도 있다. 뿌리는 풋생강처럼 생겼는데 빛깔은 누렇다. 음력 2월과 8월에 뿌리를 캐 볕에 말린다. 뿌리와 잎, 꽃, 씨를 다 먹을 수 있다. 층층갈고리둥굴레 뿌리는 말려도 눅진눅진하며 기름기와 윤기가 있다. 층층갈고리둥굴레는 태양의 정기를 받은 것이다. 약으로는 날것을 쓴다. 만일 오랫동안 두고 먹으려면 뿌리를 캐 먼저 끓인 물에 우려 쓴맛을 빼고 아홉 번 찌고 아홉 번 말려 쓴다. 그늘에서 말려 가루 낸 뒤에 날마다 깨끗한 물에 타 먹는다. 약 쓰는 때에는 매실을 먹으면 안 된다."라고 했다.
약효 몸에 힘이 없고 기운이 없을 때, 시난고난 앓고 난 뒤에 먹으면 좋다. 머리가 어지럽고, 귀에서 소리가 나고, 눈앞에서 별 같은 것이 반짝반짝 헛보일 때, 머리카락이 일찍 하얘질 때도 먹는다. 또 혈압과 혈당을 낮추고, 동맥이 굳는 것을 막아 주며, 간에 지방이 쌓이는 것을 막아 준다. 허파를 튼튼하게 해 주어서 기침이 나고 가래가 나올 때도 먹으면 좋다.
《동의보감》에는 "성질이 평범하다. 맛이 달며 독이 없다. 몸 가운데인 중초(中焦)를 든든하게 하고 기(氣)를 북돋는다. 오장을 편안하게 한다. 오장이 허약해서 생기는 다섯 가지 증상과 몸이 허약해서 생기는 일곱 가지 증상인 오로칠상(五勞七傷)을 낫게 한다. 힘줄과 뼈를 든든하게 하고, 지라와 위장을 튼튼하게 하며, 심장과 허파를 부드럽게 해 준다."라고 했다.

북 죽대둥굴레
낚시둥굴레
여러해살이풀
1 ~ 1.5m
5 ~ 6월
가을

2005년 6월 경기도 일산

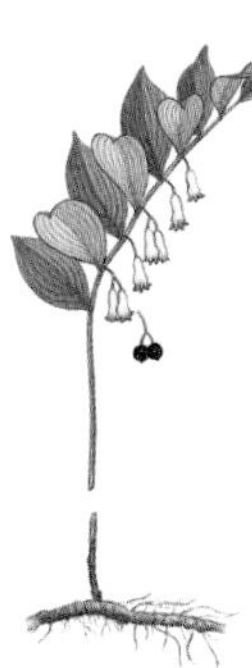

둥굴레 *Polygonatum odoratum* var. *pluriflorum*

각시둥굴레 *Polygonatum humile*

용둥굴레 *Polygonatum involucratum*

황정

약재 만드는 법	봄가을에 뿌리줄기를 캔다. 잔뿌리를 다듬어 햇볕에 말리거나 시루에 찐 뒤에 말려서 쓴다.
약 쓰는 법	물에 달여 먹는다.
약 성질	성질이 평범하다. 맛이 달며 독이 없다.
약효	혈압 낮추기, 혈당 낮추기, 강장, 기침 멈추기, 가래 없애기
약 쓰는 때	몸에 힘이 없고 기운이 없을 때, 시난고난 앓고 난 뒤, 머리가 어지럽고 귀에서 소리가 날 때, 눈앞에서 별 같은 것이 반짝반짝 헛보일 때, 머리카락이 일찍 하얘질 때, 기침, 가래, 고혈압, 동맥경화

투구꽃

Aconitum jaluense

투구꽃은 깊은 산속에서 자라는 여러해살이풀이다. 꽃이 머리에 쓰는 투구처럼 생겼다고 이런 이름이 붙었다. 뿌리를 약으로 쓰기는 하지만 사람이 잘못 먹으면 죽을 정도로 독이 세니까 조심해야 한다. 옛날에는 사약을 만들기도 했고, 다른 나라에서는 사냥을 할 때 활촉이나 창끝에 독약으로 투구꽃 즙을 발랐다고도 한다. 꽃을 보려고 일부러 마당에 심기도 한다.

투구꽃은 마늘쪽처럼 생긴 덩이뿌리에서 줄기가 올라와 어른 허리춤까지 큰다. 잎은 어긋나는데 아래쪽 잎은 사람 손가락처럼 다섯 갈래로 갈라지고, 위쪽 잎은 세 갈래로 갈라진다. 갈라진 잎은 또 다시 두세 갈래로 갈라진다. 잎자루가 길고, 잎 가장자리에는 톱니가 삐쭉빼쭉 난다. 가을이 되면 자줏빛 꽃이 줄줄이 핀다. 보랏빛 꽃은 우리가 꽃잎으로 알고 있지만 사실 꽃받침이 바뀐 것이다. 맨 위쪽 꽃잎은 머리에 쓰는 벙거지처럼 생겼고, 가운데 양쪽 꽃잎은 둥그렇게 감싸고, 맨 아래쪽 잎 두 장은 혀를 샐쭉 내민 것처럼 길쭉하다. 꽃받침은 모두 다섯 장이다. 가을이 깊어지면 꽃이 지고 꼬투리 열매를 맺는다.

약재 투구꽃은 늦가을에 덩이뿌리를 캐서 햇볕에 말리거나 불에 쬐어 말린다. 말린 약재를 다시 찬물에 담그고, 아린 맛이 없어질 때까지 물을 줄곧 갈아 주며 독을 우려낸다. 아린 맛이 없어지면 건져서 감초와 검정콩을 함께 넣고 삶은 뒤에 다시 햇볕에 말린다. 이렇게 말린 약재를 물에 달여 먹는다. 놋젓가락나물, 백부자, 참줄바꽃, 세잎돌쩌귀 같은 덩이뿌리도 함께 약으로 쓴다.
《동의보감》에는 "초오(草烏), 바곳"이라고 한자 이름과 우리 이름이 함께 나온다. "산과 들에서 자라는데, 몇몇 곳에서 자란다. 생김새는 백부자와 닮았는데 검다. 반드시 아이 오줌에 담갔다가 볶아 독을 빼야 한다. 바꽃은 검정콩과 함께 삶는데, 대나무 칼로 썰어 보아 속까지 다 까매지도록 달여야 한다. 바꽃 40g에 검정콩 1홉을 넣는다. '준오(准烏)'라고도 하는데 날것을 먹으면 목 안이 마비된다."라고 했다.
약효 투구꽃은 아픔을 멎게 해 준다. 머리가 아프거나 이빨이 쑤시고 아프거나 뼈마디가 아플 때 약으로 쓴다. 맹독이 있어서 함부로 쓰지 않는다. 반드시 독을 우려내고 쓴다. 아기를 가진 엄마는 먹지 않는다.
《동의보감》에는 "성질이 조금 따뜻하다. 맛은 쓰고 달며 독이 많다. 몸에 바람이 들고 축축한 풍습(風濕) 때문에 몸이 굳고 저리고 아픈 것을 낫게 한다. 파상풍에 걸렸을 때 몸에서 땀이 나게 한다."라고 했다.

◐ 개싹눈바꽃, 진돌쩌귀, 세잎돌쩌귀, 그늘돌쩌귀
여러해살이풀
1m 안팎
9월
10월

2003년 8월 강원도 평창

놋젓가락나물 *Aconitum ciliare*

진돌쩌귀 *Aconitum seoulense*

백부자 *Aconitum coreanum*

초오

약재 만드는 법	늦가을에 덩이뿌리를 캐서 햇볕에 말리거나 불에 쬐어 말린다. 말린 약재를 다시 찬물에 담그고, 아린 맛이 없어질 때까지 물을 줄곧 갈아 주며 독을 우려낸다. 아린 맛이 없어지면 건져서 감초와 검정콩을 함께 넣고 삶은 뒤에 다시 햇볕에 말린다.
약 쓰는 법	물에 달여 먹는다.
약 성질	성질은 조금 따뜻하다. 맛은 쓰고 달며 독이 많다.
약효	마취, 아픔 멈추기
약 쓰는 때	머리가 아플 때, 이빨이 쑤시고 아플 때, 뼈마디가 쑤시고 아플 때
주의할 점	맹독이 있어서 함부로 쓰지 않는다. 반드시 독을 우려내고 쓴다. 아기를 가진 엄마는 먹지 않는다.

패랭이꽃

Dianthus chinensis

패랭이꽃은 볕이 잘 들고 메마른 길가나 풀밭, 산기슭, 강가 모래밭에서 자라는 여러해살이풀이다. 꽃 생김새가 옛날 사람들이 쓰고 다니던 패랭이 모자를 엎어 놓은 것 같다고 '패랭이꽃'이라는 이름이 붙었다. 옛날부터 꽃밭에 심었고, 풀을 약으로 썼다. 《동의보감》에는 우리 이름으로 '셕듁화'라고 했는데, 이것은 한자 이름인 '석죽화(石竹花)'를 우리말로 읽은 것이다. 19세기 《물명고》라는 책에서 '펴량이꼿'이라는 우리 이름이 처음 나온다.

패랭이꽃은 어른 종아리께까지 자란다. 한 뿌리에서 여러 대가 나와서 무더기로 자란다. 줄기는 풀색이지만 흰 더께가 낀 것처럼 희끄무레하다. 가늘지만 딴딴해 보이는 줄기가 쭉 올라오고 윗부분에서 가지를 친다. 줄기는 툭툭 마디가 진다. 잎은 마주나는데 뾰족한 잎이 길쭉하게 난다. 잎자루가 없고 잎 아래쪽이 줄기를 감싼다. 한여름부터 가을 들머리까지 줄기 끝에서 자주색 꽃이 핀다. 꽃잎은 다섯 장인데, 꽃잎 끝이 뜯긴 것처럼 터실터실하다. 술패랭이꽃은 꽃이 실처럼 길게 갈라진다. 꽃잎에는 짙은 색깔로 줄무늬가 물결처럼 나 있다. 가을이 되면 열매가 달린다. 열매는 둥근 기둥처럼 생겼다. 끝이 네 갈래로 갈라지면서 씨가 튀어 나간다. 씨는 꼭 보리알을 닮았다.

약재 패랭이꽃은 꽃과 열매가 달려 있을 때 포기째 베어다가 햇볕에 잘 말려서 약으로 쓴다. 잘게 썰어서 물에 넣어 달여 먹는다. 또 가루로 빻아서 먹거나 아픈 곳에 바르기도 한다.

《동의보감》에는 '구맥(瞿麥), 셕듁화'라고 한자 이름과 우리 이름이 함께 나온다. 잎과 씨를 약으로 쓴다고 나온다. "'석죽(石竹)'이라고 하는데 곳곳에서 자란다. 입추가 지나고 씨와 잎을 함께 뜯어 그늘에서 말린다. 씨는 보리와 아주 닮았기 때문에 '구맥'이라고도 한다. 줄기와 잎은 쓰지 않고 다만 씨껍질을 약으로 쓴다."라고 했다.

약효 몸에 있는 물을 밖으로 빼내는 힘이 있어서 몸이 붓고 오줌을 못 눌 때 먹으면 잘 듣는다. 또 열을 내리고 피를 잘 돌게 한다. 열이 나거나, 피멍이 들었거나, 여자들 달거리가 없을 때 약으로 쓴다. 하지만 아기를 가진 엄마는 먹으면 안 된다.

《동의보감》에는 "성질이 차다. 맛은 쓰고 매우며(달다고도 한다) 독이 없다. 음식을 급하게 먹고 체해서 먹지도 못하고 똥오줌을 못 누고 정신을 잃는 관격(關格)을 낫게 한다. 여러 가지 오줌이 나가지 않는 병에도 쓴다. 또 몸에 박힌 가시를 나오게 한다. 종기와 고름을 삭이고 눈을 밝게 하며 눈이 흐려지는 것을 낫게 한다. 아기집을 터뜨려 아기를 유산시킨다. 심경맥(心經脈)을 통하게 하며 작은창자를 순조롭게 하는 데 아주 좋다."라고 하면서, 오줌이 안 나오고 오줌보에 있는 열을 몰아내는 데 가장 중요한 약이라고 했다. 또 "하루가 지나도록 아기를 낳지 못하거나 아기가 배 속에서 죽어 산모가 죽을 듯할 때는 패랭이꽃을 진하게 달여 먹는다."라고 했다. 씨는 "달거리를 하지 않는 것을 낫게 하고, 뭉친 피를 헤치고 고름을 빨아낸다."라고 했고, 잎은 "회충을 죽이고 치질, 눈이 붓고 아픈 것, 피부병이나 습진, 부인 불두덩에 나는 부스럼을 낫게 한다."라고 했다.

◐ 꽃패랭이, 패랭이, 석죽, 거구맥, 산구맥
여러해살이풀
30cm쯤
7 ~ 9월
9 ~ 10월

2006년 7월 서울대 약초원

술패랭이꽃 *Dianthus longicalyx*

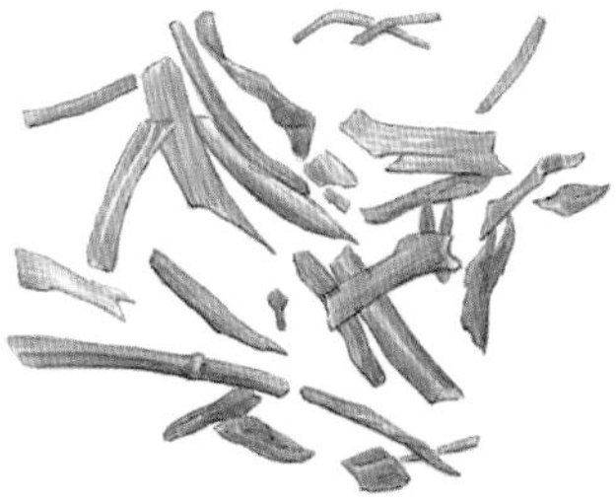

석죽

약재 만드는 법	여름부터 가을까지 꽃이나 열매가 달린 채 통째로 베어다가 햇볕에 말린다. 잘게 썰어 쓴다.
약 쓰는 법	물에 넣어 달여 먹는다. 가루로 빻아서 먹거나 아픈 곳에 바른다.
약 성질	성질이 차다. 맛은 쓰고 매우며(달다고도 한다) 독이 없다.
약효	오줌내기, 염증 없애기, 열 내리기, 혈압 낮추기
약 쓰는 때	열이 나고 오줌이 안 나올 때, 급성 방광염, 요도염, 피멍이 들었을 때, 몸이 부을 때, 달거리가 없을 때
주의할 점	아기를 가진 엄마는 안 먹는다.

피마자

Ricinus communis

피마자는 밭둑이나 길가에 기르는 한해살이풀이다. 시골 어른들은 흔히 '아주까리'라고 한다. 본디 인도에서 자라던 풀인데, 씨에서 기름을 짜 등불 기름으로 쓰려고 들여와 심었다고 한다. 인도에서는 나무처럼 자란다. 아주까리는 15세기 조선 시대에 쓴 《향약집성방》이라는 책에 약으로 나온다. 아마도 그 이전부터 심어 길렀다고 볼 수 있다. 《동의보감》에는 '비마자(萆麻子), 아줏가리'라고 한자 이름과 우리 이름이 함께 나온다. "잎은 삼과 닮았는데 아주 크며, 씨가 꼭 소에 붙어사는 진드기처럼 생겼기 때문에 피마자라고 한다."라고 했다. 아주까리라는 이름은 아주 옛날부터 피마자를 부르던 이름이다. 예전에는 씨에서 짜낸 기름으로 등불을 켜거나 머리에 발라 멋을 냈고, 비누나 인주를 만들 때 썼다.

피마자는 어른 키보다 크게 자라고 나무처럼 가지를 친다. 줄기는 둥그렇고 양초처럼 매끈하고 띄엄띄엄 마디가 진다. 줄기에는 허연 가루가 더께처럼 덮여 있다. 손으로 만지면 먼지처럼 쓱 닦인다. 마디에서 잎자루가 길게 벋어 나와 그 끝에 커다란 잎이 달린다. 잎몸은 여러 갈래로 갈라지고 가장자리에는 톱니가 났다. 한여름부터 줄기 끝에서 꽃이 핀다. 밑에 달린 노란 꽃은 수꽃이고, 위쪽에 달린 빨간 꽃이 암꽃이다. 가을에 둥그런 열매가 맺는데, 거무스름하게 익으면서 겉이 터실터실 터진다. 열매 겉에는 뾰족한 가시가 잔뜩 났다. 하지만 손으로 만져 보면 따갑지 않고 부들부들하다. 열매 속에는 호박씨처럼 생긴 씨가 들어 있다. 씨는 단단하고 까만 무늬가 얼룩덜룩 나 있다.

약재 가을에 잘 여문 씨를 거둬 기름을 짠다. 이 기름을 약으로 쓴다. 씨를 갈아서 알약을 만들거나 날것을 짓찧어 쓰기도 한다.

약효 피마자 씨 기름은 속이 더부룩하고 체했거나 똥이 딱딱하게 굳어 안 나올 때, 열이 날 때 약으로 먹는다. 또 살갗이 헐거나 종기나 부스럼이 난 곳에 기름을 바르면 잘 낫는다. 아기를 낳은 엄마는 손바닥에 아주까리를 짓찧어서 붙이면 몸을 빨리 풀 수 있다고 한다. 하지만 씨에 '리신'이라는 독이 있어서 조심해서 써야 한다. 꼭 끓이거나 열을 가해서 독을 없애고 써야 한다. 어른이 리신을 7mg, 어린아이는 씨를 5 ~ 6알 먹으면 죽을 수 있다. 어린아이나 배 속에 아기를 가진 엄마, 늙은이는 안 먹는 게 좋다. 또 애를 낳은 뒤나 수술 뒤에 생기는 변비에는 안 쓴다.

《동의보감》에는 "성질이 평범하다. 맛은 달고 매우며 독이 조금 있다. 콩팥에 병이 들어 배가 그득한 것을 낫게 한다. 아기를 쉽게 낳을 수 있도록 돕고, 상처에 난 부스럼과 옴, 나병을 낫게 한다. 몸에서 물이 안 빠져나가고 배 속에 딱딱한 덩어리가 생기거나 몸이 붓는 수징부종(水癥浮腫)이나 귀신이 달라붙어 생기는 병인 시주(尸疰)와 나쁜 기운을 없앤다. 피마자는 몰려 있는 것을 몸 밖으로 내보내고 병 기운을 잘 빨아내기 때문에 외과에 중요한 약이다. 소금물에 삶아 껍질을 벗긴 뒤 씨를 쓴다."라고 했다.

◐ 아주까리, 피마, 비마자, 대마자, 피마주
✽ 한해살이풀
❶ 2 ~ 3m
✲ 8 ~ 9월
❻ 10월

2002년 10월 경기도 수원 농촌진흥청

피마자

약재 만드는 법	가을에 잘 여문 씨를 거둔다.
약 쓰는 법	씨에서 기름을 짠다. 씨를 갈아서 알약을 만들거나 날것 그대로 짓찧어 살갗에 쓴다.
약 성질	성질이 평범하다. 맛은 달고 매우며 독이 조금 있다.
약효	균 없애기, 설사, 아픔 멈추기, 피 멈추기
약 쓰는 때	변비, 소화가 안 될 때, 열날 때, 종기, 부스럼, 타박상, 두통, 얼굴이 굳을 때
주의할 점	아기 가진 엄마, 어린아이, 노인에게는 안 쓰는 게 좋다. 애를 낳은 뒤나 수술 뒤에 생기는 변비에는 안 쓴다.

하수오

Fallopia multiflora

하수오는 밭에 심어 기르는 여러해살이풀이다. 옛날 중국에 하씨 성을 가진 사람이 이 뿌리를 먹고 하얀 머리가 다시 까매지면서 건강해졌다고 이런 이름이 붙었다. 잎은 데쳐서 나물로 먹고, 덩이뿌리로 술을 담그기도 한다.

하수오 뿌리줄기는 옆으로 길게 뻗고 군데군데 고구마처럼 생긴 굵은 덩이뿌리가 땅속으로 깊게 들어간다. 오 년에서 십 년쯤 크다가 죽지만 때때로 수십 수백 년을 크기도 한다. 사시랑이 줄기가 다른 물체를 왼쪽으로 감아 올라간다. 줄기는 불그스름한 빛깔이 돈다. 잎은 서로 마주나고 잎줄기가 길다. 잎몸은 심장꼴로 끝이 뾰족하고 가장자리는 밋밋하다. 한여름부터 가을 들머리까지 잎겨드랑이에서 꽃대가 올라와 허연 꽃이 핀다. 가을이 되면 열매가 맺힌다. 열매는 세모진 달걀꼴이고 윤기가 나는 짙은 밤색이다. 날개가 석 장 달려서 바람을 타고 퍼진다.

약재 봄가을에 덩이뿌리를 캐서 약으로 쓴다. 줄기와 잔뿌리를 다듬어 버리고 물에 씻어 껍질을 안 벗기고 그대로 햇볕에 말리거나 쪄서 말린다. 잘 말린 약재를 알맞게 썰어 물에 달여 먹는다. 한방에서는 하수오가 두 가지 있다. '백하수오'라는 약재는 박주가리과에 드는 식물인 큰조롱 뿌리로 만든다. '적하수오'는 하수오 덩이뿌리로 만든다. 두 약재는 서로 쓰임새가 다르다. 백하수오는 기(氣)를 북돋는 약인데, 적하수오는 피(血)를 북돋는 약이다. 하지만 찐 뒤에 약으로 쓰면 모두 간과 콩팥 기운을 북돋는 약이 된다.
《동의보감》에는 한자로 '하수오(何首烏)', 우리 이름으로는 강원도에서는 '온죠롱', 황해도에서는 '새박불휘'라고 한다고 나온다. "뿌리 생김새가 새나 짐승, 산처럼 생긴 것이 아주 좋은 것이다. 늦은 봄과 가을 들머리에 날씨가 맑은 날 암그루와 수그루 뿌리를 다 캐낸다. 대나무 칼이나 구리칼로 겉껍질을 긁어 버리고 얇게 썬 뒤 쪄서 햇볕에 말린다. '교등(交藤), 야합(夜合), 구진등(九眞藤)'이라고도 한다. 이 약을 다룰 때는 처음부터 끝까지 쇠를 대지 말아야 한다. 또 파, 마늘, 무, 돼지 피, 양 피, 비늘 없는 생선을 먹지 말아야 한다. 법제하여 약을 쓸 때는 반드시 붉은 것과 하얀 것을 함께 써야 효과가 있다. 쌀뜨물에 하룻밤 담갔다가 조각조각 썰어서 햇볕에 말린 뒤 짓찧어 부스러뜨린다. 알약을 만들려면 검정콩 달인 물에 버무려 찐 뒤에 햇볕에 말려서 쓴다."라고 했다.

약효 달인 물을 먹으면 몸을 튼튼하게 해 준다. 몸이 허약하거나 오래 앓은 뒤에 먹으면 기운이 나게 한다. 가슴이 두근거리고 잠이 안 올 때 먹으면 마음이 편안해지고, 아기를 가진 엄마가 먹으면 배 속 아기가 편안하게 자리 잡도록 돕는다. 또 똥이 굳어서 안 나올 때 먹으면 똥이 잘 나온다. 생잎을 으깨서 곪은 종기에 붙이면 고름을 빨아내어 빨리 낫는다. 《동의보감》에는 "성질이 평범하다(따뜻하다고도 한다). 맛은 쓰고 떫고(달다고도 한다) 독이 없다. 목이나 귀, 겨드랑이에 딴딴한 멍울이 생겨 곪는 병인 나력(瘰癧)을 낫게 한다. 또 부스럼이나 종기, 다섯 가지 치질을 고친다. 여러 해 동안 힘들어서 몸이 여윈 것, 가래와 멍울, 몸에 바람이 들어 몸이 몹시 상하는 풍허(風虛)를 낫게 한다. 아이를 낳은 뒤에 엄마한테 생기는 여러 가지 병과 적백대하를 멎게 한다. 혈기(血氣)를 보태고 힘줄과 뼈를 튼튼하게 하고 정수(精髓)를 채우며 머리카락을 검게 한다. 또 얼굴빛을 좋게 하고 늙지 않게 하며 오래 살게 한다."라고 했다.

붉은조롱
여러해살이풀
1~3m
8~9월
9월

2008년 10월 경상남도 산청

큰조롱 *Cynanchum wilfordii*

하수오

약재 만드는 법	늦가을이나 봄에 덩이뿌리를 캐서 껍질을 벗긴 뒤 햇볕에 말린다. 검정콩 달인 물에 버무려 찐 다음 말리거나 쌀뜨물에 하룻밤 담갔다가 말리기도 한다. 껍질을 벗길 때 쇠붙이 칼은 쓰지 않는다.
약 쓰는 법	물에 달여 먹는다.
약 성질	성질이 평범하다(따뜻하다고도 한다). 맛은 쓰고 떫고(달다고도 한다) 독이 없다.
약효	강장, 피로 풀기, 피 보태기
약 쓰는 때	몸이 허약할 때, 오래 앓고 난 뒤, 가슴이 두근거리고 잠이 안 올 때, 변비나 설사, 신경 쇠약

할미꽃

Pulsatilla koreana

할미꽃은 사방이 탁 트여 햇볕이 잘 드는 산기슭이나 들판에 피는 여러해살이풀이다. 산속 무덤가에서 많이 자란다.

할미꽃은 뿌리가 땅속 깊이까지 뻗어 내린다. 뿌리로 겨울을 나고 봄이 되면 뿌리에서 잎이 무더기로 뭉쳐 나온다. 줄기는 따로 안 자란다. 잎은 작은 잎으로 갈라지고, 작은 잎은 또 깊게 갈라진다. 온몸에는 흰털이 덥수룩하게 난다. 봄에 꽃대가 아기 무릎만치 여러 대 올라온다. 꽃대 끝에서 붉은 자줏빛 꽃이 고개를 푹 숙이고 핀다. 꽃잎처럼 생긴 건 사실 꽃받침 잎이다. 꽃받침은 여섯 장 있다. 꽃받침 바깥쪽에는 하얀 털이 보슬보슬 났지만 안쪽에는 털이 없고 노란 암술과 수술이 잔뜩 있다. 꽃이 지면 명주실처럼 반짝반짝 윤이 나는 허옇고 가느다란 실이 북실북실 늘어진다. 이때는 꽃대가 다시 꼿꼿이 선다. 바람이 불어오면 기다란 실에 매달린 씨가 바람을 타고 더펄더펄 날아간다.

약재 할미꽃은 독이 있는 풀이다. 할미꽃 뿌리를 짓찧어서 뒷간에 뿌리면 드글드글 끓던 구더기가 싹 사라질 정도다. 그러니까 약으로 쓸 때도 조심해야 한다. 가을부터 봄 사이에 뿌리를 캔다. 잔뿌리를 다듬고 물에 씻어 햇볕에 말린 뒤 잘게 썰어서 물에 달여 먹는다.

《동의보감》에는 '백두옹(白頭翁), 주지곳 또는 할믜십가빗불휘'라고 한자 이름과 우리 이름이 함께 나온다. "'호왕사자(胡王使者)'라고도 한다. 곳곳에서 난다. 천마 싹이나 독활 싹처럼 할미꽃 싹은 바람이 불면 가만히 있고 바람이 불지 않으면 흔들린다. 꽃대 끝에 한 치 남짓한 희고 가는 털이 흩어져 드리우는데 마치 할아버지 머리에 난 하얀 머리카락과 닮았기 때문에 '백두옹(白頭翁)'이라고 했다. 음력 8월에 뿌리를 캐 햇볕에 말린다."라고 했다.

약효 뿌리 달인 물을 먹으면 열을 내리고 염증을 낫게 하고 나쁜 병균을 없앤다. 배탈이 나고 물똥을 좍좍 쌀 때나 똥구멍에서 피가 나거나 코피가 날 때 달여 먹는다. 열이 나고 머리가 아플 때나 뼈마디가 쑤실 때 먹어도 좋다. 달인 물로 무좀이나 부스럼 난 곳을 씻으면 잘 낫는다. 하지만 독이 있어서 몸이 약한 사람은 많이 먹으면 안 된다.

《동의보감》에는 "성질이 차다. 맛은 쓰며 독이 조금 있다. 빨간 피가 섞인 물똥을 싸는 적독리(赤毒痢)와 혈리(血痢)에 많이 쓴다. 목에 생긴 혹이나 종기를 낫게 하고, 사마귀를 없애고 머리에 난 부스럼을 고친다."라고 했다.

◐ 백두옹, 노고초,
호왕사자, 야장인, 나하초

여러해살이풀

30 ~ 40cm

4 ~ 5월

5 ~ 6월

2006년 4월 경기도 수원

백두옹

약재 만드는 법	가을부터 봄 사이에 뿌리를 캔다. 잔뿌리를 다듬고 물에 씻어 햇볕에 말린다. 잘게 썰어서 쓴다.
약 쓰는 법	물에 넣어 두세 시간 달인다. 밥 먹고 한 시간 뒤에 먹는다.
약 성질	성질이 차다. 맛은 쓰며 독이 조금 있다.
약효	염증 없애기, 균 없애기
약 쓰는 때	말라리아, 신경통, 코피 날 때, 이질 설사, 치질로 피가 날 때, 장염, 무좀
주의할 점	몸이 약한 사람은 많이 먹으면 안 된다. 독이 있어 조심해서 쓴다.

향부자

Cyperus rotundus

향부자는 바닷가나 개울가 모래밭, 논둑, 밭둑에서 자라는 여러해살이풀이다. 따뜻한 남쪽 지방에서 많이 자란다. 밭에 나는 잡초로 골칫거리 풀이지만, 약으로 쓰려고 일부러 밭에서 기르기도 한다.

향부자는 덩이줄기에서 난초 잎처럼 길쭉한 잎이 무더기로 나와 자란다. 옆으로 뻗은 새끼 덩이줄기에서도 잎이 나오기 때문에 덤부렁듬쑥하게 풀숲을 이룬다. 잎은 매끈하고 빤질빤질하다. 여름이 되면 뭉쳐난 잎 사이로 대궁 하나가 어른 종아리께까지 쭉 올라온다. 대를 만져 보면 세모졌다. 대궁 끝에서 잎처럼 길쭉하게 생긴 받침잎이 두세 장 나고, 사시랑이 꽃대가 우산살처럼 갈라지는데 길이가 서로 제멋대로다. 갈라진 꽃대마다 꽃이삭이 다다귀다다귀 달린다. 꽃이삭은 열 개에서 서른 개쯤 되고 두 줄로 붙어 꽃이 핀다. 꽃은 불그스름하다. 가을이 되면 세모난 열매가 다닥다닥 붙어 검은 밤빛으로 익는다.

약재 향부자는 땅속 덩이줄기에서 가느다란 뿌리줄기가 옆으로 뻗으면서 새끼 덩이를 친다. 땅속 덩이줄기를 캐서 약으로 쓴다. 덩이줄기에서는 좋은 냄새가 난다. 덩이줄기 잔뿌리를 불에 태워 없애고 껍질을 벗긴 뒤에 햇볕에 말린다. 말린 약재는 쓰임새에 따라 여러 가지 방법으로 다시 약을 만들어 물에 달여 먹는다.
《동의보감》에는 '사초근(莎草根), 향부ᄌᆞ'라고 한자 이름과 우리 이름이 함께 나온다. "뿌리에 달린 대추씨 같은 것을 '향부자, 작두향(雀頭香)'이라고 한다. 음력 2월, 8월에 캐서 짚불로 잔털을 태워 버리고 돌절구에 넣고 깨끗이 찧는다. 기병(氣病)에는 살짝 볶아서 쓰고, 혈병(血病)에는 술에 달여 쓰며, 담병(痰病)에는 생강즙에 달인다. 배꼽 아래쪽인 하초(下焦)가 허약한 데는 소금물에 달이고, 피(血)가 부족해서 열(火)이 있을 때는 어린아이 오줌에 달여 쓰면 시원해진다. 차가운 기운(冷)이 쌓였을 때는 식초에 담갔다가 볶아 쓰면 뜨거워진다. 소금물에 축여 볶아 쓰면 콩팥 힘을 북돋는다."라고 했다.

약효 옛날부터 부인병에 좋은 약으로 썼다. 달거리가 띄엄띄엄 있거나 없을 때, 달거리할 때나 아기를 낳은 뒤 배가 아플 때 먹으면 좋다. 오래 먹으면 기운을 북돋고 기분이 좋아진다. 또 속이 답답하고 더부룩한 것을 풀어 준다. 또 생잎을 짓이겨서 곪은 곳에 붙이면 고름을 말끔히 빨아내서 빨리 낫게 해 준다.
《동의보감》에는 "성질이 조금 차다. 맛은 달며 독이 없다. 기를 세게 내리고 가슴 속에 있는 열을 없앤다. 오래 먹으면 기운이 나고 기분이 상쾌해지고, 답답한 속을 풀어 준다. 아픔을 멎게 하고, 달거리를 고르게 한다. 음식을 잘못 먹어 오래도록 체한 숙식(宿食)을 없앤다. 향부자는 마음에 생기는 병을 주로 낫게 한다. 향은 여기저기 잘 찾아 들어가고, 쓴맛은 묵은 것을 잘 밀어내고 새것이 생기게 한다. 부인에게는 피(血)와 기(氣)가 잘 돌게 하기 때문에 병이 나지 않는다. 늙은이가 정(精)이 마르고 부인이 달거리를 안 하는 것도 기(氣) 때문에 생긴다. 병이 나면 기(氣)가 막히고 모자라기 때문에 기분(氣分)에 들어가는 향부자가 처방에 으뜸이 되는 군약(君藥)이 되어야 한다. 하지만 세상에서 이것을 아는 사람은 드물다. 향부자는 부인에게 아주 좋은 약이다. 부인은 성격이 너그럽지 못해 맺힌 것을 풀 줄 모르는 때가 많은데, 이 약은 맺힌 것을 잘 풀어 주고 피멍울을 잘 몰아낸다."라고 했다.

약방동사니
여러해살이풀
15 ~ 40cm
7 ~ 8월
가을

2008년 10월 전라북도 진안

향부자

약재 만드는 법 | 가을에 덩이뿌리를 캐서 햇볕에 잘 말린 뒤에 수염뿌리와 잔털을 불태워 버리고 다시 말린다. 말린 덩이뿌리를 불에 볶거나, 소금물이나 식초나 생강즙에 담갔다가 볶아서 쓰거나, 술이나 소금물이나 생강즙에 넣어 삶은 뒤에 약으로 쓴다.

약 쓰는 법 | 물에 달여 먹는다.

약 성질 | 성질이 조금 차다. 맛은 달며 독이 없다.

약효 | 피 잘 돌기, 진정, 강장

약 쓰는 때 | 달거리가 띄엄띄엄 있거나 없을 때, 달거리할 때나 아기를 낳고 배가 아플 때, 속이 답답하고 더부룩할 때

향유

Elsholtzia ciliata

향유는 햇볕이 잘 드는 길가에서 흔히 자라는 한해살이풀이다. 꽃에 코를 대고 냄새를 맡아 보면 향긋한 냄새가 난다. 향유는 '좋은 냄새가 나는 먹을 수 있는 풀'이라는 한자 이름인 '향여(香茹)'나 '향유(薷)'에서 왔다고 한다. 향유는 좋은 냄새가 나기 때문에 말린 풀을 목욕물에 넣는다. 어린순은 나물로 먹는다.

향유는 줄기가 곧추 자라서 어른 무릎께까지 큰다. 손으로 줄기를 만져 보면 네모나고 보들보들한 털이 나 있다. 마디에서 가지가 두 팔을 위로 뻗은 것처럼 마주 올라온다. 잎은 서로 마주나고 길쭉한 달걀꼴이다. 잎 앞뒤에 털이 나 있고 가장자리에는 톱니가 났다. 한여름부터 가을까지 줄기와 가지 끝에서 분홍빛 꽃이 잔뜩 모여 핀다. 꽃방망이는 구둣솔처럼 생겨서 모두 한쪽을 바라보고 핀다. 작은 꽃을 가까이 살펴보면 꽃이 원통으로 생겨서 끝이 입술처럼 두 갈래로 갈라진다. 갈라진 아랫입술 꽃은 또 세 갈래로 갈라진다. 꽃술이 밖으로 길게 나온다. 가을이 되면 씨가 맺는데, 깨알 같은 씨가 깨처럼 쏟아진다. 땅에 떨어진 씨가 물에 젖으면 끈적끈적해져서 흙에 달라붙는다.

약재 향유는 꽃이 필 때부터 열매가 익을 무렵까지 벤다. 그늘에서 잘 말려 약으로 쓴다. 잘게 썰어서 물에 달여 먹고, 가루로 빻아 먹기도 한다.

《동의보감》에는 '향유(香薷), 노야기'라고 한자 이름과 우리 이름이 함께 나온다. "집집마다 심는다. 여름철에는 채소로 먹는다. 음력 9 ~ 10월에 이삭이 나온 뒤에 베어서 말린다. '향여(香茹)'라고도 하는데, 채소로 먹을 수 있다고 붙은 이름이다."라고 했다.

약효 여름에 감기에 걸려 오슬오슬 춥고 열이 날 때 달여 먹으면 아주 그만이다. 몸에서 땀이 나게 해 열을 내린다. 또 오줌이 잘 나가게 하면서 몸의 부기를 내린다. 더위를 먹어 게우고 물똥을 쌀 때 먹어도 좋다. 입에서 고약한 냄새가 날 때 달인 물로 입을 헹구면 구린내가 싹 사라진다. 종기가 난 곳에는 생풀을 찧어서 붙이면 잘 낫는다.

《동의보감》에는 "성질이 조금 따뜻하다. 맛은 매우며 독이 없다. 배가 아프고 토하며 설사하는 급성 위장병인 곽란(霍亂)을 낫게 한다. 몸에 물이 차 붓는 것을 내리게 하고, 더위를 먹은 것과 몸이 습해서 생기는 병을 없앤다. 위장 기운을 북돋고, 몸에서 열이 나면서 가슴이 답답하고 괴로운 번열(煩熱)을 없앤다."라고 나온다.

- 노야기, 밀봉초
- 한해살이풀
- 30 ~ 60cm
- 8 ~ 9월
- 10월

2008년 9월 충청북도 제천

꽃향유 *Elsholtzia splendens*

향유

약재 만드는 법	꽃이 필 때부터 열매가 익을 무렵까지 베어다 그늘에서 잘 말린 뒤 잘게 썰어서 쓴다.
약 쓰는 법	물에 달여 먹는다. 가루로 빻아 먹기도 한다. 종기 난 곳에는 생풀을 짓찧어 붙인다.
약 성질	성질이 조금 따뜻하다. 맛은 매우며 독이 없다.
약효	건위, 열 내리기, 오줌내기
약 쓰는 때	여름 감기, 더위를 먹어 토하고 물똥을 쌀 때, 몸이 부었을 때, 입에서 냄새가 날 때, 오줌이 잘 안 나올 때, 몸에 종기가 났을 때

현삼

Scrophularia buergeriana

현삼은 산에서 자라는 여러해살이풀이다. 밭에서 기르기도 한다. 우리나라 경상도에서 많이 난다고 한다. 뿌리를 약으로 쓰는데, 인삼을 닮았고 겉은 누렇지만 뿌리를 꺾으면 햇살에 속살이 검게 바뀐다고 이런 이름이 붙었다고 한다.

현삼은 줄기가 네모나고 곧게 자란다. 어른 가슴께까지 큰다. 줄기 위쪽에서 가지를 조금 친다. 잎은 마주 달리고 층층이 서로 다른 쪽을 바라본다. 잎몸은 달걀꼴로 샐그러지고 가장자리에는 톱니가 났다. 한여름부터 가을 들머리까지 가지 끝에서 노르스름한 풀색 꽃이 주저리주저리 핀다. 자잘한 꽃은 단지처럼 생겼고 끝이 입술처럼 두 갈래로 갈라졌다. 갈라진 아래 꽃잎은 아래로 확 젖혀진다. 가을이 되면 둥그스름한 열매가 달리고 다 익으면 두 조각으로 쩍 갈라진다.

약재 현삼 뿌리는 길쭉하고 두툼한 뿌리가 휘뚜루마뚜루 뻗는다. 두툼한 뿌리에서는 자잘한 수염뿌리가 또 난다. 가을이나 봄에 뿌리를 캐서 햇볕에 잘 말린다. 찌거나 불에 검게 구워서 말리기도 한다. 약으로 쓸 때는 잘게 썰어서 물에 달여 먹는다. 큰개현삼, 토현삼 뿌리도 함께 약으로 쓴다.
《동의보감》에는 '현삼(玄參)'이라는 한자 이름만 나온다. "싹과 잎은 참깨와 닮았다. 음력 7월에 풀빛 꽃이 피고 8월에 씨가 달리는데 빛깔이 까맣다. 뿌리는 뾰족하고 길다. 날뿌리는 푸르스름하고 마르면 보랏빛이 도는 검은색으로 바뀐다. 막 캔 뿌리는 눅진눅진하며 기름기가 있다. 음력 3월, 4월, 8월, 9월에 뿌리를 캐 햇볕에 말리거나 찐 뒤에 햇볕에 말린다. 술에 쪄도 좋다."라고 했다.

약효 온몸이 불처럼 뜨겁게 열이 날 때 먹으면 열을 내리고 기운이 솟게 돕는다. 열이 나서 가슴이 답답하고 입안이 마르고 몸에 열꽃이 필 때 먹으면 좋다. 또 혈압을 낮추고 결핵을 낫게 한다. 목구멍이 아프고 코에 염증이 생기고 똥이 굳어 안 나올 때 먹어도 좋다. 하지만 설사를 할 때는 쓰지 말아야 한다.
《동의보감》에는 "성질이 조금 차다. 맛은 쓰며 짜고 독이 없다. 열독과 얼굴에 갑자기 종기가 생겨 고름이 나는 병인 유풍(遊風)을 낫게 한다. 쇠약해지고 지친 몸을 북돋워 주고, 뼈 속이 후끈후끈 달아오르는 골증(骨蒸), 얼굴에서 열이 나는 전염병과 나쁜 기운인 전시사기(傳尸邪氣)를 없앤다. 또 종기 때문에 생기는 독을 삭인다. 갑상선이나 혹이 불거지는 영류(癭瘤)와 목이나 귀 뒤, 겨드랑이 따위에 큰 멍울이 지는 나력(瘰癧)을 삭여 없앤다. 콩팥 기운을 북돋고 눈을 밝게 한다. 현삼은 모든 기를 다스리는 아주 중요한 약이다. 위아래로 다니면서 기가 흐려지지 않고 시원하고 깨끗하게 한다. 그러므로 기가 모자라는데도 기운이 왕성해지거나, 까닭 없이 치솟는 화를 낫게 하는 데 현삼이 가장 좋은 약이다."라고 했다. 그러면서 콩팥이 나빠졌을 때는 반드시 현삼을 쓴다고 했다.

여러해살이풀
80 ~ 150cm
8 ~ 9월
9 ~ 10월

2007년 8월 경기도 검단산

현삼

약재 만드는 법	봄가을에 뿌리를 캐서 햇볕에 말린다. 찌거나 불에 검게 구워서 말리기도 한다. 잘 마른 약재를 잘게 썰어서 쓴다.
약 쓰는 법	물에 달여 먹는다.
약 성질	성질이 조금 차다. 맛은 쓰며 짜고 독이 없다.
약효	열 내리기, 염증 없애기, 진정, 균 없애기
약 쓰는 때	열병으로 속이 답답하고 갈증이 날 때, 몸에 열꽃이 돋을 때, 목이 붓고 아플 때, 변비, 고혈압
주의할 점	설사할 때는 쓰지 말아야 한다.

호장근

Fallopia japonica

호장근은 산기슭이나 들판, 냇가에서 자라는 여러해살이풀이다. 햇볕이 잘 들지만 땅은 축축한 곳을 좋아한다. 어린줄기에 붉은 점무늬가 잔뜩 나 있는데 마치 범 가죽 무늬가 난 지팡이 같다고 한자로 '호장(虎杖)'이라는 이름이 붙었다. 《동의보감》에는 '호장근(虎杖根), 감뎃불휘'라고 한자 이름과 우리 이름이 나온다. '감뎃불휘'는 '감제풀 뿌리'라는 말이다. 옛날에는 호장근을 감제풀이라고 했지만, 일제 강점기 뒤로는 우리 이름은 사라지고 호장근이라는 한자 이름만 남았다.

호장근은 뿌리줄기가 옆으로 뻗으면서 싹이 돋아 포기를 이룬다. 뿌리줄기는 꼭 대나무 뿌리처럼 마디가 지고 단단하다. 어린순이 쑥 올라오면 마치 죽순 같다. 순을 씹어 보면 미끄덩거리고 시큼한 맛이 나는데 나물로도 먹는다. 줄기도 대나무처럼 마디가 지고 꺾어 보면 속이 텅 비었다. 어른 허리에서 가슴팍까지 자라고 어른 키를 훌쩍 넘기도 한다. 줄기는 곧추 서거나 비스듬하게 크는데 마디마다 조금씩 지그재그로 꺾어진다. 마디에서 줄기를 친다. 잎은 어긋나는데 둥그스름하고 가장자리는 밋밋하다. 여름이 되면 잎겨드랑이나 가지 끝에서 작고 노르스름한 꽃이 자잘하게 모여 피는데, 암꽃과 수꽃이 따로 모여 핀다. 가을이 되면 열매가 맺는다. 열매에는 둥그런 날개가 석 장 붙어 있다.

약재 호장근은 가을이나 이른 봄에 뿌리를 캔다. 흙을 잘 씻어 내고 햇볕에 잘 말린 뒤에 어슷하게 썬다. 물에 달이거나 가루로 빻아 먹는다. 여름에는 뿌리를 감초와 함께 달여서 차로 마신다.

《동의보감》에는 "'고장(苦杖), 대충장(大蟲杖)'이라고도 한다. 줄기는 대나무 순처럼 생겼는데 그 위에 빨간 반점이 있다. 곳곳에서 자란다. 음력 2월과 8월에 캐서 쓴다."라고 했다.

약효 뿌리를 달여 먹으면 피가 잘 돌게 하고 뭉치고 엉긴 피를 푼다. 여자들 달거리가 고르지 않을 때나 몸에 피멍이 들었을 때, 뼈마디가 아프거나 온몸이 쑤실 때 먹으면 좋다. 또 오줌을 시원하게 누게 하고, 열을 내리고, 딱딱하게 굳어 안 나오는 똥을 잘 나오게 돕는다. 하지만 물똥을 쌀 때는 먹지 않는다. 급성 간염에 걸려 얼굴이 누레지는 황달도 낫게 한다. 뱀에 물리거나 상처가 난 곳에 잎을 짓이겨 바르기도 한다.

《동의보감》에는 "성질이 조금 따뜻하다(평범하다고도 한다). 맛은 쓰며 독이 없다. 뭉치거나 멍울진 피를 깨뜨리고, 달거리를 잘하게 한다. 아기를 낳은 뒤에도 몸속에 남아 있는 나쁜 피가 잘 나가게 하고, 고름을 빨아낸다. 살갗에 생긴 종기나 부스럼, 고름, 헌데와 다쳐서 생긴 피멍에 주로 쓴다. 오줌이 잘 나가게 돕고, 다섯 가지 임질을 낫게 한다."라고 했다.

북 감제풀
◐ 호장, 범싱아, 싱아, 까치수영, 감절대
여러해살이풀
1 ~ 1.5m
6 ~ 8월
9 ~ 10월

2009년 9월 전라북도 전주

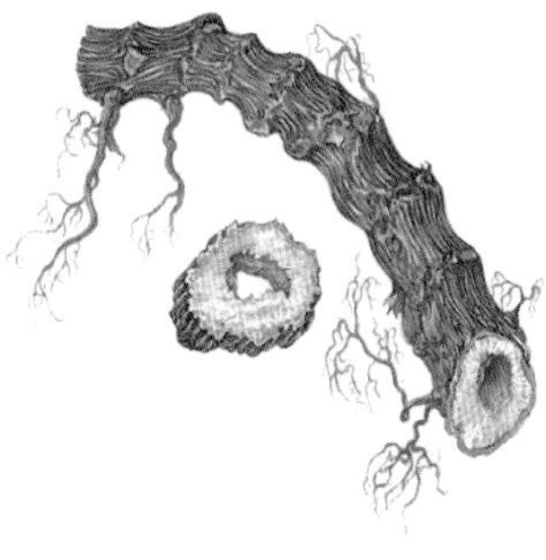

호장근

약재 만드는 법	가을이나 이른 봄에 뿌리를 캔다. 흙을 잘 씻어 내고 햇볕에 잘 말린 뒤에 어슷하게 썰어 쓴다.
약 쓰는 법	물에 달이거나 가루로 빻아 먹는다.
약 성질	성질이 조금 따뜻하다(평범하다고도 한다). 맛은 쓰며 독이 없다.
약효	아픔 멈추기, 염증 없애기, 열 내리기, 피 깨뜨리기, 오줌내기
약 쓰는 때	팔다리가 쑤실 때, 황달, 간염, 달거리가 고르지 않을 때, 피멍이 들었을 때, 종기, 변비
주의할 점	설사할 때는 먹지 않는다.

황금

Scutellaria baicalensis

황금은 중국에서 자라던 풀인데, 약으로 쓰려고 들여와 밭에서 기르는 여러해살이풀이다. 강원도나 경기도 위쪽 산이나 들에서 가끔 자라기도 한다. 이름을 보면 언뜻 꽃이 황금색일 것 같지만 뿌리 속살이 황금빛을 띤다고 이런 이름이 붙었다. 여러 해 자란 굵은 뿌리는 속이 썩어서 궁글기 때문에 '속썩은풀'이라고도 한다. 《동의보감》에는 '황금(黃芩), 속서근플'이라고 한자 이름과 우리 이름이 함께 나온다.

황금은 뿌리에서 여러 대가 올라와 가지를 많이 치며 큰다. 어른 무릎께까지 자란다. 줄기는 나뭇가지처럼 뻣뻣하고 만져 보면 네모나다. 잎은 서로 마주나고 잎자루가 없다. 잎은 버들잎처럼 갸름하면서 끝이 뾰족하고 가장자리가 밋밋하다. 여름이 되면 줄기 위쪽에서 자줏빛 꽃이 한쪽을 바라보며 핀다. 꽃은 잎겨드랑이마다 두 개씩 나와 두 줄로 나란히 줄지어 핀다. 꽃은 마치 뱀이 머리를 살며시 치켜든 것처럼 보인다. 가을이 되면 동그란 열매가 꽃받침 안에서 맺힌다.

약재 황금은 가을이나 봄에 뿌리를 캔다. 겉껍질을 벗겨 낸 뒤 재빨리 햇볕에 잘 말려 약으로 쓴다. 껍질을 벗기고 그냥 놔두면 푸릇푸릇하게 색깔이 바뀐다. 뿌리 겉껍질 색이 진하고 뿌리가 곧고 속이 비지 않고 단단한 것이 좋다. 잘 말린 뿌리를 알맞게 썰어 물에 넣고 달여 먹는다. 가루를 내 살갗에 바르기도 한다. 씨도 약으로 쓴다.

《동의보감》에는 "들에서 자라는데 어느 곳에서나 다 자란다. 음력 3월 3일에 뿌리를 캐 햇볕에 말린다. 음력 2월과 8월에 캔다고도 한다. 뿌리 속이 온통 썩었기 때문에 '부장(腐腸)'이라고도 한다. 색깔이 짙고 속이 안 궁글고 단단한 것이 좋다. 둥근 뿌리는 '자금(子芩)'이라고 하고, 갈라진 것은 '숙금(宿芩)'이라고 한다. 속이 마르고 퍼석퍼석한 것은 폐 속에 있는 화(火)를 없애고, 담(痰)을 삭이고, 기(氣)가 잘 돌게 한다. 수태음경에 들어간다. 뿌리가 가늘고 단단하면서 속이 비지 않는 것은 몸 아래에 생기는 병을 낫게 한다. 큰창자에 쌓인 화(火)를 없앤다. 물에 넣어서 가라앉는 것을 약에 쓴다. 술에 축여 볶으면 약 기운이 올라가고, 아이 오줌에 축여 볶으면 내려간다. 보통 때는 날것을 쓴다."라고 했다.

약효 편도나 목구멍에 생긴 염증, 입안에 생긴 염증, 위염, 장염처럼 이러저러한 염증에 아주 좋다. 염증 때문에 열이 날 때도 먹는다. 또 엄마 배 속에서 아기가 잘 자리 잡고 편안하게 있도록 돕는다. 하지만 속이 차고 약한 사람한테는 안 쓴다.

《동의보감》에는 "성질이 차다. 맛은 쓰고 독이 없다. 열독(熱毒)과 뼈 속이 후끈후끈 달아오르는 골증(骨蒸), 추웠다 열이 났다 하는 병을 고친다. 열 때문에 나는 목마름을 멎게 하고 황달, 이질, 설사, 담열(痰熱), 위열(胃熱)을 낫게 한다. 작은창자를 잘 통하게 하고 젖멍울, 등에 나는 부스럼이나 종기, 돌림병에 걸려 나는 열병을 낫게 한다. 씨는 이질에 걸려 피고름이 나오는 것을 멎게 한다."라고 했다.

- 속썩은풀, 골무꽃
- 여러해살이풀
- 60cm 안팎
- 7~8월
- 9월

2002년 7월 경기도 수원 농촌진흥청

황금

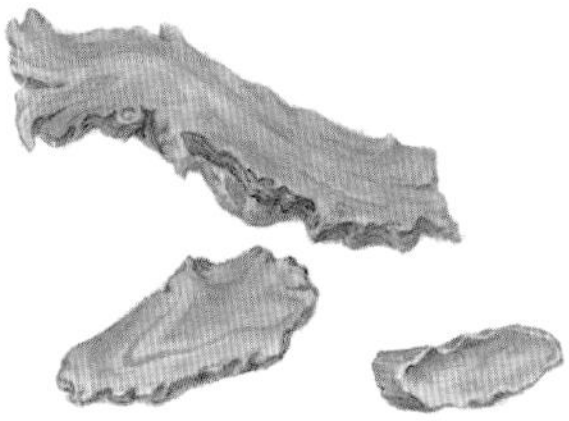

약재 만드는 법	가을이나 이른 봄에 뿌리를 캔다. 껍질을 벗기고 햇볕에 재빨리 말린다. 잘게 썰어 쓴다.
약 쓰는 법	물에 달여 먹는다. 가루를 내어 살갗에 바른다.
약 성질	성질이 차다. 맛은 쓰고 독이 없다.
약효	열 내리기, 염증 없애기, 건위, 기침 멈추기
약 쓰는 때	기침이 날 때, 열이 나고 가슴이 답답하고 목이 탈 때, 물똥을 쌀 때, 눈이 붉어지고 붓고 아플 때, 코피 날 때, 위장염, 방광염, 요도염, 간염
주의할 점	속이 차고 약한 사람한테는 안 쓴다.

황기

Astragalus mongholicus

황기는 뿌리를 약으로 쓰려고 밭에서 기르는 여러해살이풀이다. 가끔 산기슭에서 자라기도 하지만 아주 드물다. 옛날에는 황기를 인삼, 방풍, 감초와 더불어 네 가지 영약 가운데 하나로 생각했고, 보약 가운데 으뜸으로 쳤다.

황기는 줄기가 곧추서고 가지를 많이 친다. 어른 무릎에서 허리춤까지 큰다. 온몸에는 자잘한 털이 나 있다. 줄기를 따라 아까시나무 잎처럼 긴 잎줄기가 서로 어긋난다. 잎줄기에는 작은 잎이 여섯에서 많게는 열한 쌍까지 마주 달린다. 끝에는 꼭 잎이 하나 달린다. 작은 잎은 둥그스름하고 가장자리가 밋밋하다. 여름이 되면 줄기 끝이나 잎줄기 겨드랑이에서 꽃대가 쭉 올라와 노란 꽃이 줄줄이 핀다. 꽃이 활짝 피면 꼭 나비가 날개를 펼친 것 같다. 가을이 되면 콩꼬투리처럼 생긴 열매가 어른 엄지손가락만 하게 달린다.

약재 황기는 가을이나 이른 봄에 뿌리가 다치지 않도록 캐 물에 깨끗이 씻어 그늘에서 잘 말린다. 뿌리가 곧고 길며 겉이 하얀 것이 좋다. 줄기가 돋는 뿌리꼭지는 떼어 내고 껍질을 벗긴다. 잘게 썰어 쓰거나 꿀물이나 소금물에 재웠다가 불에 볶아서 쓴다. 물에 달여 먹는다.

《동의보감》에는 '황기(黃芪), 둔너삼불휘'라고 한자와 우리 이름이 함께 나온다. 옛날에는 황기를 단너삼이라고 했는데, '단맛이 나는 삼'이라는 뜻이다. "들에서 자라는데 어느 곳에서나 자란다. 음력 2월, 10월에 뿌리를 캐 그늘에서 말린다. 솜처럼 부드러우면서 화살처럼 생긴 것이 좋다. 부스럼이나 종기에는 날것을 쓰고, 허파 기운이 모자랄 때는 꿀물을 축여 볶아 쓰며, 배꼽 아래 하초(下焦) 기운이 모자랄 때는 소금물을 축여 볶아 쓴다."라고 했다.

약효 황기는 땀 나는 것을 멎게 하고 기운이 솟게 한다. 그래서 더운 여름날 더위를 이기려고 먹는 삼계탕에 황기를 함께 넣고 끓여 먹는다. 밥맛이 없고 몸이 지칠 때 먹어도 좋다. 또 오줌을 시원하게 누게 하고 설사를 멎게 하고 혈압을 낮춘다.

《동의보감》에는 "성질이 조금 따뜻하다. 맛은 달며 독이 없다. 몸이 허약하고 기운이 없어서 몸이 몹시 야윌 때 쓴다. 기를 북돋고 살찌게 한다. 추웠다 열이 나는 것을 멎게 한다. 콩팥 기운이 약해져서 귀가 먹은 것을 고친다. 커다란 종기를 없애고, 살갗이 오래도록 헌데를 낫게 한다. 고름을 빨아내고 아픈 것을 멎게 한다. 또 아이가 걸리는 온갖 병과 자궁출혈과 대하 같은 여러 가지 부인병을 고친다. 기운이 부족해서 나는 식은땀과 저절로 나는 땀을 멎게 하는데 이것은 살갗에 작용하는 약이다. 또 피를 토하는 각혈(咯血)을 낫게 하고, 위장과 지라를 편안하게 만들어 중초(中焦)에 좋은 약이다. 또 찬 기운에 몸이 상해서 척맥(尺脈)이 짚이지 않는 것을 고치고, 콩팥 기운을 북돋기 때문에 속을 고치는 약이다. 그래서 단너삼은 상중하, 속과 겉, 삼초(三焦)에 모두 좋은 약이다. 희멀쑥하게 살찐 사람이 땀을 많이 흘릴 때 쓰면 좋지만, 빛이 검푸르면서 기운이 좋은 사람에게는 쓰지 않는다."라고 했다. 또 줄기와 잎은 "목마름을 없애고, 힘줄에 경련이 나는 것을 고친다. 살갗에 난 부스럼과 종기, 헌데를 없앤다."라고 했다.

북 단너삼
기초
여러해살이풀
1m 안팎
7 ~ 8월
10 ~ 11월

2003년 8월 강원도 정선

황기

약재 만드는 법	봄가을에 뿌리를 캐서 그늘에 말린 뒤 뿌리꼭지를 떼 내고 껍질을 벗긴다. 잘게 썰어 쓰거나 꿀물이나 소금물에 재웠다가 불에 볶아서 쓴다.
약 쓰는 법	물에 달여 먹는다.
약 성질	성질이 조금 따뜻하다. 맛은 달며 독이 없다.
약효	면역 증강, 오줌내기, 강심, 혈관 확장
약 쓰는 때	밥맛이 없을 때, 땀이 나고 몸이 붓고 오줌을 잘 못 눌 때, 기운이 없을 때, 고혈압

약이 되는 나무

감나무

Diospyros kaki

감나무는 감을 따 먹으려고 집집마다 마당에 몇 그루씩 심어 기르는 큰키나무다. 밭두렁이나 집 가까운 산기슭에 심기도 한다. 병도 잘 안 들고 벌레도 잘 안 꼬여서 집 안에서 기르기 좋은 나무다. 물감, 찰감, 넓적감, 뾰족감, 먹감, 종지감, 단감처럼 여러 가지 감이 있다.

고욤나무는 감나무보다 키는 좀 작지만 추운 곳에서는 더 잘 자란다. 고욤나무에 감나무를 접붙여 기르기도 한다. 열매나 꼭지를 약으로 쓰는 것도 감나무와 같다. 고욤은 둥글고 작은데 처음에는 푸르다가 노랗게 익는다. 서리를 맞으면 시나브로 검어진다. 열매가 작다고 '콩감'이라고 한다. 떫어서 그냥은 못 먹고 항아리에 넣어 푹 삭혀 먹는다.

약재 열매를 그냥 먹거나 볕이나 불에 쬐어 말려서 약으로 쓴다. 감꼭지는 열매가 익었을 때 떼서 햇볕에 말려 두었다가 물에 달여 약으로 쓴다. 감잎은 차를 만들어 마신다. 여름에 감잎을 따서 85도가 넘는 물에 15초쯤 담갔다가 꺼내 그늘에서 말려 쓴다. 잘게 썰어 뜨거운 물에 우려먹는다.

《동의보감》에는 '홍시(紅柿), 감'이라고 한자 이름과 우리 이름이 함께 나온다. "감은 빨간 과일이기 때문에 '우심홍주(牛心紅珠)'라고도 한다. 볕에 말린 것은 '백시(白柿)', 불에 말린 것은 '오시(烏柿)'라고 한다. 백시 겉에 두텁게 내돋은 가루를 '시상(柿霜)'이라고 한다."라고 했다. 그러면서 감과 곶감, 불에 말린 감, 먹감에 대해 써 놓았다.

약효 감꼭지 달인 물을 마시면 딸꾹질이 멈추고 설사가 그친다. 감잎을 우려먹으면 혈압이 낮아진다. 고혈압에 걸렸을 때 먹으면 좋다. 또 동맥이 굳는 것을 막아 주기 때문에 차로 우려먹으면 좋다. 감은 열이 나면서 목이 탈 때, 기침을 하면서 피를 토할 때, 입안에 염증이 생겼을 때 먹으면 좋다. 하지만 감은 몸을 차게 하는 성질이 세다. 많이 먹으면 배가 차고 설사가 날 수 있다.

《동의보감》에 감은 "성질이 차다(서늘하다고도 한다). 맛은 달고 독이 없다. 심장과 허파를 부드럽게 해 주고 목마름을 풀어 준다. 허파가 줄어드는 병인 폐위(肺痿)와 심장에서 열이 나 얼굴이 벌게지고 잠을 못 이루는 병인 심열(心熱)을 낫게 한다. 또 입맛이 돌게 하고 술을 먹고 나는 열독(熱毒)을 풀어 준다. 위장에서 나는 열을 내리고 입이 마르는 것을 낫게 하며 피를 토하는 것을 멎게 한다."라고 했다. 하지만 "술을 마실 때는 먹지 말아야 한다. 술과 함께 먹으면 가슴이 아프고 쉽게 취하기 쉽다. 또 게와 같이 먹으면 배가 아프며 토하고 설사한다."라고 했다. 불에 말린 감은 "성질이 따뜻하다. 독을 빼내고 쇠붙이에 다친 것, 불에 덴 것 따위를 낫게 한다. 또 새살이 돋게 하고 아픔을 멎게 하며 설사를 멈춘다."라고 했다. 볕에 말린 감은 곶감이다. "성질이 차다(평범하다고도 한다). 몸을 따뜻하게 만들어 기가 약하고 속이 찬 병을 낫게 한다. 창자와 위장을 두텁게 하고 지라와 위를 든든하게 한다. 먹은 음식이 오래도록 체해서 내려가지 않는 식체(食滯)를 삭이고 얼굴에 난 주근깨를 없앤다. 묵은 피를 없애고 목소리를 곱게 한다."라고 했다. 또 먹감은 "성질이 차다. 맛은 달고 독이 없다. 술독을 풀며 심장과 허파를 부드럽게 해 준다. 목마름을 풀고, 위장에서 나는 열을 없앤다. 빛깔이 검푸른 감이다. 홍시보다 성질이 더 차다."라고 했다.

잎 지는 큰키나무
15m
6월
9 ~ 10월

2010년 10월 인천 강화

2010년 6월 인천 강화

고욤나무 *Diospyros lotus*
2010년 10월 경기도 광릉수목원

시체

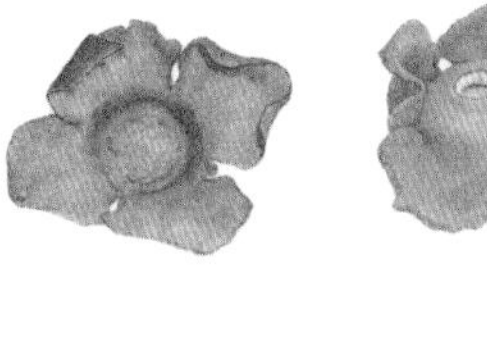

약재 만드는 법	가을에 감꼭지를 떼서 햇볕에 말린다.
약 쓰는 법	물에 달여 먹는다.
약 성질	성질이 따뜻하다. 맛은 쓰고 독이 없다.
약효	진정, 설사 멈추기
약 쓰는 때	딸꾹질할 때, 물똥을 쌀 때

구기자나무

Lycium chinense

구기자나무는 밭둑이나 냇가, 산비탈에서 저절로 자라는 떨기나무다. 집 둘레와 우물가에 심어 기르기도 한다. 서늘한 날씨에서 잘 자라고 추위에도 잘 견뎌서 우리나라 어느 곳에서나 기를 수 있다. 구기자나무는 뿌리에서 많은 줄기가 뭉쳐나고 개나리처럼 길게 늘어진다. 햇가지에서 꽃이 피고 열매를 맺는다. 그래서 구기자가 많이 열리도록 하려면 가지치기를 해 주는 것이 좋다. 구기자는 꽃이 피는 차례대로 가을 내내 여물기 때문에 익는 족족 따 준다.

잘 익은 구기자는 물이 많고 맛이 달다. 그냥 먹기도 하지만 보통은 말려 두었다가 먹는다. 보리차처럼 끓여 먹기도 하고 술을 담가 먹기도 한다. 구기자 가루는 꿀과 함께 졸여서 엿도 만든다. 《동의보감》에는 "청주 2말에 넣고 구기자를 갈아서 7일 동안 담가 두었다가 찌꺼기는 버리고 먹되 처음에는 3홉을 먹고 그 다음부터는 양껏 먹는다. 그러면 몸에 좋은 보탬이 된다."라고 했다. 봄에 어린잎을 뜯어서 살짝 데쳐 나물로 무쳐 먹는다. 다 자란 잎은 여름과 가을에 따서 말려 두었다가 차를 끓여 마시기도 한다.

약재 가을에 구기자를 익는 대로 따서 햇볕에 말린 뒤 달여 먹는다. 《동의보감》에는 '구기자(枸杞子), 괴좃나모여름'이라고 한자 이름과 우리 이름이 함께 나온다. "곳곳에서 자란다. 봄과 여름에는 잎을 따고 가을에는 줄기와 열매를 거둔다. 오래 먹으면 다 몸을 가볍게 하고 기운이 솟게 한다. 어린잎으로 국이나 나물을 만들어 먹으면 아주 좋다. 빛깔이 하얗고 가시가 없는 것이 좋다. 줄기는 '구기(枸杞)', 뿌리는 '지골(地骨)'이라고 한다. 구기는 줄기 껍질을 쓰고 지골은 뿌리껍질을 쓴다. 그리고 구기자는 빨간 열매를 쓴다. 한 가지 식물에서 쓰는 부분이 세 가지다. 또 줄기 껍질은 성질이 차고 뿌리껍질은 몹시 차며 구기자는 조금 차므로 성질도 역시 세 가지다."라고 했다. 뿌리껍질을 한방에서는 '지골피(地骨皮)'라고 한다. 봄과 가을에 캐 껍질만 벗겨 햇볕에 말린 뒤 물에 달여 먹는다.

약효 구기자는 잔병을 막아 주고, 허리와 다리에 힘이 붙게 하고 피로를 풀어 준다. 오래 먹으면 눈도 밝아진다. 또 혈당과 혈압을 낮춘다. 몸이 허약할 때, 어지럽고 눈이 잘 보이지 않을 때, 허리가 아플 때, 무릎에 맥이 없을 때, 기침이 날 때, 당뇨병에 걸렸을 때 열매 달인 물을 먹으면 좋다. 또 암을 막는 힘도 있다.

《동의보감》에는 "성질이 차다(평범하다고도 한다). 맛은 쓰며(달다고도 한다) 독이 없다. 몸이 쇠약해져서 몹시 피로하고 숨쉬기도 힘든 것을 고친다. 힘줄과 뼈를 튼튼하게 하고, 음기를 세게 하며, 오장이 허약해서 생기는 다섯 가지 병인 오로(五勞)와 몸이 허약해서 생기는 일곱 가지 병인 칠상(七傷)을 낫게 한다. 정기(精氣)를 보태고 얼굴빛을 젊게 하고 흰머리를 검게 한다. 눈을 밝게 하고 마음을 편안하게 만들며 오래 살 수 있게 한다."라고 했다.

구기자나무 뿌리껍질은 열을 내리고 눈을 밝게 하고 목마름을 풀어 주고 혈당과 혈압을 내린다. 몸이 허약해서 식은땀을 흘릴 때, 기침이 나고 숨이 가쁠 때 먹어도 좋다.

◐ 물고추나무, 괴좃나무, 선장
잎 지는 떨기나무
1 ~ 4m
6 ~ 9월
7 ~ 9월

2000년 9월 충청북도 충주

구기자

약재 만드는 법	가을에 열매를 따서 햇볕에 말린다.
약 쓰는 법	물에 달여 먹거나 가루를 내어 먹는다.
약 성질	성질이 차다(평범하다고도 한다). 맛은 쓰며(달다고도 한다) 독이 없다.
약효	혈압 낮추기, 혈당 내리기, 간 기능 보호
약 쓰는 때	몸이 허약할 때, 어지럽고 눈이 잘 안 보일 때, 허리가 아플 때, 무릎에 맥이 없을 때, 기침이 날 때, 당뇨병에 걸렸을 때

귤나무

Citrus unshiu

귤나무는 제주도나 남해안 같은 따뜻한 곳에서 자라는 늘 푸른 작은키나무다. 삼국 시대부터 제주도에서 길렀다고 한다. 제주도에는 옛날부터 기르던 당유자, 진귤, 병귤, 빈귤, 청귤, 지각, 유자 같은 여러 가지 귤나무들이 있다. 요즘 시장에서 파는 귤은 거의 온주밀감과 금귤이다. 온주밀감은 일본에서 들여온 품종이다. 옛날부터 기르던 귤은 보통 씨가 있고 껍질이 두껍고 쓴맛이나 신맛이 강하다. 하지만 향기가 진하고 몸에 좋아서 지금도 차로 달여 마시고 약으로 쓴다.

귤나무는 봄에 흰 꽃이 피고 짙은 풀색 열매를 맺는데 열매는 가을부터 겨울 사이에 노랗게 익는다. 요즘은 온상에서 길러서 여름에도 귤이 나온다. 귤은 겨울에 흔하게 먹는 과일이다. 껍질을 벗기기 쉬워서 먹기도 편하다. 잘 익은 귤은 조금 시면서도 달다.

약재 귤껍질을 햇볕에 말려 물에 달여 먹는다. 한방에서는 진귤 껍질 말린 것을 '진피'라고 한다. 《동의보감》에는 두 가지 귤이 나온다. '귤피(橘皮), 동뎡귤'과 '청귤피(靑橘皮), 프른귤'이 나온다. 귤피는 "나무 높이는 3~6미터이며 잎은 탱자나무 잎과 같고 가시가 줄기 사이에 돋아 있으며 여름 들머리에 흰 꽃이 핀다. 6~7월에 열매가 열리고 겨울에 노랗게 익으므로 먹을 수 있다. 열매는 음력 10월에 따는데 껍질은 묵은 것이 좋다. 이 열매는 남방에서 난다. 우리나라에서는 오직 제주도에서만 난다."라고 했다.
청귤피는 "생김새가 작고 푸르기 때문에 '청피(靑皮)'라고 한다. 지금의 청귤은 황귤(黃橘)과 비슷하면서도 크기가 작은 것이 다른데 이것은 딴 종류일 것이다. 열매를 따서 속살은 버리고 볕에 말린다."라고 했다. 또 귤 속살과 속살에 붙은 하얀 실처럼 생긴 막, 씨도 약으로 쓴다고 나온다.

약효 귤껍질은 입맛이 없고 소화가 안 될 때나 기침이 나고 숨이 찰 때 먹으면 좋다. 차로 마실 때는 귤을 껍질째 잘게 저며서 꿀을 넣고 뜨거운 물을 부어서 마신다. 감기가 올 듯 할 때 귤 차를 마시면 땀이 나면서 열이 내린다.
《동의보감》에 귤껍질은 "성질이 따뜻하다. 맛은 쓰고 매우며 독이 없다. 가슴에 뭉친 기를 풀어 준다. 입맛을 돋우고 소화를 잘 시킨다. 이질을 멎게 하고 가래침을 삭인다. 기운이 위로 치미는 것과 기침하는 것을 낫게 하고 욕지기가 나오는 것을 멎게 한다. 또 똥오줌을 잘 누게 한다. 지라와 위를 튼튼하게 하려면 흰 속을 긁어 버리지 말아야 한다. 가슴에 막힌 기를 고치려면 흰 속을 긁어 버리고 써야 한다."라고 했다. 속살은 "성질이 차고 맛은 달며 시다. 목마름을 풀어 주고 입맛을 돋우고 소화를 잘 시킨다. 하지만 많이 먹으면 담이 생긴다. 신 것은 담을 모이게 하고 단것은 허파를 부드럽게 해 준다. 껍질은 약으로 쓰지만 속살은 사람에게 그리 좋지 않다."라고 했다. 또 속살에 붙은 하얀 실 같은 것은 "목마름을 풀어 준다. 술을 마신 뒤에 토하는 것을 낫게 해 준다. 달여 먹으면 좋다."라고 했다. 귤 씨는 "허리가 아프거나 아랫배가 아프며 오줌을 누지 못하는 방광기(膀胱氣)와 콩팥 기운이 찬 것을 낫게 한다. 귤 씨를 볶아 가루 내어 술에 타 먹는다."라고 했다.
청귤피는 "성질이 따뜻하다. 맛은 쓰며 독이 없다. 막힌 기(氣)을 뚫어 주고, 소화가 잘 되게 한다. 뭉쳐서 맺힌 곳과 가슴에 기가 막힌 것을 헤친다."라고 했다.

◐ 온주밀감, 참귤나무, 밀감나무
▲ 늘 푸른 작은키나무
❶ 3~4m
✲ 5월
◔ 겨울

온주밀감 꽃 1999년 5월 제주

진귤나무 *Citrus sunki*
1999년 1월 제주도 삼양동

진귤나무 1999년 1월 제주도 한림공원

진피

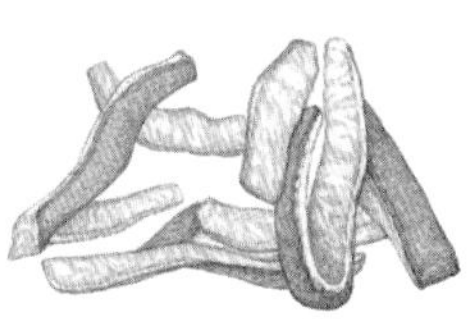

약재 만드는 법	겨울에 귤껍질을 햇볕에 말린다. 알맞게 썰어서 쓴다.
약 쓰는 법	물에 달여 먹거나 가루를 내어 먹는다.
약 성질	성질이 따뜻하다. 맛은 쓰고 매우며 독이 없다.
약효	건위, 균 없애기, 소화
약 쓰는 때	입맛이 없을 때, 소화가 안 될 때, 기침이 나고 숨이 찰 때, 가슴이 답답할 때, 배가 불룩해지고 아플 때

느릅나무

Ulmus davidiana var. *japonica*

느릅나무는 산기슭에서 저절로 자라는 나무다. 느릅나무에는 느릅나무, 떡느릅나무, 참느릅나무, 당느릅나무, 난티나무, 비술나무 들이 있다. 우리나라 산에 참나무가 많다면 마을 둘레에는 느릅나무가 많다. 느릅나무는 오래 살아서, 마을을 지켜 주는 서낭나무로 여겨 왔다.

느릅나무는 겨울에 잎이 지는 큰키나무다. 나무껍질은 거무스름하고 세로로 길게 갈라진다. 햇가지는 풀빛이다가 시나브로 밤색을 띤다. 잎은 어긋나게 붙고 거친 털이 있어 까끌까끌하다. 가운데 잎맥을 두고 한쪽이 일그러진다. 달걀처럼 둥그런데 끝은 뾰족하고 가장자리에 둔한 톱니가 두 겹으로 났다. 4월에 잎이 나기 전에 옅은 풀색 꽃이 모여서 핀다. 열매는 6월에 여무는데 이듬해 봄까지 달려 있다. 참느릅나무는 껍질이 잿빛 밤색이고 비늘처럼 껍질이 떨어져 나온다. 또 잎 가장자리 톱니가 한 겹이다.

옛날에는 흉년이 들었을 때 느릅나무 껍질을 벗겨 먹었다. 껍질을 찧어서 우려내면 말랑말랑한 녹말이 가라앉는다. 이 녹말에 쌀가루와 솔잎 가루를 섞어서 떡을 만들어 먹었다고 한다. 어린잎도 콩가루를 섞어서 나물로 무쳐 먹고 떡에 넣어 먹기도 한다. 느릅나무 껍질을 봄에 물이 오를 때 벗겨서 말린 뒤 꼬아서 끈을 만들거나 멍석, 짚신을 엮기도 했다. 또 《동의보감》에는 "음력 3월에 열매를 따서 장을 담가 먹으면 아주 향기롭고 맛있다."라고 했다.

약재 봄에 뿌리를 캐서 겉껍질은 벗겨 버리고 속껍질만 햇볕에 말린 뒤 물에 달여 먹는다. 《동의보감》에는 '유피(楡皮), 느릅나모겁질'이라고 한자 이름과 우리 이름이 함께 나온다. "산속 곳곳에 있다. 음력 2월에 뿌리를 캐서 겉껍질을 벗긴 뒤 속껍질만 햇볕에 말려서 쓴다."라고 했다.
열매는 여름에 노랗게 익은 것을 며칠 쌓아 두었다가 햇볕에 말린다. 《동의보감》에는 '무이(蕪荑), 느릅나모씨'라고 나오고 "누린내가 나는 것이 좋다. 음력 3월에 열매를 따서 그늘에 말린다."라고 나온다. 당느릅나무와 참느릅나무도 함께 약으로 쓴다.

약효 뿌리껍질을 달여 먹으면 오줌을 잘 누게 하고, 몸이 부은 것을 내린다. 또 위장이나 허리가 아플 때도 쓴다. 또 피를 잘 돌게 하고 피를 멎게 한다. 피멍이 들거나 오줌을 눌 때 피가 섞여 나올 때, 위장에 피가 날 때 먹어도 좋다. 암을 막는 힘도 있다. 종기나 부스럼, 옴, 버짐이 난 살갗에 달인 물을 바르거나 먹으면 좋다. 고약을 만들어서 곪은 데 붙이거나 속껍질을 꽈서 심지로 만들어 종기 난 자리에 박는다. 그러면 고름이 나오고 상처가 덧나지 않고 잘 아문다.
《동의보감》에는 "성질이 평범하다. 맛은 달며 독이 없다. 미끌미끌한 성질이 있기 때문에 똥과 오줌을 잘 누지 못할 때 주로 쓴다. 오줌을 잘 나가게 하고 장과 위에 있는 안 좋은 열을 없앤다. 부은 것을 가라앉히고 다섯 가지 임질에 좋다. 밤에 잠을 못 이루고, 코 고는 것을 낫게 한다."라고 했다.
열매는 횟배를 앓고 설사가 날 때, 치질이나 옴에 쓴다. 《동의보감》에는 "성질이 평범하다. 맛은 맵고 독이 없다. 치질, 치루, 종기, 옴과 버짐을 낫게 한다. 배 속에 사는 세 가지 기생충과 촌충과 회충을 죽인다."라고 했다.

왕느릅나무, 큰잎느릅나무, 야유
잎 지는 큰키나무
10~20m
4월
6월

꽃 2000년 3월 충청북도 제천

열매 2000년 5월 강원도 원주

1999년 8월 충청북도 제천

2000년 2월 충청북도 제천

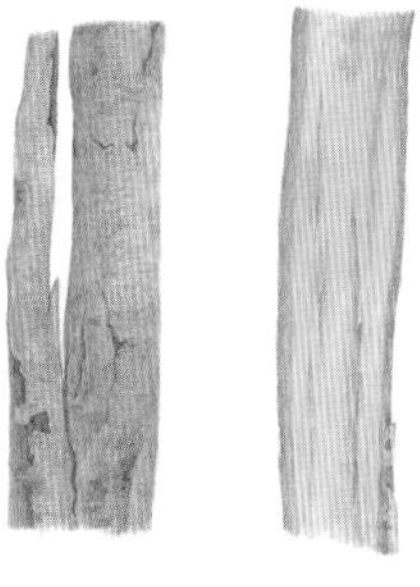

유근피

약재 만드는 법	봄가을에 뿌리를 캐서 겉껍질은 벗겨 버리고 속껍질만 햇볕에 말린 뒤 알맞게 썰어 쓴다.
약 쓰는 법	물에 달여 먹는다. 종기나 부스럼, 옴 같은 피부병에는 달인 물로 씻거나 가루를 내어 살갗에 바른다.
약 성질	성질이 평범하다. 맛은 달며 독이 없다.
약효	오줌내기, 염증 없애기, 해독, 고름 빼내기
약 쓰는 때	오줌을 시원하게 못 눌 때, 몸이 부을 때, 피멍, 피오줌, 위장에서 피가 날 때, 위장이나 허리가 아플 때, 종기나 부스럼, 암 예방

능소화

Campsis grandiflora

능소화는 잎 지는 덩굴나무다. 산이나 들에 저절로 자라는 것은 드물고, 마당이나 절에 많이 심는다. 따뜻한 날씨를 좋아해서 남쪽에서 많이 자란다. 요즘에는 날씨가 따뜻해져서 중부 지방에서도 잘 자란다. 옛날에는 양반집 마당에 많이 심었다고 '양반꽃'이라고 했다. 능소화는 봄부터 꽃이 피기 전까지 햇가지를 잘라다가 땅에 묻으면 개나리처럼 뿌리를 내리고 자란다. 능소화(凌霄花)는 '하늘을 능가하는 꽃'이라는 뜻을 가진 한자 이름이다.

능소화는 다른 나무나 담쟁이덩굴처럼 담벼락 따위를 타고 오른다. 10m쯤 줄기가 뻗는다. 처음에는 튼튼한 줄기가 서로 꼬이면서 올라가다가, 줄기 마디에서 지네발처럼 생긴 빨판 뿌리가 나와 다른 나무나 담벼락에 붙이고 부챗살이 펴지듯이 타고 올라간다. 잎은 아까시나무 잎처럼 긴 잎자루에 작은 쪽잎이 7 ~ 9장 마주보고 달린다. 잎 가장자리에는 톱니가 났다. 한여름이 되면 나팔처럼 생긴 발그스름한 꽃송이가 넌출넌출 늘어져 주렁주렁 핀다. 가을 들머리까지 꽃이 피고 지기를 되풀이 한다. 꽃가루가 눈에 들어가면 눈이 먼다는 이야기도 있지만 사실이 아니다. 10월이 되면 열매가 여문다. 네모난 열매는 두 조각으로 갈라진다. 한겨울에는 잎이 다 떨어지고 부챗살처럼 퍼진 줄기만 붙어 있다.

약재 여름에 핀 꽃을 그늘에서 잘 말려 약으로 쓴다. 물에 달여 먹거나 가루를 내서 먹는다. 가루를 내서 살갗에 바르기도 한다. 《동의보감》에는 '자위(紫葳), 금등화'라고 한자 이름과 우리 이름이 함께 나온다. 꽃과 줄기, 잎, 뿌리를 약으로 쓴다고 나온다. "'능소화(凌霄花)'라고도 한다. 곳곳에서 자란다. 덩굴로 뻗으면서 큰 나무를 감고 올라가며 자란다. 오래 지나면 나무 꼭대기까지 올라가서 꽃이 핀다. 꽃은 누르스름하면서 빨갛다. 여름에 꽃이 활짝 필 때 따서 말려 쓴다."라고 했다.

약효 능소화 꽃은 뭉친 피를 풀어 주고 피를 맑게 한다. 또 오줌을 시원하게 누게 해 준다. 아이를 낳고 배가 아플 때나 달거리가 제멋대로 일 때도 약으로 쓴다. 《동의보감》에 꽃은 "성질이 조금 차다. 맛이 시고(달다고도 한다) 독이 없다. 주로 아기를 낳고 몸을 푼 뒤나 아기에게 젖을 먹일 때 생기는 여러 가지 병을 고친다. 아기집에서 피가 나거나 배 속에 피가 뭉쳐 덩어리가 지는 것, 달거리를 안 하는 것, 아이를 낳고 뭉친 피가 이리저리 돌아다니는 것을 낫게 한다. 또 피를 보태서 아기가 배 속에서 잘 자리 잡도록 돕고, 술을 먹고 나는 병과 열독(熱毒)과 얼굴에 여드름 같은 것이 돋는 피부병을 낫게 한다. 또 똥오줌이 잘 나가게 돕는다."라고 했다. 그러면서 "능소화는 피 때문에 아픈 병을 고치는 중요한 약이다."라고 했다.

능소화 줄기와 잎은 "팔다리에 힘이 없어서 쓰지 못하고 싸늘해지는 것을 낫게 한다. 기운을 북돋고 다리 힘을 세게 한다."라고 했고, 뿌리는 "열풍으로 몸이 가려운 것과 기침을 하면서 온몸에 두드러기가 나는 풍진(風疹), 피가 뭉치는 어혈(瘀血), 여자들 대하를 낫게 한다."라고 했다.

◐ 금등화
잎 지는 덩굴나무
10m
8 ~ 9월
10월

2010년 7월 서울 성산동

자위

약재 만드는 법	여름에 핀 꽃을 그늘에서 잘 말린다.
약 쓰는 법	물에 달여 먹거나 가루를 내서 먹는다. 가루를 살갗에 바르기도 한다.
약 성질	성질이 조금 차다. 맛이 시고(달다고도 한다) 독이 없다.
약효	피 깨뜨리기, 피 잘 돌기, 오줌내기
약 쓰는 때	오줌을 시원하게 못 눌 때, 아기를 낳고 배가 아플 때, 달거리가 제멋대로 일 때

다래나무

Actinidia arguta

다래나무는 깊은 산에서 다른 나무를 휘감으면서 자라는 잎이 지는 덩굴나무다. 조금 추운 곳을 좋아해서 제법 높은 산에서 많이 자란다. 겨울에 잎이 지고 암꽃과 수꽃이 한 그루에서 따로 피는 암수한그루다. 다른 나무를 감으면서 25 ~ 30m까지 길게 자란다. 나무껍질은 잿빛이 도는 밤색인데 조각조각 갈라진다. 햇가지는 잿빛이고 부드러운 흰색 털이 있다. 잎은 긴둥근꼴인데 끝이 뾰족하고 가장자리는 톱니가 있다. 잎은 좀 두꺼운데 앞면은 짙은 풀색이다. 5 ~ 6월에 하얀 꽃이 피고, 가을이 되면 다래가 물렁물렁하게 익는다. 잘 익은 다래는 누런 풀색이다. 통통한 열매 속에 밤색 씨가 많이 들어 있다. 즙이 많고 향기롭고 맛도 좋다. 연하고 달며 혀끝에서 살살 녹는다. 그냥 먹을 수도 있고 말려 두었다가 먹을 수도 있다. 말리면 맛이 더 달아진다. 또 다래를 따서 항아리에 며칠이고 넣어 두면 맛이 더 달아진다. 소금이나 식초에 절여 두고 먹기도 한다. 덜 익은 다래는 맛이 시고, 그냥 먹으면 설사를 한다. 덜 익은 다래를 땄더라도 독에 넣어 두면 잘 익는다. 또 고로쇠나무처럼 줄기에 구멍을 뚫어 물을 받아 먹기도 한다. 달달한 맛이 나고 목마름을 풀어 준다.

다래에는 다래, 개다래, 쥐다래가 있다. 다 먹을 수 있는데 가장 맛있고 향기로운 것은 다래다. 개다래는 아주 작고 끝이 뾰족하며 누렇게 익어서 다래와 다르다. 서리를 맞은 다음에야 따 먹을 수 있다. 쥐다래도 다래보다 작고 시다. 쥐다래는 추위에 잘 견디고 열매가 많이 달린다. 개다래와 쥐다래는 하얀 잎이 띄엄띄엄 섞여 있다.

약재 다래나무는 열매를 약으로 쓴다. 다래는 가을에 따서 그대로 쓰거나 햇볕에 말린 뒤 물에 달여 먹는다. 뿌리는 봄부터 가을까지 캐서 햇볕에 말린 뒤 물에 달여 먹는다.

《동의보감》에는 '미후도(獼猴桃), ᄃᆞ래'라고 한자 이름과 우리 이름이 함께 나온다. '미후도'는 '원숭이 복숭아'라는 뜻이다. "어느 곳에나 다 있다. 깊은 산속에서 자라는데 나무를 감으며 덩굴로 뻗는다. 열매는 푸르스름한 풀색이며 납작하면서 크다. 처음에는 몹시 쓰고 떫다가 서리를 맞은 뒤에는 맛이 달아져 먹을 만하다."라고 했다.

약효 열을 내리고 목마름을 멎게 하고 오줌을 잘 누게 하며 부기를 내린다. 소화가 잘 안 될 때, 먹은 것을 토할 때, 황달에 걸렸을 때, 류머티즘 관절염에 걸렸을 때 먹으면 좋다. 《동의보감》에는 "성질이 차다. 맛은 시고 달며 독이 없다. 바짝바짝 목이 타거나 몸에 열이 몹시 나면서 가슴 속이 답답한 번열을 멎게 한다. 또 콩팥에 돌이 생겨 오줌을 눌 때 아픈 것을 고친다. 지라와 위를 차게 하고, 열이 막혀서 먹은 것을 토하는 반위(反胃)를 고친다."라고 했다.

뿌리도 열을 내리고 피가 잘 돌게 한다. 또 오줌을 시원하게 누게 하며 부기를 내린다. 암을 막는 힘도 있다. 오줌을 시원하게 못 눌 때, 몸이 부을 때, 황달이나 위암에 걸렸을 때 먹으면 좋다.

◐ 청다래나무, 다래넌출, 참다래
잎 지는 덩굴나무
25 ~ 30m
5 ~ 6월
9 ~ 10월

열매 1999년 8월 충청북도 제천

쥐다래 *Actinidia kolomikta*

개다래 *Actinidia polygama*

미후도

약재 만드는 법	가을에 열매를 따서 그대로 쓰거나 햇볕에 말려서 쓴다.
약 쓰는 법	물에 달여 먹는다.
약 성질	성질이 차다. 맛은 시고 달며 독이 없다.
약효	아픔 멈추기, 목마름 풀기, 열 내리기, 오줌내기
약 쓰는 때	열이 날 때, 목이 탈 때, 몸이 부었을 때, 오줌이 잘 안 나올 때, 소화가 잘 안 될 때, 먹을 것을 토할 때, 황달, 류머티즘 관절염

닥나무

Broussonetia kazinoki

닥나무는 산에서 저절로 자라는 잎 지는 떨기나무다. 뜰이나 밭둑에 많이 심기도 한다. 줄기를 꺾으면 '딱' 소리가 나서 '딱나무'라고도 한다. 꾸지나무처럼 종이를 만드는 나무는 다 닥나무라고 했다. 닥나무는 나무 밑동에서 가지를 많이 친다. 줄기 여러 대가 휘어져 올라온다. 5 ~ 6월에 암꽃과 수꽃이 따로 핀다. 암꽃은 빨간 암술대가 실처럼 나와 있다. 가을이 되면 뱀딸기처럼 생긴 열매가 빨갛게 익는다.

닥나무는 아주 오래전부터 껍질로 한지를 만든다. 5 ~ 6세기에 중국에서 펴낸 《제민요술》이라는 책에 벌써 닥나무 껍질로 종이를 만든다고 나온다. 닥종이는 빛깔이 곱고 질기다. 그래서 옛날부터 닥나무를 아주 귀하게 여기고 마을마다 나무 숫자를 적어 두고 보호하기도 했다. 11월에서 2월 사이에 닥나무를 베어 껍질을 벗긴다.

예전에는 종이를 만들지 않더라도 집 뜰에 닥나무를 한두 그루씩 심었다. 닥나무 껍질을 벗겨 밧줄이나 노끈을 만들 수 있기 때문이다. 닥나무 껍질로 팽이채도 만든다. 밭둑에 심으면 흙이 빗물에 쓸려 내리는 것도 막아 주었다. 봄에는 새순을 뜯어서 나물로 먹고, 가을에는 열매를 따 먹는다. 열매는 약으로도 쓴다. 《증보산림경제》에는 "닥나무 열매는 9월에 따서 그늘에서 말렸다가 먹으면 배고프지 않고 오래 살 수 있다. 어떤 사람은 '열매를 거두어 햇볕에 말린다'고 하였다. 껍질 사이에서 나오는 흰 즙은 버짐을 고친다. 닥나무 뿌리가 썩은 뒤에 나온 버섯은 맛이 좋다."라고 했다.

약재 열매가 가을에 빨갛게 익었을 때 거둬 햇볕에 말린다. 잘 말린 열매를 물에 달여 먹거나 가루를 내서 먹는다. 《동의보감》에는 '저실(楮實), 닥나모여름'이라고 나온다. "곳곳에 있는데 껍질을 벗겨 종이를 만든다. 껍질에 얼룩점이 있는 것은 '저(楮)'라는 닥나무이고, 껍질이 하얀 것은 '곡(穀)'이라는 닥나무다. 또 잎에 비늘이 있는 것은 저라는 닥나무이고 없는 것은 곡이라는 닥나무이다. 음력 8 ~ 9월에 열매를 따서 볕에 말린다. 물에 담가 뜨는 것을 버리고 술에 담갔다가 쪄서 약한 불기운에 말려서 쓴다."라고 했다. 또 잎과 껍질도 약으로 쓴다고 나온다. 꾸지나무 열매도 같은 약으로 쓴다.

약효 닥나무 열매는 몸을 튼튼하게 하고 오줌이 잘 나오게 한다. 몸이 허약하고 피곤할 때, 눈이 잘 보이지 않을 때, 허리와 무릎이 아플 때, 몸이 부을 때 약으로 먹는다. 《동의보감》에는 "성질이 차다. 맛은 달고 독이 없다. 음경이 단단해지지 않는 음위증(陰痿症)을 낫게 한다. 힘줄과 뼈를 튼튼하게 한다. 양기(陽氣)를 북돋고 몸과 마음이 허약하고 피곤한 허로(虛勞)를 낫게 한다. 허리와 무릎을 따뜻하게 해 준다. 또 낯빛을 좋게 하며 살갗을 충실하게 하고 눈을 밝게 한다."라고 했다.
잎은 "몸이 가렵고, 부스럼이 났을 때 쓴다. 새살이 돋게 한다. 달인 물로 몸을 씻는다."라고 했다. 껍질은 "몸에 물이 괴어 붓거나 배가 잔뜩 불러오는 수종(水腫)과 창만(脹滿)을 낫게 한다. 물을 몰아내고 오줌을 잘 나가게 한다."라고 했다.

- 딱나무, 저실, 저목
- 잎 지는 떨기나무
- 2 ~ 5m
- 4 ~ 5월
- 9월

2011년 9월 경기도 광릉

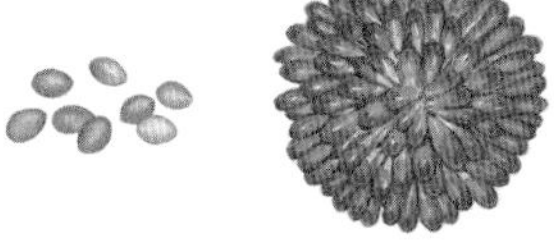

저실

약재 만드는 법	가을에 빨갛게 익은 열매를 거둬 햇볕에 말린다.
약 쓰는 법	물에 달여 먹거나 가루를 내서 먹는다.
약 성질	성질이 차다. 맛은 달고 독이 없다.
약효	강장, 오줌내기
약 쓰는 때	몸이 허약하고 피곤할 때, 눈이 침침할 때, 허리와 무릎이 아플 때, 몸이 부을 때

대나무

Gramineae

대나무는 모여서 자라 밭을 이룬다. 따뜻한 날씨를 좋아해서 남쪽 지방에 많다. 물기가 많은 땅을 좋아한다. 높은 산등성이보다 들판을 좋아한다. 대나무는 종류가 많다. 밭에서 기르는 대나무는 왕대, 솜대, 맹종죽 같은 것이 있다. 모두 키가 10 ~ 20m쯤 자란다.

약재 잎, 줄기 속껍질, 줄기 기름, 죽황을 약으로 쓴다. 잎은 여름에 뜯어서 그늘에서 말린 뒤 물에 달여 먹는다. '죽엽'이라고 한다. 줄기 속은 푸른 겉껍질을 벗겨 내고 안쪽에 있는 얇은 흰 껍질을 실오라기처럼 뜯어서 햇볕에 말린 것이다. '죽여'라고 한다. 그대로 물에 달여 먹거나 생강즙에 적셔 볶은 뒤 달여 먹기도 한다. 줄기 기름은 싱싱한 대나무를 잘라서 불에 구우면 흘러나오는 기름을 모아 엿처럼 고아서 쓴다. '죽력'이라고 한다. 죽황은 줄기 속에 나뭇진이 굳어서 생긴다. 가을에 말라 죽은 대나무를 쪼개서 그 속에 굳어 있는 진을 떼 낸다. 이 진을 그늘에서 말린 뒤 가루를 내서 쓴다. 《동의보감》에는 '천축황(天竺黃)'이라고 나온다. "남해 바닷가에서 난다. 참대 속에 먼지와 모래가 모여 누런 흙처럼 뭉쳐 참대에 붙어 조각이 된 것이다. '죽고(竹膏)'라고도 한다."라고 나온다.

약효 대나무 잎은 열을 내리고, 독을 풀어 주고, 경련을 멈추게 하고, 피를 멎게 하는 약으로 쓴다. 갓난아기가 밤에 보채고 울 때 달인 물을 자주 먹인다. 이 물로 입가심을 하면 입에 염증이 안 생긴다. 또 겨드랑이를 씻어 주면 땀이 적게 나고 나쁜 냄새가 없어진다. 《동의보감》에는 '근죽엽(筀竹葉), 왕댓닙'이라고 나온다. "성질이 차다. 맛은 달며(쓰다고도 한다) 독이 없다. 딸꾹질과 기운이 치미는 것을 멎게 한다. 열이 몹시 나면서 가슴이 답답한 번열(煩熱)을 없애며, 목마름을 멎게 하고, 광물성 약독을 푼다. 중풍에 걸려 몸에서 경련이 나고, 목구멍에 종기가 나거나 토하는 것을 낫게 한다. 또 피를 토하고, 열이 나면서 얼굴이 붓고 달아오르는 열독풍(熱毒風), 잘 낫지 않는 종기나 부스럼을 고치고, 작은 벌레를 죽인다."라고 했다.

대나무 줄기 속껍질은 어린아이가 토하거나 설사할 때, 코피가 날 때, 산모가 아이를 낳고 피가 멎지 않을 때, 가래가 있을 때, 잠을 못 이루고 구역질을 할 때 약으로 쓴다. 《동의보감》에는 "구역질, 딸꾹질, 기침하면서 기운이 치미는 것, 허파에 병이 들어 피를 뱉거나 토하는 것, 코피 나는 것, 여자들이 아래로 피를 쏟는 것을 낫게 한다."라고 했다.

대나무 기름은 열을 내리고 가래를 삭인다. 기침을 할 때, 어린아이가 간질에 걸려 경련을 할 때, 열이 나고 가슴이 답답하고 목이 탈 때 먹으면 좋다. 《동의보감》에는 "갑자기 걸린 중풍과 가슴 속에 심한 열이 난 것을 주로 낫게 한다. 속이 답답하고, 갑자기 중풍에 걸려 소리를 내지 못하거나 말 못하는 것, 담열(痰熱)로 어린아이가 정신을 잃는 것을 고친다. 또 자꾸 목이 타는 것을 멎게 한다. 파상풍과 아기를 낳은 뒤에 열이 나는 것, 어린아이가 걸리는 간질 같은 모든 위급한 병을 낫게 한다."라고 했다.

죽황은 열이 올라 정신이 흐릿하고 중풍으로 말을 못할 때 쓴다. 《동의보감》에는 "성질이 차다(평범하다고도 한다). 맛은 달고 독이 없다. 중풍으로 담이 막혀 갑자기 목이 쉬고 말을 못하는 것을 낫게 한다. 여러 가지 풍열(風熱)을 없앤다. 어린아이가 고개를 잦히고 눈을 멀거니 떠서 하늘을 쳐다보는 병이나 갑자기 배가 아픈 병인 객오(客忤), 간질을 낫게 하고, 쇠붙이에 다친 상처를 고친다."라고 했다.

늘 푸른 여러해살이풀
10 ~ 20m
4 ~ 5월
10월

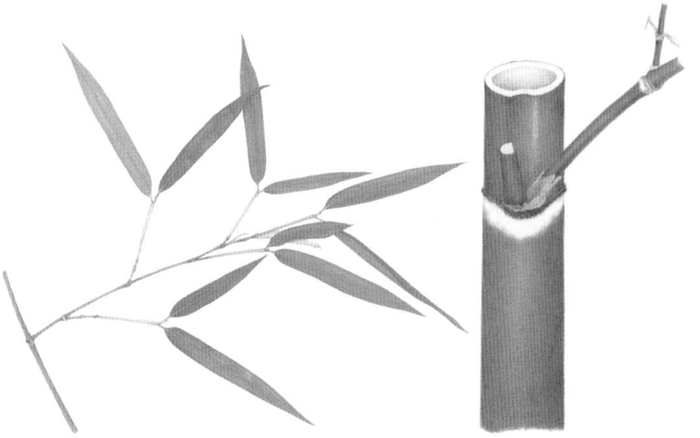

맹종죽(죽순대) *Phyllostachys pubescens*
2000년 4월 전라남도 담양

솜대(분죽) *Phyllostachys nigra* var. *henonis*
1996년 7월 충청남도 부여

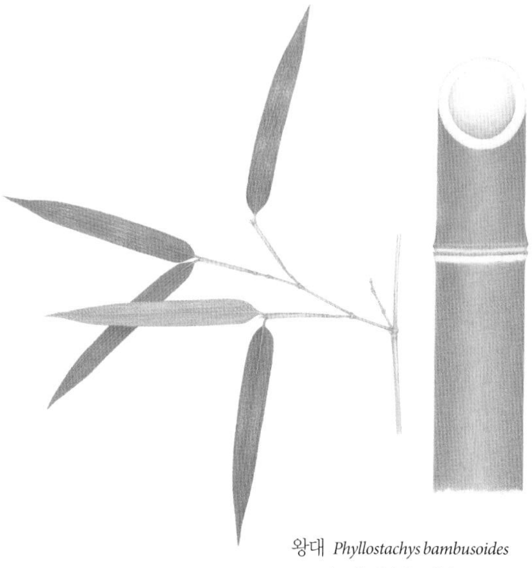

왕대 *Phyllostachys bambusoides*
2000년 11월 전라남도 담양

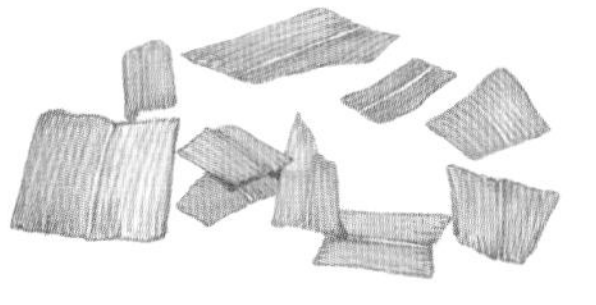

죽엽

약재 만드는 법	여름에 잎을 뜯어 그늘에서 말린다. 알맞게 썰어 쓴다.
약 쓰는 법	물에 달여 먹는다.
약 성질	성질이 차다. 맛은 달며(쓰다고도 한다) 독이 없다.
약효	열 내리기, 해독, 오줌내기, 피 멈추기
약 쓰는 때	열이 나고 가슴이 답답할 때, 경련, 갓난아기가 보챌 때, 입안 염증

대추나무

Zizyphus jujuba var. *inermis*

대추나무는 대추를 따려고 기르는 과일나무다. 옛날부터 집 둘레나 밭둑에 많이 심었다. 겨울에 잎이 지는 작은키나무로 5m 안팎으로 자란다. 가지를 많이 치고 잎겨드랑이에 가시가 있다. 여름 들머리에 햇가지에 누르스름한 풀색 꽃이 피고 열매가 달린다. 열매는 풀빛이다가 가을이 되면 빨갛게 익는다. 대추나무는 묏대추를 심어 기르면서 바뀐 나무다. 묏대추는 산에서 자란다. 대추나무보다 키가 훨씬 작고, 날카로운 가시가 나 있다. 열매도 대추보다 작다. 대추가 길쭉하다면 묏대추는 동그랗다.

약재 익은 대추를 따서 날것 그대로 쓰거나, 쪄서 햇볕에 말린 뒤 물에 달여 먹는다. 또 씨만 따로 갈무리한 뒤 구워서 약으로 쓴다. 대추 잎은 9 ~ 10월에 따서 햇볕에 말린 뒤 물에 달여 먹거나 가루를 내서 먹거나 살갗에 바른다. 《동의보감》에는 말린 대추, 날대추, 씨, 잎을 약으로 쓴다고 했다. '대조(大棗), 대츄'라고 나온다. "'건조(乾棗)'라고도 한다. 어느 곳에나 다 있다. 음력 8월에 따서 볕에 말린다. 대추 속살은 모자란 것을 보태 주는 힘이 있다. 물에 달여 약으로 쓸 때는 모두 쪼개서 넣어야 한다."라고 했다. 묏대추는 《동의보감》에 '산조인(酸棗仁), 묏대쵸씨'이라고 나온다. "산에서 자란다. 생김새는 대추나무 같은데 그렇게 크지는 않다. 열매는 아주 작다. 음력 8월에 열매를 따 씨를 빼서 쓴다. 약으로 쓸 때는 씨를 깨뜨려 그 속에 있는 알맹이를 쓴다. 잠이 많으면 날것을 쓰고 잠이 안 오면 볶아서 익힌 뒤에 한나절을 다시 찐다. 껍질을 벗기고 뾰족한 끝을 떼고 갈아서 쓴다."라고 했다.

약효 말린 대추는 비장과 위를 튼튼하게 하고 몸에 진액이 나게 한다. 몸을 튼튼하게 하고 살이 찌게 한다. 몸이 피곤하고 아플 때 먹으면 좋다. 또 간을 보호하고 마음을 가라앉히고 편안하게 한다. 또 여러 가지 약을 조화롭게 만들기 때문에 약을 지을 때 두루 쓴다. 《동의보감》에는 "성질이 평범하다(따뜻하다고도 한다). 맛은 달며 독이 없다. 속을 편안하게 하고 지라에 영양을 준다. 오장을 튼튼하게 하고 12경맥을 도와준다. 몸에 진액(津液)을 채워 주고 몸에 있는 아홉 구멍이 서로 잘 통하게 한다. 의지를 강하게 만들고 여러 가지 약이 잘 어우러지도록 한다. 맛이 달기 때문에 경맥에 모자란 기운을 보태고 피가 느긋하게 돌게 한다. 피가 느긋해지면 맥이 살아나기 때문에 12경맥을 도울 수 있는 것이다."라고 했다.

날대추는 "맛은 달고 맵다. 많이 먹으면 배가 불러 오고 삭지 않은 설사를 한다. 또 추웠다 열이 났다 한다. 날대추를 찌거나 삶아 먹으면 장과 위를 돕기 때문에 몸이 살찌고 기운이 솟는다. 날것을 먹으면 배가 불러오르고 설사한다."라고 했다. 대추씨는 "3년 묵은 씨를 구워서 쓴다. 배가 아픈 것을 낫게 하고 나쁜 기운을 물리치고 장티푸스를 낫게 한다."라고 했다. 대추나무 잎은 혈압을 낮추는 힘이 있어서 고혈압에 걸렸을 때 먹으면 좋다. 또 콩팥에 탈이 나거나 오줌이 잘 안 나올 때, 몸이 부었을 때 먹어도 좋다. 《동의보감》에는 "가루를 내어 먹으면 살이 빠진다. 또 즙을 내어 땀띠에 문지르면 좋다."라고 했다.

멧대추 씨는 "성질이 평범하다. 맛이 달고 독이 없다. 속이 답답해서 잠을 못 이루는 것, 배꼽 위아래가 아픈 것, 피가 섞인 설사, 식은땀을 낫게 한다. 또 간 기운을 북돋고, 힘줄과 뼈를 튼튼하게 하고, 몸을 살찌게 하고 튼튼하게 한다. 또 힘줄과 뼈에 생기는 풍증을 낫게 한다."라고 했다.

잎 지는 작은키나무
5 ~ 10m
6월
9월

꽃 1999년 6월 강원도 원주

열매 1998년 9월 강원도 원주

2000년 7월 강원도 귀래

1996년 12월 강원도 평창

묏대추나무 *Zizyphus jujuba*

대조

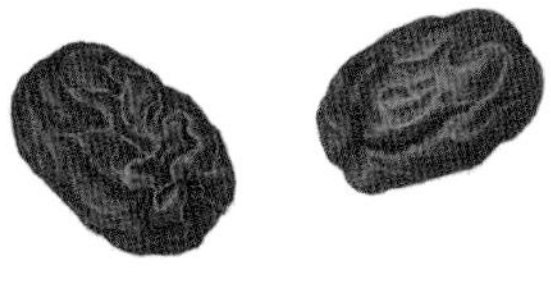

약재 만드는 법	가을에 익은 대추를 따서 그대로 쓰거나, 쪄서 햇볕에 말린 뒤 쓴다.
약 쓰는 법	물에 달여 먹는다.
약 성질	성질이 평범하다(따뜻하다고도 한다). 맛은 달며 독이 없다.
약효	강장, 진정, 완화
약 쓰는 때	몸이 피곤하거나 아플 때, 배가 아플 때, 이질, 입맛이 없을 때, 깜짝깜짝 잘 놀랄 때, 설사를 할 때, 마른기침
주의할 점	속이 그득한 감이 있을 때는 쓰지 않는다.

두충나무

Eucommia ulmoides

두충나무는 심어 기르는 잎 지는 큰키나무다. 본디 중국에서 자라던 나무였는데, 1926년에 우리나라에 들여와서 약으로 쓰려고 심었다. 산과 들에서 자라기도 한다. 옛날에 중국 사람인 두중(杜仲)이라는 사람이 이 나무를 약으로 먹고 도를 깨친 뒤로 두충나무라는 이름이 붙었다고 한다. 중국에서 맨 처음 펴낸 약초책인《신농본초경》에도 약으로 나올 만큼 오래전부터 약으로 써 왔다.《동의보감》에는 '두충(杜沖)'이라는 한자 이름으로 나온다.

두충나무는 줄기가 10 ~ 20m쯤 자란다. 나무껍질은 밤색을 띠는 잿빛이다. 가지가 많이 갈라지고, 잎이 어긋나게 달린다. 잎은 타원꼴인데 끝이 갑자기 뾰족해진다. 잎 앞뒤로 털이 거의 없고, 가장자리에 톱니가 났다. 꽃은 암꽃과 수꽃이 딴 그루에서 피는 암수딴그루다. 4월에 햇가지 겨드랑이에서 피는데 잎과 함께 피거나 잎보다 먼저 핀다. 꽃잎이 없다. 수꽃은 붉은 밤색이고 짧은 수술만 6 ~ 10개 있다. 암꽃은 짧은 자루가 한 개 있다. 열매는 10 ~ 11월에 익는다. 열매에는 날개가 달려서 바람에 멀리 날아간다. 느릅나무 씨와 닮았다. 가지와 잎, 나무껍질을 자르면 고무처럼 끈적끈적한 물이 실처럼 길게 늘어진다.

약재 두충나무는 나무껍질과 잎을 약으로 쓴다. 적어도 8년 넘게 자란 나무껍질을 벗겨서 쓴다. 껍질은 봄부터 여름 사이에 벗겨서 햇볕에서 잘 말린다. 알맞게 썰어서 물에 달여 먹거나 가루를 내서 먹거나 술을 담가 먹는다. 잎은 9 ~ 10월쯤 빛깔이 바뀌기 전에 따서 말린다. 물에 달여 먹거나 가루를 내서 먹는다. 봄에 돋는 싹을 따서 차로 달여 먹기도 한다.

《동의보감》에는 "생김새가 후박을 닮았다. 자를 때 속에 하얀 실이 서로 이어지는 것이 좋다. 겉껍질을 긁어 버리고 실이 끊어지게 가로로 썬 뒤 졸인 젖이나 꿀에 축여 볶거나, 생강즙에 축여 실이 끊어질 정도로 볶아서 쓴다. '사선목(思仙木), 석사선(石思仙)'이라고도 한다."라고 했다.

약효 두충나무 껍질은 간과 콩팥을 튼튼하게 한다. 또 힘줄과 뼈를 튼튼하게 하고, 배 속에 아기가 자리를 잘 잡도록 돕는다. 혈압을 낮추고, 피 속에 있는 콜레스테롤을 낮춘다. 오줌을 시원하게 누게 만든다. 허리와 무릎이 아프고 힘이 없을 때, 류머티즘성 관절염, 고혈압, 신경통, 오줌이 잘 안 나올 때 약으로 먹는다. 잎은 혈압과 피 속에 있는 콜레스테롤을 낮추는 힘이 있다. 고혈압이나 동맥경화 같은 병에 걸렸을 때 약으로 쓴다. 두충나무 잎과 현삼은 함께 섞어 약으로 쓰지 않는다.

《동의보감》에는 "성질이 평범하면서 따뜻하다. 맛은 맵고 달며 독이 없다. 콩팥 기운이 약해서 허리와 등뼈가 조여들면서 아프고, 다리가 시리면서 아픈 것을 낫게 한다. 힘줄과 뼈를 튼튼하게 하며 음낭 밑이 축축하고 가려운 것, 오줌이 방울방울 떨어지는 것, 배 속에 아기가 자리를 잘 못 잡고 움직여서 배가 아픈 것을 낫게 한다. 정기(精氣)를 북돋고, 콩팥이 차가운 것과 갑자기 오는 요통을 낫게 한다."라고 했다.

잎 지는 큰키나무
10 ~ 20m
4월
10 ~ 11월

2010년 4월 경기도 광릉수목원

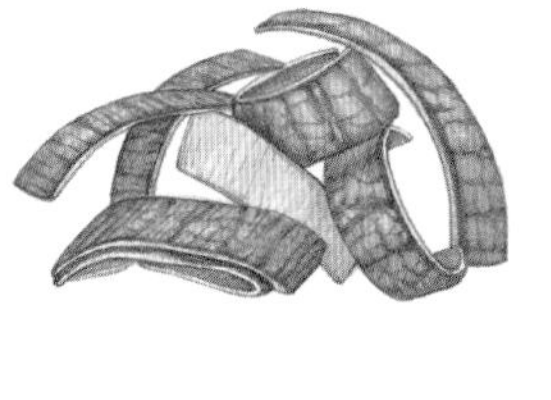

두충

약재 만드는 법	봄부터 여름 사이에 껍질을 벗겨 햇볕에 말린 뒤 알맞게 썰어서 쓴다.
약 쓰는 법	물에 달이거나 가루를 내거나 술을 담근다.
약 성질	성질이 평범하면서 따뜻하다. 맛은 맵고 달며 독이 없다.
약효	혈압 낮추기, 강장, 오줌내기, 아픔 멈추기
약 쓰는 때	고혈압, 동맥경화, 류머티즘성 관절염, 신경통, 오줌이 시원찮게 나올 때
주의할 점	현삼과 섞어서 약을 쓰지 않는다.

장미과
벚나무속

매실나무

Prunus mume

매실나무는 잎 지는 작은키나무다. 매화나무라고도 한다. 본디 중국에서 자라던 나무인데, 삼국 시대 전부터 꽃을 보거나 열매를 먹으려고 심어 길렀다. 중국에서 맨 처음 펴낸 《신농본초경》이라는 약초책에 매실이 나오는 것으로 보아, 아주 오래전부터 열매를 약으로 써 왔다.

매실나무는 잎보다 먼저 묵은 가지에서 꽃이 핀다. 꽃은 하얗거나 불그스름하다. 아직 쌀쌀한 날씨에 흐드러지게 피었다가 꽃이 지면 매실이 달린다. 처음에는 풀빛이다가 6월쯤 되면 누렇게 익는다. 매실은 꼭 살구처럼 생겼다. 하지만 맛이 몹시 시고 떫어서 그냥은 못 먹는다. 매실 씨 껍데기에는 '아미그달린'이라는 독이 있어서 덜 익은 매실을 먹으면 배탈이 난다. 하지만 발효를 시키거나 술을 담그면 크게 문제 되지 않는다. 항아리에 매실을 넣고 설탕에 쟁이면 몸에 좋은 매실 액을 얻을 수 있다. 여름에 매실차를 마시면 배탈이 나지 않고 더위를 타지 않아 좋다.

약재 매실은 아직 덜 여물어서 푸를 때 따서 약으로 쓴다. 푸릇푸릇하고 단단하며 껍질에 흠이 없는 것이 좋다. 매실을 항아리에 넣고 뚜껑을 닫아 불에 검게 그을린 뒤 햇볕에 말린 것을 '오매(烏梅)'라고 한다. 또 소금에 절여 햇볕에 말리면 겉에 소금이 돋아 하얗게 된다. 이것을 '백매(白梅)'라고 한다. 오매와 백매는 물에 달여 먹는다. 매실 살만 갈아 은근한 불에 달여 고약처럼 끈끈하게 만든 것을 '매실고'라고 한다. 꽃과 잎도 약으로 쓴다. 봄에 따서 그늘에서 말렸다가 달여 먹는다. 《동의보감》에는 '매실(梅實), ᄆᆡ화여ᄅᆷ'이라고 나온다. "음력 5월에 노랗게 익은 열매를 따 불에 쪼여 말려서 오매(烏梅)를 만든다. 소금에 절여서는 백매(白梅)를 만든다. 또 연기에 그을려도 오매가 되며, 볕에 말려 뚜껑이 잘 맞는 그릇에 담아 두어도 백매가 된다. 약으로 쓸 때에는 꼭 씨를 버리고 조금 볶아야 한다."라고 했다. 또 "날것은 시어서 이와 뼈가 상하고 허열(虛熱)이 나기 때문에 많이 먹지 말아야 한다."라고 나온다.

약효 오매 달인 물을 먹으면 설사가 멎고 열이 내리며 위가 튼튼해진다. 또 가래를 삭인다. 나쁜 균이나 기생충을 죽이는 힘도 있다. 소화가 안 되거나, 배가 아프고 구역질이 날 때, 설사가 날 때 잘 듣는다. 꽃은 어지럼증이 있을 때 좋고, 잎은 체하거나 설사가 날 때 좋다. 매실고는 소화가 안 되거나 배가 아플 때, 구역질이 날 때, 설사가 심할 때 약으로 먹는다.

《동의보감》에 열매는 "성질이 평범하다. 맛이 시며 독이 없다. 목마름과 가슴에 있는 열기를 없앤다."라고 했다. 오매는 "성질이 따뜻하다. 맛이 시며 독이 없다. 담을 삭이고 구역질과 목마름, 이질을 멎게 한다. 몸이 허약해서 뼈가 후끈거리고 쑤시는 병인 노열골증(勞熱骨蒸)을 고치고 술독을 풀어 준다. 또 몸에 찬 기운이 들거나 음식이 먹고 체해 토하고 설사하면서 목이 타는 것을 낫게 한다. 검은 사마귀를 없애고 입이 마르며 침을 잘 뱉는 것을 낫게 한다."라고 했다.

백매는 "성질이 따뜻하다. 맛이 시고 독이 없다. 쇠붙이에 다친 상처를 낫게 하며 피를 멎게 한다. 검은 사마귀와 궂은살을 없앤다. 가래와 침을 없앤다. 백매를 물에 담가 신맛을 우려낸 뒤 그 물을 국이나 김치에 넣으면 좋다."라고 했다. 매화나무 잎은 "진하게 달여 먹으면 오랫동안 낫지 않는 이질과 갑자기 토하고 설사하는 급성 위장병을 고친다."라고 했다.

매화나무
잎 지는 작은키나무
5~7m
2~3월
6~7월

2010년 6월 서울 성산동

2010년 4월 서울 성산동

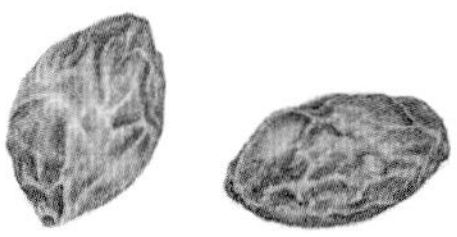

오매

약재 만드는 법	6~7월에 덜 여문 열매를 따서 항아리에 넣고 불에 검게 그을린 뒤 햇볕에 말린다.
약 쓰는 법	물에 달여 먹는다.
약 성질	성질이 따뜻하다. 맛이 시며 독이 없다.
약효	설사 멈추기, 열 내리기, 건위, 가래 없애기, 균 없애기
약 쓰는 때	설사, 열이 날 때, 가래가 나올 때, 소화가 안 될 때, 배가 아플 때, 구역질

모과나무

Chaenomeles sinensis

모과나무는 겨울에 잎이 지는 작은키나무다. 따뜻한 곳을 좋아해서 남쪽 지방에서 잘 자란다. 저절로 자라기도 하지만 보통 집 가까이에 심어 기른다.

모과나무는 5 ~ 8m쯤 큰다. 나무껍질은 풀색을 띤 밤색이고 매끈하다. 껍질이 조각조각 떨어져서 줄기가 얼룩덜룩하다. 5월에 햇가지 끝에 연분홍빛 꽃이 한 송이씩 핀다. 다른 봄꽃과 달리 무더기로 피지 않고 드문드문 피지만 꾸준하게 피어서 가을이 되면 가지가 늘어지도록 열매를 맺는다. 열매는 처음에는 푸르스름하다가 노랗게 익는다. 생김새가 울퉁불퉁 제멋대로이지만, 좋은 냄새가 은근하게 난다. 사무실이나 방 안에 두면 두고두고 향기를 즐길 수 있다. 모과는 과일이지만 그냥은 못 먹는다. 얇게 저민 모과를 꿀이나 설탕에 재웠다가 뜨거운 물을 부어 차로 마신다. 또 마른 모과를 갈아 좁쌀이나 찹쌀 뜨물을 섞어서 죽을 쑨다. 감기 든 사람에게 좋다. 모과정과는 명절에 먹는 음식인데 모과를 삶아 으깨어 거른 뒤 꿀과 물을 섞어 되직하게 끓여 낸 것이다. 모과를 찐 다음 꿀이나 엿을 섞어 떡에 넣기도 한다. 모과나무 목재는 무늬가 아름답고 결이 부드러워서 가구를 많이 만든다.

약재 모과를 약으로 쓸 때는 잘 익은 열매를 통째로 끓는 물에 넣어 잠깐 끓였다가 건진다. 그리고 껍질에 주름이 생길 때까지 햇볕에 말린 뒤에 다시 반으로 갈라 속까지 말려서 쓴다. 물에 달여 먹거나 가루를 내서 먹는다.
《동의보감》에는 '목과(木瓜), 모과'라고 한자 이름과 우리 이름이 함께 나온다. "모과는 남방에서 자란다. 나뭇가지 생김새는 벚나무를 닮았다. 열매 속이 칸으로 나뉘어 그 속에 씨가 있다. 씨 생김새는 하늘타리 씨(과루인)처럼 생겼다. 불에 말려 쓰는데 아주 향기롭다. 음력 9월에 열매를 딴다. 열매는 작은 참외 같으며 시큼하지만 먹을 수 있다. 하지만 이빨과 뼈를 상하게 하기 때문에 많이 먹지 말아야 한다. 쇠붙이를 대지 말고 구리칼로 껍질과 씨를 긁어 버리고 얇게 썰어서 볕에 말린다."라고 했다.
약효 모과는 시고 떫은맛이 난다. 다리가 붓거나 허리나 뼈마디가 아플 때 좋다. 모과로 담근 모과술은 소화가 잘 되게 돕는다. 향기가 좋아서 다른 술에 몇 방울씩 섞어 마셔도 좋다.
《동의보감》에는 "성질이 따뜻하다. 맛은 시고 독은 없다. 먹는 것이 체하여 몹시 토하고 설사를 하는 급성 위장병인 곽란(霍亂)을 낫게 한다. 또 근육이 뒤틀려 쥐가 나는 것을 고치고, 소화를 잘 시키고, 이질에 걸려 목이 탈 때 목마름을 풀어 준다. 장(腸)에 경련이 일어 갑자기 아랫배가 아픈 분돈(奔豚)과 비타민이 모자라서 걸리는 각기(脚氣), 몸에 물이 괴어 붓는 수종(水腫), 목마름, 욕지기, 가래침이 있는 것을 낫게 한다. 또한 힘줄과 뼈를 튼튼하게 하고 다리와 무릎에 힘이 없는 것을 낫게 한다."라고 했다. 모과나무 가지와 잎을 달인 물을 마시면 먹은 것이 체해서 토하고 설사하는 곽란에 좋다고도 했다.

- 모개나무
- 잎 지는 작은키나무
- 5 ~ 8m
- 5월
- 가을

열매 2010년 10월 서울 월드컵공원

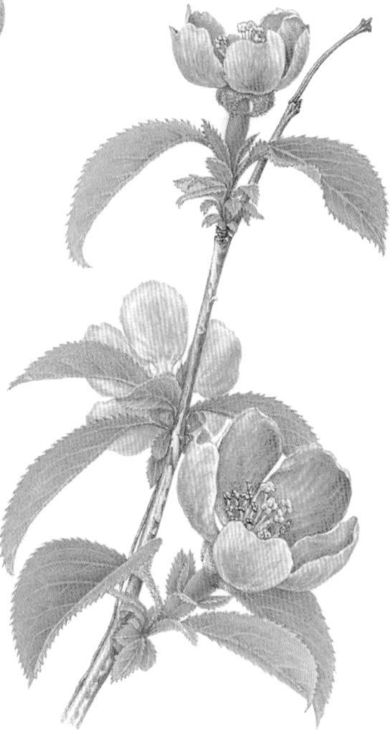

꽃 2010년 5월 서울 월드컵공원

목과

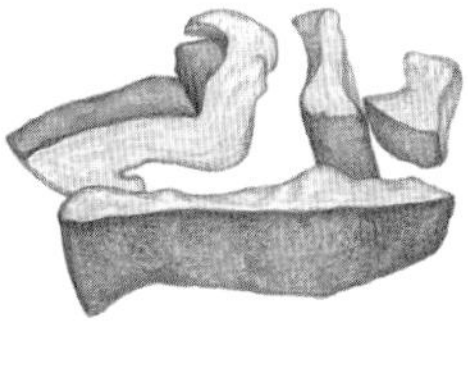

약재 만드는 법	가을에 잘 익은 열매를 따서 끓는 물에 잠깐 끓였다가 건져서 햇볕에 말린다. 잘 말린 모과를 쪼개서 안까지 말린 뒤 쓴다.
약 쓰는 법	물에 달여 먹거나 가루를 내서 먹는다. 술을 담그기도 한다.
약 성질	성질이 따뜻하다. 맛은 시고 독은 없다.
약효	아픔 멈추기, 근육 이완
약 쓰는 때	인후염, 기침, 다리가 부을 때, 허리나 뼈마디가 아플 때

목련과

목련속

목련

Magnolia kobus

목련은 겨울에 잎 지는 큰키나무다. 우리가 흔히 공원이나 마당에서 보는 목련은 거의 중국에서 들여온 백목련이다. 우리나라 목련은 제주도 한라산에서 자란다. 백목련은 꽃잎이 넓고 반쯤 벌어져 피지만, 우리나라 토박이 목련은 꽃잎이 더 좁고 뒤로 활짝 젖혀진다. 또 짙은 자주색 꽃이 피는 자목련도 중국에서 들여온 나무로 마당이나 공원에 심어 기른다. 자목련은 목련보다 꽃이 늦게 핀다. 백목련보다 훨씬 크고 하얀 꽃이 피는 일본목련도 있고, 꽃잎이 여러 장인 별목련도 있다. 산골짜기에서 자라는 함박꽃나무를 산목련이라고 한다.

목련은 개나리, 진달래, 벚꽃처럼 이른 봄에 꽃이 피는 나무다. 연꽃처럼 크고 아름다운 하얀 꽃이 핀다. 줄기 껍질은 잿빛이다. 가지가 굵고 많이 갈라진다. 빈 나뭇가지에 잎보다 먼저 둥근 꽃봉오리가 달리고 며칠 뒤에 활짝 핀다. 잎은 꽃이 질 때쯤에야 나온다. 잎은 어긋나게 붙고 넓은 긴둥근꼴이다. 울퉁불퉁하고 길쭉한 열매는 가을에 밤색으로 여문다. 겨울에는 붓처럼 생긴 겨울눈이 달린다. 겨울눈에는 보송보송한 털이 잔뜩 나 있다. 옛날에는 이 겨울눈이 모두 북쪽을 바라보고 있다고 '북향화'라고 했다.

약재 꽃봉오리를 약으로 쓴다. 2000년 전부터 약으로 써 왔다. 이른 봄 꽃 피기 전에 꽃봉오리를 따서 바람이 잘 통하는 그늘에서 말린다. 잘 말린 약재를 물에 달여 먹거나 가루를 내서 쓴다. 목련, 백목련, 자목련 모두 약으로 함께 쓴다.

《동의보감》에는 '신이(辛夷), 붇곳'이라고 한자 이름과 우리 이름이 함께 나온다. '붓꽃(붇곳)'은 겨울눈이 꼭 붓처럼 생겼다고 붙은 이름이다. "음력 정월과 2월에 꽃이 피는데 털이 부슬부슬한 작은 복숭아를 닮았다. 흰빛에 자줏빛을 띠는데 꽃 피기 전에 따야 한다. 활짝 핀 것은 약 기운이 떨어진다. 북쪽 추운 곳에서는 음력 2월에 꽃이 피는데 '목필(木筆)'이라 한다. 남쪽 따뜻한 곳에서는 정월에 피는데 '영춘(迎春)'이라고 한다. 쓸 때는 심과 겉에 난 털, 꽃받침을 없애고 쓴다."라고 했다.

약효 목련은 콧병에 아주 좋은 약이다. 만성 비염과 알레르기성 비염, 축농증으로 코가 막힐 때, 콧물이 흐를 때, 콧속이 붓고 숨을 잘 못 쉴 때 달인 물을 먹으면 좋다. 머리나 가슴이 아플 때, 이빨이 아플 때도 먹는다.

《동의보감》에는 "성질이 따뜻하다. 맛은 맵고 독이 없다. 바람이 들어 머리가 아픈 것을 낫게 한다. 얼굴에 난 주근깨를 없애고 코가 막히는 것, 콧물이 흐르는 것을 낫게 한다. 얼굴이 부은 것을 내리게 하며 이빨이 쑤시고 아픈 것을 멎게 한다. 눈을 밝게 하며 수염과 머리털이 나게 한다. 기름을 만들어 얼굴에 바르면 얼굴이 반질반질해진다."라고 했다.

목란, 목연, 두란, 신이, 목필

잎 지는 큰키나무

10 ~ 15m

3 ~ 4월

가을

백목련 *Magnolia denudata*
1996년 4월 서울 창동

자목련 *Magnolia liliflora*
2010년 6월 서울 성산동

백목련 겨울눈 1995년 12월 서울 창동

목련 *Magnolia kobus*

함박꽃나무 *Magnolia sieboldii*

일본목련 *Magnolia obovata*

신이

약재 만드는 법	이른 봄에 꽃봉오리를 따서 바람이 잘 통하는 그늘에서 말린다.
약 쓰는 법	물에 달여 먹거나 가루를 내서 쓴다.
약 성질	성질이 따뜻하다. 맛은 맵고 독이 없다.
약효	아픔 멈추기
약 쓰는 때	만성 비염, 알레르기성 비염, 축농증, 머리나 가슴이 아플 때, 이빨이 아플 때

무궁화

Hibiscus syriacus

무궁화는 겨울에 잎이 지는 떨기나무다. 옛날부터 뜰에 심어 길렀다. 신라 시대 이전부터 우리 나라에 많이 있었다. 1890년 무렵부터 부르던 애국가 노랫말에 '무궁화 삼천리 화려 강산'이라는 후렴이 있다. 한 사람 두 사람 노래를 따라 부르다보니 어느 틈에 온 겨레가 무궁화를 나라꽃으로 여기게 되었다. 무궁화를 나라꽃으로 정한 것은 광복이 된 뒤다.

무궁화는 줄기가 2 ~ 3m쯤 큰다. 줄기는 곧게 자라는데 가지를 많이 친다. 가지는 잿빛이 도는 흰빛이다. 어린 가지에는 잔털이 많지만 자라면서 시나브로 없어진다. 잎은 어긋나게 붙는데 세 갈래로 얕게 갈라지고 가장자리에 톱니가 있다. 잎 양쪽에는 털이 성글게 나 있다. 꽃은 한여름부터 가을까지 햇가지 끝에 한 송이씩 핀다. 꽃잎은 다섯 장인데 밑부분은 맞붙었다. 열매는 둥글고 털이 빽빽이 나 있다. 가을에 여물면 다섯 조각으로 갈라지면서 터진다.

무궁화 꽃은 크고 아름답고 오랫동안 핀다. 흰빛, 보랏빛, 붉은빛 여러 가지 꽃이 핀다. 무궁화 꽃 한 송이가 아침에 활짝 피었다가 저녁이면 진다. 꽃 한 송이 한 송이가 여름부터 가을까지 잇달아 피고 진다. '무궁화 꽃이 일찍 피면 서리가 일찍 온다', '무궁화 꽃 핀 지 백일이면 서리가 내린다'는 말이 있다. 그래서 첫 꽃이 일찍 피는 해는 첫서리도 빨리 내린다고 가을걷이를 서둘렀다.

무궁화는 울타리로 좋다. 촘촘히 심어서 그대로 울타리로 삼기도 하지만 가지치기를 해서 높이와 모양을 알맞게 가꿀 수도 있다. 가을이나 봄에 줄기 위를 잘라 주면 곁가지를 많이 친다. 품종에 따라 꽃 빛깔과 생김새가 여러 가지다.

약재 무궁화는 뿌리와 줄기 껍질과 꽃을 약으로 쓴다. 봄에 뿌리껍질이나 줄기 껍질을 벗겨서 햇볕에 말린다. 꽃은 따서 그늘에 말린 뒤 불에 볶아서 쓴다. 물에 달여 먹는다.

《동의보감》에는 '목근(木槿), 무궁화'라고 한자 이름과 우리 이름이 함께 나온다. "곳곳에서 자란다. 달여 먹으면 잠을 잘 자게 한다. 아무 때나 껍질을 벗긴다."라고 했다. 꽃은 "볶아 쓰는 것이 좋다. 달여서 차 대신 마시면 이질에 걸려 피똥을 싸는 것을 낫게 한다.", "가루 내어 미음에 타서 먹기도 하고 밀가루에 섞어서 전병을 만들어 먹기도 한다."라고 했다.

약효 껍질은 열을 내리고 여러 가지 나쁜 균을 죽이며 피가 잘 돌게 한다. 또 장에서 피가 날 때 피를 멎게 하는 약으로 쓴다. 피부병에는 껍질을 술에 담가 두었다가 거른 물을 바른다. 꽃은 설사를 멎게 하는 약으로 쓴다.

《동의보감》에는 "성질은 평범하고 독이 없다. 치질에 걸려 피를 쏟는 장풍(腸風)을 멈추게 하고, 이질을 앓은 뒤에 오는 목마름을 풀어 준다."라고 했다. 꽃은 "성질이 서늘하고 독이 없다. 적리(赤痢)와 백리(白痢)가 한꺼번에 겹친 이질과 치질 때문에 피를 쏟는 것을 낫게 한다."라고 했다.

◐ 무우게, 무강나무, 목근, 순화
잎 지는 떨기나무
2 ~ 3m
✲ 한여름부터 가을까지
가을

꽃 2013년 7월 서울 성산동

열매 2013년 10월 서울 성산동

목근피

약재 만드는 법	봄에 뿌리와 줄기 껍질을 벗겨서 햇볕에 말린다. 잘 말린 껍질을 알맞게 썰어서 쓴다.
약 쓰는 법	물에 달여 먹는다.
약 성질	성질은 평범하다. 맛은 쓰고 독이 없다.
약효	균 없애기, 피 멈추기
약 쓰는 때	무좀, 옴, 장 출혈, 이질, 치질

무화과나무

Ficus carica

무화과나무는 외국에서 들여와 심어 기르는 잎 지는 작은키나무다. 본디 지중해와 아라비아 남부에서 자라던 나무인데 추위에 약해서 전라남도, 경상남도, 제주도에 많이 심어 기른다. 서해 백령도에도 많다. 우리나라에는 언제 들어왔는지 뚜렷하지 않다. 고려 말 이색이 지은《목은집》에 처음 나오는 것으로 보아, 고려 때쯤 들어온 것 같다. 지금은 볕이 잘 드는 뜰이나 온실에 주로 심는다. 다른 과일나무처럼 무화과나무 밭을 만들어 기르기도 한다.

무화과는 꽃이 안 피고 열매가 열린다는 뜻이다.《동의보감》에도 '무화과(無花果)'라는 한자 이름만 나온다. "꽃이 없이 열매가 열린다. 그 빛이 푸른 자두(靑李) 같으면서 좀 길쭉하다. 중국에서 우리나라로 들어왔다. 가끔 자란다."라고 했다. 하지만 무화과나무는 진짜 꽃이 안 피는 것이 아니고, 봄부터 여름에 걸쳐 잎겨드랑이에 돋아난 주머니 안에서 꽃이 핀다. 그래서 밖에서는 꽃이 핀 줄 모른다. 꽃이 주머니 안에서 피고 보이지 않아서 이런 이름이 붙었다. 꽃 주머니는 꽃받침잎이 바뀐 것이다. 겉이 매끈하고 풀색인데 그 안에 작은 꽃이 많이 달린다. 주머니 끝에 작은 구멍이 뚫렸는데, 무화과좀벌 암컷이 그 구멍 속으로 들어가 수컷과 짝짓기를 하면서 꽃가루를 옮겨 꽃가루받이를 한다. 가을이면 꽃 주머니가 그대로 익어 열매가 된다.

무화과는 맛이 달고 향기가 좋다. 끝부터 빨갛게 익는데 익을수록 맛이 달다. 잘 익은 무화과는 주름살이 조금 있고 물렁물렁해서 그냥 먹어도 좋다. 또 졸여서 잼을 만들고 즙을 내어 먹는다. 말렸다가 먹기도 하는데 말리면 더 달다. 술을 만들어 먹기도 한다. 껍질을 벗긴 무화과를 중탕하면 불그레한 물이 우러나오는데 그 물로 화채를 해 먹으면 좋다. 단백질을 분해하기 때문에 고기를 먹은 뒤에 무화과를 먹으면 소화가 잘 되고 변비도 없어진다.

약재 가을에 익은 열매를 따서 햇볕에 말려 두었다가 물에 달여 먹는다. 줄기나 잎을 자르면 뽕나무처럼 하얀 진이 나온다. 살갗에 사마귀가 돋았을 때 이 즙을 여러 번 바르면 떨어진다.

약효 위를 튼튼하게 하고 혈압을 낮춘다. 입맛이 없고 소화가 잘 안 될 때 달여 먹어도 좋다. 부스럼이나 옴에는 열매 달인 물로 씻으면 좋다. 목이 아플 때 즙을 내어 무즙과 함께 마시면 아픔이 가라앉는다. 마른 열매는 똥이 굳어 안 나오는 변비에 약한 설사약으로도 쓴다. 치질이 있을 때는 덜 익는 무화과를 쪼개 그 즙을 바르면 좋다.

《동의보감》에는 "맛이 달다. 입맛을 돋우고 설사를 멎게 한다."라고 했다.《임원경제지》에는 "나무 잎사귀는 치질을 고치는 힘이 약보다 낫다."라고 나온다.

잎 지는 작은키나무
2 ~ 4m
봄부터 여름까지
가을

2011년 9월 서울 성산동

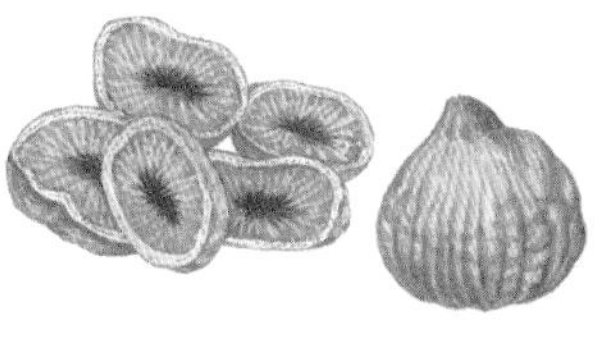

무화과

약재 만드는 법	가을에 열매를 따서 햇볕에 말려 쓴다.
약 쓰는 법	물에 달여 먹는다.
약 성질	성질이 평범하다. 맛은 달고 독이 없다.
약효	혈압 낮추기, 건위, 소화
약 쓰는 때	입맛이 없을 때, 소화가 안 될 때, 이질, 장염, 변비, 치질, 부스럼, 옴

무환자나무

Sapindus mukorossi

무환자나무는 본디 인도에서 자라던 나무였는데 중국을 거쳐 우리나라로 들어왔다. 따뜻한 곳에서 자라는 나무이기 때문에 제주도와 남쪽 지방에서 절이나 마을 둘레에 심어 기른다. 이 나무 열매가 귀신을 쫓아내는 힘이 있어서 나무를 심어 기르면 걱정과 근심이 사라진다고 '무환자(無患子)'라는 이름이 붙었다. 《동의보감》에는 "옛날 어떤 무당이 이 나무로 방망이를 만들어 귀신을 때려잡았기 때문에 '무환(無患)'이라고 했다. 우리나라 제주도에서만 자란다."라고 나온다.

무환자나무는 겨울에 잎 지는 큰키나무다. 잎은 어긋나고, 아카시나무처럼 긴 잎줄기에 쪽잎이 9 ~ 13장 달린다. 꼭 홀수로 달린다. 잎은 길쭉한 버들잎을 닮았고, 가장자리가 밋밋하다. 가을에는 노랗게 단풍 든다. 6월쯤 되면 가지 끝이나 사이에서 긴 꽃대가 나와 푸르스름한 작은 꽃이 고깔처럼 모여 핀다. 꽃이 지면 꼭 고욤을 닮은 동그란 열매가 달린다. 10월쯤 되면 노르스름하게 익는다. 열매 속에는 딱딱한 까만 씨가 한 개 들어 있다.

무환자나무 나무껍질과 열매껍질을 물에 넣으면 비누처럼 거품이 난다. 이 거품으로 빨래를 하거나 머리를 감으면 비누처럼 깨끗해진다. 그래서 영어로 'Soapberry'라는 이름이 붙었다. 옛날 인디언들도 이 열매를 비누로 썼다고 한다. 열매 속에 있는 씨는 단단하고 만질수록 반질반질해지기 때문에 옛날에 스님들이 쓰는 염주를 만들었다고 한다. 《동의보감》에는 "씨는 옻칠한 구슬처럼 생겼다. 스님들이 이 씨를 꿰어 염주를 만든다. 자홍색이 돌고 작은 것이 좋다."라고 했다. 옛날 사람들은 이 나무가 귀신을 물리친다고 여겨 무환자나무로 그릇을 만들기도 했다.

약재 무환자나무는 열매와 씨, 나무껍질, 잎을 약으로 쓴다. 열매는 다 익었을 때 따서 씨를 빼낸 뒤 열매살과 씨를 햇볕에서 말린다. 잎은 여름 들머리에 따서 말린다. 나무껍질은 벗겨 햇볕에 말린다. 물에 달여 먹고, 달인 물로 씻는다. 《동의보감》에는 '무환자피(無患子皮), 모관쥬나무겁질'이라고 한자 이름과 우리 이름이 함께 나온다.

약효 무환자나무 열매는 열을 내리고 아픔을 멎게 하는 힘이 있다. 목이 아프고 가래가 생겼을 때, 뼈마디가 아플 때, 기생충 때문에 배가 아플 때 먹는다. 또 얼굴에 주근깨가 났을 때 달인 물로 씻으면 좋다. 입안에서 고약한 냄새가 날 때는 달인 물로 헹구면 좋다.

씨는 열을 내리고 가래를 삭이며 종기를 없애고 벌레를 없애는 힘이 있다. 목이 붓고 아플 때, 기침을 하고 가래가 나올 때 달인 물을 먹고, 종기가 났을 때 달인 물로 씻으면 좋다. 뱀이나 독이 있는 벌레에게 물렸을 때 잎 달인 물을 바르면 좋다.

나무껍질 달인 물로 부스럼이 생기거나 옴이나 진드기 때문에 살갗이 가려운 곳을 씻으면 좋다. 《동의보감》에는 "성질이 평범하고, 독이 조금 있다. 몸에 쌓인 때를 씻어 내고 얼굴에 생긴 주근깨와 목에 난 종기나 염증을 낫게 한다."라고 했다.

잎 지는 큰키나무
15 ~ 20m
5 ~ 6월
10월

2010년 9월 전라북도 전주식물원

무환자

약재 만드는 법	가을에 열매가 다 익었을 때 따서 씨를 뺀 뒤 열매살을 햇볕에 말린다.
약 쓰는 법	물에 달여 먹거나 달인 물로 씻는다.
약 성질	성질이 평범하다. 맛은 조금 쓰고 독이 조금 있다.
약효	열 내리기, 아픔 멈추기
약 쓰는 때	목이 아플 때, 가래가 나올 때, 뼈마디가 아플 때, 몸속에 기생충이 있을 때, 주근깨, 입에서 고약한 냄새가 날 때

물푸레나무

Fraxinus rhynchophylla

물푸레나무는 우리나라 어디에서나 잘 자란다. 산기슭이나 산골짜기, 개울가에서 아름드리나무로 자란다. 물푸레나무 가지를 꺾어 깨끗한 물에 담그면 푸른 물이 우러난다. 그래서 물푸레나무라고 한다. 《동의보감》에는 "껍질을 물에 담그면 푸른빛이 우러난다. 이 물로 종이에 글을 쓰면 푸른빛으로 보이는 것이 진짜이다."라고 했다. 물푸레나무를 태운 잿물로 옷감을 물들이면 푸르스름한 잿빛이 돈다. 여간해서는 빛깔이 바래지 않는다.

물푸레나무는 겨울에 잎이 지는 큰키나무다. 높이가 15m쯤 자란다. 줄기는 곧게 서며 가지를 많이 친다. 나무껍질은 밤빛이 도는 잿빛이거나 어두운 잿빛이다. 잎은 깃꼴겹잎이다. 쪽잎은 달걀처럼 둥그렇고 양끝이 뾰족하다. 5월쯤 햇가지 끝이나 잎겨드랑이에 꽃이 핀다. 9 ~ 10월에 열매가 여문다.

약재 봄부터 이른 여름 사이에 줄기 껍질을 벗긴 뒤 속껍질만 햇볕에 말려 약으로 쓴다. 알맞게 썰어서 물에 달여 먹는다. 또 가루를 내서 달인 물로 눈을 씻는다.
《동의보감》에는 '진피(秦皮), 무프렛겁질'이라고 한자 이름과 우리 이름이 함께 나온다. "곳곳에서 자란다. 박달나무와 닮았는데 잎이 가늘고 껍질에 하얀 점이 있으며 거칠지 않다. 껍질에 하얀 점이 있어서 사람들은 '백심목(白檮木)'이라고 한다. 음력 2월과 8월에 껍질을 벗겨 그늘에서 말린다."라고 했다.
물푸레나무는 쥐똥나무나 광나무처럼 백랍이 나는 나무다. 백랍은 나무에 벌레가 들어와 나뭇진을 먹고 만든 것이다. 《동의보감》에 '백랍(白蠟), 무프레나모진'이라고 나온다. "'충랍(蟲蠟)'이라고도 한다. 물푸레나무에 있는 작은 벌레가 나무진을 먹고 만들어낸 것이다. 금(金)에 속하기 때문에 주로 아물게만 하고 단단히 엉키게 하는 힘이 있어서 외과에 좋은 약으로 쓰인다. 자귀나무 껍질과 함께 쓰면 좋다. 새살이 돋게 만드는 고약에 넣으면 아주 효과가 좋다. 곳곳에 있는데 제주도에서 더욱 많이 난다. 양초를 만들어 쓰면 밝고 깨끗하여 좋은데 황랍보다도 좋다."라고 했다. 또 물푸레나무는 고로쇠나무처럼 껍질에 상처를 내어 물을 받아서 쓴다.
약효 껍질 달인 물은 눈병에 아주 좋다. 눈에 핏발이 서고 부으면서 아플 때, 눈물이 날 때 껍질 달인 물로 씻어 주면 낫는다. 열이 나거나 설사할 때 먹어도 좋다. 《동의보감》에는 "성질이 차다. 맛은 쓰며 독이 없다. 간에 열이 오래도록 나서 두 눈이 빨개지고 부으면서 아픈 것과 바람을 쏘이면 눈물이 멎지 않고 줄곧 흐르는 것을 낫게 한다. 눈에 푸르거나 하얗게 낀 꺼풀을 없앤다. 눈을 씻으면 정기를 보태고 눈을 밝게 한다. 열이 나면서 설사를 하는 열리(熱痢)와 부인에게 걸리는 대하, 어린아이가 걸린 열이 나는 간질을 낫게 한다."라고 했다. 뼈마디가 쑤실 때는 가지를 잘게 썰어 푹 삶은 물에 찜질을 하면 좋다.
백랍은 상처에 새살이 돋게 하고, 피를 멎게 한다. 사마귀가 났을 때 백랍을 불에 녹여서 똑똑 떨어뜨리면 사마귀가 떨어진다고 한다. 《동의보감》에는 "새살이 돋아나게 하며 피를 멎게 한다. 또 아픔을 멎게 하고, 힘줄과 뼈를 이어 준다. 부족한 것을 채워 주고 설사와 기침을 낫게 한다. 또한 허파를 부드럽게 눅여 주고, 장과 위를 튼튼하게 하며 결핵균을 없앤다."라고 했다. 물푸레나무에서 받은 물은 눈을 밝게 하고 눈병을 막아 준다고 한다.

쉬청나무
잎 지는 큰키나무
15m
5월
9 ~ 10월

열매 2000년 7월 강원도 원주

꽃 2000년 5월 강원도 원주

2000년 8월 강원도 치악산

2000년 12월 강원도 치악산

진피

약재 만드는 법	봄부터 이른 여름 사이에 줄기 껍질을 벗긴 뒤 속껍질만 햇볕에 말린다. 알맞게 썰어서 쓴다.
약 쓰는 법	물에 달여 먹거나 달인 물로 씻는다.
약 성질	성질이 차다. 맛은 쓰며 독이 없다.
약효	염증 없애기, 열 내리기, 물기 빨아들이기
약 쓰는 때	눈병, 열날 때, 설사

밤나무

Castanea crenata

밤나무는 산기슭이나 마을 둘레에서 자라는 잎 지는 큰키나무다. 밤을 따려고 많이 심는다. 사람들이 가장 오래전부터 기르던 과일나무 가운데 하나다. 늦은 봄에 암꽃과 수꽃이 한 그루에 핀다. 쥐꼬리처럼 기다랗게 피는 꽃이 수꽃이고, 수꽃 밑에 암꽃이 세 송이씩 핀다. 꽃에서는 짙은 향기가 나서 멀리서도 냄새를 맡을 수 있다. 열매는 가을에 여문다. 밤송이는 둥글고 겉에 가시가 빽빽하다. 밤송이 속에는 밤이 1 ~ 3알씩 들어 있다. 꽃이나 열매가 없을 때는 잎이 상수리나무나 굴참나무 잎과 아주 닮았다. 밤나무는 잎 가장자리에 있는 바늘처럼 뾰족한 톱니가 풀빛을 띤다.

밤은 예로부터 쌀이 떨어졌을 때 도토리와 함께 밥 대신 먹을 수 있는 열매로 아주 귀하게 여겼다. 밤송이는 여물면 네 쪽으로 벌어진다. 보통 밤이 세 알씩 들어 있다. 한두 알은 굵고 나머지는 잘 자라지 못한다. 밤은 밤송이 껍질이 검게 되도록 잘 여문 것이 맛이 좋다. 삶거나 구워 먹는다. 날로도 먹는다.

약재 가을에 여문 밤을 따서 햇볕에 말린 뒤에 속껍질까지 벗겨 다시 햇볕에 말려 약으로 쓴다. 달여 먹거나 가루를 내어 먹는다. 《동의보감》에는 '율자(栗子), 밤'이라고 한자 이름과 우리 이름이 함께 나온다. 또 밤뿐만 아니라 밤껍질, 밤송이도 약으로 쓴다고 나온다. "어느 곳에서나 자란다. 음력 9월에 딴다. 과실 가운데 가장 좋다. 말릴 때에는 햇볕에 말리는 것이 좋다. 날것으로 오래 두려면 눅눅하게 두지 말아야 한다. 밤을 모래 속에 묻어 두면 이듬해 늦은 봄이나 여름 들머리가 되어도 갓 딴 것과 같다. 날밤은 뜨거운 잿불에 묻어 진이 나게 구워 먹어야 좋다. 하지만 속까지 다 익히지 말아야 한다. 속까지 익은 밤은 기(氣)를 막히게 한다. 날로 먹으면 기(氣)를 발동하게 하니까, 잿불에 묻어 살짝 구워서 그 나무의 기(氣)를 없애야 한다."라고 했다.

약효 밤은 위와 콩팥을 튼튼하게 한다. 몸이 허약할 때, 물똥을 자주 쌀 때, 허리와 무릎이 시큰시큰 아플 때 열매 달인 물을 먹으면 좋다. 또 어린아이 보약으로도 쓴다.

《동의보감》에 밤은 "성질이 따뜻하다. 맛은 짜며 독이 없다. 기운을 북돋고 장과 위를 튼튼하게 한다. 콩팥 기운(腎氣)을 북돋고 배가 고프지 않게 한다."라고 하면서 "밤 한 송이 안에 세 알이 들어 있을 때 그 가운데 것을 '율설(栗楔)'이라고 한다. 또 '쐐기톨'이라고도 한다. 몸에 바람이 들어 힘줄과 뼈가 아픈 것을 낫게 한다. 또 나력(瘰癧)에 걸려 목이나 귀, 겨드랑이에 멍울이나 종기가 생긴 곳에 발라 준다. 또 화살촉이나 가시를 빼낸다."라고 했다.

밤껍질은 "꿀에 개어 살갗에 바르면 살갗이 오그라든다. 늙은이 얼굴에 생긴 주름살을 펴 준다."라고 했다. 가시가 달린 밤송이를 달여 먹으면 "구역질을 멈추고, 목마름을 풀고, 뒤로 피를 쏟는 것을 멎게 한다. 또 종기가 나서 생기는 독을 푼다."라고 나온다.

- 잎 지는 큰키나무
- 20m 안팎
- 6 ~ 7월
- 9 ~ 10월

꽃 2011년 6월 인천 강화

열매 2011년 9월 인천 강화

2000년 9월 충청북도 제천

1998년 4월 충청북도 제천

율자

약재 만드는 법	가을에 여문 밤을 따서 햇볕에 말린 뒤 속껍질을 벗겨 또 햇볕에 말린다.
약 쓰는 법	물에 달여 먹거나 가루를 내어 먹는다.
약 성질	성질이 따뜻하다. 맛은 짜며 독이 없다.
약효	보약, 건위
약 쓰는 때	몸이 허약할 때, 물똥을 자주 쌀 때, 허리와 무릎이 아플 때

장미과
배나무속

배나무

Pyrus pyrifolia var. *culta*

배나무는 배를 먹으려고 기르는 과일나무다. 본디 산에서 자라던 돌배나무를 개량해서 아주 오래전부터 길러 왔다. 하지만 지금 우리가 먹는 배는 예전부터 기르던 배가 아니라 다른 나라에서 들여온 것이다. 요즘은 '신고'를 가장 많이 심는다. 이 배는 껍질이 얇고 누런 밤색이다. 물이 많고 맛이 달다. 배를 많이 먹으면 설사가 나는데 껍질과 같이 먹으면 설사가 적게 난다. 또 고기를 재울 때 배 즙을 넣으면 고기가 부드러워지고 소화가 잘 된다.

배나무는 겨울에 잎이 지는 큰키나무다. 나무 높이는 15m쯤 된다. 나무껍질은 잿빛이고 거칠게 터진다. 어린 가지는 검은 밤색이다. 잎은 달걀처럼 생겼고 끝이 뾰족하다. 가장자리에 톱니가 있다. 4 ~ 5월쯤 짧은 가지 끝에 흰 꽃이 모여서 핀다. 꽃잎은 다섯 장이다. 가을에 굵고 둥근 열매가 익는다. 품종에 따라 생김새나 맛이 다 다르다.

배나무는 날씨가 따뜻하고, 비가 많이 오는 곳에서 기르기가 좋다. 봄에 꽃이 필 때와 가을에 배가 익을 때는 비가 적게 오고, 여름에 열매가 클 때는 비가 많이 오는 곳에서 맛 좋은 배가 난다. 경기도 평택과 남양주, 전라남도 나주는 배가 많이 나는 곳으로 잘 알려졌다.

약재 배나무는 열매, 잎, 껍질을 약으로 쓴다. 열매는 따서 날것 그대로 쓴다. 잎은 따서 그늘에 말린 뒤 물에 달여 먹고, 나무껍질은 벗겨 햇볕에 말린 뒤 물에 달여 살갗을 씻는다. 《동의보감》에 '이자(梨子), 빅'라고 한자 이름과 우리 이름이 나온다.

약효 배는 성질이 차지만 소화가 잘 되게 한다. 똥오줌이 잘 나오게 하고 열을 내리고 가래를 없앤다. 열이 나면서 속이 답답할 때, 목이 탈 때, 똥이 굳어 안 나올 때 먹으면 좋다.

《동의보감》에는 "성질이 차다(서늘하다고도 한다). 맛은 달면서 조금 시며 독이 없다. 몸에서 나는 객열(客熱)을 없애며 가슴이 답답한 것을 멎게 한다. 몸에 열이 나면서도 오슬오슬 추운 오한이 나는 것을 낫게 하고, 가슴 속에 뭉친 열을 없앤다. 맛이 달고 성질이 차서 목마를 때 좋다. 술을 마신 뒤에 목이 탈 때 먹으면 더욱 좋다. 하지만 많이 먹으면 속을 차게 하기 때문에 쇠붙이에 다쳤을 때와 아기를 가진 엄마는 먹지 말아야 한다."라고 했다. 종기가 났을 때 배를 썰어서 붙이면 잘 낫는다.

배나무 잎은 토하거나 설사할 때 쓴다. "음식을 먹고 체해서 토하고 설사가 멎지 않을 때 달인 물을 먹는다."라고 했다. 나무껍질 달인 물로 부스럼과 옴, 종기가 난 살갗을 씻으면 좋다.

잎 지는 큰키나무

15m

4 ~ 5월

10월

열매 1998년 8월 강원도 원주

1998년 4월 강원도 원주

돌배나무 *Pyrus pyrifolia*

산돌배나무 *Pyrus ussuriensis*

서양배나무 *Pyrus communis*

이자

약재 만드는 법	가을에 잘 익은 배를 따서 쓴다.
약 쓰는 법	날것으로 먹거나 즙을 짜서 먹는다. 졸여서 조청을 만들어 먹기도 한다.
약 성질	성질이 차다(서늘하다고도 한다). 맛은 달면서 조금 시며 독이 없다.
약효	열 내리기, 소화
약 쓰는 때	소화가 잘 안 될 때, 변비, 열날 때
주의할 점	쇠붙이에 다쳤을 때, 아기를 가진 엄마는 많이 안 먹는다.

복숭아나무

Prunus persica

복숭아나무는 열매를 먹으려고 기르는 과일나무다. 아주 옛날부터 심어 길렀다. 이른 봄에 연분홍빛 꽃이 피고 여름에 잘 익은 열매는 맛이 아주 좋고 달다. 지금 시장에서 사 먹는 복숭아는 다른 나라에서 들여와서 과수원에서 기른 것이다. 생김새도 맛도 갖가지다. 익으면 물이 아주 많고 속살이 물렁물렁해지는 것이 있고, 익어도 속살이 딱딱한 것이 있다. 껍질이 붉은 것도 있고 누런 것도 있고 흰 것도 있다. 껍질에 털이 없고, 속살이 붉은 천도복숭아도 있다.

약재 씨와 꽃과 잎을 약으로 쓴다. 씨를 '도인(桃仁)'이라고 한다. 딱딱한 겉껍데기를 버리고 안에 있는 씨만 햇볕에 말린다. 물에 달여 먹거나 짓찧어서 살갗에 바른다. 꽃과 잎은 뜯어서 바람이 잘 통하는 그늘에서 말린 뒤 물에 달여 먹거나 술을 담가 먹는다.
《동의보감》에는 씨, 꽃, 잎, 복숭아 털, 속껍질, 나뭇진, 열매를 약으로 쓴다고 나온다. 씨는 '도핵인(桃核仁), 복숑화씨'라고 나온다. "어느 곳에나 있다. 음력 7월에 열매를 따서 씨를 깨뜨려 받은 알맹이를 그늘에 말려 쓴다."라고 했다. 꽃은 "음력 3월 3일에 꽃을 모아 그늘에서 말린다. 여러 겹 둘러싸인 꽃은 쓰지 못한다. 꽃받침은 몸속에 생긴 덩어리를 깨뜨린다. 꽃이 떨어질 때 대바구니에 주워 담아 그늘에서 말린다. 이것을 밀가루로 반죽한 다음 떡을 만들어 빈속에 먹는다."라고 했다.
또 복숭아가 나무에 달린 채 겨울을 나서 저절로 말라 떨어지지 않은 것을 '도효(桃梟)'라고 해서 약으로 썼다. "술에 적셔 찐 뒤 구리칼로 살을 긁어내고 약한 불에 말려서 쓴다."라고 했다. 봄부터 여름 사이에는 나뭇가지를 거두거나 줄기 속껍질을 벗겨서 햇볕에 말린 뒤 물에 달여 먹는다.
약효 복숭아씨는 살구씨처럼 기침을 멈추고 가래를 삭이는 약으로 쓴다. 또 뼈마디가 류머티즘에 걸렸을 때, 똥이 굳어 안 나올 때 먹어도 좋다. 피를 잘 돌게 해서 달거리가 없거나 고르지 못할 때, 아기를 낳고 배가 아플 때, 피멍울이 생겼을 때, 동맥경화에 걸렸을 때도 먹으면 좋다. 《동의보감》에는 "성질이 평범하다(따뜻하다고도 한다). 맛은 달고 쓰며 독이 없다. 뭉친 피와 달거리가 막힌 것을 낫게 한다. 배 속에 생긴 덩어리를 깨뜨리고, 달거리를 하게 만들며, 가슴이 아픈 것을 멎게 하고, 세 가지 벌레를 죽인다. 막힌 피를 헤치고 새 피가 생겨나게 한다. 뭉친 피를 몰아내고 피가 잘 돌게 한다."라고 했다.
꽃은 오줌이 잘 나오게 하고 설사를 멎게 한다. "성질이 평범하다. 맛은 쓰고 독이 없다. 콩팥에 돌이 생겨 오줌을 눌 때 아픈 석림(石淋)을 낫게 한다. 똥오줌이 잘 나가게 하고 세 가지 벌레를 내보낸다. 죽은 사람 넋과 악귀를 물리치고 얼굴빛을 좋게 한다. 꽃받침은 배 속에 덩어리가 생겨 아픈 적취(積聚)를 고친다."라고 했다. 겨울을 나서 마른 복숭아는 "성질이 조금 따뜻하고 맛은 쓰다. 온갖 헛것에 들린 것과 다섯 가지 독을 없애며 나쁜 기운을 없앤다. 명치 밑이 아픈 것을 낫게 하고 피를 깨뜨린다. 또한 지독한 독기와 배 속에 사는 벌레 때문에 배가 아픈 것을 고친다."라고 했다. 잘 익은 복숭아는 "성질이 뜨겁고 맛은 시며 독이 조금 있다. 얼굴빛을 좋게 하지만, 많이 먹으면 열이 난다."라고 했다. 복숭아 잎을 짓찧어 즙을 마시면 똥오줌이 잘 나오게 한다. 잎을 뜨겁게 쪄서 주머니에 넣어 목을 찜질하면, 풍에 걸려 목이 뻣뻣해서 잘 돌리지 못하는 것을 낫게 한다고 했다. 나무 속껍질은 명치 밑이 아픈 것을 낫게 하고, 나뭇가지를 달인 물을 먹으면 갑자기 가슴이 아픈 것을 낫게 한다고 했다.

복사나무
잎 지는 작은키나무
6m 안팎
4 ~ 5월
8 ~ 9월

꽃 1999년 4월 강원도 원주

열매 1998년 7월 강원도 원주

1998년 5월 강원도 원주

도인

약재 만드는 법 | 가을에 잘 익은 복숭아를 따서 씨를 갈무리한 뒤 딱딱한 겉껍데기를 버리고 안에 있는 씨만 햇볕에 말린다.

약 쓰는 법 | 물에 달여 먹거나 짓찧어서 살갗에 바른다.

약 성질 | 성질이 평범하다(따뜻하다고도 한다). 맛은 달고 쓰며 독이 없다.

약효 | 염증 없애기, 가래 없애기, 피 잘 돌기

약 쓰는 때 | 기침, 가래, 류머티즘, 변비, 동맥경화, 아기를 낳고 배가 아플 때, 달거리가 고르지 못하거나 없을 때, 피멍울

붉나무

Rhus javanica

붉나무는 산기슭이나 산골짜기 햇볕이 잘 드는 곳에서 저절로 자란다. 겨울에 잎이 지는 작은 키나무다. 키는 3 ~ 5m쯤 크고, 아주 커도 7m를 넘지 않는다. 나무껍질은 잿빛 밤색이고 붉은 반점이 있다. 잔가지는 누르스름하고 윤기가 난다. 가을에 잎이 빨갛게 단풍이 든다. 잎은 어긋나게 붙고 아까시나무 잎처럼 긴 잎자루에 쪽잎이 7 ~ 13장씩 달린다. 쪽잎은 달걀처럼 둥그스름하고 가장자리에 거친 톱니가 있다. 긴 잎자루에는 좁은 날개가 있다. 7 ~ 9월에 작고 누런 꽃이 어린 가지 끝에 모여 핀다. 10월이 되면 납작한 열매가 익는다. 열매 겉은 시고 짠맛이 나는 하얀 가루로 덮인다. 또 잎에 주머니처럼 생긴 벌레집이 달린다.

붉나무는 옻나무, 개옻나무, 검양옻나무와 무척 닮았다. 그런데 자세히 보면 붉나무는 쪽잎 사이 잎자루에 날개가 있다. 또 옻나무는 마을 가까이에 많이 심어 기르고 붉나무나 개옻나무는 산에서 저절로 자란다. 모두 진을 받아서 약으로 쓴다. 붉나무는 나무에 상처가 나면 하얀 진이 나온다. 이 나뭇진이 살갗에 닿으면 옻이 오르는 것처럼 살갗이 부풀고 가렵다. 옻이 잘 오르는 사람은 붉나무를 만질 때 조심해야 한다.

약재 붉나무에 생긴 벌레집을 오배자라 하는데 약으로 쓴다. 오배자는 가을에 벌레가 나가기 전에 따서 끓는 물에 데친 뒤 햇볕에 말린다. 그대로 말리면 벌레가 구멍을 뚫고 나가서 약효가 떨어진다. 오배자를 물에 달여 먹거나 가루를 내서 먹는다. 또 노랗게 볶아서 보드랍게 가루를 내어 쓴다.

《동의보감》에는 '오배자(五倍子), 븕나모여름'이라고 한자 이름과 우리 이름이 함께 나온다. "곳곳에 있는데 붉나무 잎에서 생긴다. 음력 7월에 열매가 맺는데 꽃은 없다. 날것은 푸르고 익으면 누렇다. 큰 것은 주먹만 하며 속에 벌레가 많다. 음력 9월에 따서 햇볕에 말린다. '백충창(百蟲倉), 문합(蚊蛤)'이라고도 한다. 속에 있는 벌레를 긁어 버리고 끓는 물에 씻어서 날것 그대로 쓴다. 알약에 넣을 때는 살짝 볶아서 넣는다."라고 했다.

뱀이나 벌레에 물렸을 때는 붉나무 잎을 찧어서 붙인다. 피부병이나 부스럼에는 뿌리를 삶아 낸 물로 씻어 준다. 잎은 여름에, 줄기 껍질은 아무 때나 벗겨 햇볕에 말린 뒤 쓴다.

약효 오배자는 물기를 빨아들이는 힘이 있어서 설사를 멎게 하고, 피가 나는 것과 땀을 흘리는 것을 멎게 한다. 또 헌데를 아물게 하고 기침을 멈추게 한다. 설사, 대장염, 위장에서 피가 날 때, 피를 토할 때, 코피, 식은땀이 날 때 먹으면 좋다. 또 아이들이 뜨거운 국을 먹다가 데어서 입안이 헐었거나 혓바늘이 돋았을 때 오배자 가루를 발라 주면 씻은 듯이 낫는다. 놀다가 넘어져서 크게 다치고 피가 날 때도 오배자 가루와 백반을 섞어서 상처에 발라 준다.

《동의보감》에는 "성질이 평범하다. 맛은 쓰고 시며 독이 없다. 이빨 뿌리가 드러나고 잇몸이 붓고 헐고 염증이 생긴 것을 주로 고친다. 또 허파에 바람이 숨어 있어서 살갗이 헐거나 버짐이 생겨 가렵고 고름이나 진물이 흐르는 것을 낫게 한다. 다섯 가지 치질에 걸려 멈추지 않고 피를 쏟는 것과 어린아이 얼굴과 코에 생긴 부스럼, 어른 입안이 헌 것을 낫게 한다."라고 했다.

◐ 오배자나무, 뿔나무, 불나무, 뚜르게나물, 굴나무, 염부목
잎 지는 작은키나무
3 ~ 7m
7 ~ 9월
10월

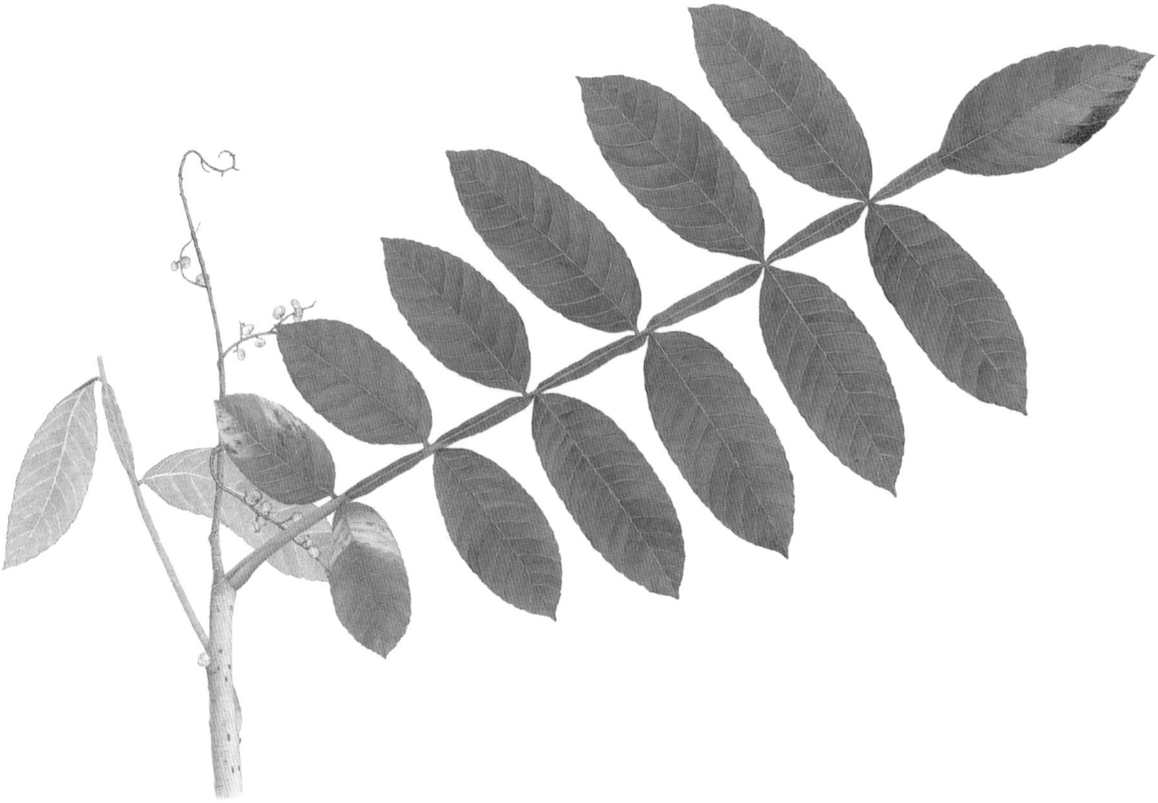

2000년 10월 강원도 원주

2000년 10월 강원도 치악산

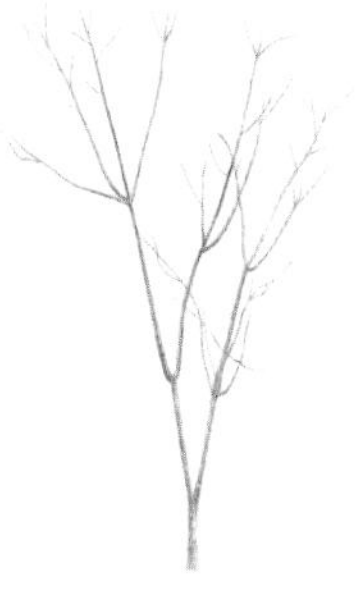

2000년 12월 강원도 치악산

오배자

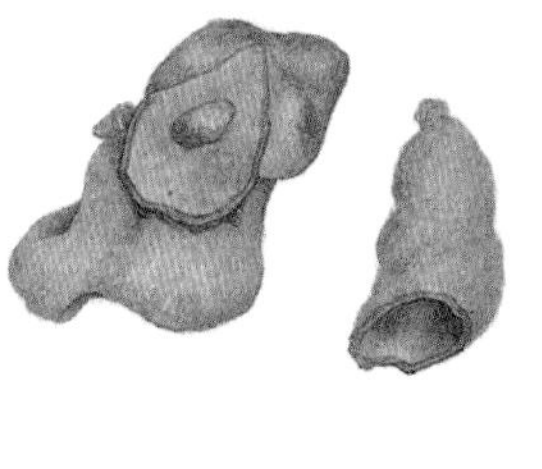

약재 만드는 법	가을에 붉나무에 생긴 벌레집을 따서 끓는 물에 데친 뒤 햇볕에 말린다.
약 쓰는 법	물에 달여 먹거나 가루를 내어 먹는다. 또 노랗게 볶아서 가루를 내어 상처에 바른다.
약 성질	성질이 평범하다. 맛은 쓰고 시며 독이 없다.
약효	설사 멈추기, 피 멈추기
약 쓰는 때	설사, 대장염, 위장 출혈, 코피, 궤양, 기침, 식은땀이 날 때, 피를 토할 때, 입안이 헐거나 혓바늘이 돋았을 때, 살갗에서 피가 날 때

뽕나무

Morus alba

뽕나무는 겨울에 잎이 지는 큰키나무다. 누에를 치려고 심어 기른다. 기를 때는 사람들이 줄기를 자꾸 베어서 떨기나무처럼 자란다. 우리나라에서는 아주 오래전부터 누에를 치려고 마을마다 뽕나무를 심어 길렀다.

약재 뿌리껍질, 잎, 가지, 열매를 약으로 쓴다. 뿌리는 봄이나 가을에 캐서 겉껍질을 벗기거나 그대로 햇볕에 말려서 쓴다. 물에 달여 먹거나 꿀물에 적셔 찌거나 볶아서 달여 먹는다. 《동의보감》에는 '상근백피(桑根白皮), 뽕나모불휘겁질'이라고 나온다. "아무 때나 캐는데 땅 위에 드러나 있는 것은 사람을 죽인다. 캐서 구리칼로 거친 겉껍질을 긁어 버리고 속에 있는 하얀 껍질을 벗겨 햇볕에 말린다. 동쪽으로 뻗은 뿌리가 더욱 좋다. 물이 잘 나가게 하려면 날것을 쓰고, 기침에는 꿀물에 축여 찌거나 볶아 쓴다."라고 했다.
열매는 여름에 따서 말리고, 잎은 가을에 서리가 내린 뒤에 따서 햇볕에 말린 뒤 알맞게 썰어 물에 달여 먹거나 가루를 내서 먹는다. 《동의보감》에 뽕잎은 "잎이 갈라진 것을 '계상(鷄桑)'이라고 하는데 가장 좋다. 여름과 가을에 다시 돋은 잎이 좋은데 서리가 내린 뒤에 따서 쓴다."라고 했다. 가지는 "봄에 잎이 아직 돋지 않은 가지를 잘라 볶은 뒤 달여 먹는다."라고 나온다.
약효 뿌리껍질은 기침을 멈추게 하고 숨찬 증세를 낫게 한다. 가래도 없애고 목마름도 풀어 준다. 몸이 붓고 오줌을 잘 누지 못할 때 먹어도 좋다. 혈압을 낮추고, 허파에 열이 있어서 코피가 나거나 피를 토할 때 먹어도 좋다. 《동의보감》에는 "허파 기운이 넘쳐 숨이 차고 가슴이 그득한 것, 물 기운이 넘쳐 몸이 붓는 것을 낫게 한다. 담을 삭이고 목마름을 풀어 준다. 또 허파 속에 있는 물 기운을 없애고, 오줌이 잘 나가게 한다. 기침하면서 피를 뱉는 것을 낫게 하며 큰창자와 작은창자가 서로 잘 통하게 한다. 배 속에 있는 벌레를 죽이고, 쇠붙이에 다친 상처를 아물게 한다."라고 했다.
가지는 온갖 중풍을 막아 주고, 중풍에 걸려 팔다리를 쓰지 못할 때 먹으면 좋다. 《동의보감》에는 "온갖 중풍을 낫게 한다. 몸이나 다리가 붓는 것을 낫게 하고, 허파 기운이 넘쳐 기침을 하고 기운이 치밀어 올라 얼굴이 빨개지고 머리가 아프고 귀가 울리는 것을 낫게 한다. 먹은 것을 잘 소화시키고 오줌이 잘 나가게 한다. 팔이 아픈 것, 입안이 마르는 것을 낫게 하는 데는 뽕나무 가지로 만든 차를 먹으면 된다."라고 했다.
뽕잎은 눈병을 낫게 하고, 몸에 두드러기가 났을 때 먹으면 좋다. 《동의보감》에는 "집에 심은 뽕잎은 성질이 따뜻하고 독이 없다. 다리가 붓는 각기(脚氣)와 몸이 붓는 수종(水腫)을 낫게 하며 큰창자와 작은창자를 잘 통하게 한다. 기를 내리며 풍에 걸려 아픈 것을 멈춘다."라고 했다.
뽕나무 열매인 오디는 어지럽거나 눈이 침침할 때, 밤에 잠을 잘 안 올 때, 당뇨병에 걸렸을 때 먹으면 좋다. 《동의보감》에는 "성질이 차다. 맛은 달며 독이 없다. 목이 자꾸 타서 물을 마시는 소갈(消渴)을 주로 낫게 한다. 또 오장을 이롭게 하고, 오래 먹으면 배가 고프지 않게 된다. 검은 오디에는 뽕나무 정기가 다 들어 있다."라고 했다.

- 오디나무, 백상
- 잎 지는 큰키나무
- 25 ~ 30m
- 5 ~ 6월
- 7 ~ 8월

수꽃 1999년 4월 강원도 횡성

열매 1997년 6월 강원도 원주

2000년 9월 강원도 원주

2000년 12월 강원도 원주

산뽕나무 *Morus bombycis*

돌뽕나무 *Morus tiliaefolia*

상백피

약재 만드는 법	봄가을에 뿌리를 캐서 겉껍질을 벗기거나 그대로 햇볕에 말린 뒤 알맞게 썰어 쓴다. 꿀물에 적셔 찌거나 볶아서 쓰기도 한다.
약 쓰는 법	물에 달여 먹거나 가루를 내어 먹는다. 상처에는 달인 물로 씻는다.
약 성질	성질이 차다. 맛은 달고 독이 없다.
약효	혈압 낮추기, 오줌내기, 열 내리기, 기침 멈추기
약 쓰는 때	기침, 가래, 목마름, 몸이 붓고 오줌을 잘 못 눌 때, 고혈압, 기관지염, 코피

산사나무

Crataegus pinnatifida

산사나무는 산기슭이나 골짜기에서 자라는 잎 지는 작은키나무다. 드물게 햇볕이 잘 드는 곳에서 자란다. 마을 둘레나 마당, 공원, 궁궐에 심어 기르기도 한다. 중국이나 우리나라에서는 아주 오래전부터 열매를 약으로 써 왔다. 하지만 서양에서는 이 나무가 나쁜 기운을 막는 힘이 있다고 여겨서 오래전부터 '거룩한 가시나무'라는 뜻인 '홀리손(Holy-thorn)'이라고 했다. 또 5월에 하얀 꽃이 흐드러지게 피기 때문에 '오월의 꽃'이라는 뜻인 '메이-플라워(May Flower)'라고도 한다. 영국 사람들이 미국으로 건너갈 때 탔던 배 이름이기도 하다. 일본에서는 산사나무가 안 자랐는데, 영조 때 우리나라에서 나무를 가져가 심었다고 한다.

산사나무 줄기에는 짧은 가시가 나 있다. 잎은 어긋나며, 잎몸이 깊게 갈라진다. 잎 앞뒤 잎맥에는 털이 나 있다. 5월이 되면 우산살처럼 꽃대가 펴져 사과 꽃 같은 하얀 꽃이 핀다. 꽃잎은 다섯 장이다. 꽃이 지면 작고 동그란 열매가 열리는데, 9 ~ 10월이 되면 빨갛게 익는다. 열매 겉에는 하얀 점이 잔뜩 나 있다.

산사나무 열매는 그냥 먹어도 된다. 시큼하면서도 달달하다. 씨를 빼고 껍질을 벗긴 살을 찹쌀가루와 계피가루를 넣고 꿀을 타서 죽을 쑤기도 한다. 또 열매로 술을 담그고 화채나 차, 주스를 만들어 먹기도 한다. 중국에서는 열매를 꿀이나 설탕에 절여서 몇 개씩 꼬치에 꿰어 먹는다. 닭을 삶아 먹을 때 열매를 넣으면 살이 부드러워져 먹기 좋다고 한다. 산사나무 목재는 굳고 치밀하면서도 탄력이 있다. 다식판이나 상자, 지팡이, 목침, 책상 따위를 만든다.

약재 가을에 열매가 빨갛게 익으면 따서 약으로 쓴다. 열매를 반쪽으로 갈라 씨를 빼내고 햇볕에 말린다. 잘 말린 열매를 달여 먹는다. 좁은잎산사나무와 넓은잎산사나무 열매도 약으로 쓴다.
《동의보감》에는 '산사자(山楂子), 아가외'라고 한자 이름과 우리 이름이 나온다. 아가외는 아기처럼 작은 참외라는 뜻이다. "'당구자(棠毬子)'라고도 한다. 산속 어느 곳에서나 자란다. 처음에는 풀빛이다가 익으면 빨개진다. 절반쯤 익어서 시고 떫은 것을 약재로 쓴다. 오래 묵힌 것이 좋다. 물에 씻은 뒤 잘 쪄서 씨를 버리고 햇볕에 말려 쓴다."라고 했다. 또 "열매살을 발라 가루를 내어 누룩(神麴)을 넣고 쑨 풀로 반죽한 뒤에 알약을 만들어 먹는다."라고 했다.

약효 열매 달인 물을 먹으면 소화가 잘 되게 돕는다. 음식을 먹고 체했을 때, 소화가 안 될 때, 배가 아플 때 먹으면 좋다. 비타민C가 많이 들어 있어서 피로를 풀고, 감기에 안 걸리고 하고, 살갗이 말끔해진다고 한다. 또 피를 맑게 하고 뭉친 피를 풀어 주고 막힌 핏줄을 뚫어 주며 심장을 튼튼하게 해 준다. 고혈압, 핏줄이 굳는 동맥경화증, 협심증에 걸렸을 때 먹으면 좋다.
《동의보감》에는 "먹은 것이 체한 것을 삭이고, 오래 묵은 체기를 풀어 준다. 기가 몰린 것을 잘 돌아가게 하고 몸에 쌓인 덩어리, 멍울, 핏덩어리를 삭인다. 비장을 튼튼하게 하며 가슴을 시원하게 한다. 이질을 고치고 부스럼과 종기를 빨리 삭게 한다."라고 했다.

- 찔광이, 아가위나무
- 찔구배나무
- 잎 지는 작은키나무
- 4 ~ 9m
- 5월
- 9 ~ 10월

꽃 2011년 5월 서울 홍릉

열매 2011년 10월 서울 홍릉

산사자

약재 만드는 법	가을에 열매가 빨갛게 익으면 따서 약으로 쓴다. 열매를 반쪽으로 갈라 씨를 빼내고 햇볕에 말린다.
약 쓰는 법	물에 달여 먹는다.
약 성질	성질이 평범하다. 맛은 달고 시며 독이 없다.
약효	혈압 낮추기, 소화, 피 잘 돌기, 진정, 강심
약 쓰는 때	체했을 때, 소화가 안 될 때, 감기, 피곤할 때, 고혈압, 동맥경화, 협심증

산수유나무

Cornus officinalis

산수유나무는 산기슭이나 산골짜기에서 저절로 자라는 잎 지는 작은키나무다. 생김새가 보기 좋고 도시에서도 잘 자라서 요즘은 아파트나 공원에도 많이 심는다. 열매를 약으로 쓰려고 마당에 심기도 한다. 예전에는 중국에서 자라던 나무라고 여겼지만, 지금은 우리나라에서 스스로 자라던 나무로 밝혀졌다.

산수유나무는 이른 봄 잎이 돋기도 전에 노랗고 향기로운 꽃을 피운다. 개나리나 벚나무 꽃이 피기 훨씬 전에 먼저 꽃이 핀다. 우산살처럼 뻗은 꽃대에 작은 꽃 수십 송이가 동그랗게 모여 핀다. 봄에 피는 생강나무 꽃과 아주 닮았다. 생강나무 꽃은 꽃자루가 짧아서 거의 가지에 붙어서 핀다. 꽃이 지면 잎이 돋기 시작한다. 잎은 서로 마주나고 달걀처럼 생겼는데 끝이 뾰족하다. 잎몸은 반질반질하고, 굵은 잎맥이 둥그스름하게 활처럼 휘어져 뻗는다. 가을이면 노랗거나 빨갛게 단풍 드는데 나무마다 조금씩 빛깔이 다르다. 가을이 되면 가지마다 주렁주렁 달린 풀빛 열매가 새빨갛게 익는다. 한겨울이 되어도 빨간 열매가 안 떨어지고 달려 있다.

오랜 옛날부터 산수유를 말려서 차를 만들어 마신다. 산수유를 물에 넣고 약한 불로 한 시간쯤 달이면 불그레한 산수유 차가 된다. 설탕을 넣어서 마시기도 한다. 대추나 곶감, 계피, 감초, 오미자, 구기자 같은 것과 함께 달여 먹어도 좋다. 술도 담가 먹는다.

약재 산수유 열매는 날로는 먹지 않고 말렸다가 약으로 쓴다. 산수유는 늦가을에 서리가 내린 뒤 나무 밑에 멍석을 깔고 나무를 털어서 딴다. 햇볕에 널어서 반쯤 말린 뒤에 씨를 발라내고 바람이 잘 통하는 그늘에서 말린다. 씨는 먹으면 안 좋아서 반드시 발라낸다. 술을 담갔다가 씨를 버리고 열매껍질을 그늘에서 말리기도 한다. 물에 달여 먹는다.

《동의보감》에는 '산수유(山茱萸)'라는 한자 이름이 나온다. "곳곳에서 자란다. 잎은 느릅나무와 닮았고 꽃은 하얗다. 열매가 처음 익어 마르지 않았을 때는 색이 빨간데, 크기가 구기자만 하다. 씨가 있는데 먹을 수 있다. 말린 것은 껍질이 몹시 얇다. 씨를 발라내고 살과 껍질을 쓴다. 600g에서 씨를 빼면 살이 160g 나가는 것이 기준이다. 살은 원기(元氣)를 세게 하며 정액을 굳건하게 한다. 하지만 씨는 정(精)을 빠져 나가게 해서 안 쓴다. 음력 9 ~ 10월에 따서 그늘에서 말린다. 술에 담갔다가 씨를 버리고 약한 불에 말려서 쓴다." 라고 했다.

약효 산수유는 콩팥을 튼튼하게 해 준다. 땀을 자주 흘리고 오줌을 지릴 때, 허리가 아프고 달거리가 고르지 못할 때, 정액이 저절로 흘러나오는 데 약으로 쓴다. 또 고혈압, 당뇨병에 걸린 사람이 먹어도 좋고, 암을 막는 힘이 있다.

《동의보감》에는 "성질이 조금 따뜻하다. 맛은 시고 떫으며 독이 없다. 음(陰)을 왕성하게 하며 정(精)이 많아지게 한다. 콩팥 기운을 북돋고 성 기능을 높이며 음경을 딴딴하고 크게 한다. 또한 뼈 속에 있는 골수를 보태 주고 허리와 무릎을 따뜻하게 해 주며 땀을 흘리지 않도록 돕는다. 오줌이 잦은 것과 늙은이가 시도 때도 없이 오줌 누는 것을 낫게 한다. 머리가 아프고, 코가 막히고, 귀가 먹는 것을 낫게 한다."라고 했다.

- 산시유나무, 산수유
- 잎 지는 작은키나무
- 7m
- 3 ~ 4월
- 8 ~ 9월

열매 2010년 10월 서울 월드컵공원

꽃 2010년 4월 서울 월드컵공원

산수유

약재 만드는 법	늦가을에 서리가 내린 뒤에 열매를 딴다. 햇볕에 말린 뒤 씨를 빼내고 그늘에서 또 말린다. 열매를 술에 담갔다가 씨를 버리고 그늘에서 말리기도 한다.
약 쓰는 법	물에 달여 먹는다.
약 성질	성질이 조금 따뜻하다. 맛은 시고 떫으며 독이 없다.
약효	강장, 물기 빨아들이기
약 쓰는 때	땀을 자주 흘릴 때, 오줌을 지릴 때, 허리가 아플 때, 달거리가 고르지 않을 때, 정액이 저절로 흘러나올 때, 고혈압, 당뇨병, 암 예방

살구나무

Prunus armeniaca

살구나무는 집 가까이에 많이 심는 과일나무다. 살구는 이른 여름에 따 먹는 올과일이다. 옛날에는 '밤, 복숭아, 대추, 매실, 살구'를 다섯 가지 과일로 중요하게 여겼다. 우리나라 산에는 개살구나무가 저절로 자란다. 개살구는 살구보다 작은데 매우 떫고 시다. 살구 속에 들어 있는 둥근 씨도 쓰다. 또 매화나무와 살구나무도 닮아서 헷갈린다. 꽃에 꽃받침과 꽃잎이 붙어 있고 열매살과 씨가 잘 떨어지지 않으면 매화나무다. 꽃받침이 꽃잎과 떨어져 뒤로 젖혀지고, 열매살이 씨와 쉽게 떨어지면 살구나무다.

살구나무는 겨울에 잎이 지는 작은키나무다. 키가 7m쯤 된다. 나무껍질은 검은 잿빛이나 검은 밤색이다. 잎은 어긋나게 붙고 달걀꼴이다. 가장자리에 톱니가 있다. 꽃은 옅은 분홍색인데 잎이 나기 전인 4월에 핀다. 열매는 6월에 익는다. 열매살은 두껍고 속에는 딱딱한 씨가 들어 있다. 나무를 심은 지 4~5년이 지나면 꽃이 피고 살구가 열린다. 10년쯤 지나야 살구가 많이 열린다. 살구나무는 100년쯤 산다. 《임원경제지》에는 "복숭아나무에 살구나무를 접붙이면 열매가 빨갛고 크며 오래 살고 썩지 않는다."라고 했다. 살구는 여름 들머리에 익어서 옛날에는 먹을 것이 떨어진 보릿고개에 곡식 대신 먹는 구황 작물로 큰 도움이 되었다. 맛이 달달하고 몸에도 좋다. 열매를 말려서 먹거나 술을 담그기도 한다.

약재 살구나 개살구 모두 씨를 약으로 쓴다. 한방에서는 '행인(杏仁)'이라고 한다. 살구에서 씨를 발라내어 딱딱한 씨 껍데기를 까서 버리고 알만 햇볕에 말린다. 씨에 뾰족한 곳에는 독이 조금 있어서 떼어 낸다. 물에 달여 먹거나 가루를 내서 쓴다.

《동의보감》에는 '행핵인(杏核仁), 솔고씨'라고 나온다. "어느 곳에나 다 있다. 산살구는 약에 쓸 수 없고 반드시 집 둘레에 심은 살구나무 열매를 음력 5월에 따서 쓴다. 씨껍질을 깨뜨려 알만 발라 끓는 물에 담갔다가 껍질을 벗기고 뾰족한 끝을 떼어 낸다. 알이 두 개 들어 있는 것은 버린다. 밀기울과 함께 노랗게 볶아서 쓴다."라고 했다.

약효 살구씨는 가래가 끓거나 기침을 할 때 먹으면 좋다. 기침을 멎게 하고 가래를 삭이며 숨찬 것을 낫게 한다. 또 똥을 잘 누게 만들어 똥이 굳어 안 나오는 변비에 걸렸을 때 먹으면 좋다. 몸에 땀을 내게 만들어 몸속에 있는 독을 푼다. 살구씨와 도라지를 달여 하루에 세 번 나누어 먹으면 목 안이 붓고 아픈 데 좋다. 또 얼굴에 기미가 생겼을 때 살구씨를 가루 내어 달걀 흰자위에 개어 바르면 좋다고 한다. 하지만 씨에는 중독을 일으키는 독이 조금 있어서 너무 많이 먹지 않는다.

《동의보감》에는 "성질이 따뜻하다. 맛은 달고 쓰며 독이 있다(독이 조금 있다고도 한다). 기침이 나면서 기가 치미는 것, 폐기(肺氣) 때문에 숨이 찬 것을 낫게 한다. 축축하게 땀이 나게 하며 개한테 물린 독을 없앤다."라고 나온다. 살구 열매는 "성질이 뜨겁다. 맛이 시며 독이 있다. 많이 먹으면 안 된다. 많이 먹으면 신(神)이 줄어들고 힘줄과 뼈가 상한다."라고 했다.

잎 지는 작은키나무
7m
4월
6월

열매 2010년 6월 경기도 광릉수목원

꽃 2010년 4월 경기도 광릉수목원

행인

약재 만드는 법	6월에 열매를 따서 씨를 발라낸다. 딱딱한 씨 껍데기를 까서 버리고 알만 햇볕에 말린다. 씨 꼭지는 떼어 낸다.
약 쓰는 법	물에 달여 먹거나 가루를 내서 쓴다.
약 성질	성질이 따뜻하다. 맛은 달고 쓰며 독이 있다(독이 조금 있다고도 한다).
약효	진정, 기침 멈추기
약 쓰는 때	기침, 가래, 변비, 기관지염, 기미
주의할 점	씨에 독이 있어서 중독되지 않도록 너무 많이 먹지 않는다.

석류나무

Punica granatum

석류나무는 뜰이나 공원에 심어 기르는 잎이 지는 작은키나무다. 본디 이란 지방에서 자라던 나무였는데 중국 한나라 무제 때 장건이라는 사람이 중국으로 가져왔다고 한다. 우리나라에는 삼국 시대쯤에 들어온 것 같다. 추위에 약해서 따뜻한 남부 지방에서 잘 자란다. 감나무가 사는 곳까지는 석류나무도 산다.

석류나무 줄기는 곧게 자란다. 잔가지는 네모나다. 가지에 털이 없고 짧은 가지는 가시가 되었다. 잎은 도톰한데 마주나거나 가지 끝에 모여난다. 긴둥근꼴이고 잎자루가 짧다. 5 ~ 6월에 빨간 꽃이 한 송이 또는 몇 송이씩 핀다. 열매는 9 ~ 10월에 여무는데 껍질이 두껍고 짙은 붉은색이다. 잘 익으면 껍질이 툭 터지는데 속에는 빨갛고 투명한 알갱이가 가득하다.

약재 열매와 열매껍질, 뿌리껍질을 약으로 쓴다. 석류는 그냥 먹거나, 껍질을 벗기고 알갱이만 눌러서 즙을 내 먹는다. 또 석류를 쪼개 속을 버리고 껍질을 햇볕에 말린 뒤 물에 달여 먹는다. 뿌리껍질은 봄과 가을에 뿌리를 캐서 껍질을 벗겨 햇볕에 말린 뒤 물에 달여 먹는다.
《동의보감》에는 '석류(石榴), 셕뉴'라고 나온다. "석류는 남방에서 나는데 음력 8 ~ 9월에 과일을 딴다. 단 것과 신 것 두 가지 종류가 있다. 단것은 먹을 수 있고, 신 것은 약으로 쓴다. 많이 먹으면 이를 상할 수 있다."라고 했다. 열매껍질은 "늙은 나무에 달린 것과 오랫동안 묵은 것이 좋다. 살짝 볶아서 쓰는 것이 좋다."라고 했다.
약효 석류는 맛이 시고도 달다. 입맛을 돋우고 소화가 잘 되게 한다. 목이 쉬거나 아플 때 석류를 달여 마시면 아픔이 가라앉고 입 냄새도 없애 준다. 석류 즙은 심하게 아플 때 따뜻한 물에 타 먹으면 좋다. 꿀을 타 먹어도 좋다. 잘 아물지 않는 상처에는 물에 탄 석류 즙을 바르면 좋다. 즙으로 술을 담기도 한다. 《동의보감》에는 "성질이 따뜻하다. 맛이 달고 시며 독이 없다. 목 안이 마르는 것과 목마름을 풀어 준다. 하지만 허파가 상하기 때문에 많이 먹지 말아야 한다."라고 했다.
석류 껍질은 시고 떫은맛이 난다. 설사를 멎게 하고 이질을 낫게 한다. 《동의보감》에는 "맛은 시고 독이 없다. 정액이 저절로 흘러나오는 것을 멎게 하고 장(腸)에서 물을 빨아들여 적백이질을 낫게 한다."라고 했다.
뿌리껍질은 맛이 떫고 조금 쓰다. 기생충을 없애고 설사를 멎게 한다. 하지만 많이 먹으면 어지럽거나 눈이 침침해지거나 몸에 경련이 일어나기도 한다. 또 위염이 있는 사람은 먹지 않는다. 《동의보감》에는 동쪽으로 자란 석류나무 뿌리껍질을 쓰는데 "회충과 촌백충을 없앤다."라고 했다. 또 석류꽃은 "가슴에 열이 있어 피를 토하는 것과 코피가 나는 것을 낫게 한다."라고 나온다. 잎은 편도선에 좋다. 잎을 달인 맑은 물로 입과 목구멍을 헹구면 좋다.

- ◐ 석누나무
- 잎 지는 작은키나무
- 2 ~ 7m
- ✲ 5 ~ 6월
- 9 ~ 10월

석류 1999년 10월 충청남도 부여

꽃 1999년 6월 충청남도 부여

2000년 10월 충청남도 부여

석류과피

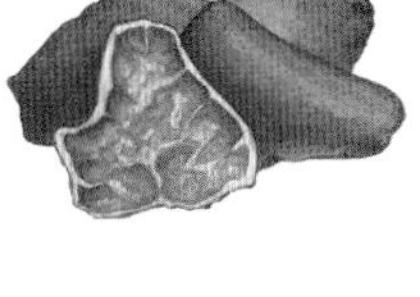

약재 만드는 법	가을에 익은 석류를 쪼개 속을 버리고 껍질을 햇볕에 말린 뒤 알맞게 썰어 쓴다.
약 쓰는 법	물에 달여 먹는다.
약 성질	성질이 따뜻하다. 맛은 시고 떫으며 독이 없다.
약효	물기 빨아들이기, 건위
약 쓰는 때	설사, 이질

소나무

Pinus densiflora

소나무는 햇빛이 잘 드는 곳이면 우리나라 어디에서나 자라는 늘 푸른 바늘잎나무다. 바늘잎은 두 개씩 모여난다. 리기다소나무는 세 개씩 모여난다. 5월이 되면 한 나무에서 암꽃과 수꽃이 햇가지에 피고, 수꽃 꽃가루가 바람에 뿌옇게 날린다. 솔방울은 꽃이 핀 뒤 이듬해 가을에 여문다. 솔방울이 여물면 벌어지면서 씨앗이 떨어진다. 씨에는 날개가 있어서 바람에 날아간다.

약재 소나무는 솔잎과 송진, 마디, 꽃가루를 약으로 쓴다. 잎은 아무 때나 싱싱할 때 따서 물에 달여 먹거나 술을 담근다. 겨울에 딴 잎이 더 좋다고도 한다.

송진은 줄기에 흠집을 내어 흘러나오는 진을 받은 것이다. 그늘에서 잘 말린 뒤 가루를 내서 살갗에 바른다. 《동의보감》에는 "음력 6월에 저절로 흘러내리는 것을 받으면 구멍을 뚫고서 받은 것과 졸여서 진을 낸 것보다 더 좋다. 유향처럼 투명한 것이 좋다. 뽕나무 잿물이나 술에 넣고 끓인 뒤 주물러서 찬물에 열 번쯤 담갔다가 꺼낸다. 하얗고 미끈미끈해지면 쓸 수 있다. 또는 강물에 넣고 달여 녹인 뒤 찬물에 넣고 두 사람이 잡아당기다가 굳으면 다시 달여서 찬물에 넣고 다시 잡아당긴다. 이렇게 세 번 한다. 그 다음 술에 넣고 엿처럼 하얗게 될 때까지 세 번 달인다. 쓸 때에는 돌절구에 넣고 가루 낸다. 햇볕에 말리거나 약한 불에 쬐어 말려도 안 된다. 이것 한 가지만 먹으면 장(腸)과 위(胃)가 막힌다."라고 나온다.

가지가 갈라지는 마디는 봄과 가을에 거둔다. 껍질과 줄기 겉을 깎아 버리고 송진이 있는 줄기 속만 햇볕에 잘 말려 물에 달여 먹는다. 또 꽃이 피었을 때 꽃가루를 모아 햇볕에 잘 말린 뒤 그냥 먹거나 물에 달여 먹거나 술을 담근다. 상처에는 꽃가루를 뿌린다.

약효 가지가 갈라지는 마디는 아픔을 가라앉히고 염증을 없앤다. 관절염, 통풍, 허리가 아플 때, 몸이 굳어 못 움직일 때 먹으면 좋다. 《동의보감》에는 "온몸 뼈마디가 쑤시고 아픈 것, 다리가 저린 것을 낫게 한다. 술을 담가 먹으면 연약한 다리를 튼튼하게 한다."라고 했다.

솔잎은 잇몸에서 피가 나고 상처가 잘 아물지 않을 때 쓴다. 또 신경통, 관절염, 신경 쇠약증에 쓴다. 《동의보감》에는 "몸에 바람이 들고 축축한 기운이 있어서 생긴 부스럼을 낫게 한다. 머리카락이 새로 나게 하며, 오장을 편안하게 만들고, 배고프지 않게 하며, 오래 살게 한다."라고 나온다.

송진은 고약이나 반창고를 만들어 쓰는데 염증을 빨리 곪게 하고 고름을 빨아낸다. 부스럼이나 종기, 옴, 습진에 걸렸거나 살갗이 헐거나 데었을 때 바른다. 《동의보감》에는 "성질이 따뜻하다. 맛은 쓰고 달며(평범하다고도 한다) 독이 없다. 오장을 편안하게 하고 열을 없앤다. 몸에 바람이 들어 뼈마디가 아픈 것을 낫게 하고 새살이 돋게 한다. 여러 가지 종기, 머리가 헌데, 머리털이 빠지는 것, 옴과 몸이 가려운 것을 낫게 한다. 귀가 안 들리고, 이빨이 썩어 아픈 것을 낫게 한다. 여러 가지 부스럼에 바르면 새살이 돋고 아픔이 멎으며 벌레도 죽는다."라고 했다.

꽃가루는 기운을 북돋고 피를 멎게 하고 염증을 없애고 몸속 물기를 빨아들인다. 몸이 허약할 때, 어지럽거나 설사를 오래도록 할 때, 살갗을 베어 피가 날 때, 종기가 났을 때 먹으면 좋다. 《동의보감》에는 "몸을 가볍게 하고 병을 낫게 한다."라고 하면서 껍질, 잎, 씨보다 약효가 좋다고 했다.

적송, 육송, 솔, 솔나무, 암솔
늘 푸른 큰키나무
20 ~ 40m
5월
이듬해 가을

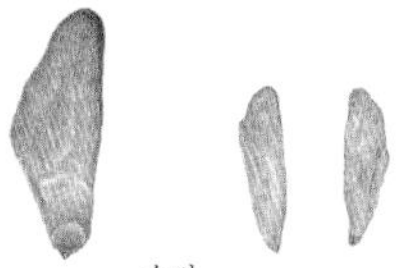
솔씨

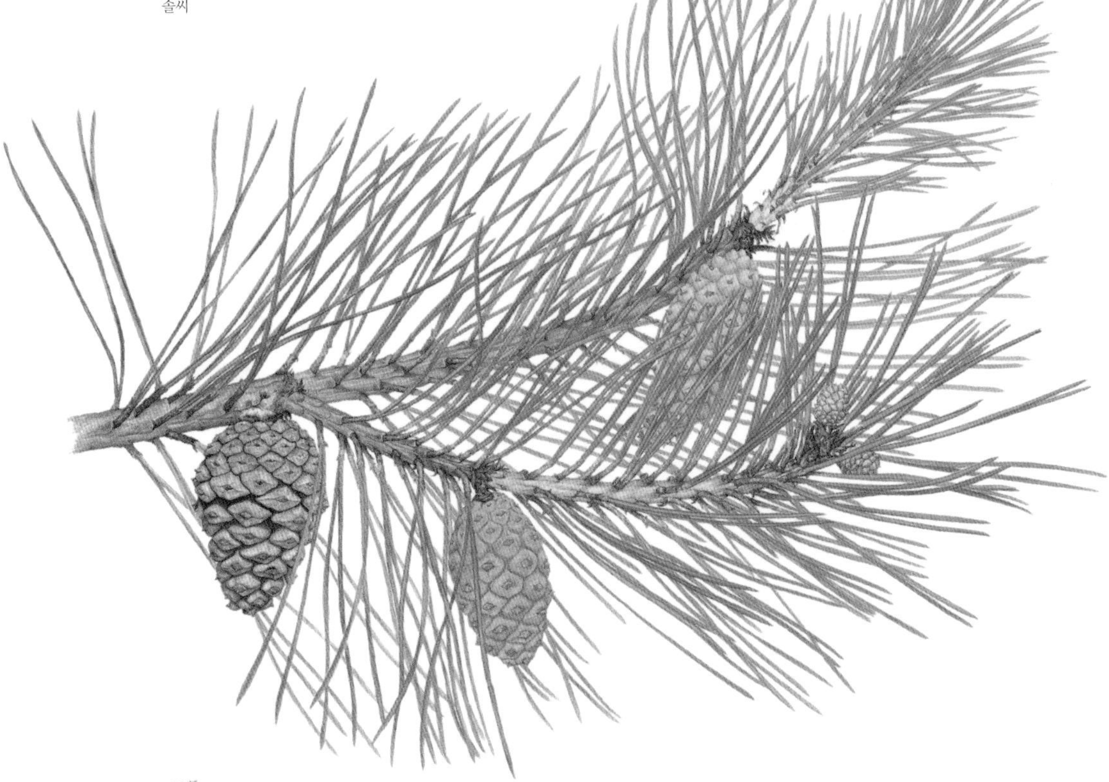
열매 1996년 7월 경기도 광릉수목원

2001년 1월 충청북도 충주

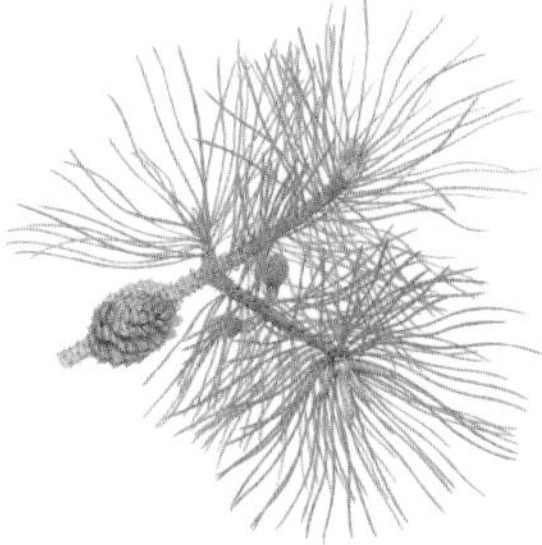
리기다소나무 *Pinus rigida*

낙엽송 *Larix kaempferi*

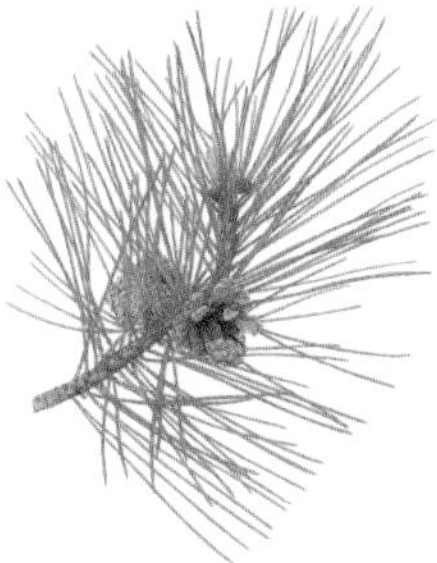
곰솔 *Pinus thunbergii*

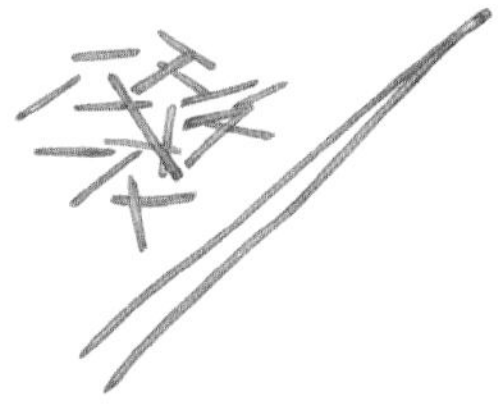

솔잎

약재 만드는 법	겨울에 싱싱한 잎을 따서 쓴다.
약 쓰는 법	물에 달여 먹거나 술을 담근다.
약 성질	성질이 따뜻하다. 맛은 쓰다.
약효	균 없애기, 염증 없애기
약 쓰는 때	신경통, 관절염, 신경 쇠약증, 잇몸에서 피가 날 때, 상처가 났을 때

수양버들

Salix babylonica

수양버들은 강기슭이나 개울가, 저수지 둘레에서 자라는 잎 지는 큰키나무다. 땅이 축축하고 물이 많고 볕이 잘 드는 곳에서 잘 자란다. 가지가 능청능청 늘어져 땅에 닿을 정도다. 버드나무와 개수양버들, 능수버들과 아주 닮아 헷갈린다. 수양버들은 오래 묵은 가지가 더 길게 늘어지지만, 버드나무는 햇가지만 늘어지고 길게 늘어지지 않는다. 능수버들은 잔가지 빛깔이 풀빛이 도는 노란색이지만, 수양버들은 붉은빛을 띤 밤색이어서 다르다. 하지만 실제로는 나누기가 쉽지 않다. 서양에서는 아주 오래전부터 버드나무를 씹으면 아픔이 가라앉는다는 사실을 알아서 약으로 썼다. 지금은 버드나무에서 살리신(salicin)이라는 물질을 뽑아 아스피린을 만든다.

수양버들은 암꽃과 수꽃이 딴 그루에서 피는 암수딴그루다. 이른 봄에 잎이 돋기도 전에 꽃이 먼저 핀다. 5월이 되면 민들레처럼 하얀 갓털이 달린 씨앗이 솜뭉치처럼 온 사방으로 바람에 날린다. 사람들은 이렇게 날리는 갓털이 꽃가루인줄 알고, 눈에 들어가거나 들이마시면 알레르기를 일으킨다고 여기지만 그렇지 않고 다만 간지를 뿐이다.

약재 잔가지를 약으로 쓴다. '유지(柳枝)'라고 한다. 때를 안 가리고 가지를 꺾어 햇볕에 잘 말린 뒤에 잘게 썰어서 물에 달여 먹는다. 개수양버들과 능수버들도 함께 약으로 쓴다. 잎이나 꽃, 뿌리, 껍질도 약으로 쓴다. 가루를 내서 먹거나, 달인 물로 살갗을 씻는다.

《동의보감》에는 꽃, 가지, 잎을 약으로 쓴다고 했다. 꽃은 '유화(柳花), 버들가야지'라고 나온다. "버들개지는 처음 필 때 나오는 누런 꽃술이다. 그 꽃이 말라야 솜 같은 것이 나오는데 이것을 버들솜이라고 한다. 이것을 모아 뜸자리 헌데에도 바르고 이불도 만든다. 이것은 날아다니는 솜인데 그 속에 잘고 검은 씨가 달려 있다. 바람에 날려 다닌다. 그 씨는 아주 잔데 못에 떨어지면 개구리밥이 된다."라고 나온다.

약효 가지와 잎, 꽃을 달여 먹으면 열을 내리고 아픔을 멎게 하고 염증을 없앤다. 또 오줌을 시원하게 누도록 돕는다. 류머티즘에 걸려 팔다리 뼈마디가 아플 때, 오줌이 안 나올 때, 이빨이 쑤시고 아플 때, 얼굴이 누레지는 황달에 걸렸을 때 먹으면 좋다. 불에 데거나 무좀이나 습진, 종기나 부스럼에 달인 물을 발라도 좋다.

《동의보감》에 꽃은 "성질이 차다. 맛은 쓰고 독이 없다. 몸에 든 바람이나 물을 다스리고, 얼굴이 누레지는 황달, 얼굴이 까매지거나 열이 나는 것, 살갗에 딱지가 생기거나 옴에 걸린 것, 고치기 힘든 부스럼을 낫게 한다. 또 쇠붙이에 다친 상처를 아물게 하고, 피를 멎게 한다. 뼈마디가 저리고 쑤시는 습비(濕痺)를 낫게 한다."라고 했다. 가지는 "이빨이 아픈 것과 몸에 바람이 들어 열이 나고 살갗에 부스럼이 나고 가려운 것을 낫게 한다. 달인 물로 몸을 씻거나 고약을 만들어 쓴다. 이빨이 아플 때 가장 중요한 약이다."라고 나온다.

버들잎은 "살갗이 곪으면서 부스럼이 생긴 것과 끓는 물이나 불에 데어 독이 속에 들어가 열이 나고 답답한 것을 낫게 한다. 폐결핵과 뼈 속이 쑤시고 아픈 골증(骨蒸)을 낫게 한다. 또 물 기운을 내린다. 고약을 만들어 쓰면 힘줄과 뼈를 이어지게 하며 새살이 잘 돋게 하고 이빨이 쑤시고 아픈 것을 멎게 한다."라고 했다.

잎 지는 큰키나무
15 ~ 20m
4월
5월

떡버들꽃

2010년 4월 서울 서울대수목원

능수버들 *Salix pseudolasiogyne*

갯버들 *Salix gracilistyla*

왕버들 *Salix chaenomeloides*

키버들 *Salix koriyanagi*

떡버들 *Salix hallaisanensis*

유지

약재 만드는 법	때를 안 가리고 가지를 꺾어 햇볕에 잘 말린다. 잘게 썰어서 쓴다.
약 쓰는 법	물에 달여 먹는다. 달인 물로 살갗을 씻는다.
약 성질	성질이 차다. 맛은 쓰다.
약효	열 내리기, 아픔 멈추기, 염증 없애기
약 쓰는 때	류머티즘, 오줌이 안 나올 때, 이빨이 아플 때, 황달, 종기, 무좀, 불에 덴 곳

앵두나무

Prunus tomentosa

앵두나무는 뜰이나 담 옆에 심어 기르는 과일나무다. 볕이 잘 드는 산기슭에서 저절로 자라기도 한다. 《동의보감》에는 '앵도(櫻桃), 이ᄉᆞ랏'이라고 한자 이름과 우리 이름이 함께 나온다. "꾀꼬리(鸎鳥)가 먹고, 생김새가 복숭아를 닮았기 때문에 '앵도(櫻桃)'라고 한다."라고 했다. 그러니 앵두는 한자에서 온 이름이고, 옛날 사람들은 앵두를 우리말로 '이스라지(이ᄉᆞ랏)'라고 했다. 이스라지라는 나무가 따로 있는데, 산앵두나무라고 한다. 앵두와 열매가 똑 닮았다.

앵두나무는 이른 봄에 꽃이 잎보다 먼저 피는데 무척 곱다. 흰색이나 연분홍색 작은 꽃이 묵은 가지에 소복하게 붙어서 핀다. 앵두는 유월쯤 보리가 한창 익을 무렵에 익는 올과일이다. 가지마다 촘촘히 붙어서 다닥다닥 달린다. 앵두는 익으면 빨갛게 되어 살이 물러진다. 그래서 오래 두고 먹지는 않는다. 맛은 새콤하면서도 달다. 나무가 작고 가지를 많이 쳐서 어린아이들도 쉽게 앵두를 따 먹을 수 있다. 앵두는 묵은 가지에 달리기 때문에 가지치기를 너무 많이 하면 안 좋다. 술을 담글 때는 무르기 전에 딴다.

약재 앵두는 독이 없어서 어지간히 먹어도 해롭지 않다. 다른 올과일과 달리 많이 먹어도 배탈이 나지 않는다. 소주를 부어 약술을 만들기도 한다. 열매가 익었을 때 따서 씨를 빼 버린 뒤 햇볕에 잘 말린다. 알맞게 썰어 물에 달여 먹거나 가루로 빻아서 먹는다. 이스라지 열매도 함께 약으로 쓴다. 또 씨만 따로 햇볕에 말려 약으로 쓴다. '욱리인(郁李仁)'이라고 한다. 물에 달이거나 가루를 내서 물에 타 먹는다. 뿌리도 약으로 쓴다. 봄에 뿌리를 캐어 껍질을 벗기고 햇볕에 말려서 회충약으로 쓴다.

《동의보감》에는 "모든 과일 가운데 가장 먼저 익기 때문에 옛사람들은 귀하게 여겼다. 열매를 따서 사당에 올렸다. '함도(含桃)'라고도 하는데 음력 3월 말부터 4월 초에 처음으로 익는다. 한낮에 내리쬐는 기운을 받아 모든 과일 가운데 가장 먼저 익기 때문에 성질이 뜨겁다. 많이 먹어도 나쁠 것은 없지만 허열(虛熱)이 생긴다."라고 했다.

약효 앵두를 먹으면 속이 편하고 힘이 생기고 얼굴빛이 고와진다. 또 이질과 설사를 그치게 한다. 앵두술은 오줌을 잘 누게 한다. 앵두 잎은 뱀에 물린 데 짓찧어 붙이고, 즙을 짜서 마시면 독이 몸속으로 퍼지는 것을 막아 준다. 씨는 변비에 좋다. 또 얼굴이나 몸이 부을 때 먹는다. 하지만 씨에는 독이 있어서 너무 많이 먹지 않는다.

《동의보감》에 열매는 "성질이 뜨겁다(따뜻하다고도 한다). 맛은 달며 독이 없다(독이 조금 있다고도 한다). 가로막 아래부터 배꼽 사이인 중초(中焦)를 고르게 하고 비장 기운을 북돋아 준다. 얼굴이 고와지게 하고 기분을 좋게 하며 먹은 음식이 소화가 안 되고 설사하는 것을 멎게 한다."라고 했다.

잎은 "뱀에게 물렸을 때 짓찧어 붙인다. 또 즙을 내어 먹으면 뱀독이 몸속으로 퍼지는 것을 막을 수 있다."라고 했다. 또 동쪽으로 뻗은 앵두나무 뿌리를 약으로 쓰는데 "촌백충과 회충을 없앤다. 달인 물을 빈속에 먹는다."라고 나온다. 씨는 "장(腸) 속에 뭉친 기(氣)를 풀어 준다.", "오줌보가 당기고 아픈 것을 고친다."라고 했다.

앵도나무
잎 지는 떨기나무
2~3m
4월
6월

꽃 2010년 4월 서울 성산동

열매 2010년 6월 서울 성산동

이스라지 *Prunus japonica* var. *nakaii*

욱리인

약재 만드는 법	여름 들머리에 열매가 익었을 때 따서 씨만 햇볕에 잘 말린다.
약 쓰는 법	물에 달여 먹거나 가루로 빻아서 먹는다.
약 성질	성질이 평범하다. 맛은 맵고 쓰면서 조금 시다. 독이 있다.
약효	오줌내기, 소화 촉진, 염증 없애기, 아픔 가라앉히기
약 쓰는 때	변비, 오줌이 잘 안 나올 때, 얼굴이나 몸이 부었을 때
주의할 점	독이 있어서 너무 많이 먹지 않는다.

오갈피나무

Eleutherococcus sessiliflorus

오갈피나무는 산골짜기나 산기슭에서 잘 자란다. 잎이 석 장이나 다섯 장씩 모여나기 때문에 쉽게 알아볼 수 있다. 잎 생김새 때문에 오갈피라는 이름이 붙었다. 옛날부터 약으로 쓰던 나무인데 지금도 약으로 쓰려고 밭에 심어 기른다.

오갈피나무는 겨울에 잎이 지는 떨기나무다. 높이는 3 ~ 5m이고 가지를 많이 친다. 나무껍질은 잿빛을 띤다. 줄기와 가지에는 가시가 있는 것도 있고 없는 것도 있다. 잎은 긴 잎자루에 쪽잎이 3 ~ 5장 달리는 겹잎이다. 잎 앞쪽은 풀색이고 털이 없으며, 뒤쪽은 연한 풀색이고 가운데 잎줄 위에 잔털이 있다. 8 ~ 9월쯤 가지 끝에서 푸른빛이 도는 누렇고 작은 꽃이 둥그렇게 많이 모여서 핀다. 9 ~ 10월에 둥근 열매가 까맣게 익는다.

오갈피나무는 쓸모가 많다. 봄에 새순이 올라오면 뜯어다가 데쳐서 나물로 먹는다. 껍질은 물에 넣고 끓여서 차처럼 마신다. 경상남도에서는 쌀가루에 오갈피 달인 물을 섞어서 빚은 오갈피술이 유명하다. 《임원경제지》에는 "청명 때 잎이 피지 않은 연한 싹을 따서 소금에 절여 뜨거운 불에 말리면 푸른색이 사랑스럽다. 그것에 뜨거운 물을 부어 차를 우린다. 나무껍질은 술을 빚을 수 있다."라고 했다.

약재 약으로 쓰려면 여름철에 뿌리와 줄기 껍질을 벗긴 뒤 겉껍질을 긁어내고 햇볕에 말린다. 잘 말린 약재를 알맞게 썰어 물에 달여 마신다. 냄새는 향기롭고 맛은 조금 쓰고 떫다. 술을 빚어 먹기도 한다. 지리산오갈피나무, 털오갈피나무, 섬오갈피나무, 가시오갈피나무도 함께 약으로 쓴다.

《동의보감》에는 '오가피(五加皮), 쌋둘흡'이라고 한자 이름과 우리 이름이 함께 나온다. "산과 들에서 자란다. 떨기나무이고 줄기에는 가시가 돋는다. 잎은 복숭아 꽃잎처럼 다섯 갈래로 갈라진다. 가지 끝에 나고 좋은 냄새가 난다. 음력 3 ~ 4월에 하얀 꽃이 핀 뒤에 잘고 푸른 씨가 달린다. 6월쯤 되면 시나브로 까매진다. 뿌리는 가시나무 뿌리와 닮았는데 겉은 검누른빛인데 속은 하얗다. 속심은 단단하다. 음력 5월과 7월에는 줄기를 베고 10월에는 뿌리를 캐 그늘에서 말린다."라고 했다.

약효 오갈피는 기운이 나게 하고 힘줄과 뼈를 튼튼하게 한다. 몸이 쇠약할 때, 다리를 잘 쓰지 못할 때, 뼈마디가 아플 때, 허리와 무릎이 아플 때, 간이 안 좋을 때 좋은 약이 된다. 어린아이가 걸음마를 늦게 할 때도 약으로 쓴다.

《동의보감》에는 "성질이 따뜻한데, 조금 차다고도 한다. 맛은 맵고 쓰며 독이 없다. 힘든 일을 해서 생기는 다섯 가지 병과 일곱 가지 상처를 고친다. 기운을 북돋고 정(精)을 보태 준다. 근육과 뼈를 튼튼하게 하고 의지를 굳세게 한다. 남자가 발기가 안 되는 음위(陰痿), 여자 불두덩이가 가려운 것을 고친다. 허리와 등뼈가 아픈 것, 두 다리가 아프고 저린 것, 뼈마디가 당기는 것, 다리에 힘이 없어 늘어지는 것을 낫게 한다. 어린아이가 세 살이 되어서도 걷지 못할 때 먹이면 걸을 수 있다."라고 했다.

잎 지는 큰키나무
3 ~ 5m
8 ~ 9월
9 ~ 10월

열매 2010년 10월 경기도 광릉수목원

꽃 2010년 8월 경기도 광릉수목원

지리산오갈피 *Eleutherococcus divaricatus* var. *chiisanensis*

털오갈피나무 *Eleutherococcus divaricatus*

가시오갈피 *Eleutherococcus senticosus*

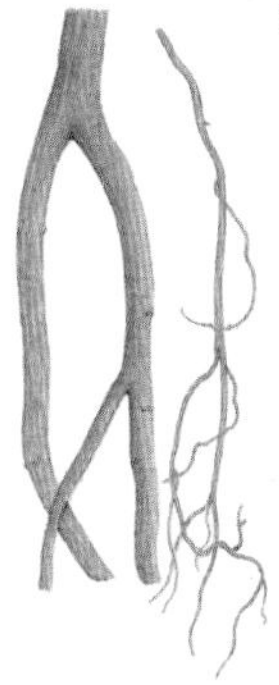

오갈피

약재 만드는 법	여름에 뿌리와 줄기 껍질을 벗긴 뒤 겉껍질을 긁어내고 햇볕에 말린다.
약 쓰는 법	물에 달여 먹거나 술을 담근다.
약 성질	성질이 따뜻한데, 조금 차다고도 한다. 맛은 맵고 쓰며 독이 없다.
약효	피로 풀기, 강장, 아픔 멈추기
약 쓰는 때	신경통, 관절염, 간이 안 좋을 때

오미자

Schizandra chinensis

오미자는 겨울에 잎이 지는 덩굴나무다. 낮은 산기슭에서 자란다. 그늘이 지거나 돌이 많은 비탈길에서도 덩굴이 잘 뻗는다. 덩굴은 굵고 억세다. 덩굴줄기는 오른쪽으로 감기는데 가지를 많이 치면서 서로 엉킨다. 껍질은 밤색이고 얇게 벗겨진다. 잎은 어긋나게 붙고 타원형이다. 두텁고 끝이 뾰족하고 잎자루가 길다. 5 ~ 7월에 노란빛이 도는 흰 꽃이 아래로 드리우면서 여러 송이 핀다. 열매는 포도송이처럼 달리는데 8 ~ 9월에 빨갛게 익는다.

오미자는 열매가 시고, 달고, 쓰고, 맵고, 짠 다섯 가지 맛이 난다고 붙은 이름이다. 신맛이 가장 세지만 다른 맛들도 어울려 맛을 낸다. 잘 익은 오미자를 따서 물에 넣고 하룻밤을 재우면 새콤달콤한 붉은 물이 우러난다. 이 물에 설탕이나 꿀을 타면 맛있는 차가 된다. 오미자차는 여름에는 차게, 겨울에는 따뜻하게 먹어야 제맛이 난다. 오미자로 술을 담그면 빛깔도 곱고 약효도 좋다. 봄에 돋은 어린싹은 나물로 무쳐 먹는다. 그냥 먹으면 쓰고 떫으니까 잘 우려낸 뒤에 먹는다. 잎도 차를 끓여 마신다. 향기가 좋고 밥맛을 돋우며 소화가 잘 되게 돕는다. 가루를 내어 양념으로 쓰기도 한다. 제주도에는 열매가 검고 가지를 자르면 소나무 냄새가 나는 흑오미자도 있다.

약재 가을에 잘 익은 열매를 따서 햇볕에 말렸다가 다시 그늘에 말려서 약으로 쓴다. 물에 달이거나 가루를 내어 먹는다. 꿀물에 적셔 쪄서 쓰기도 한다. 그러면 허파 기운을 돕고 기침을 멈추는 힘이 더 세진다.
《동의보감》에는 '오미자(五味子), 오미ᄌᆞ'라고 한자 이름과 우리 이름이 함께 나온다. "깊은 산속에서 자란다. 줄기는 붉은빛이고 덩굴로 자라는데 잎은 살구나무 잎과 닮았다. 꽃은 노랗고 하얗다. 열매는 완두콩만 한데 줄기 끝에 무더기로 열린다. 날것은 푸르고 익으면 분홍빛이 도는 자줏빛이 된다. 맛이 단것이 좋다. 음력 8월에 열매를 따서 볕에 말린다. 껍질과 살은 달고 시며 씨는 맵고 쓰면서 모두 짠맛이 있다. 그래서 다섯 가지 맛이 다 나기 때문에 오미자라고 한다. 약으로는 날것을 볕에 말려 씨를 버리지 않고 쓴다. 우리나라에서는 함경도와 평안도에서 나는 것을 으뜸으로 친다."라고 했다.
약효 오미자는 순하고 독이 없어서 많이 먹어도 탈이 없다. 기운을 북돋고 피로를 없애 주며 심장을 튼튼하게 해 준다. 몸이 약하고 피로할 때, 목이 타고 답답할 때, 열이 나거나 기침이 날 때, 더위를 먹었을 때도 좋다. 결핵균을 없애 준다고 해서 결핵 환자를 치료하는 병동에 오미자를 심기도 했다. 차를 끓이거나 물을 우려낸 오미자는 버리지 않고 씨만 따로 빼 그늘에 말려 약으로 쓴다. 오미자 씨는 눈을 밝게 해 준다. 씨앗에서 짠 기름은 천식에 좋다.
《동의보감》에는 "성질이 따뜻하다. 맛이 시며(조금 쓰다고도 한다) 독이 없다. 허로(虛勞)로 몸이 몹시 여윈 것을 살찌게 한다. 눈을 밝게 하고 콩팥을 따뜻하게 하며 음기를 세게 한다. 남자의 정을 돕고 음경이 커지게 한다. 목마름을 멈추고 가슴이 답답하고 괴로우면서 열이 나는 번열(煩熱)을 없앤다. 술독을 풀고 기침이 나면서 숨이 찬 것을 낫게 한다. 손진인(孫眞人)이 '여름철에 오미자를 늘 먹어 오장 기운을 북돋워야 한다'고 했다. 위로는 근원을 기르고, 아래로는 콩팥을 돕기 때문이다."라고 했다.

잎 지는 덩굴나무
10m
5 ~ 7월
8 ~ 9월

2000년 7월 강원도 원주

오미자

약재 만드는 법	가을에 잘 익은 열매를 따서 햇볕에 말렸다가 다시 그늘에 말려서 쓴다.
약 쓰는 법	물에 달여 먹거나 가루를 내어 먹는다.
약 성질	성질이 따뜻하다. 맛이 시며(조금 쓰다고도 한다) 독이 없다.
약효	흥분, 강심, 강장
약 쓰는 때	몸이 허약할 때, 피로할 때, 저혈압, 목마름, 기침, 기관지염, 기관지 천식, 더위를 먹었을 때
주의할 점	뇌전증이나 고혈압, 위궤양, 십이지장궤양이 있는 사람은 먹지 않는다. 오미자는 둥굴레와 함께 약으로 쓰지 않는다.

유자나무

Citrus junos

유자나무는 겨울에도 잎이 안 지는 늘 푸른 떨기나무다. 따뜻한 곳에서 자라기 때문에 우리나라 남쪽과 제주도에서 잘 자란다. 열매가 귤과 똑 닮았지만 훨씬 크다. 《동의보감》에는 '유자(柚子), 유ᄌᆞ'라고 나온다. "작은 것은 귤이고 큰 것은 유자라고 한다. 유자는 등자(橙子)와 닮았고 귤보다 크다."라고 했다. 귤은 껍질을 까서 먹을 수 있지만, 유자는 신맛과 쓴맛이 훨씬 세서 날로는 못 먹는다.

유자는 뿌리에서 줄기가 여러 갈래로 갈라지면서 큰다. 가지는 가늘고 길다. 가지에는 길고 뾰족한 가시가 있다. 개량종은 가시가 없다. 잎은 긴둥근꼴이다. 윗부분은 뾰족하고 가장자리에는 물결처럼 잔 톱니가 났다. 잎자루에는 날개가 있다. 5 ~ 6월에 하얀 꽃이 피고, 가을에 둥글넓적하고 울퉁불퉁한 열매가 노랗게 익는다. 가을에 노랗게 익은 열매를 쪼개면 짙은 향이 난다. 열매 속에는 쪽이 열두 개 있고 쪽마다 씨앗이 두세 알 들어 있다.

유자는 껍질째 썰어서 꿀이나 설탕에 재워 두고 차를 끓여 마신다. 가늘게 채 썰어 화채를 만들거나 된장도 만들어 먹는다. 유자를 둘로 쪼개 속을 긁어내고 들기름으로 버무린 된장을 채운다. 다시 두 쪽을 붙여서 불에 얹어 굽는다. 다 구워지면 속에 든 된장을 밥에 비벼 먹는다. 유자 된장은 밥맛을 돋우고 소화도 잘 되게 하며 맛도 좋다. 껍질째 잘라 소주를 부어서 만든 유자술은 가래가 끓는 기침에 좋다. 즙을 우려낸 껍질은 버리지 않고 모았다가 목욕물에 넣으면 몸이 따뜻해지고 손발이 잘 트지 않는다.

유자는 전라남도, 경상남도, 제주도에서 많이 난다. 남쪽 지방에서는 치자나무, 비자나무와 함께 유자나무를 특산물로 꼽는다. 전라남도 고흥, 완도와 경상남도 거제, 통영 같은 곳에서 나는 유자는 맛과 향이 좋다. 유자나무는 귤나무 접그루로 쓰기도 한다. 유자나무는 귤나무와 달리 좀 쌀쌀한 곳에서도 잘 자란다.

약재 유자는 가을에 잘 익은 열매를 따서 껍질째 썰어 물에 달여 마신다. 유자 씨는 따로 모아 햇볕에 말린 뒤 태워서 가루를 내어 쓴다.

약효 유자는 가래를 삭이고 내장을 튼튼하게 해 준다. 감기, 몸살에도 좋다. 술을 많이 마신 뒤나 아기를 가진 엄마가 입맛이 없을 때 먹어도 좋다. 《동의보감》에는 "유자 껍질은 두껍다. 맛이 달며 독이 없다. 위 속에 있는 나쁜 기운을 없애고, 술독을 풀며, 술 마시는 사람 입에서 나는 냄새를 없앤다."라고 했다.

유자 씨는 가루 내어 곪거나 상처가 난 데, 가시를 뺀 자리에 바르면 좋다. 가루와 밥알을 잘 비벼서 상처에 바르고 반창고를 붙여 두면 된다. 신경통에는 가루를 그냥 먹어도 좋다고 한다. 유자 씨에 소주를 부어서 얼굴에 바르면 살갗이 촉촉해진다.

늘 푸른 떨기나무
4 ~ 6m
5 ~ 6월
가을

1998년 11월 전라남도 목포

2010년 4월 경기도 광릉수목원

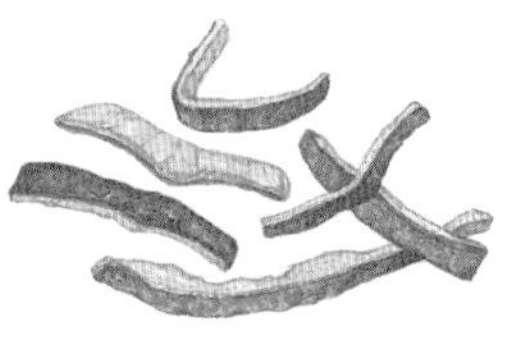

유자

약재 만드는 법	가을에 잘 익은 열매를 따서 껍질째 썰어 쓴다.
약 쓰는 법	물에 달여 먹는다.
약 성질	성질이 차다. 맛은 달고 시며 독이 없다.
약효	가래 없애기, 술독 없애기
약 쓰는 때	감기, 몸살, 술독, 입맛이 없을 때

은행나무

Ginkgo biloba

은행나무는 아주 오래전부터 집 가까이나 절에 심어 기르는 잎 지는 큰키나무다. 요즘에는 길가나 공원에 많이 심는다. 저절로 자라는 나무는 거의 없다. 먼지가 많은 곳이나 공기 오염이 심한 곳에서도 잘 자란다. 다른 나무보다 병도 덜 들고 벌레도 잘 안 먹어서 가꾸기가 쉽다. 온 세상에 은행나무과에 은행나무 한 종만 산다. '살아 있는 화석'이라고 불릴 만큼 쥐라기 시대 전부터 지금까지 2억 ~ 3억 년 동안 살아남은 나무다. 또 은행나무는 오래 산다. 경기도 양평 용문사에 있는 은행나무는 1000년이 넘었다. 《증보산림경제》에는 "이 나무는 세월이 오래 흐르면 크기가 가끔 한 아름에 이른다. 집 둘레에 심으면 안 되고 반드시 빈터를 찾아서 심어야만 된다."라고 했다.

은행나무는 암그루와 수그루가 딴 그루로 자란다. 겉으로 보아서는 암그루와 수그루를 가려내기가 거의 어렵다. 줄기 껍질은 잿빛이고 세로로 갈라진다. 긴 가지와 짧은 가지가 있다. 긴 가지에는 잎이 어긋나게 붙고 짧은 가지에는 여러 개가 모여난다. 잎은 부채꼴이고 가장자리가 갈라졌다. 가을에 노랗게 단풍이 든다. 4 ~ 5월쯤에 꽃이 피며 암그루에 동그란 열매가 열린다. 열매는 가을에 누렇게 익는다. 열매 겉껍질은 물렁물렁하고 고약한 냄새가 난다. 그 속에 딴딴한 씨앗이 들어 있다. 딴딴한 씨앗 껍데기를 벗기면 말랑말랑한 알이 들어 있다.

약재 은행은 가을에 거둔다. 말랑말랑하고 노란 열매 겉껍질은 냄새가 고약하고 독이 있다. 잘못 만지면 가렵고 두드러기가 나면서 은행 옻이 오른다. 겉껍질을 벗기려면 은행을 따서 한데 모아 놓고 거적을 덮어 둔다. 이렇게 며칠 지나면 말랑말랑한 열매껍질이 썩는다. 이것을 물에 씻어 껍질을 벗기면 딴딴하고 하얀 씨를 얻을 수 있다. 딴딴한 껍데기를 벗긴 뒤 은행 알을 햇볕에 말린다. 물에 달여 먹거나 구워 먹거나 삶아 먹는다. 잎은 누렇게 물들기 시작할 무렵에 따서 햇볕이나 그늘에 말린다. 알맞게 썰어서 물에 달여 먹거나 가루로 빻아 먹는다.

《동의보감》에는 '은행(銀杏), 은힝'이라고 나온다. "'백과(白果)'라고도 하고, 잎이 오리 발을 닮았다고 '압각수(鴨脚樹)'라고도 한다. 키가 아주 크고, 씨가 살구씨(행인)를 닮았기 때문에 은행(銀杏)이라고 한다. 열매가 익으면 노래진다. 살을 없애고 씨만 삶아 먹거나 잿불에 묻어 구워 먹는다. 날것으로 먹으면 목을 자극하고, 어린아이가 먹으면 경기를 일으킨다."라고 했다.

약효 은행 알과 잎을 약으로 쓴다. 은행 알은 기침이 나면서 숨이 차고 가래가 많을 때 약으로 쓴다. 오줌이 잦을 때도 먹는다. 《동의보감》에는 "성질이 차다. 맛이 달며 독이 있다. 허파와 위장에 있는 흐린 기운을 맑게 하며 천식과 기침을 멎게 한다."라고 했다. 하지만 은행을 날로 먹거나 익은 것이라도 너무 많이 먹으면 탈이 나기 쉽다. 어지럽고 토하거나 설사를 할 수 있다.

잎은 심장을 튼튼하게 하고 피를 맑게 해 주며 몸속에 피가 잘 돌게 도와 준다. 심장이나 뇌 핏줄이 막힐 때, 고혈압, 손발이 저릴 때 먹으면 좋다.

잎 지는 큰키나무
25 ~ 30m
4 ~ 5월
가을

은행

2011년 10월 인천 강화

암꽃 2011년 4월 인천 강화

수꽃 2011년 4월 인천 강화

백과

약재 만드는 법	가을에 은행을 따서 말랑말랑한 열매껍질과 딴딴한 속껍질을 벗긴 뒤 은행 알만 햇볕에 말려 쓴다.
약 쓰는 법	물에 달여 먹거나 구워 먹거나 삶아 먹는다.
약 성질	성질이 차다. 맛이 달며 독이 있다.
약효	가래 없애기, 기침 멈추기
약 쓰는 때	기침, 가래, 숨이 찰 때, 오줌이 잦을 때
주의할 점	독이 있어서 너무 많이 먹지 않는다.

음나무

Kalopanax septemlobus

음나무는 산기슭이나 산골짜기 볕이 잘 드는 곳이면 어디서나 잘 자란다. 흔히 엄나무라고 한다. 《동의보감》에는 '엄나무'라고 나온다. 가시가 엄(嚴)하게 생겨서 붙은 이름이라고 한다.

음나무는 겨울에 잎이 지는 큰키나무다. 키가 크게 자라며 가지에는 굵고 억센 가시가 있다. 하지만 나무가 오래되어 늙으면 가시가 거의 없어진다. 어릴 때는 곁가지를 거의 치지 않고 곧게 자란다. 나무껍질은 어두운 잿빛이 도는 밤색이다. 잎은 마주나고 잎자루가 길다. 큰 잎은 손바닥처럼 생겼고, 5 ~ 7 갈래로 갈라졌다. 가지 끝에서는 잎이 모여난다. 꽃은 여름에 햇가지 끝에 모여서 꽃대가 우산살처럼 갈라져 핀다. 가을이 되면 콩알 같은 열매가 까맣게 익는다.

음나무는 봄에 새순을 따 먹는데 두릅처럼 맛이 있다고 개두릅나무라고도 한다. 음나무 순은 쌉싸름하면서도 향이 좋다. 살짝 데친 뒤에 초고추장에 찍어 먹는다. 음나무 가지는 여름에 닭을 삶을 때 넣는다. 맛도 좋아지고 뼈마디나 허리가 아픈 데에 좋다. 옛날에는 음나무 가시가 귀신을 쫓는다고 믿어서 문설주 위에 가지를 꺾어 걸어 놓았다. 귀신이 음나무를 무서워하고, 집 안으로 들어오려다 가시에 옷자락이 걸려 못 들어올 거라고 믿었다.

음나무는 빨리 자라고 오래 산다. 나무도 크다. 그래서 마을 사람들은 오래된 음나무가 마을을 지켜 준다고 믿었다. 해마다 정월이면 음나무에 제사를 올리면서 마을에 돌림병이 돌지 않고 나쁜 일이 없기를 빌었다. 나무를 해치면 큰 벌을 받는다 하여 나무를 소중하게 보살폈다.

약재 음나무 껍질을 약으로 쓴다. 봄과 여름에 줄기 껍질을 벗겨 겉껍질은 버리고 속껍질만 햇볕에 말려 물에 달여 먹는다. 《동의보감》에는 '해동피(海桐皮), 엄나모겁질'이라고 한자 이름과 우리 이름이 나온다. "개오동나무 껍질과 닮았다. 아무 때나 벗긴다. 우리나라에는 오직 제주도에서만 난다."라고 했다. 지금은 제주도에만 자라지 않고 온 나라에서 볼 수 있다.

약효 기침과 가래를 삭이며, 아픔을 멎게 하고, 염증을 없앤다. 꾸준히 먹으면 중풍을 막아 준다고 한다. 팔다리가 쑤시고 아플 때, 허리와 무릎이 아플 때, 신경통에 먹으면 좋다. 또 옴이나 버짐, 습진에 걸린 살갗에는 달인 물로 씻거나 가루를 내서 바르면 잘 낫는다.

《동의보감》에는 "성질은 평범하다(따뜻하다고도 한다). 맛이 쓰고 독이 없다. 허리나 다리를 쓰지 못하는 것과 몸이 굳고 아픈 것을 낫게 한다. 적백이질, 갑자기 배가 아프고 토하고 설사하는 중악곽란(中惡霍亂), 잇몸이 헐고 붓는 병, 옴, 이빨이 아픈 것, 눈이 빨개지는 것을 낫게 한다. 또 몸에 든 바람 기운을 없앤다."라고 했다.

- 엄나무, 개두릅나무
- 잎 지는 큰키나무
- 25m
- 5 ~ 6월
- 10월

2010년 4월 경기도 광릉수목원

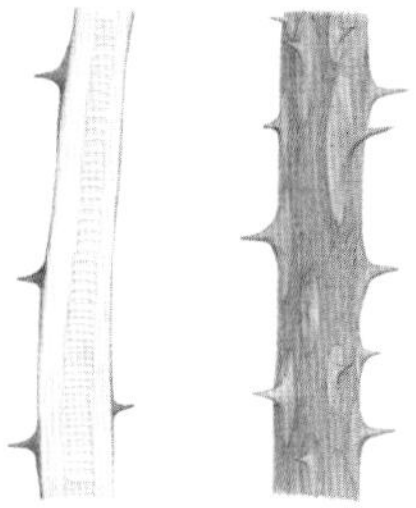

해동피

약재 만드는 법	봄부터 여름 사이에 줄기 겉껍질을 벗기고 속껍질만 햇볕에 말려 알맞게 썰어 쓴다.
약 쓰는 법	물에 달여 먹는다. 달인 물로 살갗을 씻거나 가루를 내서 바른다.
약 성질	성질은 평범하다(따뜻하다고도 한다). 맛이 쓰고 독이 없다.
약효	염증 없애기, 가래 없애기, 강장, 아픔 멈추기
약 쓰는 때	기침, 가래, 염증, 중풍, 팔다리가 쑤시고 아플 때, 허리와 무릎이 아플 때, 신경통, 습진, 옴, 버짐

자귀나무

Albizzia julibrissin

자귀나무는 산기슭이나 숲 가장자리에서 자라는 잎 지는 작은키나무다. 깊은 산속에서는 자라지 않는다. 집이나 공원, 길가에 심기도 한다. 따뜻한 날씨를 좋아해서 우리나라 중부 지방 아래쪽에서 잘 자란다. 옛날부터 우리나라 사람들은 '자귀나무(자괴나모)'라고 했는데, 이름이 어디에서 왔는지는 아직 알 수가 없다. 중국에서는 잎이 서로 접혀 붙는 모습을 보고 '합환수(合歡樹)'라고 한다.

자귀나무 줄기는 옆으로 우산처럼 퍼지면서 자란다. 5월쯤 되면 가지에서 잎이 돋는다. 기다란 잎자루에 쌀알처럼 생긴 자잘한 쪽잎 40 ~ 60개가 마주보고 달린다. 쪽잎은 꼭 짝수로 마주 달리는데, 해거름이나 날이 흐리거나 비가 오면 미모사 잎처럼 마주난 잎들이 서로 접혀 붙고 축 처진다. 해가 나면 다시 마주 붙은 잎들이 활짝 펴진다. 자귀나무 잎은 소가 아주 잘 먹는다. 그래서 자귀나무를 '소쌀나무'라고도 한다. 6 ~ 7월이 되면 불그스름한 꽃이 피고, 두 달쯤 줄곧 핀다. 잎이 접히는 해거름에 꽃이 부채처럼 활짝 피는데, 실처럼 가늘게 뻗은 것은 꽃잎이 아니고 수술이다. 꽃 생김새가 다른 나무와 사뭇 달라서 다른 나라에서 들여온 나무로 여기기도 한다. 하지만 자귀나무는 아주 오래전부터 우리나라에서 자라는 나무다. 가을이 되면 콩꼬투리 같은 열매가 가지마다 다닥다닥 달려 늘어진다. 꼬투리 안에는 작은 씨가 들어 있다. 잎이 다 떨어지는 겨울에도 안 떨어지고 달려 있다. 바람을 불면 열매끼리 서로 부딪혀 달그락달그락 소리를 낸다.

약재 자귀나무 줄기 껍질을 약으로 쓴다. 봄부터 여름 사이에 껍질을 벗겨 햇볕에 잘 말린다. 알맞게 잘라 물에 달여 먹거나 가루를 내서 먹는다. 여름철에 꽃을 따서 햇볕에 말려 쓰기도 한다.
《동의보감》에는 '합환피(合歡皮), 자괴나모겁질'이라고 한자 이름과 우리 이름이 함께 나온다. "오동나무와 닮았는데 가지가 아주 부드럽고 약하다. 잎은 주엽나무나 회화나무와 닮았는데, 아주 잘고 빽빽하게 나서 서로 맞붙어 있다. 저녁이면 잎이 서로 맞붙기 때문에 '합혼(合昏)'이라고도 한다. 음력 5월에 누르스름한 하얀 꽃이 핀다. 꽃잎은 색실처럼 생겼다. 가을에 콩꼬투리 같은 열매가 열리는데 씨는 아주 얇고 작다. 아무 때나 껍질과 잎을 거둬서 쓴다. '야합피(夜合皮)'라고도 한다."라고 했다.
약효 자귀나무 달인 물을 먹으면 마음이 가라앉는다. 그래서 우울증에 걸렸거나 걱정 때문에 밤에 잠을 잘 못 이룰 때, 깜박깜박 잘 잊어버리는 건망증에 좋다. 또 염증을 없애는 힘이 있어서 폐결핵에 걸려 피고름을 토할 때, 종기나 부스럼이 났을 때도 먹는다. 또 피를 잘 돌게 해서 피멍을 풀어 주고, 부러진 뼈를 잘 붙게 하는 힘이 있다.
《동의보감》에는 "성질이 평범하다. 맛은 달며 독이 없다. 오장을 안정시키고 마음을 편안하게 가라앉히며, 근심을 없애고 즐겁게 한다. 폐결핵에 걸려 고름을 토하는 것을 낫게 한다. 또 벌레를 죽이고 힘줄과 뼈를 이어 주며 종기를 삭인다."라고 했다.

잎 지는 작은키나무
3 ~ 5m
6 ~ 7월
9 ~ 10월

2011년 6월 인천 강화

열매 2011년 10월 인천 강화

합환피

약재 만드는 법	봄부터 여름 사이에 줄기 껍질을 벗겨 햇볕에 잘 말린 뒤 알맞게 썰어 쓴다.
약 쓰는 법	물에 달여 먹거나 가루를 내서 먹는다.
약 성질	성질이 평범하다. 맛은 달며 독이 없다.
약효	진정, 오줌내기, 아픔 멈추기, 염증 없애기
약 쓰는 때	우울증, 건망증, 염증, 폐결핵, 종기, 부스럼, 피멍이 들었을 때, 뼈가 부러졌을 때

자작나무

Betula platyphylla var. *japonica*

자작나무는 춥고 깊은 산에서 자란다. 백두산 같은 높은 산에서는 숲을 이룬다. 따뜻한 남쪽 지방에서는 보기 어렵다. 껍질에 기름기가 많아서 불이 잘 붙는다. 자작자작 소리를 내면서 탄다고 '자작나무'라는 이름이 붙었다고 한다. 비를 맞아도 잘 탄다. 북부 지방에서는 자작나무를 '보티나무'나 '봇나무'라고 한다. 《동의보감》에도 우리 이름으로 '봇'이라고 나온다.

자작나무는 겨울에 잎이 지는 큰키나무다. 줄기는 곧고 20m가 넘게 자란다. 나무껍질은 하얗고 윤이 나며 종이처럼 얇게 벗겨진다. 가지는 붉은 밤색이고 점이 있다. 잎은 어긋나게 붙고 세모에 가까운 달걀꼴이다. 종이처럼 얇다. 암꽃과 수꽃이 한 그루에서 따로 피는 암수한그루다. 꽃은 4 ~ 5월에 피는데, 수꽃은 아래로 드리우면서 꽃방망이로 피고 암꽃은 위로 곧추서서 달린다. 9 ~ 10월이 되면 열매가 아래로 드리우면서 여문다. 씨에는 날개가 달려 있어서 바람에 날려 퍼진다.

북부 지방에서는 자작나무 껍질로 지붕을 이었다. '기와가 백 년을 가면 자작나무 껍질은 천 년을 간다'고 할 만큼 오래간다. 옛날에는 자작나무 껍질에 그림을 그리고 글씨를 썼다. 1000년도 더 된 천마총 그림도 자작나무 껍질에 그린 것이다. 껍질을 태워 숯을 만들어서 그림을 그리고 가죽을 물들이기도 했다. 자작나무는 단단하고 결이 고와서 가구도 만들고 조각도 한다. 자작나무는 벌레를 잘 먹지 않고 나무가 잘 썩지 않고 오래간다. 해인사에 있는 고려대장경 경판을 만들 때도 자작나무 종류를 썼다고 한다. 절이나 정자에 거는 현판을 만드는 데도 많이 쓴다.

약재 나무껍질을 약으로 쓴다. 봄이나 여름에 껍질을 벗겨 햇볕에 말렸다가 물에 달여 먹는다. 《동의보감》에는 '화목피(樺木皮), 봇'이라고 한자 이름과 우리 이름이 함께 나온다. "지금 활을 꾸미는 데 쓰는 자작나무 껍질(樺皮)이다. 나무는 산복숭아(山桃)와 닮았다. 나무껍질에는 꽃무늬가 있다. 북쪽 지방에서 온 것이 좋다."라고 했다. 불이나 뜨거운 물에 살을 데었을 때에는 껍질을 꺼멓게 될 때까지 볶은 뒤 가루를 내서 바른다. 또 자작나무는 고로쇠나무처럼 나무즙을 받아 마신다. 곡우 때 줄기에 상처를 내서 그 물을 받아 마시면 온갖 병에 좋고 오래 산다고 한다.

약효 자작나무 껍질은 열을 내리거나 독을 푸는 데 좋고, 가래를 삭이고 기침을 멈추며, 몸이 부은 것을 내린다. 폐렴, 폐결핵, 기관지염에 좋다. 오줌길이나 오줌보에 염증이 생겨 오줌을 잘 못 눌 때 먹으면 오줌을 시원하게 눌 수 있다. 황달이나 홍역에도 쓴다. 류머티즘이나 통풍에 걸렸을 때는 달인 물로 찜질을 하면 좋다. 《동의보감》에는 "성질은 평범하다. 맛이 쓰고 독이 없다. 황달, 젖멍울, 코끝이 빨갛게 되는 폐풍창(肺風瘡)과 어린아이가 걸리는 부스럼과 홍역, 천연두를 낫게 한다."라고 했다.

봇나무, 보티나무
잎 지는 큰키나무
20 ~ 30m
4 ~ 5월
9 ~ 10월

열매 2010년 10월 서울 월드컵공원

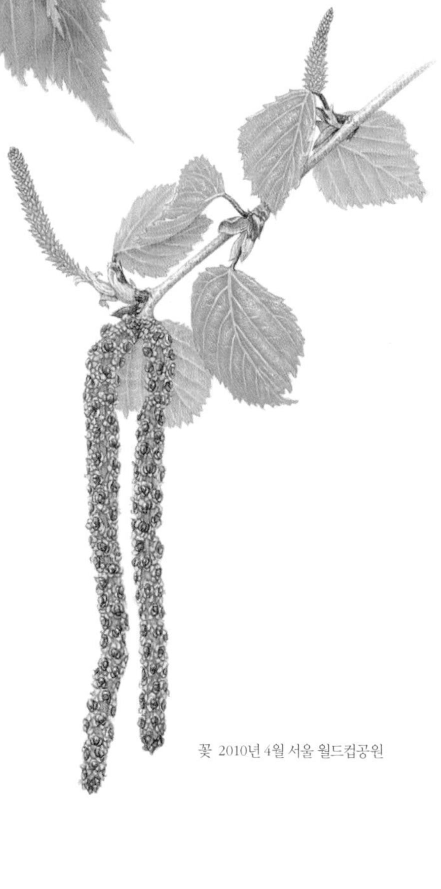

꽃 2010년 4월 서울 월드컵공원

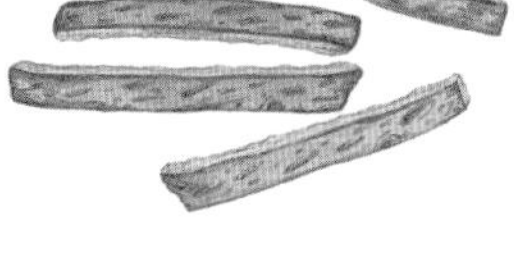

화목피

약재 만드는 법	봄부터 여름 사이에 줄기 껍질을 벗겨 햇볕에 말린 뒤 알맞게 썰어 쓴다.
약 쓰는 법	물에 달여 먹는다. 껍질이 꺼멓게 될 때까지 볶은 뒤 가루를 내서 살갗에 바른다.
약 성질	성질은 평범하다. 맛이 쓰고 독이 없다.
약효	균 없애기, 오줌내기, 열 내리기, 해독
약 쓰는 때	기침, 가래, 부기, 폐렴, 폐결핵, 기관지염, 황달, 홍역, 류머티즘, 통풍, 오줌이 잘 안 나올 때, 불에 덴 곳

소나무과

소나무속

잣나무

Pinus koraiensis

잣나무는 높은 산이나 추운 곳에서 많이 자란다. 산에서도 흙이 많고 축축한 골짜기에서 잘 자란다. 북쪽에서는 압록강 가까이에 가장 많다. 남쪽에서는 경기도 가평, 양평, 강원도 홍천에 잣나무가 많다. 우리나라가 고향인 나무로 중국에는 자라지 않는다. 그래서 아주 옛날부터 우리나라 잣을 으뜸으로 쳤다. 신라 때 사신들이 중국으로 잣을 가져가 선물로 주었다고 한다.

잣나무는 겨울에도 잎이 안 지는 늘 푸른 큰키나무다. 줄기는 굽는 일이 거의 없이 곧게 자라고 곁가지를 사방으로 고루 뻗는다. 잎은 다섯 개씩 뭉쳐난다. 《증보산림경제》에는 "잎이 다섯 개 나온다. 그래서 오엽송이라고 한다."라고 했다. 새로 난 잎은 3 ~ 4년 동안 붙어 있다가 떨어진다. 봄에 노란빛이 도는 분홍빛 수꽃이 새로 난 가지 밑에 피고, 암꽃은 새로 난 가지 끝에 핀다. 꽃이 핀 이듬해 10월에 잣송이가 여문다. 잣은 보통 9 ~ 10월에 딴다. 나무 꼭대기 가까이에 열매가 달리기 때문에 잣을 따려면 나무를 올라가야 한다.

잣은 기름이 많아서 고소하다. 음식에 곁들이기도 하고 죽도 끓여 먹는다. 잣죽은 잣과 찹쌀 가루를 섞어서 끓이는데 양분이 많고 소화가 잘 된다. 병든 사람이나 노인에게 좋다. 정월 대보름에는 잣을 가지고 불놀이를 한다. 잣 열두 알을 바늘이나 솔잎에 하나씩 꿰고 불을 붙여서 열두 달 운수를 점쳤다. 덜 익은 파란 솔방울은 술을 담가 먹는다.

약재 잣을 말려 두고 약으로 쓴다. 잣송이를 무더기로 쌓아 두고 며칠이 지나면 송진이 없어지고 잣송이가 삭아서 허벅허벅해진다. 이때 잣송이를 낫등으로 두드리거나 발로 비비면 잣이 송이에서 잘 빠져 나온다. 잣송이 하나에는 잣이 80 ~ 90알쯤 들어 있다. 우리가 먹는 노르스름한 잣은 딱딱한 겉껍데기를 깨고 다시 얇은 밤색 속껍질을 벗겨 낸 것이다. 햇볕에 말린 뒤 물에 달여 먹거나 그냥 먹는다.

《동의보감》에는 '해송자(海松子), 잣'이라고 한자 이름과 우리 이름이 함께 나온다. "어느 곳에나 다 있다. 깊은 산속에서 자란다. 소나무나 측백나무와 닮았다. 열매는 오이씨 같은데 그 씨를 깨뜨려서 속꺼풀을 벗겨 버리고 먹는다."라고 했다.

약효 잣은 몸이 약하거나 똥을 못 누고 뒤가 잘 굳는 사람이 먹으면 좋다. 마른기침에도 좋다. 기운이 없거나 팔다리가 굳고, 뼈마디가 아플 때 먹으면 좋다. 핏줄이 굳는 동맥경화를 막는 힘도 있다. 하지만 기름기가 많아서 설사를 잘 하는 사람은 먹지 않는 게 좋다.

《동의보감》에는 "성질이 조금 따뜻하다. 맛이 달며 독이 없다. 뼈마디가 쑤시고 아픈 골절풍(骨節風)과 팔다리가 굳는 풍비증(風痺證), 어지럼증을 낫게 한다. 살갗을 매끄럽게 하고 오장을 살찌우고, 몸이 여위고 기운이 없는 것을 보한다."라고 했다. 허리가 아프거나 류머티즘, 통풍에 걸렸을 때는 가지를 삶은 물로 목욕을 하면 좋다.

- 오엽송
- 늘 푸른 큰키나무
- 20 ~ 30m
- 봄
- 이듬해 10월

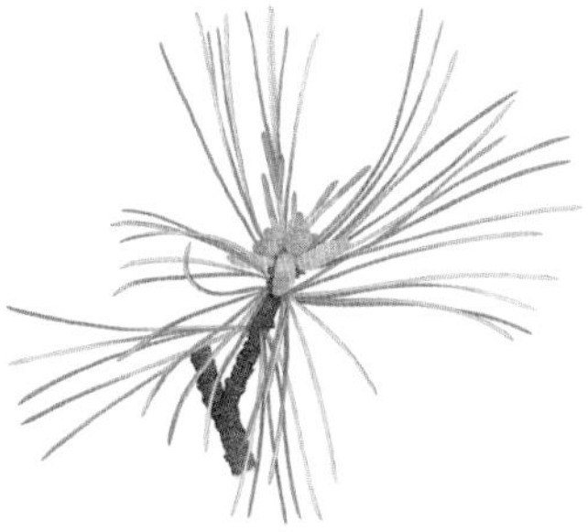

수꽃 1999년 5월 강원도 원주

1997년 6월 강원도 홍천

1997년 2월 강원도 원주

눈잣나무 *Pinus pumila*

섬잣나무 *Pinus parviflora*

해송자

약재 만드는 법	가을에 잣송이를 털어 잣알만 갈무리한다. 햇볕에 말린 뒤 쓴다.
약 쓰는 법	그냥 먹거나 물에 달여 먹는다.
약 성질	성질이 조금 따뜻하다. 맛이 달며 독이 없다.
약효	보약, 강장, 기침 멈추기
약 쓰는 때	변비, 마른기침, 동맥경화, 기운이 없을 때, 팔다리가 굳을 때, 뼈마디가 아플 때

참나무

Quercus

도토리가 열리는 나무를 두루 참나무라고 한다. 우리나라 산 어디서나 흔하게 볼 수 있다. 참나무에는 상수리나무, 졸참나무, 신갈나무, 떡갈나무, 굴참나무, 갈참나무 들이 있다. 나무마다 생김새와 사는 곳이 조금씩 다르다. 상수리나무는 마을 가까이에 많고, 산에는 신갈나무, 굴참나무, 졸참나무, 떡갈나무가 많다. 상수리나무와 굴참나무는 잎이 밤나무 잎처럼 길쭉한데, 떡갈나무 잎은 넓적하고 크다. 졸참나무는 나무는 굵고 크게 자라지만 잎사귀와 도토리가 작다. 갈참나무는 도토리가 촘촘히 모여 달린다.

도토리는 쌀이 귀하던 때 밥 대신 먹었다. 옛날에는 가을이 되면 산골 사람들이 몇 가마니씩 도토리를 주워 모아 일 년 내내 양식 삼아 먹었다. 도토리를 껍데기째 큰 가마솥에 넣어서 삶는다. 이렇게 삶아서 바짝 말려 두면 벌레가 나지 않고, 1년이고 2년이고 두고 먹을 수가 있다. 《동의보감》에도 "껍질을 버리고 삶아서 먹으면 사람에게 아주 좋다. 속을 든든하게 해서 배고픈 줄 모르게 한다. 그러므로 많이 구해서 흉년에 먹을 수 있도록 마련해 두어야 한다."라고 나온다. 요즘은 묵을 쑤거나 국수를 만들어서 많이 먹는다. 묵을 해 먹으려면 삶지 않고 껍질만 까서 그냥 말린다.

약재 9 ~ 10월에 도토리를 거둬 약으로 쓴다. 그대로 햇볕에 말리거나 삶아서 껍질을 벗긴 뒤에 햇볕에 말린다. 물에 달여 먹거나 가루를 내서 쓴다. 《동의보감》에는 '상실(橡實), 굴근도토리'라고 한자 이름과 우리 이름이 함께 나온다. "도토리는 참나무 열매다. 곳곳에서 난다. 그 열매에는 깍정이가 있다. 상수리나무와 떡갈나무 열매에도 다 깍정이가 있다. 상수리가 좋다. 아무 때나 따서 껍질과 열매를 함께 약으로 쓴다. 껍질과 열매 모두 볶아서 쓴다."라고 했다. 또 가루를 내서 미음에 타 먹으면 설사를 멎게 한다고 했다. 도토리깍정이와 떡갈나무 껍질, 잎을 약으로 쓴다고도 나온다. 잎은 아무 때나 따 구어서 물에 달여 먹는다.

약효 도토리는 물을 빨아들이는 힘이 있다. 그래서 설사나 이질에 걸렸을 때 먹으면 좋다. 또 잇몸이나 입안에 염증이 생기거나 목구멍이 아플 때 먹어도 좋다. 뜨거운 것에 데었을 때는 달인 물로 닦아 주면 좋다.

《동의보감》에는 "성질이 따뜻하다. 맛은 쓰고 떫으며 독이 없다. 설사와 이질을 낫게 한다. 장과 위를 두텁게 하고, 몸에 살이 오르게 하고 튼튼하게 만든다. 장에서 물을 빨아들여 설사를 멈춘다."라고 했다. 도토리깍정이는 "치질에 걸리거나 여자들이 갑자기 아래로 피를 쏟을 때나 대하가 나오는 것을 낫게 한다. 차거나 열이 나서 생기는 설사와 이질을 멎게 한다. 천에 검은 물을 들일 수 있고, 수염과 머리카락도 검게 물들인다."라고 했다.

떡갈나무 껍질은 "성질이 평범하다. 맛은 쓰고 독이 없다. 물 같은 이질을 멎게 한다. 목이나 겨드랑이에 딴딴한 멍울이 생기다가 곪는 것을 낫게 하고, 오래된 부스럼이나 종기가 바람이나 이슬을 맞은 뒤에 붓고 아픈 것을 고친다."라고 했다. 참나무 잎은 "성질은 평범하다. 맛은 달고 쓰며 독이 없다. 피가 나오는 이질을 고치고, 치질을 낫게 하며, 목마름을 풀어 준다."라고 나온다.

◐ 도토리나무, 굴밤나무, 상수리나무, 가둑나무
잎 지는 큰키나무
10 ~ 20m
4 ~ 5월
10월

굴참나무 *Quercus variabilis* 2000년 9월 강원도 원주

상수리나무 *Quercus acutissima* 1999년 8월 강원도 원주

갈참나무 *Quercus aliena* 2000년 9월 충청북도 충주

졸참나무 *Quercus serrata* 1999년 9월 강원도 원주

신갈나무 *Quercus mongolica* 2000년 9월 강원도 원주

떡갈나무 *Quercus duntata* 2000년 9월 강원도 원주

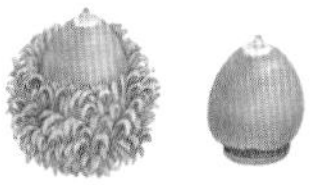

굴참나무 도토리

상수리

갈참나무 도토리

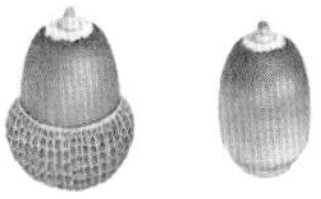

졸참나무 도토리

신갈나무 도토리

떡갈나무 도토리

상실

약재 만드는 법	가을에 도토리를 거둬 햇볕에 말리거나 삶아서 껍질을 벗긴 뒤 다시 햇볕에 말려 쓴다.
약 쓰는 법	물에 달여 먹거나 가루를 내서 쓴다.
약 성질	성질이 따뜻하다. 맛은 쓰고 떫으며 독이 없다.
약효	물기 빨아들이기, 염증 없애기
약 쓰는 때	설사, 이질, 잇몸 염증, 입안 염증, 기관지염

측백나무과
눈측백속

측백나무

Thuja orientalis

측백나무는 공원이나 뜰에 많이 심는다. 바닷가에서는 측백나무 숲을 가꿔 바닷바람을 막았다. 측백나무는 추위와 가뭄, 공기 오염에도 끄떡없을 만큼 튼튼해서 기르기가 쉽다. 가지치기도 쉽고 새 가지도 잘 돋아나서 생울타리로 꾸미기에 좋다. '측백(側柏)'이라는 이름은 잎이 납작하고 옆으로 뻗기 때문에 붙은 이름이다. 측백나무 잎은 편백, 화백과 아주 닮았다. 하지만 잎이 겹치는 생김새가 조금씩 다르다. 측백나무는 잎이 W자처럼 겹치는데, 편백은 Y자처럼, 화백은 X자처럼 겹친다.

측백나무는 늘 푸른 바늘잎나무다. 키가 20m까지 자란다. 줄기는 곧게 자라는데 때로는 떨기나무처럼 여러 갈래로 갈라져 자라기도 한다. 햇가지는 풀색이다가 시나브로 밤색으로 바뀐다. 바늘잎은 짧은 가지에 붙는데 만져도 따갑지 않다. 작고 납작한 잎이 비늘처럼 겹겹이 포개져 달린다. 잎 양쪽이 모두 진한 풀빛이다. 2 ~ 3년쯤 붙어 있다가 말라 버린다. 봄에 꽃이 피며 한 그루에 암꽃과 수꽃이 따로 피는 암수한그루이다. 열매는 둥그렇지만 울퉁불퉁 뿔이 돋아 있다. 그 해 가을에 밤색으로 여물어 떨어진다.

약재 측백나무 씨앗은 '백자인'이라고 한다. 가을에 익은 열매를 따서 햇볕에 말린다. 그리고 씨앗만 빼내 그늘에서 말린 뒤 물에 달여 먹는다. 《동의보감》에는 '백실(栢實), 측빅나모여름'이라고 한자 이름과 우리 이름이 함께 나온다. "음력 9월에 열매가 익으면 딴다. 찐 뒤 말려서 껍질을 버리고 쓴다. 모든 나무가 다 햇볕이 드는 쪽을 바라보는데 측백나무만은 서쪽으로 향하기 때문에 서쪽을 뜻하는 흰 '백(白)'자를 따서 글자를 만든 것이다. 금(金)의 정기를 받았기 때문에 나무 가운데 가장 굳다. 열매껍질을 버리고 씨만 골라서 살짝 볶아 기름을 빼고 쓴다."라고 했다.

또 여름에 잎이 붙은 가지를 베어 그늘에 말린 뒤 물에 달여 약으로 쓴다. 아홉 번 쪄서 말린 측백 잎은 온갖 병에 다 좋다고 한다. 《동의보감》에는 "철마다 제철에 맞는 쪽에 달린 잎을 따서 그늘에 말린다. 약에 넣을 때에는 쪄서 쓴다."라고 나온다.

약효 씨는 기침을 멎게 하고 가래를 삭이며 변비에 좋다. 또 잠을 잘 못 자거나 꿈을 많이 꿀 때, 공연히 가슴이 두근거릴 때 쓰면 잘 듣는다. 《동의보감》에는 "성질이 평범하다. 맛은 달고 독이 없다. 깜짝깜짝 놀라서 가슴이 두근거리는 것을 주로 낫게 한다. 오장을 편안하게 하고 기운을 북돋는다. 풍증을 낫게 하고 살갗을 매끈하고 부드럽게 한다. 팔다리가 저리고 아프며 잘 쓰지 못하는 풍습비(風濕痺)를 고친다. 또 몸이 허약해서 숨을 겨우 쉬는 것을 낫게 한다. 음경을 일어서게 하며 오래 살게 한다. 살갗을 매끈하게 만들고, 얼굴을 곱게 하고, 귀와 눈을 밝게 하기 때문에 콩팥(腎)을 충실하게 하는 약이다."라고 했다.

잎은 피를 잘 멎게 하기 때문에 코피가 나거나 피를 토할 때 먹는다. 머리카락이 빠지거나 희어질 때 가루를 기름에 개어 발라도 좋다. 《동의보감》에는 "맛은 쓰고 매우며 성질은 떫다. 잎이 모두 한쪽으로 납작하게 난다. 피를 토하는 것, 코피, 피가 섞인 똥을 누는 혈리(血痢)를 낫게 한다. 음(陰)을 보태는 중요한 약이다."라고 나온다. 측백나무 속껍질도 약으로 쓰는데 "불에 데서 문드러진 상처를 낫게 하며 머리털을 자라게 한다."라고 했다.

늘 푸른 큰키나무
20m
4월
9 ~ 10월

열매

1998년 10월 강원도 원주

편백 *Chamaecyparis obtusa*

화백 *Chamaecyparis pisifera*

백자인

약재 만드는 법	가을에 익은 열매를 딴다. 햇볕에 말려 씨를 빼낸 뒤 그늘에 말린다.
약 쓰는 법	물에 달여 먹는다.
약 성질	성질이 평범하다. 맛은 달고 독이 없다.
약효	강장, 기침 멈추기, 가래 없애기
약 쓰는 때	기침, 가래, 변비, 가슴이 두근거릴 때, 잠을 못 이룰 때

칡

Pueraria lobata

칡은 볕이 잘 드는 곳이면 어디서든지 잘 자라는 잎 지는 덩굴나무다. 줄기가 땅 위를 기거나 나무를 왼쪽으로 감아 타고 올라간다. 무척 잘 자라서 나무를 온통 뒤덮어 버리기도 한다. 줄기 끝은 겨울이면 말라 죽는다. 줄기와 잎에 털이 많다. 줄기에서 기다란 잎줄기가 나오고 그 끝에 커다란 쪽잎 석 장이 달린다. 여름에 보랏빛 꽃이 여러 송이 모여 핀다. 꽃이 지면 씨가 3 ~ 7개 들어 있는 꼬투리 열매가 달린다.

칡은 아주 오래전부터 여러모로 쓸모 있는 나무다. 이른 봄이나 늦가을에 칡뿌리를 캐서 먹는다. 칡뿌리를 떡메로 두들긴 다음 물에 빨면 앙금이 가라앉는다. 이 앙금을 말려서 떡이나 수제비를 해 먹는다. 뿌리에서 즙을 짜 먹거나 차로 끓여 마시고, 어린잎을 뜯어다 나물을 해 먹는다.

약재 꽃과 뿌리를 약으로 쓴다. 꽃은 늦여름에 피기 시작할 때 뜯어서 햇볕에 말려 두었다가 물에 달여 먹는다. 뿌리는 봄이나 가을에 캐서 겉껍질을 벗겨 햇볕에 말린 뒤 알맞게 썰어서 물에 달여 먹는다. 날뿌리를 짜서 즙을 내서 먹기도 한다. 생잎은 짓찧어서 살갗에 바른다.
《동의보감》에는 칡뿌리, 즙, 씨, 잎, 꽃, 가루를 약으로 쓴다고 나온다. 뿌리는 '갈근(葛根), 츩불휘'라고 나온다. "산에서 자란다. 어디에나 다 있다. 음력 5월 초에 뿌리를 캐 햇볕에 말린다. 땅속으로 깊이 들어간 것이 좋다."라고 했다. 또 날뿌리를 짓찧어 즙을 내어 마신다고 했다. 가루는 "날뿌리를 캐 짓찧어서 물에 담갔다가 주무른다. 그러면 앙금이 가라앉아 넓적한 덩어리가 된다. 이것을 끓는 물에 풀고 꿀을 타서 먹는다."라고 했다.
약효 뿌리는 땀을 나게 하고 열을 내리며 목마름을 풀어 준다. 또 혈압을 낮춘다. 감기, 홍역, 설사, 이질, 고혈압에 걸렸을 때 먹으면 좋다. 또 술을 먹고 목이 탈 때 먹어도 좋다. 《동의보감》에는 "성질이 평범하다(서늘하다고도 한다). 맛은 달며 독이 없다. 몸에 바람과 차가운 기운이 들어 머리가 아픈 것을 낫게 한다. 살갗을 풀어 기운이 밖으로 나가게 한다. 땀구멍을 열어 땀이 나게 한다. 술독을 풀고 목마름을 멈춘다. 입맛을 돋우고 소화가 잘 되게 한다. 가슴에 있는 열을 없애고 작은창자를 잘 통하게 하며 쇠붙이에 다친 것을 낫게 한다. 몸에 진액을 만들고 목마름을 푼다. 몸이 허해서 나는 목마름은 칡뿌리가 아니면 멈출 수 없다. 술로 생긴 병이나 목마름을 멎게 하는데 아주 좋다. 또 학질(말라리아)에 걸려 목이 타는 것도 낫게 한다."라고 했다.
칡 즙은 "목마름을 풀고, 찬 기운이 몸에 들거나 장티푸스에 걸려 열이 몹시 나는 것을 내린다."라고 했다. 꽃은 갈증이 날 때, 입맛이 없고 소화가 안 될 때, 술병이 났을 때 먹으면 좋다. 씨는 "10년 넘게 설사를 하는 것을 낫게 한다."라고 했고, 잎을 손으로 으깨 붙이면 "쇠붙이에 다쳐서 피가 나는 것을 멎게 한다."라고 했다. 산에서 넘어져서 피가 날 때 칡잎을 비벼서 바르면 피가 잘 멎는다.
칡가루는 술 마신 사람이 목이 탈 때 먹으면 아주 잘 풀린다. "성질이 몹시 차다. 맛은 달며 독이 없다. 가슴이 답답하면서 목이 마르는 것을 멎게 하고 똥오줌이 잘 나가게 한다. 어린아이가 열이 나면서 명치 밑이 답답한 것을 낫게 한다."라고 했다.

◐ 츩, 칡기, 칡덤불, 칡덩굴, 갈
잎 지는 덩굴나무
10m
8월
9 ~ 10월

꽃 1996년 8월 강원도 춘천

덩굴줄기

열매

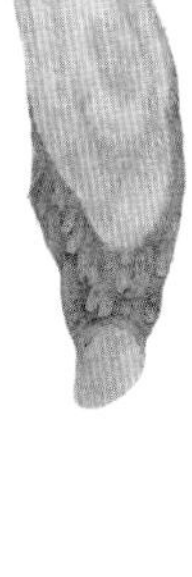

갈근

약재 만드는 법	봄가을에 뿌리를 캔다. 겉껍질을 벗겨 햇볕에 말린 뒤 알맞게 썰어서 쓴다.
약 쓰는 법	물에 달여 먹거나 즙을 짜서 먹는다.
약 성질	성질이 평범하다(서늘하다고도 한다). 맛은 달며 독이 없다.
약효	열 내리기, 혈압 낮추기, 해독
약 쓰는 때	고혈압, 감기, 홍역, 설사, 이질, 술독

탱자나무

Poncirus trifoliata

탱자나무는 생울타리로 많이 심는 나무다. 여러모로 울타리를 하기에 좋다. 탱자나무는 가시가 아주 많다. '탱자나무 울타리는 귀신도 못 뚫는다'는 말이 있을 정도로 가지가 빽빽하고, 가지마다 억세고 날카로운 가시가 있다. 나무가 다 자라도 나지막하다. 볕이 잘 드는 산기슭이나 들판에서 저절로 자라기도 한다. 따뜻한 곳을 좋아해서 강화도보다 더 북쪽에서는 살지 못한다. 가을에 잎이 떨어지는 떨기나무지만 가지가 풀빛을 띠고 있어서 꼭 늘 푸른 나무처럼 보인다. 봄에는 향기로운 하얀 꽃이 피고, 가을에는 탱자가 누렇게 익는다. 탱자는 귤과 닮았지만, 귤보다 잘고 단단하다. 겉에는 보드라운 솜털이 있고 향이 아주 좋다. 탱자는 맛이 시고 써서 날로 못 먹는다. 말려서 약으로 쓴다.

약재 아직 덜 익은 탱자를 두세 쪽으로 쪼개 햇볕에 말린 것을 '지실(枳實)'이라고 한다. 다 익은 열매를 따서 두 쪽으로 잘라 속을 버리고 껍질만 햇볕에 말린 것은 '지각(枳殼)'이라고 한다. 둘 다 물에 달여 먹는다. 《동의보감》에는 '지실(枳實), 틩ᄌ여름'이라고 나온다. "귤나무와 닮았는데 더 작다. 잎은 등자나무 잎과 닮았고, 가시가 많다. 봄에 하얀 꽃이 피고 가을에 열매가 익는다. 음력 7 ~ 8월에 따서 햇볕에 말린다. 지각은 담을 삭이는 힘이 아주 세다. 물에 담갔다가 속을 긁어 버리고 밀기울과 함께 볶아서 쓴다. 속을 버리지 않은 지실은 약효가 더 빨리 나타난다."라고 했다. 또 줄기 껍질과 뿌리껍질도 약으로 쓴다고 나온다.

약효 '지실(枳實)'은 한곳에 몰린 기운을 흩어지게 하고, 소화가 잘 되게 돕고, 가래를 삭인다. 소화가 안 될 때, 헛배가 부를 때, 배가 아플 때 먹으면 좋다. '지각(枳殼)'은 지실(枳實)보다 약효가 더 느긋하게 작용한다. 기(氣)가 잘 돌게 만드는 힘이 있다. 소화가 안 되고 배가 아플 때, 헛배가 부를 때, 위염에 걸리거나 위가 처지는 병에 걸렸을 때, 치질에 걸렸을 때 먹으면 좋다. 하지만 위가 약한 사람이나 아기를 가진 엄마에게는 쓰지 않는다. 목이 부었을 때는 잎을 달여 마시면 좋다.

《동의보감》에 지실은 "성질이 차다(조금 차다고도 한다). 맛은 쓰고 시며(쓰고 맵다고도 한다) 독이 없다. 살갗이 심하게 가려운 것과 가래와 담을 낫게 한다. 배가 그득한 것과 명치 밑이 답답하고 아픈 것을 낫게 한다. 먹은 음식이 오래도록 내려가지 않는 것을 없앤다."라고 했다.

지각은 "허파 기운이 막혀 기침하는 것을 낫게 한다. 가슴에 몰려 있는 담을 헤치고, 큰창자와 작은창자를 잘 통하게 한다. 배가 그득한 것을 없애고, 먹은 음식이 갑자기 체해서 몰리고 막힌 것을 열어 준다. 담을 삭이고 물을 내보낸다. 몸에 생긴 덩어리와 몰려 있는 기운을 흩어지게 하고, 몸에 바람이 들어 가렵고 몸이 굳는 것을 고친다. 치질을 낫게 한다."라고 나온다. 그러면서 "지각은 약 기운이 주로 위로 올라가고, 지실은 약 기운이 주로 아래로 내려간다. 지각은 올라가서 살갗과 가슴에 생긴 병을 낫게 하고, 지실은 내려가서 명치와 위(胃)에 생긴 병을 낫게 한다. 하지만 고치는 병은 거의 같다."라고 했다.

줄기 껍질은 콩팥에 병이 나 몸이 붓는 것과 갑자기 몸에 바람이 들어 뼈마디가 저린 것을 낫게 하고, 뿌리껍질은 치질에 걸려 피를 쏟을 때 쓴다고 나온다.

구귤, 지귤
잎 지는 떨기나무
3m
5월
가을

2010년 10월 경기도 광릉수목원

2010년 4월 경기도 광릉수목원

지실

약재 만드는 법	여름에 덜 익은 열매를 따서 두세 쪽으로 쪼갠 뒤 햇볕에 말린다.
약 쓰는 법	물에 달여 먹는다.
약 성질	성질이 차다(조금 차다고도 한다). 맛은 쓰고 시며(쓰고 맵다고도 한다) 독이 없다.
약효	소화, 건위, 가래 없애기
약 쓰는 때	소화가 안 될 때, 헛배가 부를 때, 위염, 위하수, 치질
주의할 점	위가 약한 사람이나 아기를 가진 엄마에게는 쓰지 않는다.

포도

Vitis vinifera

포도는 열매를 먹으려고 심어 기르는 덩굴나무다. 세계에서 가장 많이 심는 과일나무다. 과수원이나 온상에 많이 심어 기른다. 본디 서아시아에서 자라던 나무였다. 기원전 3000년쯤부터 기르기 시작했다고 한다. 우리나라에서는 고려 시대 이전부터 길렀다. 중국에서 맨 처음 펴낸 농사책인《제민요술》에는 한나라 무제 때 장건이라는 사람이 대완이라는 곳에서 포도 씨를 가져와 궁전에 심었다고 나온다.

포도는 겨울에 잎이 지는 덩굴나무다. 나무껍질은 연한 밤색이고 조각조각 갈라지며 떨어진다. 줄기에는 덩굴손이 있다. 잎은 넓적하고 3 ~ 5갈래로 갈라지고 톱니가 있다. 5 ~ 6월에 자잘한 누런 풀색 꽃이 핀다. 열매는 송이로 달리는데 품종에 따라서 빛깔이나 굵기, 맛이 다르다. 포도는 처음에는 푸르다가 차츰 붉은빛이 돌며 검게 익는다. 포도는 색이 짙고 알이 굵으면서 탱글탱글한 것이 맛있다. 다 익은 포도는 맛이 달고 시다. 다 익어도 색이 푸른 청포도도 있고, 생김새나 맛이 머루와 비슷한 포도도 있다.

포도는 날로 먹고, 말려서 건포도를 만들기도 한다. 술을 담그기도 한다. 와인이나 샴페인, 브랜디 같은 술이 모두 포도로 담근 것이다.《동의보감》에도 "잘 익은 포도로 즙을 내서 찹쌀밥과 흰누룩을 버무려 넣으면 저절로 술이 되는데 맛이 좋다. 머루도 쓴다."라고 하면서 포도주를 먹으면 "얼굴빛이 좋아지고 콩팥을 따뜻하게 해 준다."라고 했다. 씨로는 기름을 짠다.

약재 열매와 뿌리, 잎을 약으로 쓴다. 가을에 익은 포도를 따서 그대로 쓰거나 말려 두었다가 약처럼 달여 먹는다. 뿌리는 캐서 물에 씻어 말려 두었다가 물에 달여 먹는다. 잎은 날것 그대로 짓찧어서 부스럼이 나거나 헌데, 상처가 난 곳에 붙인다.《동의보감》에는 '포도(蒲萄), 보도'라고 나온다. "열매에는 자줏빛과 흰빛이 나는 두 가지가 있다. 자줏빛이 나는 것을 '마유(馬乳)'라 하고, 흰빛이 나는 것을 '수정(水晶)'이라고 한다. 그리고 둥근 것도 있고 씨가 없는 것도 있다. 음력 7 ~ 8월이 되면 익는다. 북쪽 지방에서 나는 과일 가운데 가장 좋다."라고 했다.

약효 포도를 먹으면 입맛이 돌고 소화가 잘 되고 힘이 솟는다. 병을 오래 앓는 사람이 기운을 다시 얻는 데도 좋다. 또 피가 잘 돌게 하고 오줌이 잘 나오게 한다. 몸이 허약하거나 기침이나 천식을 할 때, 가슴이 뛰고 식은땀이 흐를 때, 몸이 부었을 때, 뼈마디나 허리가 아플 때 먹으면 좋다.

《동의보감》에는 "성질이 평범하다. 맛은 달고(달고 시다고도 한다) 독이 없다. 뼈마디가 저리고 쑤시는 습비(濕痺)에 주로 쓴다. 또 임질을 고치고 오줌이 잘 나가게 한다. 기운을 북돋고 의지를 강하게 하며 살찌고 튼튼하게 한다."라고 했다. 하지만 당뇨병, 위궤양, 심부전증, 고혈압이 있는 사람은 먹지 않는다.

뿌리는 구역질이 나거나 몸이 부을 때, 뼈마디가 아플 때 달여 먹으면 좋다.《동의보감》에는 "뿌리 달인 물을 마시면 구역질과 딸꾹질이 멎는다. 아기를 가진 뒤에 태기가 위로 치밀어 오를 때 마시면 곧 내려간다. 또 오줌이 잘 나가게 한다."라고 했다.

잎 지는 덩굴나무
25 ~ 30m
5 ~ 6월
7 ~ 9월

1998년 9월 강원도 원주

2000년 9월 충청북도 음성

왕머루 *Vitis amurensis*

포도

약재 만드는 법	가을에 익은 포도를 따서 그대로 쓰거나 말려 두었다가 쓴다.
약 쓰는 법	그대로 먹거나 물에 달여 먹는다.
약 성질	성질이 평범하다. 맛은 달고(달고 시다고도 한다) 독이 없다.
약효	강장, 오줌내기, 기침 멈추기
약 쓰는 때	몸이 허약할 때, 기침, 천식, 가슴이 뛰고 식은땀이 흐를 때, 몸이 부었을 때, 뼈마디나 허리가 아플 때
주의할 점	당뇨병, 위궤양, 심부전증, 고혈압이 있는 사람은 먹지 않는다.

호두나무

Juglans regia

호두나무는 뜰이나 밭둑, 산비탈에 심어 기르는 잎 지는 큰키나무다. 본디 이란에서 자라던 나무였는데, 중국 한나라 무제 때 장건이라는 사람이 중국으로 가져왔다. 고려 시대 충렬왕 때 우리나라로 들여와 충청도 천안에 처음 심었다고 한다. 본디 이름은 '호도(胡桃)'라고 했다. 《동의보감》에는 "오랑캐 땅에서 들어왔고, 열매 겉은 풀빛 껍질이 감싸고 있어서 꼭 복숭아를 닮았기 때문에 호도라고 한다."라고 나온다.

호두나무는 줄기가 곧게 자라고 매끈하다. 나무껍질은 처음에는 잿빛 밤색이다가 시나브로 까매진다. 잎은 쪽잎 3 ~ 7장으로 된 겹잎이다. 쪽잎은 길쭉하고 톱니가 없다. 잎 위쪽은 진한 풀색이고 윤이 난다. 5월쯤 꽃이 피는데, 암꽃과 수꽃이 한 나무에 따로 피는 암수한그루다. 열매는 둥글고 풀색이다. 가을에 검게 여물어 껍질이 쩍 벌어지면 속에 든 알이 떨어진다.

호두는 딱딱한 껍데기를 깨뜨리고 안에 든 속살을 그냥 먹거나 기름을 짜서 먹는다. 호두 기름은 노랗고 향이 좋다. 그냥 먹기도 하고 약으로도 쓴다. 기름을 짜고 남은 찌꺼기도 버리지 않고 과자나 엿을 만들 때 넣으면 좋다. 한여름이 지나서 풋호두가 떨어지면 아이들은 떨어진 호두를 주워다 돌에 갈아서 속살을 빼 먹었다. 아직 덜 여문 하얀 속살이 풋풋하고 맛있지만 열매껍질 때문에 손이 새까맣게 물이 든다. 《동의보감》에는 호두나무 껍질과 덜 여문 열매껍질로 머리카락을 까맣게 물들인다고 나온다.

가래는 호두와 닮았지만 조금 더 길쭉하고 양끝이 뾰족하면서 갸름하다. 추운 곳을 좋아해서 호두나무보다 북쪽이나 깊은 산에서 산다. 옛날부터 우리 산에 저절로 자라는 나무다. 열매 껍데기를 소주에 담근 뒤 그 술을 약으로 먹는다. 위염, 십이지장 궤양, 위경련으로 배가 아플 때 약으로 쓴다.

약재 가을에 익은 호두를 따서 속살을 햇볕에 말려 먹거나 물에 달여 먹는다. 《동의보감》에는 '호도(胡桃), 당츄ᄌᆞ'라고 한자 이름과 우리 이름이 함께 나온다. "남방에서 나며 열매 겉은 푸른 껍질로 싸여 있는데 호두가 그 씨다. 그 속에 살이 있다. 끓는 물에 담갔다가 얇은 꺼풀을 벗겨 버리고 쓴다."라고 했다.

약효 호두는 기침을 낫게 하고 몸을 튼튼하게 한다. 또 허리가 아프거나 똥이 굳어 안 나오는 변비에 걸렸을 때 먹어도 좋다. 기름은 기침을 멎게 하고, 가래를 삭이며, 변비에도 좋다.

《동의보감》에는 "성질이 평범하다(뜨겁다고도 한다). 맛은 달고 독이 없다. 경맥을 통하게 하고 혈맥을 부드럽게 한다. 수염과 머리카락을 까맣게 하며 살찌게 하고 몸을 튼튼하게 한다. 성질이 뜨거워서 많이 먹어서는 안 된다. 많이 먹으면 눈썹이 빠지고 풍(風)을 일으킨다. 여름에는 먹지 말아야 한다. 비록 살찌게는 하지만 풍이 생기게 한다."라고 했다.

호두나무 잎을 달여 먹으면 머리카락이 잘 난다. 습진이나 옴에는 물을 바르면 좋다. 벌레에 물렸을 때 생잎을 짓찧어 붙이기도 한다. 호두 씨를 태운 가루로 만든 고약은 피부병에 좋다고 한다.

- 호도나무
- 잎 지는 큰키나무
- 20m
- 4 ~ 5월
- 10월

1999년 7월 충청북도 충주

2000년 7월 충청북도 충주

2001년 1월 충청북도 충주

가래나무 *Juglans mandshurica*

호도

약재 만드는 법	가을에 익은 호두를 따서 속살을 햇볕에 말려 쓴다.
약 쓰는 법	그냥 먹거나 물에 달여 먹는다.
약 성질	성질이 평범하다(뜨겁다고도 한다). 맛은 달고 독이 없다.
약효	강장, 기침 멈추기
약 쓰는 때	기침, 허리가 아플 때, 변비

노박덩굴과
화살나무속

화살나무

Euonymus alatus

화살나무는 낮은 산기슭이나 들에서 저절로 자라는 잎 지는 떨기나무다. 집 뜰에 심기도 한다. 가을에는 단풍이 빨갛게 들고 열매가 겨울까지도 빨갛게 매달려 있어 뜰에 심어 두면 보기가 좋다. 화살나무는 가지에 화살 깃처럼 생긴 날개가 붙어 있다. 한 가지에 보통 날개가 두 줄에서 넉 줄쯤 달린다. 생김새가 화살 깃을 닮았다고 이름도 화살나무다. 옛날에는 이 나무로 진짜 화살을 만들기도 했다. 날개가 머리를 빗는 참빗하고 닮았다고 '참빗나무'라고도 하고, '홑잎나무'라고도 한다. 잎과 꽃이 다 진 뒤에도 줄기를 보고 어디서나 쉽게 알아볼 수 있다. 봄에 뾰족이 돋아난 싹을 홑잎나물이라고 한다. 어린잎은 나물로 무쳐 먹거나 국을 끓여 먹는다. 쓴맛이 있기 때문에 데쳐서 물에 담갔다가 먹는 것이 좋다. 너무 무성하게 자란 잎을 먹으면 토하거나 설사를 싸기도 한다. 옛날에는 손가락에 가시가 박히면 당장 화살나무를 찾았다. 날개를 태워 재를 만든 다음 밥풀에 이겨서 고약을 만든다. 이 고약을 가시가 박힌 곳에 붙이면 신기하게도 가시가 쏙 빠져 나온다고 한다.

약재 화살나무 가지에 달린 날개를 약으로 쓴다. 봄과 가을에 어린 가지에서 날개를 떼어 햇볕에 말린다. 알맞게 썰어 물에 달여 먹거나 가루를 내서 먹는다.
《동의보감》에는 '위모(衛矛), ᄇᆞᄃᆡ회'라고 한자 이름과 우리 이름이 함께 나온다. 예전에는 화살나무를 '보대회나무(ᄇᆞᄃᆡ회)'라고 했다는 것을 알 수 있다. "'귀전(鬼箭)'이라고도 한다. 곳곳에서 난다. 줄기에 깃이 세 개 달려 있어서 생김새가 화살 깃과 닮았다. 음력 8월, 11월, 12월에 가지를 베어 껍질과 깃을 벗겨서 쓴다."라고 했다.
약효 화살나무 가지에 달린 날개를 달인 물은 피를 잘 돌게 하고 뭉친 피를 깨뜨리는 힘이 있다. 멍이 들었을 때, 달거리가 없을 때, 아기를 낳고 배 속에 피가 뭉쳐 배가 아플 때 먹으면 좋다. 또 혈압을 낮추고 암을 막는 힘이 있다. 기생충을 죽이기 때문에 횟배를 앓을 때 약으로 쓴다. 하지만 아기를 가진 엄마는 먹지 않는다. 진드기 때문에 피부병이 생겼을 때는 열매로 고약을 만들어 바르기도 한다.
《동의보감》에는 "성질이 차다. 맛은 쓰고 독이 없다(독이 조금 있다고도 한다). 배 속에 기생충이 있거나 폐결핵에 걸리거나 나쁜 기운이 들어와 배가 아픈 것을 낫게 한다. 병이 나게 하는 나쁜 기운이나 헛것에 들린 것, 잠을 자다가 가위에 눌리는 것을 낫게 한다. 배 속에 있는 벌레를 죽인다. 달거리를 잘하게 하며 피멍울을 헤친다. 아기집에서 피가 나올 때, 대하, 아기를 낳고 피가 뭉쳐서 아픈 것을 멎게 한다. 몸에 바람이 들어 생기는 종기를 삭이고 배 속에 있는 아기를 유산시킨다."라고 했다.

◐ 홑잎나무, 참빗나무, 참빗살나무, 횟잎나무
잎 지는 떨기나무
2 ~ 3m
5월
9 ~ 10월

2011년 5월 서울 월드컵공원

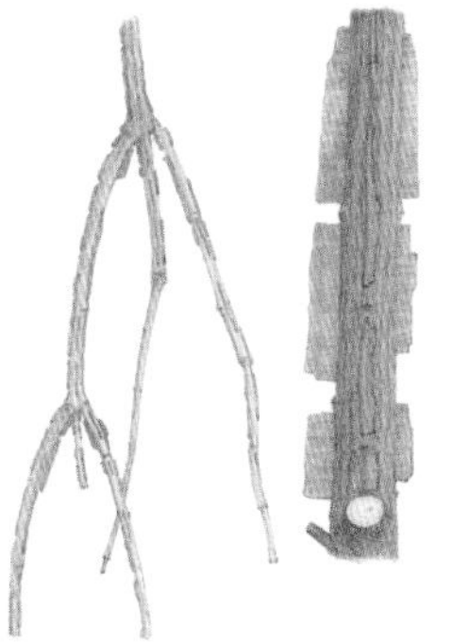

위모

약재 만드는 법	봄가을에 어린 가지에서 날개를 떼어 햇볕에 말린다. 알맞게 썰어 쓴다.
약 쓰는 법	물에 달여 먹거나 가루를 내어 먹는다.
약 성질	성질이 차다. 맛은 쓰고 독이 없다(독이 조금 있다고도 한다).
약효	피 잘 돌기, 혈압 낮추기, 벌레 없애기
약 쓰는 때	피멍, 달거리가 없을 때, 아기를 낳고 배가 아플 때, 고혈압, 배 속에 기생충이 살 때
주의할 점	아기를 가진 엄마는 먹지 않는다.

더 알아보기

우리 이름 찾아보기

가

가둑나무 ▶ 참나무 340
가래나무 ▶ 호두나무 350
가삼자리 ▶ 꼭두서니 80
가시나물 ▶ 엉겅퀴 180
가시련꽃 ▶ 가시연꽃 50
가시연꽃 50
가시오갈피 ▶ 오갈피나무 324
가얌취 ▶ 마타리 106
가을국화 ▶ 감국 54
가지골나물 ▶ 꿀풀 82
가지금불초 ▶ 금불초 76
가지래기꽃 ▶ 꿀풀 82
각시둥굴레 ▶ 층층갈고리둥굴레 240
각시원추리 ▶ 원추리 186
갈 ▶ 갈대 52
갈 ▶ 칡 344
갈기초 ▶ 도꼬마리 94
갈대 52
갈삐럭이 ▶ 갈대 52
갈참나무 ▶ 참나무 340
갈퀴잎 ▶ 꼭두서니 80
갈팡줄기 ▶ 갈대 52
갈풀 ▶ 갈대 52
감국 54
감나무 266
감절대 ▶ 호장근 258
감제풀 ▶ 호장근 258
감초 56
개감취 ▶ 마타리 106
개구리눈 ▶ 짚신나물 226
개기름나물 ▶ 갯기름나무 62
개다래 ▶ 다래나무 276
개두릅나무 ▶ 음나무 332
개맨도램이 ▶ 개맨드라미 58
개맨드라미 58
개맨드래미 ▶ 개맨드라미 58
개미취 60
개박하 ▶ 박하 122
개수리취 ▶ 절굿대 206
개시호 ▶ 시호 168
개싹눈바꽃 ▶ 투구꽃 242
개연 ▶ 가시연꽃 50
개조박이 ▶ 쉽싸리 166
갯기름나물 62
갯딱지 ▶ 딱지꽃 102
갯방풍 ▶ 갯기름나물 62
갯버들 ▶ 수양버들 320
거구맥 ▶ 패랭이꽃 244
거친과남풀 ▶ 과남풀 70
걸력가 ▶ 삽주 148
검정여로 ▶ 참여로 234
검화 ▶ 백선 130
겨우살이풀 ▶ 맥문동 112
견우화 ▶ 나팔꽃 84
결명자 64
고려삼 ▶ 인삼 194
고려엉겅퀴 ▶ 엉겅퀴 180
고려인삼 ▶ 인삼 194
고삼 66
고욤나무 ▶ 감나무 266
골 ▶ 골풀 68
골무꽃 ▶ 황금 260
골풀 68
곰솔 ▶ 소나무 318
과남풀 70
관중 72
괴좆나무 ▶ 구기자나무 268
구귤 ▶ 탱자나무 346
구기자나무 268
구례나위 ▶ 잇꽃 196
구절초 74
국노 ▶ 감초 56
굴나무 ▶ 붉나무 306
굴밤나무 ▶ 참나무 340
굴참나무 ▶ 참나무 340
귤나무 270
그늘돌쩌귀 ▶ 투구꽃 242
금등화 ▶ 능소화 274
금령이 ▶ 나팔꽃 84
금마타리 ▶ 마타리 106
금봉화 ▶ 봉선화 134
금불초 76
기름나물 ▶ 갯기름나물 62
기초 ▶ 황기 262
긴강남차 ▶ 결명자 64
긴담배풀 ▶ 담배풀 92
긴오이풀 ▶ 오이풀 182
길경 ▶ 도라지 96
까마귀오줌통 ▶ 쥐방울덩굴 214
까치다리 ▶ 애기똥풀 174
까치무릇 ▶ 산자고 140
까치수영 ▶ 호장근 258
까치오줌요강 ▶ 쥐방울덩굴 214
깨풀 ▶ 배초향 126
깽깽이풀 78
꼭두서니 80
꼭두선이 ▶ 꼭두서니 80
꽃나물 ▶ 들현호색 100
꽃패랭이 ▶ 패랭이꽃 244
꽃향유 ▶ 향유 254
꿀방망이 ▶ 꿀풀 82
꿀방맹이 ▶ 꿀풀 82
꿀풀 82
꿩의무릇 ▶ 반하 124
끼무릇 ▶ 반하 124

나

나리 ▶ 참나리 230
나무노회 ▶ 알로에 172
나발꽃 ▶ 나팔꽃 84
나비꽃 ▶ 범부채 132
나팔꽃 84
나하초 ▶ 할미꽃 250
낙엽송 ▶ 소나무 318
낚시둥굴레 ▶ 층층갈고리둥굴레 240
남모시 ▶ 모시풀 116
너삼 ▶ 고삼 66
넘나물 ▶ 원추리 186
노고초 ▶ 할미꽃 250
노루발 86
노루발풀 ▶ 노루발 86
노변초 ▶ 마디풀 104
노야기 ▶ 향유 254
노회 ▶ 알로에 172
녹총 ▶ 원추리 186
논현호색 ▶ 들현호색 100
놋젓가락나물 ▶ 투구꽃 242
눈잣나무 ▶ 잣나무 338
느릅나무 272
능소화 274
능수버들 ▶ 수양버들 320
능암 ▶ 고삼 66

다

다래나무 276
다래넌출 ▶ 다래나무 276
닥나무 278
닥풀 88
단국화 ▶ 감국 54
단너삼 ▶ 황기 262
단삼 90
달뿌리풀 ▶ 갈대 52
담배나물 ▶ 담배풀 92

담배풀 92
당귀 ▶ 참당귀 232
당딱지꽃 ▶ 딱지꽃 102
당촉규화 ▶ 닥풀 88
닻꽃 ▶ 삼지구엽초 146
대나무 280
대마 ▶ 삼 142
대마자 ▶ 피마자 246
대밤풀 ▶ 자란 198
대암풀 ▶ 자란 198
대추나무 282
댓잎현호색 ▶ 들현호색 100
더덕 ▶ 만삼 108
더위지기 ▶ 사철쑥 138
도꼬마리 94
도둑놈의지팡이 ▶ 고삼 66
도라지 96
도라지모시대 ▶ 모시대 114
도랏 ▶ 도라지 96
도래 ▶ 도라지 96
도인두 ▶ 도꼬마리 94
도토리나무 ▶ 참나무 340
돌가지 ▶ 도라지 96
돌마타리 ▶ 마타리 106
돌배나무 ▶ 배나무 302
돌뽕나무 ▶ 뽕나무 308
동과 ▶ 동아 98
동북감초 ▶ 감초 56
동아 98
동출 ▶ 삽주 148
돼지나물 ▶ 개미취 60
돼지풀 ▶ 마디풀 104
두란 ▶ 목련 290
두메꿀풀 ▶ 꿀풀 82
두충나무 284
둥굴레 ▶ 층층갈고리둥굴레 240
둥둥방망이 ▶ 절굿대 206
들국화 ▶ 감국 54
들국화 ▶ 구절초 74
들국화 ▶ 금불초 76
들맨드라미 ▶ 개맨드라미 58
들잇꽃 ▶ 엉겅퀴 180
들현호색 100
등심초 ▶ 골풀 68
딱나무 ▶ 닥나무 278
딱지 ▶ 딱지꽃 102
딱지꽃 102
떡갈나무 ▶ 참나무 340
떡두화 ▶ 접시꽃 208
떡버들 ▶ 수양버들 320
떡쑥 ▶ 쑥 170
뚜르게나물 ▶ 붉나무 306
뚝갈 ▶ 마타리 106

라

룡담 ▶ 과남풀 70
리기다소나무 ▶ 소나무 318

마

마 ▶ 삼 142
마도령 ▶ 쥐방울덩굴 214
마디풀 104
마타리 106
만년버섯 ▶ 불로초 136
만삼 108
망우초 ▶ 원추리 186
매실나무 286
매자기 110
매재기 ▶ 매자기 110
매화나무 ▶ 매실나무 286
매화노루발 ▶ 노루발 86
맥문동 112
맨드라미 ▶ 개맨드라미 58
맹종죽 ▶ 대나무 280
멧미나리 ▶ 시호 168
면마 ▶ 관중 72
모개나무 ▶ 모과나무 288
모과나무 288
모시대 114
모시잔대 ▶ 모시대 114
모시풀 116
모싯대 ▶ 모시대 114
목근 ▶ 무궁화 292
목단방풍 ▶ 갯기름나물 62
목란 ▶ 목련 290
목련 290
목연 ▶ 목련 290
목필 ▶ 목련 290
목향 118
묏대추나무 ▶ 대추나무 282
무강나무 ▶ 무궁화 292
무궁화 292
무우게 ▶ 무궁화 292
무화과나무 294
무환자나무 296
문들레 ▶ 민들레 120
물가삼백초 ▶ 삼백초 144
물고추나무 ▶ 구기자나무 268
물구 ▶ 산자고 140
물굿 ▶ 산자고 140
물쑥 ▶ 쑥 170
물푸레나무 298
미국실새삼 ▶ 새삼 150
미국자리공 ▶ 자리공 200
미역방풍 ▶ 갯기름나물 62
미역취 ▶ 개미취 60
미초 ▶ 감초 56
민득찰 ▶ 진득찰 222
민들레 120
민백미꽃 ▶ 백미꽃 128
밀감나무 ▶ 귤나무 270
밀봉초 ▶ 향유 254
밀향 ▶ 목향 118

바

바디나물 ▶ 참당귀 232
바로쑥 ▶ 쑥 170
박새 ▶ 참여로 234
박하 122
반하 124
밤나무 300
방아풀 ▶ 배초향 126
방울풀 ▶ 쥐방울덩굴 214
방장초 ▶ 삼지구엽초 146
배나무 302
배초향 126
백굴채 ▶ 애기똥풀 174
백급대암풀 ▶ 자란 198
백도라지 ▶ 도라지 96
백동과 ▶ 동아 98
백두옹 ▶ 할미꽃 250
백면골 ▶ 삼백초 144
백목련 ▶ 목련 290
백미꽃 128
백부자 ▶ 투구꽃 242
백상 ▶ 뽕나무 308
백선 130
백설골 ▶ 삼백초 144
백약 ▶ 도라지 96
백양선 ▶ 백선 130
백작약 ▶ 작약 202
뱀의정자나무 ▶ 고삼 66
버들금불초 ▶ 금불초 76
벌개미취 ▶ 개미취 60

범고비 ▶ 관중 72
범부채 132
범부처 ▶ 범부채 132
범싱아 ▶ 호장근 258
범의부채 ▶ 범부채 132
벗풀 ▶ 질경이택사 224
병아리꽃 ▶ 제비꽃 210
보안기름나물 ▶ 갯기름나물 62
보웅화 ▶ 봉선화 134
보티나무 ▶ 자작나무 336
복사나무 ▶ 복숭아나무 304
복숭아나무 304
봇나무 ▶ 자작나무 336
봉선화 134
봉숭아 ▶ 봉선화 134
북선피 ▶ 백선 130
분죽 ▶ 대나무 280
분취아재비 ▶ 절굿대 206
불나무 ▶ 붉나무 306
불로초 136
붉나무 306
붉은조롱 ▶ 하수오 248
비마자 ▶ 피마자 246
뻐국채 ▶ 절굿대 206
뽕나무 308
뿔나무 ▶ 붉나무 306

사

사간붓꽃 ▶ 범부채 132
사과등 ▶ 수세미오이 164
사과자 ▶ 수세미오이 164
사우르 ▶ 삼백초 144
사재발쑥 ▶ 쑥 170
사철쑥 138
산구맥 ▶ 패랭이꽃 244
산국 ▶ 감국 54
산나리 ▶ 참나리 230
산도라지 ▶ 도라지 96
산돌배나무 ▶ 배나무 302
산련 ▶ 삽주 148
산련풀 ▶ 깽깽이풀 78
산뽕나무 ▶ 뽕나무 308
산사나무 310
산삼 ▶ 인삼 194
산수유나무 312
산시유나무 ▶ 산수유나무 312
산오이풀 ▶ 오이풀 182
산자고 140
산토끼꽃 ▶ 속단 158
산황국 ▶ 감국 54
살구나무 314
삼 142
삼 ▶ 인삼 194
삼백초 144
삼승더덕 ▶ 만삼 108
삼점백 ▶ 삼백초 144
삼주 ▶ 삽주 148
삼지구엽초 146
삼지구엽풀 ▶ 삼지구엽초 146
삽주 148
상륙 ▶ 자리공 200
상수리나무 ▶ 참나무 340
새삼 150
서북감초 ▶ 감초 56
서양민들레 ▶ 민들레 120
서양배나무 ▶ 배나무 302
서울제비꽃 ▶ 제비꽃 210
석누나무 ▶ 석류나무 316
석류나무 316
석위 152
석잠풀 ▶ 익모초 192
석장포 ▶ 석창포 154
석죽 ▶ 패랭이꽃 244
석창포 154
석향포 ▶ 석창포 154
선령비 ▶ 삼지구엽초 146
선모초 ▶ 구절초 74
선백미꽃 ▶ 백미꽃 128
선복화 ▶ 금불초 76
선이질풀 ▶ 이질풀 190
선장 ▶ 구기자나무 268
섬잣나무 ▶ 잣나무 338
세뿔석위 ▶ 석위 152
세잎돌쩌귀 ▶ 투구꽃 242
세잎쥐손이 ▶ 이질풀 190
세잎현호색 ▶ 들현호색 100
소나무 318
소엽 156
속단 158
속새 160
속썩은풀 ▶ 황금 260
솔 ▶ 소나무 318
솔나무 ▶ 소나무 318
솜대 ▶ 대나무 280
송장풀 ▶ 익모초 192
쇠귀나물 ▶ 질경이택사 224
쇠무릎 162
쇠무릎풀 ▶ 쇠무릎 162
수과 ▶ 수세미오이 164
수과락 ▶ 수세미오이 164
수목통 ▶ 삼백초 144
수박풀 ▶ 오이풀 182
수세미오이 164
수세미외 ▶ 수세미오이 164
수세외 ▶ 수세미오이 164
수양버들 320
수자해좃 ▶ 천마 238
순화 ▶ 무궁화 292
술패랭이꽃 ▶ 패랭이꽃 244
쉬청나무 ▶ 물푸레나무 298
쉽싸리 166
승검초 ▶ 참당귀 232
승암초 ▶ 참당귀 232
승하 ▶ 박하 122
시호 168
신갈나무 ▶ 참나무 340
신감채 ▶ 참당귀 232
신강감초 ▶ 감초 56
신이 ▶ 목련 290
실영신초 ▶ 원지 184
심 ▶ 인삼 194
십자풀 ▶ 약모밀 176
싱아 ▶ 호장근 258
쑥 170
씨름꽃 ▶ 제비꽃 210
씨아똥 ▶ 애기똥풀 174

아

아가위나무 ▶ 산사나무 310
아기똥풀 ▶ 애기똥풀 174
아기원지 ▶ 원지 184
아마존 ▶ 백미꽃 128
아주까리 ▶ 피마자 246
아편꽃 ▶ 양귀비 178
안질방이 ▶ 민들레 120
앉은뱅이 ▶ 민들레 120
앉은뱅이꽃 ▶ 제비꽃 210
알나리 ▶ 참나리 230
알로에 172
알만삼 ▶ 만삼 108
암눈비앗 ▶ 익모초 192
암솔 ▶ 소나무 318
애기노루발 ▶ 노루발 86
애기노루발풀 ▶ 노루발 86

애기똥풀 174
애기원추리 ▶ 원추리 186
애기풀 ▶ 원지 184
애땅쑥 ▶ 사철쑥 138
애탕쑥 ▶ 사철쑥 138
앵두나무 322
앵속 ▶ 양귀비 178
야삼 ▶ 인삼 194
야유 ▶ 느릅나무 272
야장인 ▶ 할미꽃 250
야천마 ▶ 익모초 192
약난초 ▶ 산자고 140
약담배 ▶ 양귀비 178
약모밀 176
약방동사니 ▶ 향부자 252
약쑥 ▶ 쑥 170
약화 ▶ 잇꽃 196
양귀비 178
양부래 ▶ 도꼬마리 94
양선초 ▶ 백선 130
어성채 ▶ 약모밀 176
억새 ▶ 갈대 52
엄나무 ▶ 음나무 332
엉겅퀴 180
에게잎 ▶ 들현호색 100
여로 ▶ 참여로 234
여우오줌 ▶ 담배풀 92
여우오줌풀 ▶ 담배풀 92
역삼 ▶ 삼 142
연꽃 ▶ 가시연꽃 50
연지 ▶ 잇꽃 196
염부목 ▶ 붉나무 306
영생이 ▶ 박하 122
영지 ▶ 불로초 136
오갈피나무 324
오디나무 ▶ 뽕나무 308
오랑캐꽃 ▶ 제비꽃 210
오미자 326
오배자나무 ▶ 붉나무 306
오엽송 ▶ 잣나무 338
오이풀 182
옥매듭풀 ▶ 마디풀 104
온주밀감 ▶ 귤나무 270
옷풀 ▶ 금불초 76
왕느릅나무 ▶ 느릅나무 272
왕대 ▶ 대나무 280
왕머루 ▶ 포도 348
왕버들 ▶ 수양버들 320
왕불류행 ▶ 장구채 204
왕원추리 ▶ 원추리 186
외순나물 ▶ 오이풀 182
외잎현호색 ▶ 들현호색 100
용담 ▶ 과남풀 70
용둥굴레 ▶ 층층갈고리둥굴레 240
용아초 ▶ 짚신나물 226
우슬 ▶ 쇠무릎 162
우아묘 ▶ 이질풀 190
원지 184
원추리 186
유자나무 328
육송 ▶ 소나무 318
율무 188
은행나무 330
음나무 332
음양곽 ▶ 삼지구엽초 146
의남초 ▶ 원추리 186
이스라지 ▶ 앵두나무 322
이질풀 190
익모초 192
인삼 194
인진쑥 ▶ 사철쑥 138
인초 ▶ 골풀 68
일본목련 ▶ 목련 290
임모초 ▶ 익모초 192
잇꽃 196

자

자귀나무 334
자란 198
자래초 ▶ 백선 130
자리공 200
자목련 ▶ 목련 290
자원 ▶ 개미취 60
자작나무 336
자초 ▶ 지치 218
작약 202
잣나무 338
장구채 204
장녹 ▶ 자리공 200
장수꽃 ▶ 제비꽃 210
장수버섯 ▶ 불로초 136
쟁두초 ▶ 삽주 148
저목 ▶ 닥나무 278
저실 ▶ 닥나무 278
적마 ▶ 천마 238
적송 ▶ 소나무 318
적작약 ▶ 작약 202
적전 ▶ 천마 238
적출 ▶ 삽주 148
절구대 ▶ 절굿대 206
절굿대 206
접시꽃 208
접중화 ▶ 접시꽃 208
정풍초 ▶ 천마 238
젖풀 ▶ 애기똥풀 174
제비꽃 210
제비꿀 ▶ 꿀풀 82
제비쑥 ▶ 쑥 170
조리풀 ▶ 골풀 68
조뱅이 ▶ 엉겅퀴 180
조선당귀 ▶ 참당귀 232
조선인삼 ▶ 인삼 194
조선황련 ▶ 깽깽이풀 78
족도리풀 212
족두리풀 ▶ 족도리풀 212
졸참나무 ▶ 참나무 340
좀개미취 ▶ 개미취 60
죽간초 ▶ 천마 238
죽대둥굴레 ▶ 층층갈고리둥굴레 240
죽순대 ▶ 대나무 280
중개풀 ▶ 배초향 126
쥐다래 ▶ 다래나무 276
쥐방울 ▶ 쥐방울덩굴 214
쥐방울덩굴 214
쥐손이풀 ▶ 이질풀 190
쥐손이풀방 ▶ 이질풀 190
즙채 ▶ 약모밀 176
지갑초 ▶ 봉선화 134
지귤 ▶ 탱자나무 346
지느러미엉겅퀴 ▶ 엉겅퀴 180
지리산오갈피 ▶ 오갈피나무 324
지모 216
지삼 ▶ 지모 216
지우초 ▶ 오이풀 182
지유 ▶ 오이풀 182
지초 ▶ 지치 218
지추 ▶ 지치 218
지치 218
지치 ▶ 불로초 136
지풀 ▶ 짚신나물 226
지황 220
진귤나무 ▶ 귤나무 270
진돌쩌귀 ▶ 투구꽃 242
진둥찰 ▶ 진득찰 222

진득찰 222
질경이택사 224
짚신나물 226
쪽 228
찐득찰 ▶ 진득찰 222
찔광이 ▶ 산사나무 310
찔구배나무 ▶ 산사나무 310

차

차조기 ▶ 소엽 156
차즈기 ▶ 소엽 156
참귤나무 ▶ 귤나무 270
참나리 230
참나무 340
참다래 ▶ 다래나무 276
참당귀 232
참빗나무 ▶ 화살나무 352
참빗살나무 ▶ 화살나무 352
참여로 234
창포 ▶ 석창포 154
천남성 236
천마 238
천생출 ▶ 삽주 148
천초 ▶ 꼭두서니 80
청다래나무 ▶ 다래나무 276
초결명 ▶ 결명자 64
촉귀 ▶ 닥풀 88
촉규화 ▶ 접시꽃 208
충위자 ▶ 익모초 192
충율 ▶ 익모초 192
측백나무 342
츨 ▶ 칡 344
층층갈고리둥굴레 240
칠기 ▶ 칡 344
칠남성 ▶ 가시연꽃 50
칡 344
칡덤불 ▶ 칡 344
칡덩굴 ▶ 칡 344

카

큰여로 ▶ 참여로 234
큰잎느릅나무 ▶ 느릅나무 272
큰조롱 ▶ 하수오 248
키버들 ▶ 수양버들 320

타

타래쑥 ▶ 쑥 170
택사 ▶ 질경이택사 224
탱알 ▶ 개미취 60
탱자나무 346
털개백미꽃 ▶ 백미꽃 128
털백미꽃 ▶ 백미꽃 128
털오갈피나무 ▶ 오갈피나무 324
털진득찰 ▶ 진득찰 222
토당귀 ▶ 참당귀 232
토속단 ▶ 속단 158
토황련 ▶ 깽깽이풀 78
투구꽃 242

파

패랭이 ▶ 패랭이꽃 244
패랭이꽃 244
패장 ▶ 마타리 106
편백 ▶ 측백나무 342
편축 ▶ 마디풀 104
평양지모 ▶ 지모 216
포공초 ▶ 민들레 120
포도 348
피마 ▶ 피마자 246
피마자 246
피마주 ▶ 피마자 246

하

하고초 ▶ 꿀풀 82
하국 ▶ 금불초 76
하수오 248
할미꽃 250
함박꽃 ▶ 작약 202
함박꽃나무 ▶ 목련 290
항가시 ▶ 엉겅퀴 180
향부자 252
향유 254
현삼 256
현지초 ▶ 이질풀 190
현초 ▶ 이질풀 190
현호색 ▶ 들현호색 100
호도나무 ▶ 호두나무 350
호두나무 350
호랑나리 ▶ 참나리 230
호왕사자 ▶ 할미꽃 250
호장 ▶ 천남성 236
호장 ▶ 호장근 258
호장근 258
호제비꽃 ▶ 제비꽃 210
홍람 ▶ 잇꽃 196
홍화 ▶ 잇꽃 196
홑잎나무 ▶ 화살나무 352
화백 ▶ 측백나무 342
화살나무 352
황가새 ▶ 엉겅퀴 180
황국화 ▶ 감국 54
황금 260
황기 262
황련 ▶ 깽깽이풀 78
황촉규 ▶ 닥풀 88
황화지정 ▶ 민들레 120
회첨 ▶ 진득찰 222
횃잎나무 ▶ 화살나무 352
흑삼릉 ▶ 매자기 110
희초미 ▶ 관중 72
흰민들레 ▶ 민들레 120
흰여로 ▶ 참여로 234

학명 찾아보기

A

Achyranthes japonica 쇠무릎 162
Aconitum ciliare 놋젓가락나물 242
Aconitum coreanum 백부자 242
Aconitum jaluense 투구꽃 242
Aconitum seoulense 진돌쩌귀 242
Acorus calamus 창포 154
Acorus gramineus 석창포 154
Actinidia arguta 다래나무 276
Actinidia kolomikta 쥐다래 276
Actinidia polygama 개다래 276
Adenophora grandiflora 도라지모시대 114
Adenophora remotiflora 모시대 114
Agastache rugosa 배초향 126
Agrimonia pilosa 짚신나물 226
Albizzia julibrissin 자귀나무 334
Alisma canaliculatum 택사 224
Alisma orientale 질경이택사 224
Aloe vera 알로에 172
Althaea rosea 접시꽃 208
Anemarrhena asphodeloides 지모 216
Angelica decursiva 바디나물 232
Angelica gigas 참당귀 232
Arisaema amurense f. *serratum* 천남성 236
Aristolochia contorta 쥐방울덩굴 214
Artemisia capillaris 사철쑥 138
Artemisia japonica 제비쑥 170
Artemisia princeps 쑥 170
Artemisia selengensis 물쑥 170
Asarum sieboldii 족도리풀 212
Aster koraiensis 벌개미취 60
Aster maackii 좀개미취 60
Aster tataricus 개미취 60
Astragalus mongholicus 황기 262
Atractylodes ovata 삽주 148

B

Belamcanda chinensis 범부채 132
Benincasa cerifera 동아 98
Betula platyphylla var. *japonica* 자작나무 336
Bletilla striata 자란 198
Boehmeria nivea 모시풀 116
Breea segeta 조뱅이 180
Broussonetia kazinoki 닥나무 278
Bupleurum falcatum 시호 168
Bupleurum longiradiatum 개시호 168

C

Campsis grandiflora 능소화 274
Cannabis sativa 삼 142
Carduus crispus 지느러미엉겅퀴 180
Carpesium abrotanoides 담배풀 92
Carpesium divaricatum 긴담배풀 92
Carpesium macrocephalum 여우오줌 92
Carthamus tinctorius 잇꽃 196
Castanea crenata 밤나무 300
Celosia argentea var. *cristata* 맨드라미 58
Celosia argentea 개맨드라미 58
Chaenomeles sinensis 모과나무 288
Chamaecyparis obtusa 편백 342
Chamaecyparis pisifera 화백 342
Chelidonium majus var. *asiaticum* 애기똥풀 174
Chimaphila japonica 매화노루발 86
Cirsium japonicum var. *maackii* 엉겅퀴 180
Cirsium setidens 고려엉겅퀴 180
Citrus junos 유자나무 328
Citrus sunki 진귤나무 270
Citrus unshiu 귤나무 270
Codonopsis lanceolata 더덕 108
Codonopsis pilosula 만삼 108
Codonopsis ussuriensis 알만삼(소경불알) 108
Coix lachrymajobi var. *mayuen* 율무 188
Cornus officinalis 산수유나무 312
Corydalis remota 현호색 100
Corydalis ternata 들현호색 100
Corydalis turtschaninovii 댓잎현호색 100
Crataegus pinnatifida 산사나무 310
Cremastra appendiculata 약난초 140
Cuscuta japonica 새삼 150
Cuscuta pentagona 미국실새삼 150
Cynanchum ascyrifolium 민백미꽃 128
Cynanchum atratum 백미꽃 128
Cynanchum inamoenum 선백미꽃 128
Cynanchum wilfordii 큰조롱 248
Cyperus rotundus 향부자 252

D

Dendranthema boreale 산국 54
Dendranthema indicum 감국 54
Dendranthema zawadskii var. *latilobum* 구절초 74
Dianthus chinensis 패랭이꽃 244
Dianthus longicalyx 술패랭이꽃 244
Dictamnus dasycarpus 백선 130
Diospyros kaki 감나무 266
Diospyros lotus 고욤나무 266
Dipsacus japonicus 산토끼꽃 158
Dryopteris crassirhizoma 관중 72

E

Echinops setifer 절굿대 206
Eleutherococcus divaricatus var. *chiisanensis* 지리산오갈피 324
Eleutherococcus divaricatus 털오갈피나무 324
Eleutherococcus senticosus 가시오갈피 324
Eleutherococcus sessiliflorus 오갈피나무 324
Elsholtzia ciliata 향유 254
Elsholtzia splendens 꽃향유 254
Epimedium koreanum 삼지구엽초 146
Equisetum hyemale 속새 160
Eucommia ulmoides 두충나무 284
Euonymus alatus 화살나무 352
Euryale ferox 가시연꽃 50

F

Fallopia japonica 호장근 258
Fallopia multiflora 하수오 248
Ficus carica 무화과나무 294
Fraxinus rhynchophylla 물푸레나무 298

G

Ganoderma lucidum 불로초 136
Gastrodia elata 천마 238
Gentiana triflora var. *japonica* 과남풀 70
Geranium krameri 선이질풀 190
Geranium sibiricum 쥐손이풀 190
Geranium thunbergii 이질풀 190
Geranium wilfordii 세잎쥐손이 190
Ginkgo biloba 은행나무 330
Glehnia littoralis 갯방풍 62
Glycyrrhiza uralensis 감초 56
Gnaphalium affine 떡쑥 170

H

Hemerocallis dumortieri 각시원추리 186
Hemerocallis fulva f. *kwanso* 왕원추리 186
Hemerocallis fulva 원추리 186
Hemerocallis minor 애기원추리 186
Hibiscus manihot 닥풀 88
Hibiscus syriacus 무궁화 292
Houttuynia cordata 약모밀 176

I

Impatiens balsamina 봉선화 134
Inula britannica var. *japonica* 금불초 76
Inula helenium 목향 118
Inula salicina var. *asiatica* 버들금불초 76
Ipomoea nil 나팔꽃 84

J

Jeffersonia dubia 깽깽이풀 78
Juglans mandshurica 가래나무 350
Juglans regia 호두나무 350
Juncus effusus var. *decipiens* 골풀 68

K

Kalopanax septemlobus 음나무 332

L

Larix kaempferi 낙엽송 318
Leonurus japonicus 익모초 192
Leonurus macranthus 송장풀 192
Lilium lancifolium 참나리 230
Liriope platyphylla 맥문동 112
Lithospermum erythrorhizon 지치 218
Luffa cylindrica 수세미오이 164
Lycium chinense 구기자나무 268
Lycopus lucidus 쉽싸리 166

M

Magnolia denudata 백목련 290
Magnolia kobus 목련 290
Magnolia liliflora 자목련 290
Magnolia obovata 일본목련 290
Magnolia sieboldii 함박꽃나무 290
Mentha piperascens 박하 122
Miscanthus sinensis var. *purpurascens* 억새 52
Morus alba 뽕나무 308
Morus bombycis 산뽕나무 308
Morus tiliaefolia 돌뽕나무 308

N

Nelumbo nucifera 연꽃 50
Nepeta cataria 개박하 122

P

Paeonia japonica 백작약 202
Paeonia lactiflora 작약 202
Panax ginseng 인삼 194
Papaver somniferum 양귀비 178
Patrinia rupestris 돌마타리 106
Patrinia saniculifolia 금마타리 106
Patrinia scabiosaefolia 마타리 106
Patrinia villosa 뚝갈 106
Perilla frutescens var. *acuta* 소엽 156
Persicaria tinctoriua 쪽 228
Peucedanum japonicum 갯기름나물 62
Peucedanum terebinthaceum 기름나물 62
Phlomis umbrosa 속단 158
Phragmites communis 갈대 52
Phyllostachys bambusoides 왕대 280
Phyllostachys nigra var. *henonis* 솜대(분죽) 280
Phyllostachys pubescens 맹종죽(죽순대) 280
Phytolacca americana 미국자리공 200
Phytolacca esculenta 자리공 200
Pinellia ternata 반하 124
Pinus densiflora 소나무 318
Pinus koraiensis 잣나무 338
Pinus parviflora 섬잣나무 338
Pinus pumila 눈잣나무 338
Pinus rigida 리기다소나무 318
Pinus thunbergii 곰솔 318
Platycodon grandiflorum 도라지 96
Polygala japonica 애기풀 184
Polygala tenuifolia 원지 184
Polygonatum humile 각시둥굴레 240
Polygonatum involucratum 용둥굴레 240
Polygonatum odoratum var. *pluriflorum* 둥굴레 240
Polygonatum sibiricum 층층갈고리둥굴레 240
Polygonum aviculare 마디풀 104
Poncirus trifoliata 탱자나무 346
Potentilla chinensis 딱지꽃 102
Prunella vulgaris var. *lilacina* 꿀풀 82
Prunus armeniaca 살구나무 314
Prunus japonica var. *nakaii* 이스라지 322
Prunus mume 매실나무 286
Prunus persica 복숭아나무 304
Prunus tomentosa 앵두나무 322
Pueraria lobata 칡 344
Pulsatilla koreana 할미꽃 250
Punica granatum 석류나무 316
Pyrola japonica 노루발 86
Pyrrosia hastata 세뿔석위 152
Pyrrosia lingua 석위 152
Pyrus communis 서양배나무 302
Pyrus pyrifolia var. *culta* 배나무 302
Pyrus pyrifolia 돌배나무 302
Pyrus ussuriensis 산돌배나무 302

Q

Quercus acutissima 상수리나무 340
Quercus aliena 갈참나무 340
Quercus duntata 떡갈나무 340
Quercus mongolica 신갈나무 340
Quercus serrata 졸참나무 340
Quercus variabilis 굴참나무 340

R

Rehmannia glutinosa 지황 220
Rhaponticum uniflorum 뻐꾹채 206
Rhus javanica 붉나무 306
Ricinus communis 피마자 246
Rubia akane 꼭두서니 80

S

Sagittaria sagittifolia subsp. *leucopetala* 벗풀 224
Salix babylonica 수양버들 320
Salix chaenomeloides 왕버들 320
Salix gracilistyla 갯버들 320
Salix hallaisanensis 떡버들 320
Salix koriyanagi 키버들 320
Salix pseudolasiogyne 능수버들 320
Salvia miltiorrhiza 단삼 90
Sanguisorba hakusanensis 산오이풀 182
Sanguisorba longifolia 긴오이풀 182
Sanguisorba officinalis 오이풀 182
Sapindus mukorossi 무환자나무 296
Saururus chinensis 삼백초 144
Schizandra chinensis 오미자 326
Scirpus maritimus 매자기 110
Scrophularia buergeriana 현삼 256
Scutellaria baicalensis 황금 260
Senna tora 결명자 64
Siegesbeckia glabrescens 진득찰 222
Sigesbeckia pubescens 털진득찰 222
Silene firma 장구채 204
Sophora flavescens 고삼 66
Sparganium erectum 흑삼릉 110
Stachys japonica 석잠풀 192

T

Taraxacum coreanum 흰민들레 120
Taraxacum officinale 서양민들레 120
Taraxacum platycarpum 민들레 120
Thesium chinense 제비꿀 82
Thuja orientalis 측백나무 342
Tulipa edulis 산자고 140

U

Ulmus davidiana var. *japonica* 느릅나무 272

V

Veratrum maackii var. *japonicum* 여로 234
Veratrum nigrum var. *ussuriense* 참여로 234
Veratrum oxysepalum 박새 234
Veratrum versicolor 흰여로 234
Viola mandshurica 제비꽃 210
Viola seoulensis 서울제비꽃 210
Viola yedoensis 호제비꽃 210
Vitis amurensis 왕머루 348
Vitis vinifera 포도 348

X

Xanthium strumarium 도꼬마리 94

Z

Zizyphus jujuba var. *inermis* 대추나무 282
Zizyphus jujuba 묏대추나무 282

약재 이름으로 찾아보기

가

갈근 ▶ 칡 344
감국 54
감초 56
건지황 ▶ 지황 220
검인 ▶ 가시연꽃 50
견우자 ▶ 나팔꽃 84
결명자 64
고삼 66
곽향 ▶ 배초향 126
관중 72
광자고 ▶ 산자고 140
구기자 ▶ 구기자나무 268
구절초 74
급성자 ▶ 봉선화 134
길경 ▶ 도라지 96

나

노근 ▶ 갈대 52
노회 ▶ 알로에 172
녹제초 ▶ 노루발 86
누로 ▶ 절굿대 206

다

단삼 90
당귀 ▶ 참당귀 232
대계 ▶ 엉겅퀴 180
대조 ▶ 대추나무 282
도인 ▶ 복숭아나무 304
동과자 ▶ 동아 98
두충 ▶ 두충나무 284
등심초 ▶ 골풀 68

마

마두령 ▶ 쥐방울덩굴 214
만삼 108
맥문동 112
모황련 ▶ 깽깽이풀 78
목과 ▶ 모과나무 288
목근피 ▶ 무궁화 292
목적 ▶ 속새 160
무화과 ▶ 무화과나무 294
무환자 ▶ 무환자나무 296
미후도 ▶ 다래나무 276

바

박하 122
반하 124
백과 ▶ 은행나무 330
백굴채 ▶ 애기똥풀 174
백급 ▶ 자란 198
백두옹 ▶ 할미꽃 250
백미 ▶ 백미꽃 128
백선피 ▶ 백선 130
백자인 ▶ 측백나무 342
백출 ▶ 삽주 148
백합 ▶ 참나리 230

사

사간 ▶ 범부채 132
사과락 ▶ 수세미오이 164
산사자 ▶ 산사나무 310
산수유 ▶ 산수유나무 312
삼백초 144
상륙 ▶ 자리공 200
상백피 ▶ 뽕나무 308
상실 ▶ 참나무 340
석류과피 ▶ 석류나무 316
석위 152
석죽 ▶ 패랭이꽃 244
석창포 154
선복화 ▶ 금불초 76
세신 ▶ 족도리풀 212
솔잎 ▶ 소나무 318
숙지황 ▶ 지황 220
시체 ▶ 감나무 266
시호 168
식방풍 ▶ 갯기름나물 62
신이 ▶ 목련 290

아

애엽 ▶ 쑥 170
앵속각 ▶ 양귀비 178
어성초 ▶ 약모밀 176
여로 ▶ 참여로 234
영지 ▶ 불로초 136
오갈피 ▶ 오갈피나무 324
오매 ▶ 매실나무 286
오미자 326
오배자 ▶ 붉나무 306
왕불류행 ▶ 장구채 204
용담초 ▶ 과남풀 70
용아초 ▶ 짚신나물 226
우슬 ▶ 쇠무릎 162
욱리인 ▶ 앵두나무 322
원지 184
위릉채 ▶ 딱지꽃 102
위모 ▶ 화살나무 352
유근피 ▶ 느릅나무 272
유자 ▶ 유자나무 328
유지 ▶ 수양버들 320
율자 ▶ 밤나무 300
음양곽 ▶ 삼지구엽초 146
의이인 ▶ 율무 188
이자 ▶ 배나무 302
익모초 192
인삼 194
인진 ▶ 사철쑥 138

자

자소엽 ▶ 소엽 156
자소자 ▶ 소엽 156
자완 ▶ 개미취 60
자위 ▶ 능소화 274
자초 ▶ 지치 218
자화지정 ▶ 제비꽃 210
작약 202
저마근 ▶ 모시풀 116
저실 ▶ 닥나무 278
제니 ▶ 모시대 114
죽엽 ▶ 대나무 280
지모 216
지실 ▶ 탱자나무 346
지유 ▶ 오이풀 182
진피 ▶ 귤나무 270
진피 ▶ 물푸레나무 298

차

창이자 ▶ 도꼬마리 94
창출 ▶ 삽주 148
천남성 236
천마 238
천초근 ▶ 꼭두서니 80
청대 ▶ 쪽 228
청상자 ▶ 개맨드라미 58
초오 ▶ 투구꽃 242
촉규근 ▶ 접시꽃 208
충위자 ▶ 익모초 192

타

택란 ▶ 쉽싸리 166
택사 ▶ 질경이택사 224
토목향 ▶ 목향 118
토사자 ▶ 새삼 150

파

패장 ▶ 마타리 106
편축 ▶ 마디풀 104
포공영 ▶ 민들레 120
포도 348
피마자 246

하

하고초 ▶ 꿀풀 82
하수오 248
학슬 ▶ 담배풀 92
한속단 ▶ 속단 158
합환피 ▶ 자귀나무 334
해동피 ▶ 음나무 332
해송자 ▶ 잣나무 338
행인 ▶ 살구나무 314
향부자 252
향유 254
현삼 256
현초 ▶ 이질풀 190
현호색 ▶ 들현호색 100
형삼릉 ▶ 매자기 110
호도 ▶ 호두나무 350
호장근 258
홍화 ▶ 잇꽃 196
홍화자 ▶ 잇꽃 196
화마인 ▶ 삼 142
화목피 ▶ 자작나무 336
황금 260
황기 262
황정 ▶ 층층갈고리둥굴레 240
황촉규근 ▶ 닥풀 88
훤초 ▶ 원추리 186
희첨 ▶ 진득찰 222

참고 자료

참고한 책

《가을에 꽃 피는 야생식물》 고경식, 일진사, 2004

《건강을 지키는 22가지 토종약초》 배종진, H&book, 2007

《경제식물자원사전》 과학백과사전종합출판사, 1989

《고규홍의 한국의 나무 특강》 고규홍, 휴머니스트, 2012

《고통받는 환자와 인간에게서 멀어진 의사를 위하여》 에릭 J. 카셀, 코기토, 2003

《나무백과 1~6》 임경빈, 일지사, 2002

《내 발로 떠나는 방방곡곡 약초산행》 최진규, 김영사, 2002

《내게로 다가온 꽃들》 김민수, 한얼미디어, 2004

《누구나 손쉽게 찾아 쓸 수 있는 약초도감》 배종진, 더블유출판사, 2009

《동약학 개론》 의학출판사, 1965

《동의학 개론》 한상모 외, 여강출판사, 1991

《동의보감 1~5》 허준, 여강출판사, 1994

《동의보감 제1권 내경편》 허준, 동의과학연구소, 휴머니스트, 2002

《동의보감 제2권 외경편》 허준, 동의과학연구소, 휴머니스트, 2002

《마음을 담은 책 ⑤ 생약초》 정필근, 홍신문화사, 1991

《몸에 좋은 산야초》 장준근, 넥서스북스, 2009

《무슨 꽃이야?》 보리출판사, 2006

《무슨 풀이야?》 보리출판사, 2007

《문명과 질병》 헨리 지거리스트, 한길사, 2008,

《민족문화대백과사전 1~27》 한국정신문화연구원, 1995

《방약합편》 황도연, 여강출판사, 2007

《보리 국어사전》 윤구병 외, 보리출판사, 2008

《본초기-최철한 원장의 약초 바라보기》 최철한, 대성의학사, 2009

《본초약재도감》 전통의학연구소 편, 성보사, 1994

《본초학》 이상인, 학림사, 1986

《본초학》 전국한의과대학 공동교재편찬위원회 편, 영림사, 2007

《봄에 꽃 피는 야생식물》 고경식, 일진사, 2004

《산야초 건강학》 장준근, 넥서스, 1997

《산야초 여행》 장국병 외, 석오출판사

《세밀화로 그린 보리 어린이 버섯 도감》 보리출판사, 2012

《세밀화로 그린 보리 어린이 식물 도감》 보리출판사, 1997

《세밀화로 그린 보리 어린이 풀 도감》 보리출판사, 2009

《세밀화로 그린 나무도감》 보리출판사, 2012

《쉽게 찾는 우리 나무 1~4》 서민환, 이유미, 현암사, 2000

《쉽게 찾는 우리 약초(민간편)》 김태정, 현암사, 1998
《쉽게 찾는 우리 약초(한방편)》 김태정, 현암사, 1998
《신동의학사전》 여강출판사, 2003
《실용 동의약학》 과학백과사전출판사 편, 일월서각, 1990
《알면 약이 되는 몸에 좋은 식물 150: 솔뫼 선생과 함께》 솔뫼, 그린홈, 2009
《약용식물대사전》 다타카 고우지, 그린홈, 2004
《약이 되는 산야초 108가지》 최양수, 하남출판사, 2004
《약초 한방 침술백과》 장영훈, 동아문예, 1985
《약초》 안덕균, 교학사, 교학미니가이드 2, 2003
《약초꾼 최진규의 토종약초 장수법 1》 최진규, 태일출판사, 1997
《약초의 성분과 이용》 과학백과사전출판사 편, 일월서각, 1999
《여름에 꽃 피는 야생식물》 고경식, 일진사, 2004
《역사와 문화로 읽는 나무 사전》 강판권, 글항아리, 2010
《우리 약초로 지키는 생활한방 1, 2, 3》 김태정, 신재용, 이유, 2003
《우리가 정말 알아야 할 우리 꽃 백가지 1》 김태정, 현암사, 2005
《우리나라 나무 이야기》 이동혁, 제갈영, 이비락, 2012
《우리나라 야생화 이야기》 제갈영, 이비락, 2008
《우리 나무 백 가지》 이유미, 현암사, 1995
《우리 나무의 세계 1, 2》 박상진, 김영사, 2011
《원색 대한식물도감 상, 하》 이창복, 향문사, 2003
《원색 천연약물대사전 상, 하》 김재길, 남산당, 1997
《원색 한국식물도감》 이영로, 교학사, 2002
《원색 한국약용식물도감》 육창수, 아카데미서적, 1993
《원색 한약도감》 강병수, 동아문화사, 2008
《인간은 왜 병에 걸리는가》 R. 네스 외, 사이언스북스, 2002
《임상본초학》 신민교, 영림사, 2002
《임원경제지 만학지 1, 2》 서유구, 소와당, 2010
《전통 한의학을 찾아서》 강병수, 동아문화사, 2005
《조선 약용 식물 도설 제 1집》 도봉섭, 임록재, 평양, 1955
《조선 약용 식물 상, 하》 도봉섭, 임록재, 과학원 출판사, 1966
《조선식물원색도감 1, 2》 과학백과사전종합출판사, 2000
《조선약용식물(원색)》 농업출판사, 1993
《조선약용식물지 1~3》 임록재, 농업출판사, 1998
《조선약용식물지 3-전통의학약용식물편》 임록재, 한국문화사, 1999
《좋은 문장을 쓰기 위한 우리말 풀이사전》 박남일, 서해문집, 2006

《증보산림경제 1, 2, 3》 농촌진흥청, 2004
《질병을 치료하는 약용식물의 효능과 재배법 상, 하》 박민희 외, 문예마당, 2004
《제중신편》 강명길, 여강출판사, 1992
《통속 한의학원론》 조헌영, 학원사, 1999
《표준국어대사전》 국립국어연구원, 두산동아, 2001
《한국본초도감》 안덕균, 교학사, 2000
《한국생약자원생태도감 1, 2, 3》 강병화, 지오북, 2008
《한국식물생태보감 1, 2》 김종원, 자연과생태, 2016
《한국의 보약》 최태섭, 열린책들, 2007
《한국의 야생식물》 고경식, 전의식, 일진사, 2005
《한국의 야생화》 이유미, 다른세상, 2010
《한국의 약용식물》 배기환, 교학사, 2000
《한국토종약용식물도감 목본류》 정진해 외, 학연문화사, 2012
《한국토종약용식물도감 초본류》 정진해 외, 학연문화사, 2012
《한글 신농본초경》 안덕균, 의성당, 2012
《한방식료대전》 심상룡, 창조사, 1976
《한약 포제와 임상응용》 강병수 외, 영림사, 2003
《한약약리학》 김호철, 집문당, 2001
《향약집성방 5》 과학백과사전출판사 편, 일월서각, 1993
《향약집성방의 향약본초》 신전휘, 신용욱, 계명대학교 출판부, 2006
《향약채취월령》 안덕균 주해, 세종대왕기념사업회, 1983
《혁이삼촌의 꽃따라기》 이동혁, 이비락, 2009

누리집

한의학 고전 DB(www,mediclassics,kr)
국가표준식물목록(www,nature,go,kr)

저자 · 감수자

그림

이원우
1964년 인천에서 태어났다. 추계예술대학교에서 서양화를 공부했다. 그림책《고기잡이》《갯벌에 뭐가 사나 볼래요》《뻘 속에 숨었어요》《갯벌에서 만나요》《세밀화로 그린 보리 어린이 갯벌 도감》《세밀화로 그린 보리 어린이 약초 도감》에 그림을 그렸다.

임병국
1971년 인천 강화에서 태어났다. 홍익대학교 회화과에서 공부했다. 〈보리 제1회 세밀화 공모전〉에서 대상을 받았다. 《세밀화로 그린 보리 어린이 곡식 채소 도감》《버섯도감-세밀화로 그린 보리 큰도감》《동물도감-세밀화로 그린 보리 큰도감》에 그림을 그렸다.

이제호
1959년 충남 부여에서 태어났다. 중앙대학교 회화과에서 공부했고, 《세밀화로 그린 보리 어린이 식물도감》《세밀화로 그린 보리 어린이 동물도감》《파브르 식물 이야기1》에 그림을 그렸다.

안경자
1965년 충북 청원에서 태어났다. 대학교에서 서양화를 공부했다. 《무슨 풀이야?》《무슨 꽃이야?》《세밀화로 그린 보리 어린이 풀 도감》에 세밀화를 그렸다. 그림책 《애벌레가 들려주는 나비 이야기》《무당벌레가 들려주는 텃밭 이야기》《찔레 먹고 똥이 뿌지직!》《풀이 좋아》《우리가 꼭 지켜야 할 벼》《궁궐에 나무 보러 갈래?》 등에 그림을 그렸습니다.

이기수
1977년 차령산맥 금북정맥 아래 태어나 자연과 함께 행복한 어린 시절을 보내고, 미대를 졸업했다. 현재는 두 아들과 자연관찰을 하며 고향에 내려와 그림을 그리고 있다. 그 동안 그린 책으로는 《약용식물50선》《광릉의 버섯》《손 주물러 병 고치기》 등이 있다.

옥영관
1972년 서울에서 태어났다. 《세밀화로 그린 보리 어린이 잠자리 도감》《잠자리 나들이도감》《세밀화로 그린 보리 어린이 곡식 채소 도감》《세밀화로 그린 보리 어린이 나비 도감》에 그림을 그렸다.

감수

박석준
충남 아산에서 태어났다. 대전대 한의대를 졸업하고 경희대에서 한의학 박사를 받았다. 한국철학사상연구회에서 동양 철학을 공부하고, 동의과학연구소를 세워 여러 동료 선생님들과 한의학 연구를 하고 있다. 지금은 괴산에서 아프신 분들을 돌보면서 《동의보감》을 우리말로 오롯이 번역하는 데 힘을 쏟고 있다. 《동의보감 1, 2》을 번역하고, 《몸》을 썼다.

이영종
1955년 전북 김제에서 태어났다. 경희대학교 한의과 대학을 졸업하고 같은 대학교에서 본초학 전공으로 한의학 박사 학위를 받았다. 지금은 가천대학교 한의과 대학에서 교수로 있으면서 학생들을 가르치고 있다. 《본초학》(공저), 《방제학》(공저) 《MT한의학》을 썼다.

글

김종현
오랫동안 출판사에서 여러 가지 도감과 그림책을 만들어 왔다. 《세밀화로 그린 보리 어린이 바닷물고기 도감》《세밀화로 그린 보리 어린이 잠자리 도감》《세밀화로 그린 보리 어린이 약초 도감》《세밀화로 그린 보리 어린이 곡식 채소 도감》 같은 책에 글을 쓰고 책을 편집했다. 지금은 옛이야기, 그림책, 만화책, 동화책, 동식물 도감에 글을 쓰고 있다. 만화책 《바다 아이 창대》에 글을 썼다.